高职高专旅游类专业精品教材

旅游市场营销

（第2版）

主编　舒伯阳

副主编　刘春　徐静

清华大学出版社

北京

内容简介

本书为高职高专旅游专业学生和旅游从业人员提供了旅游行业常规营销的通用理念和方法，并积极关注旅游业的行业特色与发展趋势，阐释了旅游业营销实际中的现实状况。本书所选案例或新知识点多为现代旅游业正在发生的事件，新颖且富有启发性。本书体现出现代旅游市场营销理论与方法的实用性。课后实训可供学习者练习使用。

本书适合高职高专旅游类专业学生作为教材使用，同时也可作为旅游行业从业人员的参考读物。

图书在版编目(CIP)数据

旅游市场营销/舒伯阳主编. —2版. —北京：清华大学出版社，2016（2019.3重印）
（高职高专旅游类专业精品教材）
ISBN 978-7-302-43719-2

Ⅰ. ①旅…　Ⅱ. ①舒…　Ⅲ. ①旅游市场—市场营销学—高等职业教育—教材　Ⅳ. ①F590.8

中国版本图书馆 CIP 数据核字(2016)第 084798 号

责任编辑：左卫霞
封面设计：傅瑞学
责任校对：李　梅
责任印制：董　瑾

出版发行：清华大学出版社
　　网　　址：http://www.tup.com.cn，http://www.wqbook.com
　　地　　址：北京清华大学学研大厦 A 座　　**邮　　编**：100084
　　社 总 机：010-62770175　　**邮　　购**：010-62786544
　　投稿与读者服务：010-62776969，c-service@tup.tsinghua.edu.cn
　　质量反馈：010-62772015，zhiliang@tup.tsinghua.edu.cn
　　课件下载：http://www.tup.com.cn，010-62770175-4278
印 装 者：北京密云胶印厂
经　　销：全国新华书店
开　　本：185mm×260mm　　**印　　张**：18.5　　**字　　数**：422 千字
版　　次：2009 年 4 月第 1 版　2016 年 9 月第 2 版　　**印　　次**：2019 年 3 月第 2 次印刷
定　　价：47.00 元

产品编号：054938-02

第2版前言

根据国家旅游局发布的2014年中国旅游业统计公报,2014年中国国内旅游市场高速增长,入境旅游市场稳中有进,出境旅游市场快速增长。国内旅游人数达36.11亿人次,收入3.03万亿元人民币,分别比上年增长10.7%和15.4%;入境旅游人数达1.28亿人次,实现国际旅游收入1 053.8亿美元;中国公民出境旅游人数达到1.07亿人次,旅游花费896.4亿美元;全年全国旅游业对GDP的综合贡献为6.61万亿元人民币,占GDP总量的10.39%。旅游直接和间接就业7 873万人,占全国就业总人口的10.19%。

与此同时,中国旅游教育事业蓬勃发展,截至2014年年末,全国共有高等旅游院校及开设旅游系(专业)的普通高等院校1 122所,在校生43.52万人。自20世纪80年代旅游学科建立开始,国内旅游高等院校就普遍开设了"旅游市场营销"课程,根据2015年教育部旅游管理教学指导委员会的"旅游管理类本科专业教学质量国家标准","市场营销"位列7门专业核心课程之中,由此可见,"旅游市场营销"在旅游学科中的重要性。据不完全统计,自20世纪80年代以来正式出版的旅游市场营销类教材已有近百种之多,而且今天这一数量仍在增加。旅游学科是一个典型的实用学科,旅游市场营销作为一种实用工具,对旅游学子或从业人员而言,必须传递常规营销的一些通用理念和方法,同时还应积极关注旅游业的行业特色与时代发展趋势,将旅游业营销实际中正在发生的现实包容其中,唯有如此,教材才有理论与实践相结合的真实意义与价值。

本书第1版由中南财经政法大学旅游系教授舒伯阳主编并统稿,参编者多为旅游专业执教多年的教师或研究者。教材编写中充分注重了理论体系的完整性与内容的时代性,体现了旅游市场营销理论体系与方法的实用性,内容浅显、方法易懂,在各院校的实际使用中受到欢迎。但随着近年来旅游业的快速发展,旅游新业态如雨后春笋不断涌现,营销渠道的在线化趋势不断强化,旅游目的地营销更强调营销的服务化、产品化,旅游新媒体营销、体验营销不断深化和渗透,旅游服务营销更强调以人为本,旅游营销的文化感染更加深入人心。有鉴于此,本书第2版进行了较大规模的改版,书中所选案例或新知识点多为当前旅游业正在发生的事件,新颖且富有启发性。

为共同推进实用型"旅游市场营销学"教材建设不断臻于完善,我们真诚地希望使用本书的师生朋友能提出具体的批评与改进意见并与我们及时联系,我们将不胜感激。

舒伯阳

中南财经政法大学工商管理学院

2016年7月于武汉

第1版前言

FOREWORD

自20世纪80年代旅游学科建立伊始，国内旅游高等院校就普遍开设了“旅游市场营销”课程，并将其列为旅游管理专业的一门主干课程，而随后在如雨后春笋般遍地开花的旅游行业各类培训班上一般也开设有“旅游市场营销”的课程或专题讲座。今天，“旅游市场营销”位列高职高专旅游类专业的主干课程之一，旅游业界与教育界对“旅游市场营销”在旅游学科中的重要性自始至终都高度重视。

在“旅游市场营销”学科的发展过程中，许多专家学者为建立“旅游市场营销”这一应用体系付出了辛勤的劳动。旅游学科是一个典型的实用学科，旅游市场营销作为一种实用工具，对高职高专旅游专业学生或从业人员而言，必须传递常规营销的一些通用理念和方法，同时还应积极关注旅游业的行业特色与时代趋势，将旅游业营销实践中正在发生的现实包容其中，唯有如此，教材才有理论与实践相结合的真实意义与价值。

本书由中南财经政法大学旅游系教授舒伯阳主编，何红丽、胡灿伟、徐静任副主编，周诗涛、任斐、伍新蕾、张琼、向前、孙冬玲参编。参编者多为旅游专业执教多年的教师或研究者。本书的编写充分注重了理论体系的完整性与内容的时代性，所选案例或新知识多为现代旅游业正在发生的事件，新颖而富有启发性。本书体现出现代旅游市场营销理论体系与方法的实用性。课后的实训可供学生练习使用。

本书的编写参考了国内外“旅游市场营销”方面的诸多成果，部分案例改编自一些近年来的旅游相关书籍，在此对这些学者和专家深表谢意。是他们为我们提供了旅游服务工作和旅游企业管理工作中极为宝贵的原始素材和经验教训，同时，也希望因为疏忽未提到的可能涉及知识产权内容的朋友直接与本书作者联系，并请予以谅解。

因编写周期短，集体协作过程中的疏漏，教材中存在问题在所难免，敬请使用者谅解，为共同推进高职高专旅游类专业的不断发展，培养学生的旅游专业素养，我们真诚地希望使用本书的师生朋友能提出具体的批评与改进意见并与我们及时联系，我们将不胜感激。

舒伯阳

于武汉江南家园

sby603@yahoo.com.cn

2009年2月

旅游市场营销(第2版)

目录

CONTENTS

第一章 旅游市场营销概述

学习目标

- **知识目标**：通过本章的学习，理解并掌握市场、市场营销、旅游服务营销等核心概念，了解市场营销观念不断变化的进程，认识旅游服务营销组合策略与其他营销方式之间的区别。
- **技能目标**：在掌握本章知识点的基础上，通过对书本案例的分析与讨论，能够在现实生活中针对某一具体旅游产品或服务开展策划营销活动。
- **能力目标**：掌握旅游服务营销的7P组合，尤其是员工、企业的有形展示和服务过程三要素，来分析旅游业的营销活动。

第一节 市场与市场营销

一、市场

市场是生产力发展到一定阶段的产物，也可以说哪里有商品生产和商品交换，哪里就有市场。从经济学的角度讲，市场是商品交换的场所，它反映了买卖双方的供求经济关系。

从市场营销学的角度看，卖方构成行业或企业，而买方则构成了市场[①]。可以说，市场是在一定时间、地点、条件下，具有购买力、购买欲望和购买权利的群体。

本书研究的市场是指具有特定需要和欲望，而且愿意并能够通过交换来满足这种需要和欲望的全部潜在顾客。因此，市场的大小取决于那些有着某种需要并拥有使人感兴趣的某种资源，同时愿意以这种资源来换取其所需的人数规模的大小。

现代市场营销学着重研究在买方市场条件下，企业如何在竞争激烈和不断变化的经

---

① 美国著名市场学家菲利普·科特勒将市场定义为“可能与卖者交易的现实的和潜在的买者所构成的集合”。

营环境中开展经营活动以求得生存、发展和盈利。所以,市场营销学是站在企业的立场,即站在卖方角度来研究买方行为,研究如何满足买方需求以实现商品交换,从而达到企业的经营目标。

二、市场营销

(一) 定义

市场营销是个人或组织在特定的内外部环境影响下,为促进商品或服务的销售与交换而开展的一切经济活动,它既是一个动态的管理过程,又是一种促使顾客的潜在购买力转化为对产品的有效需求的管理功能。

(二) 市场营销的相关核心概念

要想真正理解市场营销的含义,还需了解需要、欲望、需求、产品、商品、效用、费用、满足、交换和交易等概念,如图1-1所示。

1. *需要、欲望和需求*

需要和欲望是市场营销活动的立足点和出发点。所谓需要,是指没有得到某些基本满足的感受状态,它是人类与生俱来的。例如,人们为了生存和发展而对温饱、安全、归属、受尊重和自我实现等的需要均可以在一定条件下通过不同方式得到满足。所谓欲望,是指希望得到某种基本需要的具体满足物的愿望。人类的需要有限,欲望却很多,市场营销者无法创造需要,却可以影响欲望,开发和销售特定的产品和服务来满足欲望。所谓需求,是指人们有能力并且愿意购买某个具体产品的欲望。可见需求实际上是人们具有购买能力时欲望的一种转换形式,市场营销者总是通过各种营销手段来影响需求,并根据对需求的预测结果来决定是否生产某一产品投向市场。

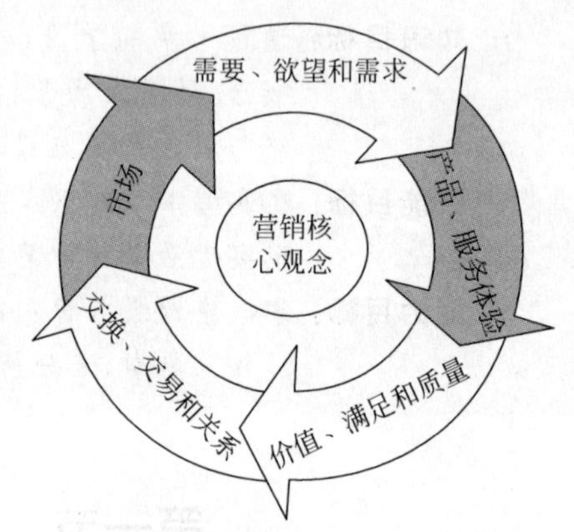

图1-1 市场营销核心概念的关系

2. *产品和商品*

人类通过产品来满足自己的各种需要和欲望,因此,任何能够满足人们需要和欲望的东西都可以称为产品。产品的价值不在于拥有它们,而在于它们所带来的对欲望的满足。例如,人们购买客房产品并不是为了观赏,而是为了得到它提供的住宿服务。市场营销者必须清醒地认识到,满足自身的需求和欲望是顾客进行消费的终极追求,所以其任务是向市场展示产品中所包含的利益或服务,而不是仅限于描述产品的形貌。否则,企业将导致"市场营销近视",使营销行为以失败而告终。

3. *效用、费用和满足*

在对能够满足某一特定需要的一组产品进行选择时,人们所依据的主要标准是各种产品的效用。所谓效用,是指消费者对产品满足其需要的整体能力的评价。通常情况下，消费者都会根据这种对产品价值的主观评价和要支付的费用来做出购买决策。例如，某人在节假日外出旅游时，为了满足从常住地到目的地的交通需要，他会对满足这种需要的产品服务组合（飞机、火车、汽车等）和他的需要组合（速度、安全、方便、舒适和节约等）进行综合评价，以决定哪一种产品能提供最大的总满足。假设他对速度和舒适要求较高，也许会考虑乘坐飞机，但是，乘坐飞机的费用要比乘坐汽车或火车高出很多，由于出游经费计划的限制，使他不得不在旅游途中降低对购物、娱乐甚至住宿、饮食的要求。因此，他必须考虑到产品的边际效用，选择购买那些能够为其带来最大效用的产品。

4. 交换和交易

人们的需要和欲望可以通过交换来实现。当某人感到饥饿时，为了满足获取食物的需要，他可以通过打猎、捕鱼或采集水果来解决，还可以用某些资源，如金钱、其他物品或某些服务向他人换取，极端时还会通过乞讨、偷窃或抢劫等非法手段来获得。但是，只有在交换时才会产生营销，交换是市场营销的核心概念，要想发生一项交换，必须具备如下五个条件。

(1) 至少有两方参加；

(2) 每一方都拥有其他方需要的有价值的东西；

(3) 每一方都认为与对方进行交换是合适的或称心的；

(4) 每一方都可以自由地接受和拒绝对方所提供的东西；

(5) 每一方都有能力进行沟通和运送彼此所需的货品。

这些条件只是使得交换成为可能，如果各方达成协议，我们则将这种实际发生的交换称为交易。交易是交换活动的基本单元，通常有两种方式：一种是货币交换，如某人支付 235 元从中国国际旅行社购买“北京经典一日游”旅游产品；另一种是非货币交换，包括以物易物、以服务易服务的交易等。

三、市场营销观念的发展

市场营销观念大致经历了生产观念、产品观念、推销观念、市场营销观念、社会市场营销观念五种大的阶段，其中前三种是以产品为核心的观念，后两种则以顾客需求为核心，其具体的表现如图 1-2 所示。

(一) 以产品为核心的观念

1. 生产观念

生产观念是以产品生产为中心，以提高生产效率、增加产品的产量、降低成本为重点的营销观念。这种观念产生于 20 世纪 20 年代前，企业经营哲学不是从消费者需求出发，而是从企业生产出发。生产观念认为，消费者喜欢那些可以随处买得到而且价格低廉的产品，企业应致力于提高生产效率和分销效率，扩大生产，降低成本以扩展市场。古代的旅店、客栈、驿站等就是生产观念的反映，它们都只提供简单的食宿服务。

生产观念是一种“以产定销”的观念，因而表现为重生产轻营销，重产量轻质量。其主要特点为：旅游企业把主要的精力放在产品的生产方面，追求高效率、大批量、低成本

以市场为导向的营销观念的发展过程

观念	内容	评价
生产观念	生产观念认为消费者喜欢那些随处可以买到的价格低廉的产品	企业一味追求高效率和低成本，会导致产品和服务质量低下
产品观念	产品观念认为顾客喜欢那些质量最高、性能最好、特色最多的产品	产品观念会引发"营销近视症"——过分重视产品本身的完美而忽略了顾客的需求
推销观念	推销观念认为如果对消费者置之不理，他们就不会大量购买自己的产品，因而需要进行大量推销和促销的努力	推销观念把消费者作为产品的被动接受者，虽然推销在一定情况下确实有效，但不能解决根本问题
市场营销观念	市场营销观念认为关键在于确定目标市场的需要和欲望，并且比竞争者更好地满足该需求和欲望	市场营销观念自20世纪50年代形成，至今还是企业开展经营活动的主导思想，这充分说明了其有效性
社会市场营销观念	社会市场营销观念是对市场营销观念的修改和补充，因为市场营销观念没有考虑到在企业的经营活动中，在企业、社会和消费者之间所隐含的冲突；社会市场营销观念提出企业在经营活动过程中要统筹兼顾企业利润、消费者需要、社会利益这三方面的利益	

图 1-2 营销观念发展示意图

的生产，忽视市场需求的差异化，旅游企业的管理以生产部门为主。持这种营销观念的旅游企业经营者认为：旅游者的需求是大量存在的，并且不会下滑，旅游企业要做的只是降低生产成本，增加旅游产品的产量，使旅游者买得起、买得到旅游产品。

2. 产品观念

产品观念认为，消费者最喜欢高质量、多功能和具有某种特色的产品，企业应致力于生产高价值产品，并不断加以改进。它产生于市场产品供不应求的"卖方市场"形势下，此时，企业最容易导致"市场营销近视"，即过度地把注意力放在产品上，而不是放在市场需要上，在市场营销管理中缺乏远见，只看到自己的产品质量好，看不到市场需求在变化，致使企业经营陷入困境。产品营销观念是以产品的改进和生产为中心，以提高现有产品的质量和功能为重点。

产品观念同样体现着"以产定销"意识，所不同的是企业开始重视产品的质量、功能和特色。持这种观念的经营者认为："皇帝的女儿不愁嫁""酒好不怕巷子深"，只要产品好，不愁没销路，企业所应该做的就是：提高产品质量，增加产品功能，不断地改进产品，使产品尽可能地达到尽善尽美。例如，改革开放初期的广州，广交会周边的酒店，由于客源充足，于是酒店建设规模不断扩大，个别五星级酒店的客房数甚至超过 1 000 间。

3. 推销观念

推销观念是以产品的生产和销售为中心，以促进购买，激励销售为重点的营销观念。这是在产品出现供过于求的情况下，企业被迫采取的营销观念。

推销观念(或称销售观念)是为许多企业所采用的另一种观念，表现为"我卖什么，顾客就买什么"。它认为，消费者通常表现出一种购买惰性或抗衡心理，如果听其自然，消费者一般不会足量购买某一企业的产品，因此，企业必须积极推销和大力促销，以刺激消费者大量购买本企业产品。推销观念在现代市场经济条件下被大量用于推销那些非渴求物品，即购买者一般不会想到要去购买的产品或服务。许多企业在产品过剩时，也常常奉行推销观念。

推销观念仍然是一种"以产定销"的营销观念，旅游企业还是根据自身条件来决定生产什么旅游产品，以及生产多少旅游产品，所不同的是，旅游企业开始关注旅游者，寻找旅游者，并设立销售部门来推销旅游产品。20 世纪 90 年代中期，我国酒店数量增长迅速，造成客源相对不足，于是各酒店下达全员推销指标，到处拉生意、抢客源。

（二）以顾客需求为出发点的观念

随着经济的进一步发展，产品的供给越来越丰富，在买方市场的大格局下，市场竞争异常激烈，传统的市场观念已不能适应新形势的需要，现代市场观念便产生了。

1. 市场营销观念

市场营销观念是挑战上述诸观念而出现的新型的企业经营理念，它以市场需求为中心，以研究并满足市场需求为重点。市场营销观念认为，实现企业各项目标的关键，在于正确确定目标市场的需要和欲望，并且比竞争者更有效地传送目标市场所期望的物品或服务，进而比竞争者更有效地满足目标市场的需要和欲望。市场营销观念的出现，使企业经营观念发生了根本性变化，也使市场营销学发生了一次革命。市场营销观念同推销观念相比具有很大的差别，具体见表 1-1。

表 1-1 市场营销观念与推销观念的对比

营销观念	出发点	中心点	导向	方法手段	经营目标
推销观念	企业已有产品	工厂	产品	推销与促销（着眼于每次交易）	扩大销售获得利润
市场营销观念	企业目标顾客的欲望和需求	市场	顾客	整体营销（着眼于整体市场）	通过顾客满意获得利润

资料来源：赵毅，叶红. 新编旅游市场营销学. 北京：清华大学出版社，2006.

我国旅游企业市场营销观念产生于 20 世纪 80 年代末，旅游企业在经营过程中，被迫面对旅游产品严重供过于求、市场竞争异常激烈的状况，一些旅游企业为了适应市场环境的变化，纷纷转变观念，引入市场营销观念，以旅游者的需求为中心来开展各项营销活动。

2. 社会营销观念

社会营销观念是以市场需求和社会效益为中心，以满足消费者和全社会的长远利益为重点的营销观念，是对市场营销观念的修改和补充。社会营销观念产生于 20 世纪 70 年代西方资本主义出现能源短缺、通货膨胀、失业增加、环境污染严重、消费者保护运动盛行的新形势下。因为市场营销观念回避了消费者需要、消费者利益，与社会的可持续发展之间存在冲突，社会市场营销观念主张，企业的任务是确定各个目标市场的需要、欲望和利益，并以保护或提高消费者和社会福利的方式，比竞争者更有效、更有利地向目标市场提供能够满足其需要、欲望和利益的物品或服务。社会营销观念要求营销者在制定市场营销政策时,要统筹兼顾企业利润、消费者需要和社会公共利益三方面的利益。

社会营销观念是一种全新的市场营销观念,它主张:企业的营销活动不仅要满足消费者的欲望和需求,而且要符合全社会的长远利益,要由"以消费者为中心"转变为"以社会为中心"。因此,企业在市场营销中,要将市场需求、旅游企业优势与社会利益三者有机地结合起来,确定企业的经营方向。目前,一些旅游企业特别是饭店已经开始推行社会营销观念,如国际知名的华美达饭店集团为了减少森林的砍伐,提供的卫生纸是用再生纸做的,此外还在客房里放置宣传保护环境资源的小册子,组织游客参加植树造林活动等。

第二节 旅游服务营销

一、旅游市场构成及供需系统

(一)旅游市场的概念

从传统意义上讲,旅游市场是指旅游者与旅游产品提供商双方买卖旅游产品的场所。但是,在经济学的研究范畴中旅游市场不仅局限于旅游产品交换的场所,而且也涉及旅游产品交换中供求之间发生的各种关系,实际上就是人与人之间的关系。本书主要研究旅游市场营销活动,旅游市场主要指具有市场营销意义的旅游市场。因此,旅游市场是指在一定时期内,某一地区范围内存在着的、对旅游产品具有支付能力的现实和潜在的旅游购买者。

(二)旅游市场的构成

旅游市场的构成必须同时具备四个要素:人口、旅游愿望、购买能力和购买权利。即一个旅游市场规模的大小,首先,取决于该市场范围内人口数量的多少,收入水平相同情况下,人口越多,潜在市场就越大;其次,取决于人们的旅游愿望,只有在具备旅游动机的条件下,人口才有可能转变为旅游产品的消费对象;再次,取决于人们的购买能力,旅游产品的交换必须要以一定的支付能力为前提,如果没有足够的支付能力,旅游只能成为一种主观愿望;最后,旅游者必须持有相应的旅游权利,某些地方政府为保护旅游者利益、维护旅游市场的健康发展,通过颁布法令,制止或限制某些旅游产品的交换(例如,世界上大多数国家限制色情旅游活动发展),因而只有在旅游地各种相关的政策法规许可的条件下,旅游者才能有效使用自己的购买权利。总之,某一客源市场规模的大小,取决于以上四个因素的同时作用。

(三)旅游市场供需系统

1. 旅游业的产业体系

研究旅游营销,必须从分析旅游产业市场的特殊规律入手。现代旅游业包含多个相关产业部门组成的产业体系，本书提供了对现代旅游业进行简单划分的部门分类体系如图 1-3 所示。

住宿部门	景点部门
饭店、汽车旅店	主题公园
家庭旅店、住宿加早餐式旅店	博物馆和美术馆
农舍、公寓房屋、别墅	国家公园
公寓大厦、分时度假区	野生动物园
度假村、度假中心	花园
会议、展览中心	历史文化遗址和历史文化中心
固定的和流动的活动房车、宿营地	活动、运动中心
小游艇船坞	

旅游组织者部门	交通部门
旅游经销商	航空公司
旅游批发商、中间商	轮船、渡船公司
旅游零售代理商	铁路公司
会议组织者	公共客车、汽车经营商
预订代办处(如住宿预订)	租赁汽车经营商
奖励旅游组织者	

目的地组织部门
国家旅游局
地区、洲旅游局
地方旅游局
旅游协会

图 1-3　构成旅游业的五个主要部门

显然，构成旅游业的住宿部门、旅游组织者部门、景点部门、交通部门、目的地组织部门五个部门中又都包含若干个分支部门，这些更细的部门分类形成更加完备的旅游产业体系。不难看出，上述分支部门可以划分为三种类别：有些完全是商业性的为盈利而经营的，如饭店、家庭旅店、度假村等；有些是商业化经营但目的却不在于营利，像许多景点如公园和传统遗址等；有些则属于公营部门，以非商业化经营为主，如许多国家博物馆、国家公园以及旅游局经营的大多数设施项目。

2. 旅游市场供需系统

上述五个部门构成了旅游市场的供需系统(见图 1-4)，又由它们构成了相对独立又相互依存的市场主体，它们之间的相互作用形成了完备的旅游市场系统。其中，旅游客源地由各种类别的旅游者及其旅游需求构成，形成旅游市场的起始点和中心点；旅游目的地既是旅游活动的吸引物，也是旅游行为的发生地，包括各类的旅游项目和旅游设施，为旅游者提供所需的满足；联结旅游客源地和旅游目的地各种旅游交通设施构成旅游通道系统，是旅游消费者空间位移的载体；旅游经销商和旅游代理商组成旅游消费团队的组织系统，为旅游者提供标准化和专业化的产品选择；此外，各级旅游管理组织也成为旅游体系的重要组成部分。

在旅游活动中，详细了解旅游者的特点和购买行为是营销管理者开展一切活动的核心。应该注意的是,旅游营销活动并不是覆盖旅游市场系统的全部。如图1-4中所示,并非所有前往目的地的旅行都会受到营销活动的影响。例如,自己驾车旅行并在亲戚朋友家留宿的国内游客有可能不会受到市场营销的影响,但对大多数旅游者而言,各种营销信息会影响甚至主导他们的行程。旅游组织和企业的营销活动是通过控制"营销组合"要素来实现的。

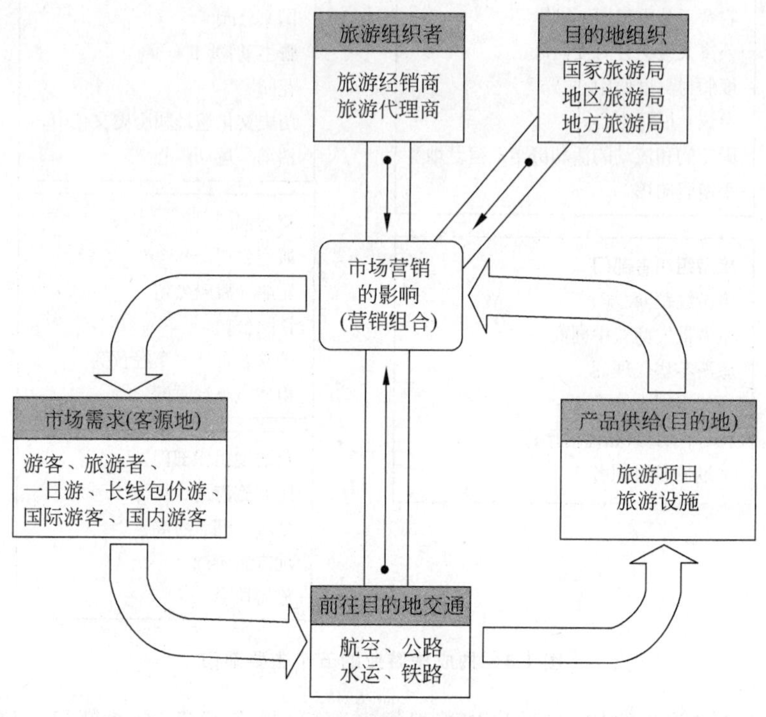

图1-4 旅游市场供需系统

(四)旅游市场的特点

1. 全球性

随着各国经济相互依存度不断提高和文化交往日益频繁,远距离和跨国旅行成为旅游市场需求的主流。从我国的情况看,随着社会经济生活的不断发展,我国旅游业的国际化程度也在不断提高。根据世界旅游组织预测,到2020年,中国将成为世界第一大入境旅游目的地和第四大客源市场地。可以说,旅游产业化发展的过程,同时也就是旅游市场国际化和全球化发展的进程。

2. 波动性或敏感性

旅游市场的波动性源于旅游需求和旅游供给两个方面。从需求角度看,旅游消费在人们的消费结构中属于非生活必需品范畴,因而易受外部环境的影响,经济波动、通货膨胀、汇率变化等都可能影响旅游需求;从旅游供给角度看,国际局势变化、战争、自然灾害、季节变化等外部因素都可能影响旅游产品供给能力,并给旅游企业和旅游目的地的经营造成困难。因此,研究如何应对波动规律是旅游营销的一大课题。

3. 异地性

旅游消费是一种异地消费，旅游者必须离开居住地，借助一定的旅游服务设施和功能才能实现自己的消费目的。在旅游消费的过程中，位置、交通、服务等空间性因素与气候、温度、假期长短等时间性因素无不对旅游者的决策和参与程度产生影响，致使旅游购买行为可能表现出较大的随机性，这些都会增加旅游市场的变数，给旅游营销带来挑战。

二、旅游服务的定义及主要特征

（一）旅游服务的定义

服务是一个较为笼统和抽象的概念，这是由服务的复杂性和广义性，综合性和交叉性决定的。旅游服务属于服务的范畴，它既具有一般服务的特点，但又不同于一般的服务，更具有自己独特的内涵。从旅游服务的经济属性出发，以旅游服务供需为基础，对旅游服务可从两方面来表述。

1. 从旅游者角度看

旅游服务是指旅游者在旅游准备阶段、旅游过程中、旅游结束延续过程中与相关旅游企业或非旅游企业所发生的互动关系，这种互动作用使旅游者获得了经历和感受，但旅游者并没有得到实体结果。旅游者在旅游服务过程中，一般更注重心理和精神感受。

2. 从旅游服务供给角度看

旅游服务是指企业向旅游者提供的具有能够带来个人旅游体验效用的服务产品。旅游服务过程需要一定的辅助设施，服务可能或不可能与物质产品相连，但服务的结果无法储存，而且在客我双方的服务互动中，不会引起实体所有权的转移。

从旅游服务的定义可以看出，旅游服务是涉及旅游企业和旅游者的动态、互动体系，内涵十分丰富，其中既包括人与人的互动关系，也包括人与物的相互作用。这种复杂关系的交织，要求我们对旅游服务的理解不能仅仅停留在表面上，而应从综合性和深层次上进行把握。旅游服务的定义可以用图1-5表示。

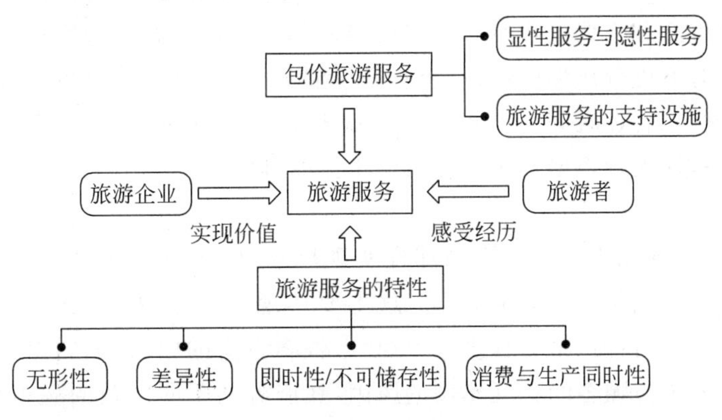

图1-5　旅游服务定义示意图

(二) 旅游服务的主要特征

与有形产品相比,旅游服务所具有的基本特征如表1-2所示。

表1-2 旅游服务与有形产品的比较

旅游服务	有形商品
表现出来的	制造出来的
生产现场有顾客参与(不可分离性)	生产场地不向顾客开放(可分离性)
顾客前往服务的生产地	产品被运送到顾客的居住地
购买赋予买者在指定时间和地点享受服务的暂时使用权	购买意味着获得所有权,可随意使用商品
服务在销售点是不可触摸的,通常不能接受检查	商品在销售点拥有可触摸的形状,可以接受检查
易折损,不可实地储存	可实地储存

资料来源:改编自程菻,朱生东.旅游市场营销.合肥:合肥工业大学出版社,2005.

1. 不可感知性

不可感知性是旅游服务最为显著的一个特征,它可以从三个不同的层次来理解。首先,与有形产品不同,服务在购买之前是看不见、摸不着、听不见、闻不到的。例如,客人在登上飞机前,除了手里捏着一张机票和被许诺将安全抵达目的地之外,他们什么都没有。其次,顾客在购买服务之前,往往不能肯定他能得到什么样的服务。因为大多数服务都非常抽象,很难描述。最后,顾客在接受服务后通常也很难察觉或立即感受到服务的利益,难以对服务质量做出准确的评价。

为了减少由于旅游服务的不可感知性所造成的不确定性,购买者会搜寻能够提供有关服务的信息和能形成对服务的信赖的各种有形证据,各种有形的因素就成为展示无形服务的质量信号。中国香港丽晶饭店(Regent Hotel)特别重视饭店的所有者制服和着便装的员工都能给人以高雅而专业的印象。此外,该饭店还刻意在门前停放一些类似劳斯莱斯的豪华轿车,以便直接传递一种高质量和高档服务的信息。

2. 不可分离性

有形的工业品或消费品在从生产、流通到最终消费的过程中,往往经过一系列的中间环节,即产品生产和消费过程具有一定的时间间隔。而旅游服务生产过程与消费过程同时进行,它具有不可分离性的特点,也就是说服务人员向顾客提供服务时,也正是顾客消费服务的时刻,二者在时间上不可分离。服务的这一特性表明,顾客参与是服务产品实现的前提条件,这无疑也增加了服务营销工作的难度。

3. 差异性

差异性是指服务无法像有形产品那样实现标准化,企业每次服务带给顾客的效用、顾客感知的服务质量都可能存在差异。这主要体现在三个方面。第一,服务人员的原因,如心理状态、服务技能、努力程度等。第二,顾客自身的原因,如知识水平、爱好、情绪等。第三,服务人员与顾客间相互作用的原因,在服务的不同次数的购买和消费过程中,可能会存在差异。

4. 不可储存性

旅游服务与有形产品之间的第四个重要差别是产品的储存能力。物质产品是有形的,因而可以储存和异地销售,因而有较长的使用寿命;服务产品的生产与消费是同步的,因而服务产品是无法储存的。一个有 100 间客房的饭店,如果在某天晚上只销售出 60 间,是不可能把没有销售出去的 40 间客房储存起来留待次日销售的。

饭店产品的不可储存性决定了客房预订(即提前预售)是饭店经营管理的一项重要内容。利用网络进行饭店业的促销,是信息时代饭店宣传促销的新课题和新选择,饭店网络预订系统经历了 CRS(中央预订系统)和 GDS(全球分销系统)两种促销模式。

5. 缺乏所有权

缺乏所有权是指在服务产品的生产和消费过程中不涉及任何物质所有权的转移。既然服务是无形的又不可储存,服务产品在交易完成后便消失了,消费者并没有实质性地拥有服务产品。以游客住宿为例,通过饭店的服务,游客获得了满意的住宿服务,但这并没有引起任何所有权的转移,游客得到的只是饭店设施的使用权。缺乏所有权会使消费者在购买服务时感受到较大的风险。如何克服此种消费心理,促进服务销售,是营销管理人员所要面对的一个严峻挑战。

从上述五个特征的分析中不难看出,"不可感知性(无形性)"被认为是服务产品的最基本特征,其他特征都是从这一特征派生出来的。

三、服务营销与传统营销的区别

与其他传统营销方式相比,旅游服务营销有以下七个特殊的差异。

(一) 旅游服务的非耐用性

大部分产品和许多服务顾客可以使用几个星期、几个月有时甚至几年,像冰箱、立体声音响和小汽车等耐用品,都是多年消费的一次性投资。但大多数情况下的旅游服务,例如光顾一次快餐店、短暂的飞机通勤往返和去一次旅行社,不到一小时就可以完成,时间短促,甚至来不及给顾客留下好的或坏的印象。大多数制造商能够为其产品提供长达数年的保质保修等售后服务。但是,旅游服务的质量担保却很少,尽管餐厅做得不好的饭菜可以退回厨房重新做,但是许多质量不高的旅游服务却不能退换,因为旅游服务是无形的。

(二) 更加感性的购买驱动

当购买产品的时候,顾客一定知道它对自己而言有个特别的功用,此时顾客运用理性的判断多于感性的判断。例外的是有些人非常钟情于某个特定的产品和品牌,如可口可乐。这种钟情在旅游业服务中发生的概率非常大,人们往往选用那些和他们个人形象相符的旅游服务,例如,一些名流都喜欢选择在四季酒店(Four Seasons)举行婚宴,是因为四季酒店是世界奢华酒店及度假酒店业的领先经营者。这些名人选择四季酒店,因为这与他们自身作为成功商业人士的形象相符合。他们选用这些服务时,综合考虑了理性原因(更多服务和赠品)和感性原因(身份和地位的象征)。

(三) 有形证据更加重要

产品是有形的物品,而服务则是一次性消费体验。由于服务的无形性,顾客无法看见、试用或评估服务,但是他们能看到各种各样与这些服务相联系的有形因素。所以顾客在购买服务时,就高度依赖这些有形的线索和证据,这些有形证据的综合效果决定了他们对服务质量的评估以及服务满足他们需求的程度。

以酒店为例。酒店服务的有形证据可分为物理环境、价格、广告和其他顾客四类。物理环境包括酒店的装饰风格、地毯、墙纸、员工制服和酒店的标识。光洁可鉴的酒店大堂的地板上,铺着漂亮的东方地毯,上面悬挂着巨大的水晶树形装饰灯,这是一个高等级、高质量酒店的形象。服务的价格也影响顾客对服务质量的印象。价格高往往预示着豪华和高品质,而价格低则反映了不够豪华和质量较低。酒店的电视广告、网站和宣传画册可以向顾客提供一些有形证据,因为通过这些描绘了顾客能够想象到的服务。酒店现有的顾客会给潜在的顾客提供一些暗示。例如,如果一个年轻人发现在该酒店用餐的顾客大部分是老年人,他可能就不会和朋友在那里共进晚餐。

(四) 更加多样化的分销渠道

代替旅游服务分销系统的是一系列独立的中间商,包括旅游代理商和提供度假服务的公司,如旅游批发商等。普通产品中间商很少能影响顾客的购买决定。相反,许多旅游中间商在很大程度上能影响顾客的购买决定。旅游代理商和奖励旅游以及会议旅游策划机构经常接受顾客的咨询,并为顾客提供目的地、酒店、景点、全包度假服务、旅游和交通信息。

(五) 更加依赖于协作组织

顾客经历一次旅游活动,会接受许多不同的企业和组织提供的旅游服务。从顾客注意到某个目的地的广告开始(可能由地方政府或旅游机构提供),顾客随后可能造访旅行社,咨询更详细的旅游信息和得到一些建议。旅游代理商可能会为顾客推荐一种目的地全包旅游,包括往返机票、地面交通、食宿、当地观光旅游、娱乐和景点等。在旅游过程中,顾客会去购物、上餐馆用餐、美发等。这些服务的提供者需要互相依存、互相辅助。顾客会依据他在旅游过程中所有涉及的组织的表现来评价整个旅游体验的质量,如果其中有个组织提供的服务没有达到顾客的要求,那就会破坏整个旅游过程中的感受。

(六) 服务更容易被模仿

普通的产品通常可以申请专利保护,而且可以阻止其他人抄袭和模仿。但是,旅游服务不可能申请专利保护,旅游企业也不能阻止其他人出入其提供服务的场所,所以旅游产品很容易被别人模仿。那么,旅游企业就必须不断地在服务上进行创新,根据顾客的不同需求,提供更加定制化和个性化的服务。

（七）更加重视淡季促销

普通产品在旺季时的推销最疯狂。例如12月份的圣诞和新年贺卡，夏天的游泳用品、防晒油，冬天的防冻药和防寒服。但是旅游业却需要一个完全不同的营销计划，在淡季进行大量的促销活动。原因有以下三个方面。

1. *顾客在他们的假期中进行了大量的情感投资*

这些假期是逃离工作和其他日常琐事的珍贵时刻，假期也时常带来重大的开支。打算投入这么多的时间和金钱，事前规划是有必要的。因此，此时是旅游服务促销的最好时机，等顾客的假期开始之后再促销就为时已晚。

2. *旅游企业的服务能力通常是固定的*

在旅游旺季，如果度假地、酒店、飞机、轮船和餐厅都客满，它们也不能迅速地扩大容量。工厂可以加班生产或者动用储备物资来应付旺季需求，但是旅游企业却不可能。

3. *在淡季消耗多余容量的压力更大*

圣诞饰物制造商可以把每年1～11月的时间都花在生产和储藏存货上，旅游服务的存货却不能储藏下来以备日后销售。在一年、一个月、一周甚至一天之内，旅游企业的业务量都常常发生巨大的变化。因为旺季的容量是固定的，所以营销重点必须转移到淡季促销上来。

四、旅游服务营销的7P组合

（一）传统营销理论中的4P

传统营销理论的核心之一就是4P组合，即产品(Product)、价格(Price)、促销(Promotion)和分销(Place)。4P组合理论对企业界产生了巨大的影响，全世界都将营销努力放在4P组合上，并以提高市场占有率为其最大目标，在过去的几十年的市场环境下，为公司赚取了巨大的利润。例如，日本丰田汽车公司20世纪80年代在美国的竞争战略就是以市场占有率为目标，以4P组合为核心，最终渗透入美国汽车市场，取得了巨大成功。

由于旅游服务营销明显区别于一般有形产品的营销，以麦肯锡为代表归纳提出的以4P为中心的营销组合理论已远不足以涵盖现代旅游服务中的现实问题。因此，现代旅游服务的营销组合在4P基础上还应扩充下列因素，从而构成以7P为核心的新型服务营销组合体系。

（二）人(People)

包括服务者和顾客两个方面，在旅游服务中承担着服务表现和服务销售双重任务的服务员工，在顾客眼中他们已成为旅游服务产品的组成部分。作为活跃的人的因素的顾客，也极大地影响着旅游服务营销的管理。

（三）有形证据(Physical Evident)

旅游服务虽属人际高接触的服务产品，但并非纯粹的无形服务，它仍须依赖其他的有形要素,即实体环境,如酒店的建筑、装潢等;服务设备,如不同星级的酒店在设备方面有明显差异;实体性线索,如客房卫生间的马桶上“已消毒”的封条等。

(四)过程(Process)

过程即服务的传递过程,其中服务体系的理念和运作、服务的机械化程度、顾客参与程度、咨询与服务经历等都是旅游服务管理者要特别关注的。服务表现和传递过程的编排设计,又被称为“服务剧本”,近年来正在受到关注。设计富有效率和服务表现力的服务过程剧本,无疑对提高服务质量、提升顾客兴趣和满意度具有重要意义。

随着7P的提出和广泛认同,服务营销理论的研究开始扩展到内部市场营销、服务企业文化、员工满意、顾客满意和顾客忠诚、全面质量管理、服务企业核心能力等领域,这些领域的研究正代表了服务市场营销理论发展的新趋势。

本章小结

通过本章的学习,在了解旅游市场营销基本概念及观念发展的基础上,着重掌握旅游服务营销与一般营销的区别,并认识到7P理论对于旅游服务系统营销的重要意义。

核心概念和观点

市场;市场营销;旅游服务营销;有形展示

★ 市场的大小取决于那些有某种需要并拥有使人感兴趣的某种资源,同时愿意以这种资源来换取其所需的人数的多少。

★ 需求实际上是人们具有购买能力时欲望的一种转换形式,市场营销者总是通过各种营销手段来影响需求,并根据对需求的预测结果来决定是否生产某一产品投向市场。

★ 旅游企业在市场营销中,要将旅游市场需求、旅游企业优势与社会利益三者有机地结合起来,确定旅游企业的经营方向。

练习题库

□ **知识题**

1. 市场营销的核心概念有哪些?它们的关系是怎样的?
2. 请简述生产观念的发展过程。
3. 旅游服务产品与一般产品的区别是什么?
4. 旅游服务营销的特点是什么?

□ **案例分析题**

“袖珍宾馆”的服务之道

上海南京西路有座“袖珍宾馆”——海港宾馆。在大酒店、高档饭店林立的上海,饭店、宾馆的经理们大多为住客率低而犯愁。可在这里却常常出现10多位客人等在大厅里,抢住刚刚退出的客房的情景。生意如此兴隆,奥妙何在?

夜晚，走进海港宾馆的客房，两张床占据着客房的主要位置，与一般的宾馆一样。可是当你清晨起床后，轻轻按一下机关，床就会缓缓翘起翻嵌进暗墙里。这时，你才会发现，一间客房已经变成了工作室。对生意人来说，既不需多付房费，又不落身价，花了标准房的钱，得到了“套房”的享受。

除了巧妙的客房设计外，海港宾馆的决策者经过调查发现，整个上海没有一个为寻求合作者提供企业资料的信息库，很多入住的商务客人为此大伤脑筋。他们立即与上海旅游学会合作，开办了上海第一个商务新型计算机库分门别类储存上海的主要经济信息和各类机构的“花名册”，企业也可以申请在计算机库中立一个“户头”，储入企业简介和合作意向。这项软件服务为商务旅游者提供了大量合作机会和洽谈线索，大受他们的欢迎。

资料来源：百度文库.

思考题：

海港宾馆成功的原因是什么？试用所学的营销学原理进行分析和阐述。

第二章 旅游市场营销环境

学习目标

- □ **知识目标**：通过本章的学习，理解并掌握旅游市场营销环境的含义及构成，了解旅游企业内外环境如何影响旅游企业的营销活动。
- □ **技能目标**：在学习本章基本理论的基础上，能够对某一具体旅游企业的内外部营销环境的变化趋势加以识别，并制定相应的营销策略。
- □ **能力目标**：运用 SWOT 分析法分析旅游市场营销环境，根据其环境的实际情况，制定并适时调整相应的营销策略，自觉利用市场机会，防范可能出现的威胁。

第一节 旅游市场营销环境概述

一、旅游市场营销环境的含义及构成

旅游市场营销环境是指那些作用于旅游企业，而旅游企业难以控制的因素和力量，这些因素和力量构成了旅游企业生存和发展的外部条件。简而言之，旅游市场营销环境就是指与旅游企业营销活动有直接业务关系的各种因素的总和。

旅游市场营销环境由宏观环境和微观环境构成（见图 2-1），其中微观环境往往与旅游企业有着直接的经济联系，直接决定着企业服务及其目标顾客的能力，易受外部宏观环境的影响，企业可以适度控制。宏观环境则必须通过微观环境作用于旅游企业的市场营销活动。微观环境一般由旅游资源供应者、旅游中间商、顾客群、竞争对手、社会公众以及旅游企业内部影响营销协作的各个部门（财务、人事、业务、营销）所构成。宏观环境是指各国或地区之间的人口、经济、政治法律、科学技术、社会文化以及自然生态等一些大范围的社会约束力量方面存在的差异。

旅游企业面对的上述诸多环境力量并不是固定不变的，而是经常处于变动之中，并

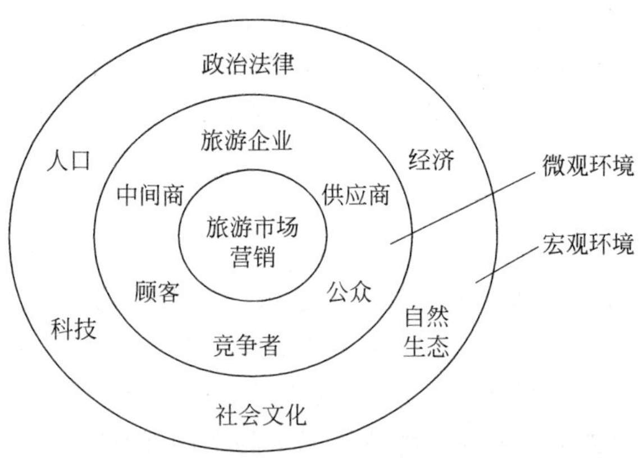

图 2-1　旅游市场营销环境的构成

且许多变动往往又由于其突然性而形成强大的冲击波。分析市场环境可以帮助我们了解市场营销的机会和风险，进而适应市场环境，发掘市场机会，开拓新的市场。在旅游企业营销战略及营销计划的制订中，营销环境分析是必不可少的一步。旅游业因存在对其他行业较强的依赖性，对环境变化甚为敏感。我们分析旅游市场营销环境的目的就是寻求营销机会，避免环境风险，适应外部环境的变化。

二、旅游市场环境的特征

（一）差异性

虽然从整体上看，同一国家、同一地区的宏观营销环境基本上是一致的，但是这种一致性却是相对的，如我国的不同地区在地理、自然条件以及民族文化等方面就会有很大差异。由于自然环境的差异，哈尔滨的冰雕世界与海南岛的热带风情就是迥然不同的旅游特色。对于不同国家和地区更是如此，由于地理、自然条件、民族文化、社会经济制度和发展水平等方面的不同，宏观营销环境会显示出巨大的差异性。

另外，旅游企业还需要适应不同的微观环境及其变化，因地制宜地制定营销策略。例如，同处于某一城市的一家大型的国际旅行社和一家小型的国内旅行社，其宏观环境相似，但微观环境却截然不同，大型的国际旅行社由于自身实力强，在旺季来临之前可以综合运用各种各样的营销手段来推广自己的旅游产品，而小型的国内旅行社此时限于自身的人力、财力，只能通过人员推销、网络营销等有限的几种低成本手段来推广产品。

（二）波动性

旅游市场营销环境各项因素的状态随着时间变化而变化，多因素变动的各个状态的多重组合，形成了与不同时间相对应的多样化环境。旅游需求由于可自由支配收入变化、闲暇时间的分布差异，易形成旅游流的时空波动；旅游目的地的旅游资源禀赋造成相对的旅游流季节波动；另外，政治形势剧变、重大自然灾害发生、传染性疾病流行等环境变化都会给旅游业造成巨大冲击,从而直接影响到旅游企业的市场营销工作。2003年肆虐中国的SARS,2008年5月发生在四川汶川的8级大地震都对当时当地的旅游业造成了重大损失。旅游市场营销环境的波动性,决定了旅游企业对环境的适应是一个不断变化的动态过程。

(三)关联性

旅游市场营销环境的各项因素之间并不是孤立无关的,而是相互影响、相互制约的,其中某一项因素的变化,都会引发连锁反应,带动其他因素的相应变化,形成新的市场营销环境,正所谓"牵一发而动全身"。例如,竞争对手是旅游企业重要的微观环境因素之一,而宏观环境中政治法律因素或经济政策因素的变动,均能影响到其竞争对手数量的增减,从而形成不同的竞争格局。又如,旅游市场需求不仅受消费者收入水平、闲暇时间、个人偏好以及社会文化等方面因素的影响,政治法律环境的变化往往也会对其产生决定性的影响。

因此旅游市场营销成败的关键,首先在于能否把握营销环境的特点及其变化,只有与环境的变化相适应,相协调,企业才能顺利地开展营销活动,并实现其预期的各项目标。

第二节　旅游市场营销的宏观环境

旅游市场营销的宏观环境是指影响旅游企业运作的外部大环境,既包括国际环境,也包括国内环境,旅游企业对它既不能控制,又不能影响,而它却对旅游企业营销的成功与否起着重要作用。宏观环境包括自然环境、人口环境、经济环境、政治法律环境、社会文化环境以及科学技术环境等因素。

一、自然环境

对于旅游产业而言,自然环境主要是指优越的地理位置和丰富的景观资源。旅游业与自然环境存在着密切的联系,旅游业的发展必须依托于一定的自然地理环境,而自然资源、气候条件的变化对旅游业都存在着一定的制约作用。

优越的自然条件给旅游营销提供了得天独厚的机遇。在自然地理环境中,风景是众多旅游资源中最活跃、最富于变化、最能激发游客想象力的重要因素。我国各地的旅游胜地就拥有许多绚丽壮观的风景资源,如泰山日出、黄山云海、三峡云雾、峨眉佛光等。气候、空气、阳光等是构成自然条件的主要因素,也是能否吸引游客的重要因素。被誉为世界"旅游王国"的西班牙,其几大旅游区主要是由丰富的自然资源构成的,西班牙人自豪地说:"我们出口的是阳光、空气和海滩。"

自然条件可以给旅游营销带来良机,环境变化有时又会给旅游营销带来危机。地震、山崩、火山爆发、洪水袭击、恶劣天气等自然灾害都可能给旅游业造成损失。可见,自然界的变化会从不同方面影响着旅游营销，需要进行具体的调查研究而做出相应的反应。

【案例 2-1】

Club Med 直面气候变化

Club Med(地中海俱乐部)成立于 1950 年，是目前全球最大的旅游度假连锁集团之一。Club Med 意识到人们所期待的完美假期与气候变化之间的联系，始终在环境保护和社会问题方面及时采取行动。

据统计，Club Med 所使用的电力有 18%来源于再生能源(65%在法国)。在 2010—2014 年，Club Med 所使用的矿物燃料减少了 15%，其中，17%的 Club Med 度假村配备了加热泵，24%的度假村使用了太阳能，而 35%的度假村则从制冷装置中回收热能。值得一提的是，位于马尔代夫的 Finolhu Villa(翡诺岛度假村)已经实现了所用能源 90%来自于太阳能。Club Med 亦将在 2010—2020 年，致力于实现每个酒店入住日的温室气体排放量减少 15%。

Club Med 度假村提前预见极端气候给旅游带来的影响，充分考虑到海岸侵蚀这一问题，为了不使其继续恶化，品牌旗下度假村的位置均设立在远离海岸线的地方，并且在深入了解其复杂功能管理系统的基础上，对海滩的布局和维护进行管理。Club Med 旗下的山林度假村都位于高海拔或临近大型滑雪场的地区，为了应对降雪量减少的问题，品牌会在两个季节之间照常营业，同时致力于开发出更多冬季活动项目(例如踏雪健行、冰下潜水或雪橇等运动)，以减少对降雪量的依赖。至 2015 年 11 月，Club Med 旗下 71%的度假村获得了可持续旅游的 Green Globe 绿色地球认证。

资料来源：搜狐资讯. http://roll.sohu.com/20151214/n431250357.shtml.

二、人口环境

旅游市场是由具有购买欲望和购买能力的人所构成的，旅游企业市场营销活动的最终对象是旅游者。影响旅游企业市场营销的人口因素是多方面的，通常包括人口数量、自然构成、增长速度、教育程度、地区分布及地区间流动等因素。人口环境的这种影响直接反映到消费需求的变化上。

(一) 人口规模

人口因素不仅影响基本生活资料需求的变化，同时也影响诸如旅游需求等非基本生活资料需求的变化。在收入接近的条件下，人口规模决定着市场容量的大小。一般情况下，人口数量与市场容量、消费需求成正比。因而人口数量的增加为旅游企业扩大市场空间和创造市场机会提供了可能性。但是人口规模过度的增长也会影响经济的发展，使购买力下降，进而限制旅游企业的发展。例如，非洲的很多国家人口过度增长，但因购买力不强，旅游人数仍然为数不多，占其总人口的比例甚少。

(二) 人口的地理分布

从人口地域分布与旅游市场的关系看,随着地理距离的增大,客源会逐渐衰减,因为随着距离加大,旅游费用和时间逐渐增多,旅游流强度逐渐减弱。在旅游的格局里,国内旅游流大于国际旅游流,中短程国际旅游流大于远程国际旅游流。在相同目标的前提下,舍远求近是一切旅游市场选择的共同原则。针对这一特性,旅游市场营销活动应注重近距离市场的开发。例如,亚洲国家多在吸引日本、韩国等较近的富裕国家的游客。

一般而言,城市居民对旅游有需求的人数比乡村的多,而且比例也高。其原因是:城市居民收入较高,旅游需求的经济条件较好;城市交通发达,旅游信息灵通,旅游社会条件较好;都市人口稠密,环境污染大,迫使人们通过旅游调节生活环境。一线城市的人口规模明显大于二线城市,其旅游总人次就远远高于二线城市,而成为旅游企业市场营销的重点。

(三) 人口结构

从年龄结构来看,一方面由于人们的生活保健条件越来越好,人均寿命显著延长,使得老龄人口的比例增大;另一方面是我国目前处于一个婚育高峰期,蜜月旅行已成为时尚。鉴于人口年龄的这两个特点,旅游企业营销者既应该注重老年人市场,推出适合老年人需求的各种服务项目,也应该开展多姿多彩的蜜月旅游活动,从人们的实际需求出发,举办吸引客源的营销活动。

从性别结构来看,女性旅游者迅速增加,原因是近年参加工作的女性增多,要求妇女解放、男女平等、经济自立渐渐成为一种风尚。女性旅游人数增加,旅游市场营销者可针对女性消费的特点,推出一些刺激女性出游的活动,如购物健美之旅等。

从职业结构来看,企业主、商人业务繁忙,出差机会多;科技人员、医生、教育工作者等外出学术交流机会多;职员、自由职业者假日外出旅游也较多。旅游企业的营销活动应针对不同的职业群体采用不同的措施。例如,对教师群体的宣传应放在寒暑假前夕;整体素质较高的群体渴望了解世界的愿望更强烈,因此应采取多种形式加强对这一群体的宣传,强化宣传效果。

三、经济环境

经济环境是影响旅游营销的最基本、最重要因素,它直接关系到旅游市场状况及其变动趋势。一般来说,影响旅游市场营销活动的经济环境因素主要包括国民生产总值、个人收入和消费模式、外贸收支状况。

(一) 国民生产总值(GNP)

国民生产总值是反映国民经济发展的综合指标,人均国民生产总值可反映出一个国家人民的富裕程度。有研究指出,通常人均国民生产总值达 300 美元就会兴起国内旅游,而人均国民生产总值达 1 000 美元,就会有出境旅游的需求。特别是人均国民生产总值为 1 500 美元以上者，旅游增长速度更为迅速。2014 年，我国的人均国民生产总值已达到 7 261.58 美元，进入旅游消费快速增长阶段。预计到 2020 年，国内旅游人数将增加到 29 亿人次，入境旅游人数将增加到 2 亿人次，出境旅游人数将增加到 1 亿人次左右，成为世界上第四大客源输出国。

（二）个人收入和消费模式

经济条件是人们进行旅游活动的必要条件之一。个人收入，尤其是个人实际可自由支配收入，是决定旅游购买者购买能力的决定性因素。据统计，在经济发达国家中每个国民的旅游支出约占个人收入的 1/4。因此，个人收入是衡量当地市场容量、反映购买力高低的重要尺度。一般来说，高收入的旅游者往往比低收入的旅游者在旅游过程中平均逗留时间长、花费高。不同收入的旅游者在旅游中选择参加的活动类型、购买的旅游产品也有很大的差别。

【案例 2-2】

居民收入增长带动旅游出境热

2014 年，中国内地公民当年出境旅游首破 1 亿人次，达 1.09 亿人次，海外支出达到创纪录的 1 648 亿美元，较 2013 年增加 28%，创下两年来最大的百分比增幅。2015 年中国游客境外旅游消费额为 2 150 亿美元，出境旅游 1.2 亿人次。回溯 2000 年，中国只有 1 050 万人出境游，仅仅过了 14 年，中国的出境旅游人数便增长了 10 倍，其增长速度世界少见。

从 1978 年到 2012 年，扣除物价上涨因素后，全国城镇居民人均可支配收入实际增长 10.5 倍，年均实际增长 7.4%；全国农村居民人均纯收入实际增长 10.8 倍，年均实际增长 7.5%。2014 年全国居民人均可支配收入 20 167 元，城镇居民人均可支配收入 28 844 元，农村居民人均可支配收入 10 489 元。持续增长的居民收入为人们外出旅游创造了经济条件。

资料来源：腾讯大秦网.

（三）外贸收支状况

外贸收支状况可以通过货币汇率的变动来表现。货币汇率反映不同国家不同货币之间的比价，对国际旅游需求的变化起重要的作用。当旅游客源国外贸收支出现顺差时，会造成本国货币升值，而旅游目的地国商品价格（包括旅游价格）又未相应提高，则前者的居民去后者旅游时支出的货币就会减少，从而促使前者居民对后者旅游需求的增加；反之，当旅游客源国外贸收支出现逆差时，客源国的货币对目的国的货币就会贬值，则会减少该国的居民对后者的旅游需求。对旅游目的地国来说，货币升值会减少旅游，货币贬值则会促进旅游。对旅游客源国来说，货币升值会促进本国居民到国外旅游，货币贬值则会减少国民外出旅游。例如，根据亚太旅游组织披露的数字，2004—2008 年，前来中国旅游的游客数量年增长率达到 8%；随着人民币的不断升值，2010 年之后，中国人境旅游市场的增长速度开始出现减缓,预计增长率维持在6.8%。

四、政治法律环境

(一)政策的稳定性

政策的稳定与否与一个国家的政治局势、方针政策有关,这些因素的变化也影响着旅游企业的营销活动。政策的稳定性首先取决于政治局势的稳定性。政局稳定是旅游企业顺利开展市场营销活动的关键因素。

第二次世界大战后至20世纪六七十年代,美国和欧洲旅游业的迅速发展是与其稳定的政治局势分不开的。自20世纪90年代以来,我国国内国际旅游人次和旅游外汇收入迅速增长,也与中国改革开放以来稳定的政治局势密切相关。

另外,旅游企业的所属国与目标市场国之间关系的好坏,也影响着双边旅游活动。政府在政策上采用关税减免、信誉担保、减少手续、实行特殊的旅游兑汇等措施,可为两国的旅游往来创造条件。例如,北美自由贸易区和欧盟内部各成员国之间由于关系稳定,在一系列互惠条例的前提下,公民旅游往来频繁。

(二)行政法律干预手段

国家政府会运用法律手段,干预社会经济生活,因而政府的法令条例,特别是有关旅游业的经济立法,对旅游市场需求的形成具有不可忽视的调节作用,而这些法律或规定是在企业的控制范围之外的。如政府制定的五天工作制,大大刺激了周末旅游的发展;带薪假日制度的实行,使人们对远距离旅游目的地旅游形成现实的需求。

还有些立法条款对旅游娱乐的消费需求会产生重大影响。比如政府下令禁止公费出游的政策颁布后,旅游团体量立刻受到影响。交通运输条款规定也对旅游需求产生作用,全国铁路客运票价和航空票价对旅游的影响显而易见。旅游娱乐消费税和扣除额的变化对旅游者的消费行为将产生更大影响。作为旅游营销人员,就需要针对政策法规情况的变化来调整营销策略以适应市场的变化。

五、社会文化环境

在旅游企业面临的诸方面的环境中,社会文化环境是较为复杂的。社会文化因素包括目标市场教育水平的高低、相关群体影响、民俗宗教习惯差异等。

教育水平的高低反映人们的文化素养,对旅游市场营销的影响主要表现在两个方面。一是影响旅游者的消费结构、购买行为和审美观念,从而影响旅游企业的营销活动。文化程度高的消费者,思想比较先进,不满足于单调枯燥的生活节奏,要追求生活质量,从而有强烈的旅游需求。在教育水平高的国家,消费者对旅游产品的要求较高,如偏向于博物馆、美术馆、科技馆、名人故居等知识含量较高的旅游景点。二是制约企业的市场营销活动。在教育落后的国家进行市场调查或与旅游者交换意见比较困难,在当地也难以寻找到合适的代理商和市场调研人员,促销方式也受到一定限制。例如,在苏州的外国游客中日本人占了相当比例，原因就在于日本的小学课本中就将唐诗《枫桥夜泊》收入，他们从小就受到"姑苏城外寒山寺，夜半钟声到客船"的文化熏陶。

相关群体，如家庭、邻居、亲友、周围环境等，或某种社会风尚能影响一个人的态度、行为和价值观而形成一种消费倾向。人或多或少都有一种从众心理，一个人通常不知不觉地就与相关群体协调起来了。在一定的社会阶层里，人们常常选购某些能表明他们社会地位的商品。旅游市场营销人员应利用同一阶层之间的攀比心理，以针对性的营销手段进行各方面的刺激。把一部分人鼓动起来，就必然会带来另一部分客源。营销工作要注意在相关群体中制造影响力来带动客源市场。

风俗习惯遍及社会生活的各个方面，包括婚丧习俗、饮食习惯、节日习俗、商业习俗等，是人们长期自发形成的习惯性的行为模式，进而影响人们的消费行为。例如，中国人有春节辞旧迎新、端午节划龙舟、中秋节庆团圆等许多具有特色的风俗习惯；信奉伊斯兰教的国家的穆斯林，在伊斯兰历每年的 12 月上旬，汇集于沙特阿拉伯的麦加城，以朝拜圣地。旅游企业在开拓国际市场时，一定要注意不同民族、不同国家地区的文化传统及宗教习惯的差异。旅游营销要建立在对客源市场深入了解的基础上，从游客的角度去着想，适应当地社会文化，市场经营活动才能成功。

六、科学技术环境

科学技术是现代生产力中最活跃和最具有决定性的因素，对于经济发展、社会进步、生活方式的变革都起着巨大的推动作用。科技的发展同样对旅游业的发展产生着一定的影响，而今许多高科技已经在旅游业中得到了广泛运用。

科学技术的发展为旅游企业的市场营销提供了先进的技术手段。如今，星级旅游饭店已普遍使用计算机预订系统，包括现在已经运用的 VOD 视频点播系统，为客人提供了前所未有的便利；客房中逐渐增加了全球电子传真、通信等功能；交通运输工具的运输能力得到了极大的提高与改善；现代通信传媒技术使旅游企业可以通过广播、电视、互联网等多种手段发布广告等。科学技术的发展变化，为旅游业提供了新的管理方式和手段，极大地提高了旅游企业的营销效率，增强了旅游企业的竞争优势。

科学技术的发展增加了旅游市场营销创新的机会。网络营销对于旅游业的影响是巨大而深远的。由于科学技术改变了人们的生活方式、消费观念和需求结构，因而蕴藏着许多市场机会。旅游企业应根据这些变化，增加旅游产品的科技含量和推广科技化的营销手段，为旅游者提供满意的产品与服务。

第三节　旅游市场营销的微观环境

旅游市场营销微观环境影响着企业为目标市场服务的能力。构成旅游企业营销微观环境的各种制约力量存在于企业周围，与企业形成协作、竞争、服务、监督的关系。

旅游市场营销微观环境主要包括购买者、竞争者、旅游供应商、旅游中间商、社会公众。

一、购买者

旅游购买者是影响旅游营销活动的最基本、最直接的环境因素。

(一) 个体购买者

这类顾客群是旅游产品和服务的直接消费者和最终消费者,其旅游目的是满足个人或家庭物质和精神需要,这种顾客一般属于散客。

个体购买者人数众多,市场分布比较分散,构成比较复杂。由于个体旅游者的年龄、性别、文化、偏好、习惯的不同,所处阶层的差异,对旅游的需求差异性较大。旅游营销活动要根据旅游消费者消费行为的特点,把旅游产品和服务设计为各种档次、各种类别、各种特色来适应不同层次消费者需求。另外,个体购买者大多缺乏对旅游产品的专门知识,其购买行为具有很大程度的诱导性,旅游企业可根据这一特点做好旅游产品的宣传工作,指导旅游者消费,有效地引导旅游者的购买行为。

(二) 组织购买者

组织购买者是指企业或机关团体组织为开展业务或奖励员工而购买旅游产品和服务的购买者。

组织购买者应是旅游市场营销的重要目标市场。组织购买数量虽少,但购买的规模比较大。如单位在宾馆会议室召集所属下级单位开会用餐,一次性购买量就比散客大很多。另外,由于组织购买者对旅游商品和服务的需求受价格变动的影响较小,因而旅游企业获利率比较可观。但经营者一定要注重旅游产品的质量。

二、竞争者

竞争者是旅游企业营销活动的重要的微观环境因素之一。从消费需求的角度划分,每个企业都面临如下四种类型的竞争者。

(1) 愿望竞争者是指提供不同产品以满足不同需求的竞争者。例如,消费者有带薪假期,他想游山玩水、度假疗养或在家休息,他目前的愿望对旅游企业来说,就叫"愿望竞争者"。如何使旅游者选择度假旅游而不是观光旅游,或如何使消费者选择出游而不是在家待着,这就是一种竞争关系。

(2) 一般竞争者是指提供能够满足同一种需求但不同产品的竞争者。例如,飞机、火车、汽车都可用作出游工具,这三种交通工具的经营者之间必定存在着一种竞争关系,他们也就相互成为各自的竞争者。

(3) 产品形式竞争者是指生产不同规格档次的竞争者。例如,消费者选择旅游团队的档次,是豪华还是标准。

(4) 品牌竞争者指的是产品规格、档次相同,但品牌不同的竞争者。例如,消费者在选择入住五星级宾馆时是选择东方大酒店还是香格里拉。显然,后两类竞争者都是同行业的竞争者。

上述不同的竞争对手，与旅游企业形成了不同的竞争关系。这些不同且不断变化着的竞争关系，是企业开展营销活动必须考虑的十分重要的制约力量。

三、旅游供应商

旅游供应商是指向旅游企业及其竞争者提供旅游产品生产所需资源的企业和个人，包括提供能源、设备、劳务、资金等。旅游饭店的商品供应者有定点旅游用品商店、水电部门、公安部门、菜市场等单位；旅行社的商品供应者有旅游风景管理区、交通部门、宾馆饭店、娱乐区等单位。旅游营销活动是一个以服务为主的综合性活动，旅游营销活动离不开物质产品和服务的供给，服务产品的数量和质量直接影响着营销活动的成本和费用的高低，进而影响营销活动的营销目标的实现。因此，旅游企业必须和供应商保持良好的关系，保持供货的稳定性、及时性与质量的一致性，并注意供应商的变化，掌握供销价格的变动和产品技术的革新，以保证货源。

四、旅游中间商

旅游中间商是指处于旅游产品生产者与旅游者之间，参与商品流通业务，促使买卖行为发生和实现的集体和个人。它包括经销商、代理商、批发商、零售商、交通运输公司、营销服务机构和金融中间商等。这些旅游营销中间商一方面要把有关产品信息告知现实和潜在的旅游者；另一方面又要使旅游者得以方便地克服空间障碍获得旅游产品。

旅游中间商在营销活动中的多个环节中出现。例如，某旅行社的外联人员出去联系业务，他就在旅行社与旅游者之间扮演中间商的角色；旅游者最终确定目的地后，此旅行社就会与目的地某一旅行社进行联系，由当地那家旅行社提供地陪，全权负责当地游览。在这个过程中这家旅行社又充当了中间商的身份。在整个旅游活动过程中，中间商出现了两次。旅游营销活动一定要审慎选择好中间商。

五、社会公众

旅游企业的生存与发展依赖于良好的公众关系和社会环境，社会公众对于旅游营销活动的成败产生实际的或潜在的影响。社会公众是指对企业实现其目标的能力感兴趣或发生影响的社会团体或个人。对于旅游企业而言，作为微观环境的公众包括新闻媒介、政府机构、群众组织以及企业内部员工。旅游公关营销的宗旨是创造成功的人际关系、和谐的人事气氛、完美的社会舆论，以赢得社会公众的了解、好感、信赖、支持与合作。以大众媒介为例，报纸、广播、电视对某旅游企业一篇优质服务的报道，就能使这一企业提高信誉，扩大销售；反之，一篇损害旅游者利益的报道，就会使这一企业商业形象大大受损，自然会影响销售。

第四节 旅游市场营销环境的战略分析

全面分析旅游市场营销环境，一般运用 SWOT 分析法这种广为应用的综合分析方法。这种方法的最大特点是把企业内部条件和外部营销环境结合起来考虑，得出对企业营销战略地位的综合判断，从而为企业制定营销战略打下基础。

SWOT 分别是指优势、劣势、机会和威胁四个方面，其中，优势—劣势(SW)的组合分析是内部环境分析的重心，机会—威胁(OT)的组合分析是外部环境分析的焦点，而旅游企业市场营销战略的制定则取决于对其环境进行 SWOT 分析的综合结果。

一、营销环境优势—劣势(SW)分析

旅游企业内部环境的优劣，以是否有利于营销活动及其他经营活动的开展为标准。旅游企业能否最为合理地运用其内部营销要素，直接关系到最终的市场营销效果的好坏。旅游企业营销要素是指旅游企业自身所具有的营销资源，或称营销能力，这里所谓的优势与劣势也即指旅游企业对诸多类型营销资源的拥有及其相对丰度状况。

一般而言，旅游企业的营销要素依形态可以分为两大类。一类是有形资源，包括企业的人力、财力和物力等，是旅游企业实施市场进入战略所需生产能力决策的物质基础与依据。另一类是无形资源，包括技术、时间、信息、组织、作风、企业文化等，是企业营销活动的助推器。

企业的组织结构就是重要的内部资源之一。分析企业内部环境时，只有充分而准确地了解企业的实力，才有可能制定出具有可行性的营销战略和策略。

旅游企业的 SW 分析主要就是对上述旅游企业的营销要素进行分析、评价和总结，其对象涵盖旅游企业的市场、财务、运作以及人力资源四大领域。

进行旅游企业 SW 分析的目的是充分挖掘并确定一个或更多的利润机会，使旅游企业本身所具有的优势得以发挥，同时规避可能阻碍企业财务和市场目标实现的内部劣势，扬长避短，在内外环境因素平衡的基础上确定企业的营销战略和决策方案，从而实现经营目标。

二、营销环境机会—威胁(OT)分析

进行外部机会—威胁分析的目的，在于确定企业有可能利用的市场良机和可能会影响企业经营的市场威胁。该分析可分为微观环境分析和宏观环境分析两部分。微观经营环境是直接影响企业日常经营操作的环境，主要涉及供应商、银行、投资者、股票持有者、顾客、竞争者、中间商以及广告和公共关系代理商等几个方面。宏观环境则延伸至固定的群体或组织之外，包括政治、法律、经济、科学技术乃至环境生态等社会各个领域。

旅游市场营销环境主要通过对旅游企业提供机会或构成威胁而影响旅游企业的营销活动。旅游市场营销机会是指环境中对旅游企业发展过程产生促进作用的各种契机。

环境机会对不同的旅游企业有不同的影响力，旅游企业在每一特定的市场机会中成功的概率，要看此环境机会是否与企业目标、资源及任务相一致。

威胁则是指对旅游企业发展过程产生不利影响和抑制作用的发展趋势，它们对旅游企业形成挑战。这种威胁和挑战往往来自于多个方面，有国家某项重大决策事件引起的，如中国加入世界贸易组织，外资企业的大举进军将使我国的旅游饭店和旅行社遭遇相当严峻的挑战；也有不可预知的各种灾害引起的，如 2011 年 3 月，日本东北部海域发生里氏 9.0 级地震并引发海啸，造成福岛核电站发生核泄漏事故；2015 年 8 月泰国曼谷遭恐怖"炮弹袭击"，泰铢严重贬值；2015 年 11 月 13 日，巴黎发生恐袭事件，对法国旅游业造成重大冲击，事件发生后一周，巴黎餐饮业营业额下降 30%，酒店业营业额下降 26%。巴黎工商会预测，法国酒店业未来一段时间，整体降幅将超过 50%。

由于机会与威胁对旅游企业的影响程度有大有小，不同的机会和威胁可以组合成四种不同的环境类型，即理想环境、风险环境、成熟环境和困难环境，如图 2-2 所示。

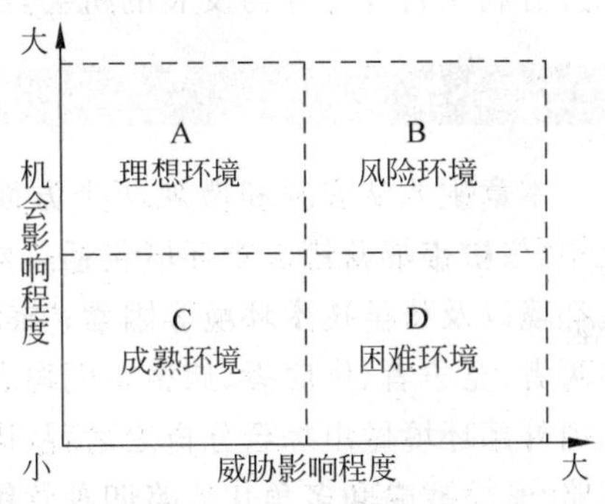

图 2-2　机会—威胁矩阵

在理想环境状态下，旅游企业应看到机会稍纵即逝，必须不失时机地进行产品开发和市场拓展，扩大销售，提高市场份额，提升市场地位，从而赢得竞争优势。在风险环境状态下，旅游企业面临着高利润和高风险并存的局面，此时既不宜盲目冒进，也不应迟疑不决，而应在充分的市场调查和科学预测的基础上，努力捕捉营销机会，及时做出正确的营销战略决策，争取突破性发展。在成熟环境状态下，旅游企业在经营好常规业务以维持正常运转的同时，应积极寻找新的营销机会，为开展理想业务和冒险业务准备必要的条件。在困难环境状态下，旅游企业要么努力改变环境，走出困境或减轻威胁；要么立即转移，摆脱无力改变的困境。

三、旅游市场营销战略选择

总体来说，旅游企业内部的优势与劣势是相对的，因此，旅游企业内部环境的优势与劣势，必须与旅游市场营销外部环境的机会与威胁结合起来综合分析，并在此基础上做出正确的市场营销战略选择。因此，旅游企业的决策者和营销人员应定期对营销环境进行分析和总结。充分利用有利的外部因素，发挥一切内部因素的主动作用，在内外因素平衡的基础上，寻找企业的最大机会，确定企业经营战略和决策方案，或对原有的营销战略作适当而灵活的调整，以实现预期的经营目标。

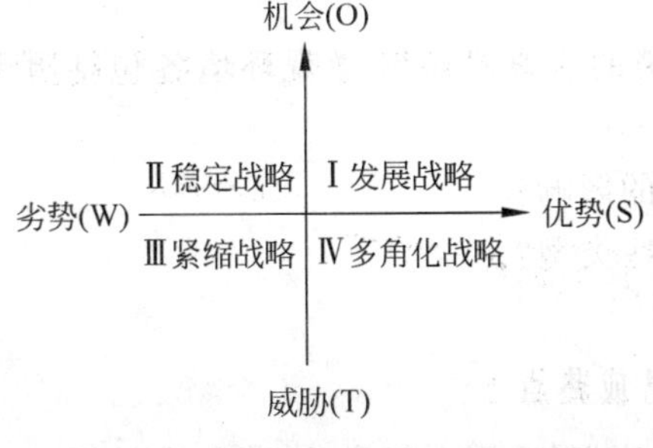

图 2-3　SWOT 分析战略选择矩阵

根据 SWOT 分析法，从内外环境的协调平衡角度出发，其营销战略可分为发展战略、稳定战略、紧缩战略和多角化战略四种，如图 2-3 所示。

在以上 SWOT 战略矩阵分析的基础上，我们可以将战略决策的最终结果通过表 2-1 来显示。

表 2-1 不同 SWOT 状态下的营销战略选择

SWOT 评价结果	营销战略选择	营销战略方向	营销原则	营销决策
优势＋机会	发展战略	产品认知	开拓	占领市场、领导同行、增强企业实力
劣势＋机会	稳定战略	个性凸显	争取	随行就市、速战速决、抓住市场机会
劣势＋威胁	紧缩战略	有效回收	保守	降低费用、急流勇退、占领角落市场
优势＋威胁	多角化战略	品牌塑造	进攻	集中优势、果断还击、提高市场份额

通过 SWOT 分析，旅游企业可以明确自身具备的优势，改进或回避存在的不足，并把握有利于自身生存与发展的机会，从而将优势转变为企业的竞争力。

本章小结

本章主要从宏观和微观两个方面来分析环境的发展变化对旅游市场营销的影响。其中，旅游市场营销宏观环境包括自然环境、人口环境、经济环境、政治法律环境、社会文化环境以及科学技术环境等因素；旅游市场营销微观环境主要包括旅游企业内部环境、购买者、竞争者、供应者、旅游中间商、社会公众。最后运用 SWOT 分析方法对旅游企业的内外部环境做出综合分析之后，从内外环境的协调平衡角度出发，提出发展战略、稳定战略、紧缩战略和多角化战略四种营销战略。

核心概念和观点

市场营销环境；旅游环境；宏观环境；微观环境；愿望竞争者；一般竞争者；产品形式；竞争者；品牌竞争者

★ 微观环境往往与旅游企业有着直接的经济联系，直接决定着企业服务及其目标顾客的能力，易受外部宏观环境的影响，企业可以适度控制。

★ 旅游企业市场营销战略的制定则取决于对其环境进行 SWOT 分析的综合结果。

★ 旅游市场营销环境主要通过对旅游企业提供机会或构成威胁而影响旅游企业的营销活动。

练习题库

□ **知识题**

1. 什么是旅游市场营销环境？旅游市场营销的宏观环境与微观环境各包括哪些因素？

2. 经济环境对旅游者的消费选择会产生怎样的影响？

3. 旅游营销组织机构面临的竞争者主要有哪些类型？

□ **案例分析题**

我国老年旅游消费已成热点

目前，我国有近 1.2 亿老人。按照联合国规定的指标，一个国家 60 岁以上的人口如果占到总人口的10%，则可认定是老龄化国家。目前我国60岁以上人口占到13.26%，其中65岁及以上人口占8.87%，因此，我国已步入老龄化国家之列。老年市场成为旅游市场的重要组成部分。因此，旅行社应针对老年人特点，对旅游资源、旅游设施进行重新组合，开发多样化老年旅游产品，最大限度地满足老年人的需求。

2015年，"双12"旅游大促销，各电商推出5折旅游产品，"'双12'玩转全球5大洲""5折起""双旦游乐享不停""12天环球游世界""不只是3折"等多种大力度促销广告格外醒目，各旅游电商们也早已提前放出大招。某旅游电商网站上标明，"泰国普吉岛六日游"仅需千元左右，是正常价格的3.5折。更有旅游电商网站推出了"云南六日双飞游"仅需799元，是正常价格的1.8折。中老年群体成为旅游消费的主力军，避开高峰期，休闲舒适、性价比高是现在许多热爱旅游的银发族们出游最重要的考虑因素。

除此之外，目前旅行社主推的温泉主题产品也备受老年人欢迎。同时，不少旅行社2016年春节期间的出境游产品也提前上市。

思考题：

1. 请运用SWOT方法分析中国老龄化为我国旅游业带来的机遇和挑战，以及应该采取的相关营销对策。

2. 结合案例分析，旅游企业研究旅游营销环境的变化有什么重要性？

第三章 

旅游消费行为分析

学习目标

- □ **知识目标**：通过本章的学习应掌握旅游消费行为概念和类型；了解影响旅游消费行为的主要因素；熟悉旅游者和组织机构购买决策过程；掌握旅游者购买行为模式。
- □ **技能目标**：在结合本章知识点的基础上，通过对书本案例的分析与探讨，能独立分析现实生活中具体的旅游消费行为。
- □ **能力目标**：通过本章的学习，能够理论联系实际，在分析旅游消费行为的基础上，根据旅游者、组织机构购买行为制定旅游营销战略。

第一节 旅游消费行为概述

一、旅游消费行为的含义

我们将旅游者(包括个人和团体)在搜集旅游产品的相关信息进行决策以及在购买、消费、评估、处理旅游产品时的行为表现，统称为旅游消费行为。如果旅游从业人员能较好地理解和把握旅游者的消费心理和购买行为，就能更好地调整产品、价格、销售渠道及促销策略，来适应旅游者的需求，这对旅游企业的经营具有十分重要的意义。

二、旅游消费行为的类型

旅游消费行为有多种分类标准，按照旅游购买的决策单位可以分为旅游消费者购买行为和组织机构购买行为，如图 3-1 所示。

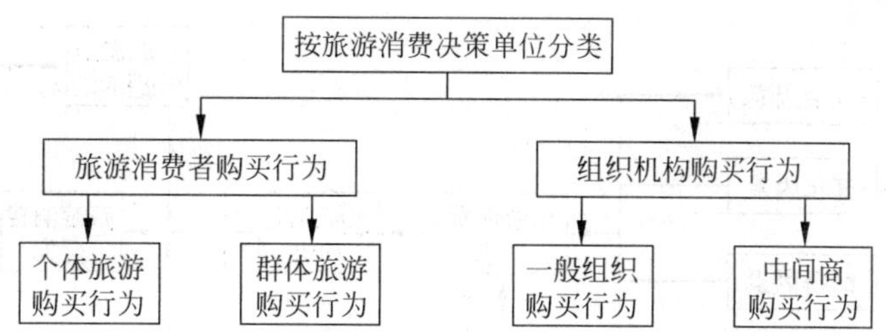

图 3-1　按决策单位划分的旅游消费行为

（一）旅游消费者购买行为

旅游消费者购买行为是指旅游者个体、家庭或群体直接购买旅游产品和服务的消费行为。根据旅游者的数量和群体的差异又分为个体消费者购买行为和群体消费者购买行为。

（二）组织机构购买行为

组织机构购买行为是指以某种组织为购买单位的购买者购买旅游产品和活动及购买决策过程，因购买决策单位的不同层次又可以分为一般组织机构购买行为（如公司组织的员工集体旅游活动）和中间商的旅游购买行为。

除了上述的分类方法以外，我们还可以根据旅游者购买目标是否确定、旅游者的消费目的、旅游者的性格特点等标准来对旅游消费行为进行分类。

三、旅游消费行为模式

（一）"需求—动机—行为"模式

旅游消费者的需求、动机以及购买行为构成了旅游购买活动的行为链条。当旅游者产生旅游需要而未得到满足时，就会引起一定程度的心理紧张。当出现满足需要的目标时，旅游者的这种需要就会转换为内在的动机，动机驱动旅游者产生具体的旅游消费行为。当旅游者的具体需要通过旅游活动得到满足时，内在的心理紧张感就会消失。如果出现了新的需要，就开始了下一个循环，如此反复就形成了旅游"需求—动机—行为"模式，如图 3-2 所示。

旅游者的需求受社会因素、文化因素、经济因素以及旅游者个人因素的影响。另外，社会文化和经济因素都对个人因素产生影响，从而间接地从更深层次上对旅游者的旅游需求产生影响。

从旅游动机到最终付诸旅游消费行为的过程中，旅游者会主动地搜寻相关信息，并同时接受来自旅游营销者的信息，以便形成消费决策。同时，旅游者自身的心理活动也会影响搜寻和接受外界信息的效果，最终影响到旅游消费行为。

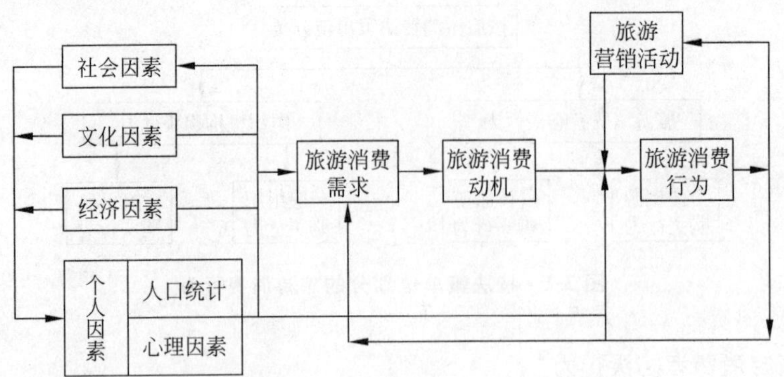

图 3-2 旅游消费行为"需求—动机—行为"模式

【案例 3-1】

张先生一家巧圆温泉梦

2015 年元旦假期,江西的张先生一家想放松一下,但不打算远行。这个时候恰好收到大别山温泉的宣传广告,经过简单的了解后,就决定自驾车来一次"泡汤"之旅。3 人来回路费、午餐、泡温泉花费 1 180 元,对于张先生一家来说,这比"海吃"一顿值得多。

(二)"刺激—反应"模式

行为主义心理学家认为,人的消费行为是外部刺激作用的结果。行为是刺激的反应,当行为的结果能满足人们的需要时,人们就会重复该行为;反之,则放弃该行为。而人的内部心理活动则是不可掌握的,就像一个看不透的"黑箱",由此提出了旅游者购买行为的"刺激—反应"模式,如图 3-3 所示。

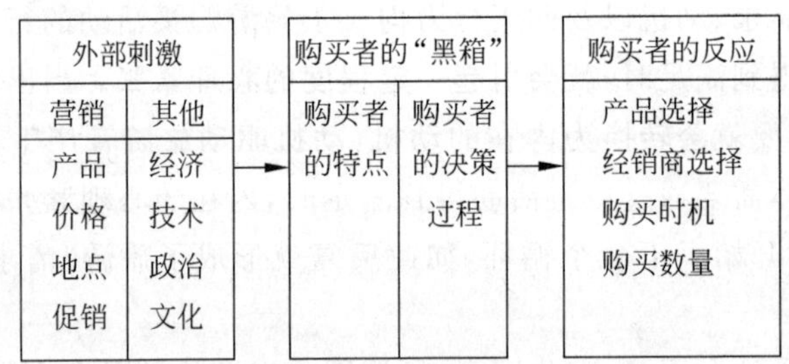

图 3-3 旅游购买行为的"刺激—反应"模式

购买者做出购买决策的心理过程及影响购买行为的因素怎样起作用,这是深藏在消费者内心深处的,如同一个"黑箱",营销人员无法了解,但是可以通过采取多种刺激手段(如广告、人员推销等)来促使他们作出相应的反应,然后根据他们的反应来推断出其心理活动(黑箱)是如何变化的,从而更好地采取有针对性的营销策略。

第二节　旅游者消费行为分析

旅游者是旅游市场营销理论研究的主要对象，因而，研究影响旅游者购买行为的主要因素及其购买决策过程，对于有效地开展旅游市场营销活动至关重要。

一、影响旅游者消费行为的因素

行为科学家科特·莱文(Kurt Lewin)认为人类的消费行为主要受消费者个人的特点、社会因素、环境因素的影响。旅游者消费行为同样受到文化、社会、个人等多方面因素影响，这些因素可大体分为由消费者本身产生的内部因素和影响其消费产生的外部因素，如图 3-4 所示。

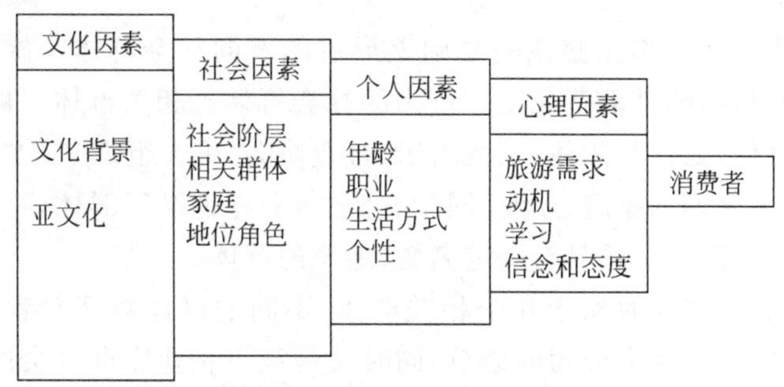

图 3-4　旅游消费行为影响因素

(一) 文化因素

文化是指一个国家或地区的民族特征、文化传统、价值观、宗教信仰、社会结构、风俗习惯等情况。文化是一个社会所有成员共同拥有和认同的，往往决定着一个社会的消费习惯、伦理道德、价值观念和思维方式等，文化的差异决定了消费行为的差异。例如，中国的入境旅游者中，欧美旅游者大多选择那些同他们有着明显的环境与文化差异的具有浓郁中国特色和悠久历史的旅游目的地，像大理、丽江等；而东南亚旅游者更愿意选择那些具有宗教意义的旅游目的地，在旅游项目选择上更喜爱一些能修身养性的项目。又如，受集体主义文化的影响，日本人比欧洲人更喜欢参加团队旅游。

人们的旅游活动本来就是一种文化消费活动，旅游者进行旅游活动是为了获得新奇的、美的经历感受，差异才会产生美。一般而言，旅游地最能给旅游者震撼力的差异，无疑就是各地缤纷多彩的传统的民族文化、宗教文化、种族文化、地域文化，正因为如此，于光远先生曾经说过："旅游是经济性很强的文化事业，又是文化性很强的经济事业。"从这个角度而言，文化因素也是影响旅游者购买决策的重要因素。

（二）社会因素

任何一名旅游者都是生活在一定的社会环境中的,其旅游消费行为自然会受到各种社会因素的影响,这些社会因素包括社会阶层、相关群体、家庭等。

1. 社会阶层

社会阶层是根据人们的社会地位、声望、价值观以及生活方式等划分的相对稳定的人的群体。同一社会阶层的人的行为具有很大的相似性。因此,对于个体旅游者而言,其所处的社会阶层将直接影响其购买行为,他们在购买旅游产品时往往要考虑自己所处社会阶层中其他购买者的购买选择。例如,在日本,获取高尔夫俱乐部成员资格已经成为上层社会群体的一种狂热追求。

另外,由于旅游是一种极富象征意义的活动,因此,较低阶层的人有时也会效仿较高阶层的行为,在旅游消费中获得心理上的自我满足。一些财富和社会地位严重失衡的人则会选择炫耀性消费,某些暴发户执意选择住酒店总统套房即是此类消费的例证。

2. 相关群体

相关群体是指人们在相互交往的基础上形成的不同社会群体。旅游消费者的相关群体是指直接或间接影响其消费态度和行为的社会群体。相关群体一般可以分为三类:一是关系一般的群体,如社会团体、宗教组织、行业协会、工会组织等;二是关系密切的群体,如与消费者关系密切的家庭、朋友、同学、邻居等;三是崇拜群体,主要是指消费者内心仰慕并在行动上积极效仿的具有一定名望、地位的群体。

当然,一个人也可能同时属于几个相关群体,不同的群体对消费者影响存在明显差异。例如,王先生既是一家大公司的老总,同时又是该市企业家联合会的秘书长,而且还是一家车友会的铁杆车迷,经常结伴驱车自驾游。一般来说,一个人的旅游消费行为受关系密切的群体影响较大,这主要是源于他所在群体的群体归属意识对其中成员的约束力。例如,以参团方式出游的旅游者通常都会自我约束,在旅途中时间观念增强,不随意在集体活动时间在旅游景点的摊位前流连,以免耽误整个旅游团的行程。而关系一般的群体和崇拜群体对消费者具有观念的倡导作用。例如,韩剧《冬季恋歌》热播后,剧中主人公恋爱的南怡岛,迅速吸引了中、日二国的许多青年游客前往观光。

3. 家庭

家庭是社会生活的基本单位,也是重要的旅游消费群体。家庭主要成员的价值观念、生活方式、行为准则趋于一致。在旅游消费中,大部分旅游活动是以家庭形式进行的,家庭成员对旅游决策的影响作用是首位的。家庭购买决策大致可以分为三种类型:丈夫主导决策型、妻子主导决策型、共同协调决策型。购买决策权采取哪种类型取决于多种因素,如各地的生活习惯、女性就业状况、双方工资及教育水平、家庭内部的劳动分工以及旅游产品种类等。

另外,孩子对家庭旅游决策的影响力也不容忽视。在我国,独生子女家庭已占到城市总家庭数中的相当大比重,父母出于让孩子增长见识等目的,往往会带孩子出去旅游,因此孩子在决策过程中建议权的分量逐渐加大,甚至成为关键。美国旅游服务企业专门针对儿童来开拓商机的经验值得借鉴。例如,海厄特大饭店专门为小顾客准备的海厄特帐篷活动；麦当劳餐厅提供儿童娱乐设施、为儿童过生日并赠送小礼品等，都是在利用儿童来影响家长。

（三）个人因素

旅游者的消费行为会受到个人因素的影响，主要包括年龄、职业、生活方式、个性以及经济状况等因素。

1. 年龄

尤其值得关注的是，年龄的差别往往意味着生理和心理状况、收入及旅游购买经验的差别。因此，不同年龄的旅游者在旅游产品、购买方式和购买时间等方面的选择上有很大差别。一般来讲，年轻人喜欢新的和刺激性、冒险性较强、体力消耗较大的旅游活动；老年人则倾向于节奏舒缓、舒适并且体力消耗较小的旅游活动，同时大多数老年人积蓄较多，他们更喜欢选择豪华型的旅游产品，这就是为什么参加豪华游船旅游的大多数为老年人。

2. 职业

职业在很大程度上决定一个人的收入水平、社会地位、闲暇时间。旅游者个人的职业一方面会影响其旅游偏好。例如，平时工作强度大、压力重，人际交往频繁的“金领”阶层，喜爱享受山水的宁静或领略异国情调，而避免嘈杂喧闹、刺激性强的旅游项目。另外，职业还会影响旅游者的旅游时间。例如，教师因为有较长的假期所以会有更多充裕的时间来参加旅游，而商人因为时间紧，所以旅游次数虽多但可能来去匆匆。因此，旅游营销者应针对不同职业的旅游者需求开发不同类型的产品和不同层次的服务，以适应其消费。

3. 生活方式

旅游者个人的生活方式对其旅游购买行为也会产生影响。生活方式是一个人所表现出来的有关其活动、兴趣和看法的生活模式。比如，通过对日本人生活方式的调查，将日本人划分为五类，即温和派、古典派、保守派、现代派、开放派。不同生活方式的人，消费观念不一样，购买行为也各不相同，像保守派对旅游消费就没有兴趣，而开放派则崇尚高消费。旅游营销人员应寻找自己的旅游产品与各种生活方式群体之间的相互关系。

4. 个性

个性是指一个人独特的心理特征，个性促使个人对自身周围环境产生相对一致、持续的反应。旅游者的个性与其消费行为有密切的联系。心理学曾将人的个性分为外倾型和内倾型。一般来说，具有外倾型个性的人性格开朗、活泼，易于流露自己的感情，独立性强，旅游需求比较广泛，而且在旅游中喜欢结识新的朋友与旅伴；而内倾型个性的人性格比较沉静，做事谨慎，不爱交际，旅游需求相对保守。

5. 经济状况

旅游消费是一种弹性较大的消费，旅游者的经济状况在很大程度上影响其对产品和服务的价格选择，最终影响其旅游服务的消费决策。近几年来，顶级豪华游逐渐受到经济实力雄厚的旅游者青睐。2016 年世界最佳旅游目的地挪威峡湾 9 天 8 夜豪华游轮神奇探秘之旅正式在中国上海面市，该游程将乘坐排水量 14.2 万吨的奢华游轮帝王公主号巡游挪威最平缓的哈当厄尔峡湾,世界上最长、最深的峡湾松恩湾,最美丽、神秘变幻莫测的北极之光,还可以细细地体会北极圈中大自然匠心独运的美丽风景。整个行程的花费远远高出目前普通欧洲游价格,但仍然吸引了大批成功人士的踊跃报名参与。

(四) 心理因素

旅游者的消费行为除了受以上因素影响外,还要受到旅游者个人心理方面因素的影响。

1. 动机

动机是人们采取某种行动的内在动力或愿望,人们往往同时具有多种需求,如果其中某种强烈的需求得不到满足,他就会想方设法去创造条件使其得到满足,这种愿望就是动机。由于人们的旅游需要是复杂多变的,人们旅游的动机也就多种多样,一般来说,可以将所有的旅游动机归纳为以下五种。

(1) 身体方面的动机。通过有益于身体健康的旅游活动来达到松弛身心的目的。例如选择度假、娱乐消遣、避暑等旅游项目的游客大多出于此动机。

(2) 文化方面的动机。例如,通过旅游活动来了解异地他乡的文化艺术、风俗习惯、政治经济、宗教等状况,以及进行学术交流和艺术交流等。

(3) 人际方面的动机,这是一种为了增进社会交往,保持与社会的经常接触而产生的旅游动机,如探亲访友、旧地重游、开展社交活动等。

(4) 地位和声望的动机。这是一种为了提高个人社会地位和名声的动机,通过相关旅游活动引起他人注意,得到承认,赢得声望,或结交名人。例如,参加以学术交流为主题的会议旅游,以及高层次的考察旅行等大多属于此动机。

(5) 经济方面的动机。这是人们为了达到一定的经济目的而产生的旅游动机,包括贸易、经商、购物等。例如,人们去香港旅游,有一部分原因是为了去香港购买物美价廉的商品。

2. 知觉

知觉是指人对外部事物的信息筛选、加工和解释的过程。知觉会受到刺激物本身的特点和刺激物同周围环境的关系以及感知者自身因素的影响,所以知觉在很大程度上会影响旅游者的购买行为。旅游营销人员应努力了解旅游者对旅游产品的知觉方式以及影响旅游者知觉的相关因素,这样才能有效地对旅游者的知觉过程施加影响。

人们通常会经历三种知觉过程:选择性注意、选择性扭曲和选择性记忆。例如,某人打算去名山旅游,就会开始留心各类名山的广告及别人的介绍;在看了张家界的风光介绍片后,觉得只有张家界才是集秀美与险峻于一身的,其余名山便被“过滤”了;最后,该消费者脑海中只保留了张家界的优点。

3. 学习

学习是人在生活过程中获得行为经验的过程。人类的大部分行为都是后天学习的结果。人的旅游行为是在生活水平达到了一定程度的情况下,为满足较高层次的需要而产生的,比起其他行为,更具后天习得性。具体而言,旅游者的学习内容包括以下三个方面。

(1) 旅游动机的学习。例如,城市儿童由于受电视广告、家长及周围人的语言和行为等刺激影响，会对旅游产生好奇和兴趣，表现为主动向家长提出自己也想去旅游。

(2) 旅游态度的学习。例如，近年来，女性的旅游态度发生了很大变化。她们在旅游中不再是丈夫的顺从者，凡事靠丈夫解决，而是主动解决与旅游有关的各种问题。

(3) 旅游经验的学习。例如，一个曾经到过几个海滨城市的旅游者会根据以往的经验推知，到其他任何一个海滨城市都大致会有着类似的经历。

随着我国公民收入的增加，许多人萌发了外出旅游的动机，但不少人却不懂如何去旅游。有些人缺乏历史和地理知识，对旅游目的地的景点不甚明了，有些人对旅游中的食、住、行、娱缺乏经验，因而对登上旅程心存疑虑。为了促进旅游业的发展，鼓励人们积极投身旅游活动，旅游企业就有必要主动地对旅游者，尤其是潜在旅游者实施教育引导，变“等客上门”为主动“引客上门”，教旅游者学会如何旅游。

4. 态度

态度是指人们对某种客观事物或观念比较一贯的评价、感觉及行动倾向。态度可以通过学习来建立，在很大程度上影响着个人的思考和行动。态度可以使个人对类似的事物表现出大致相同的看法和行动，逐渐形成一个固定的模式，一般很难改变。例如，消费者到某酒店就餐，第一次遇到了低劣的服务，他就会对这家酒店的服务产生不满，如果第二次又遇到了很差的服务，这种不满意的态度就会固定下来，以后就再也不会选择这家酒店了。

旅游营销人员在营销活动中，一方面，通过服务与消费者进行心理沟通，了解现实旅游者和潜在旅游者对推出的旅游产品和服务的要求和期望，以及他们的购买偏好，来增强消费者对旅游产品和服务的良好印象；另一方面，还通过增加新的产品和提高服务质量，改变消费者对原有产品与服务的不良态度。例如，一些酒店打出“三星的价格，四星的服务”的醒目广告来宣传自己的质优价廉，改变消费者对自己原有服务的态度。

二、旅游者购买决策过程

旅游者对旅游产品和服务的购买消费活动，是通过一定的消费行为过程来实现的。旅游者的消费过程，是一个相互关联的消费行为的系列，旅游消费过程在购买行动发生之前已经开始，而且还包括购买后的行为，它一般分为五个阶段，如图 3-5 所示。

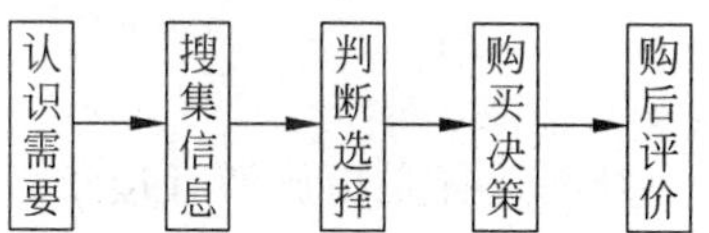

图 3-5　旅游者购买决策过程

(一) 认识需要

对于旅游营销人员而言，他们必须一方面要了解自己的产品能够满足消费者哪些内在需求；另一方面通过哪些外在刺激能引发人们对旅游服务产品的需求。一项旅游活动能够满足旅游者的需求越多，就越有可能受到旅游者的欢迎。在这一阶段，旅游营销人员要了解旅游消费者有什么需要，努力唤起和强化消费者的需求，并协助他们。比如，一位有工作和家务双重负担的妇女想独自外出度假，但考虑到家人的反应、时间限制、在陌生环境中的人身安全问题等，她可能会极力压抑去旅游的愿望，这个时候，旅游营销人员便可以设法唤醒她的需求，使其产生外出游玩的动机，卸下工作和家务的重担，放松身心。

(二) 搜集信息

搜集信息是购买决策的调研阶段。人们认识到自己对某项旅游产品的需求后，就会对其产生兴趣，因而有意识地去搜集相关信息，以加深认识。一般而言，旅游者的信息来源于个人消费经验、营销宣传活动、相关群体、公众信息四个方面(见图 3-6)。例如，在案例 3-2 中，刘先生为了暑期的旅游，就搜集了多本旅游杂志、导游手册和地图，并向旅游经验丰富的人请教，以此来了解相关信息。

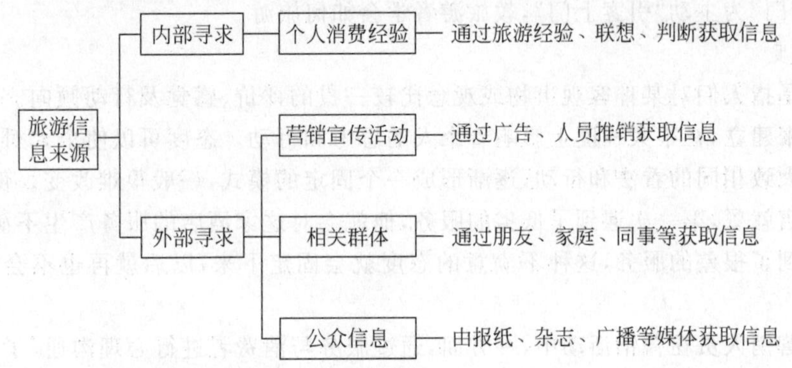

图 3-6　旅游消费信息来源示意图

旅游营销人员应该了解消费者的各种信息来源及每种信息来源对旅游消费者购买决策的影响程度。一般来看，对某种特定的产品和服务，旅游消费者接触最多的信息来源于旅游企业的营销宣传活动，而对消费者决策起关键作用的却是相关群体的信息来源、公众信息来源以及自己的消费经验，即消费者更相信来自人际传播渠道的意见和建议。

(三) 判断选择

判断选择是指旅游者搜集各方面相关旅游服务产品的信息，并对其进行分析、整理、评估，以形成自己的观念和倾向。例如，在案例 3-2 中，刘先生对搜集到的各种相关信息进行比较分析，结合自己的爱好、预算，对黄山、泰山、天柱山、雁荡山和武夷山进行评估。旅游者在评估选择的过程中，以下几方面应引起旅游营销人员的注意：旅游服务产品的属性、服务产品对不同旅游者的重要性程度、旅游者对品牌的信念和旅游者评估程序。

(四) 购买决策

旅游者通过对信息、资料、可选方案进行比较评估后，初步产生购买意图，如果没有其他相左意见或信息的干扰，购买决策过程即可完成。购买意图和购买决策包括品牌、经销商(或代理商)、购买时间、购买数量和支付方式决策。

旅游者的购买意图经常会受到来自他人的意见、突发因素的干扰。他人的意见对购买决策的影响取决于他人对购买决策的否定程度以及他人对购买者的影响力。突发因素可分为与产品和服务有关和无关的因素，前者如旅游目的地社会政治环境突发变化，使得前往该地区的不安全因素增加；后者如个人的经济条件、社会地位、心理状况等因素的变化，也会影响购买决策。旅游营销人员要充分认识到旅游者的购买意图并不一定会有最终的购买决策，我们要尽量将与旅游产品和服务相关的不利因素减小到最低程度。

（五）购后行为

从字面上看，购后行为就是购买消费产品之后的行为，它既是一次旅游消费活动的结束，同时也可能是下次购买或不购买的开端。购后行为在一定程度上是对购买决策的"反馈"。当旅游者认为购买到理想的旅游服务产品时，就会认可、接受该产品，如果不满意其服务与质量，今后就会转而选择其他的旅游产品。旅游者购后的评价取决于其心中对产品的期望与实际产品绩效之间的对比。如果实际效果能够达到期望，旅游者的评价就高，反之则低。

因此，企业在产品营销推广中，对旅游产品的广告宣传应实事求是，不要夸大其词。此外，还要采取积极的步骤(如赠送纪念品、面对面或电话沟通等)，促使旅游者消除不满意感，使他们相信自己的选择是正确的。

【案例 3-2】

一名旅游爱好者的购买决策过程

2015 年年初，无锡的刘先生开始筹划夏季的旅游活动。他打算花 5 000 元左右，用 6 天时间在鲁南、豫东、皖南、赣东北、闽北和浙南畅游一番。他搜集了许多旅游杂志、导游手册和地图，并向旅游经验丰富的人咨询，基本上将以上区域的风景名胜和历史文化了然于胸。因为酷爱大自然，又擅长摄影和绘画，刘先生认为游览自然风景更过瘾，于是设计了两种方案：一是通过一条旅游线路串联几类自然风景区；二是在一个自然风景区，畅快淋漓地游玩。

他最中意的一个方案是从无锡出发，经太湖到杭州，沿富春江乘船到梅城，从梅城再乘汽车到建德，然后乘船跨过千岛湖到淳安，再沿着新安江到深渡，从深渡坐汽车到黄山，登完黄山后坐汽车回到无锡。但这个方案显然超出了刘先生的时间和财务预算，而且沿途不断更换交通工具，很难保证车船衔接的连续性。所以，他只好忍痛割爱，考虑采用第二种方案。

在各类自然风景区中，在山区当过 10 年知青的刘先生最喜欢山。因此，他决定这次旅游要游览一座名山。通过比较，备选名单上剩下了黄山、泰山、天柱山、雁荡山和武夷山。黄山风景无与伦比，可惜夏季游人如织，山上吃住可能会成问题。泰山历史遗存丰富，但风景逊于黄山。天柱山处于开发初期，资料不多，无法确定其风景质量以及接待设施是否齐全。去雁荡山乘汽车则辗转劳烦，转乘轮船又怕晕船影响游兴。武夷山丹崖碧水，风景有特色，而且可从无锡乘火车直达邵武，交通相对方便。最后，刘先生选中了武夷山。他在武夷山拍摄的旅游影集，成为他向亲友分享的得意之作。

第三节　旅游组织的消费行为分析

个体旅游者、家庭及小群体旅游者构成了旅游市场的一部分,而旅游组织机构由于其旅游消费频率和总支出较大,成为近年来旅游营销人员重点关注的旅游市场中的一个重要组成部分。

一、旅游组织机构的分类和特征

旅游组织机构按照购买产品和服务的目的不同,分为一般组织机构和旅游中间商。

一般组织机构购买旅游产品和服务是为了自己消费,如事业单位机构(学校、医院等)、政府机构、军队机关、企业、各种协会机构、社会娱乐组织等。不同的行业组织机构对旅游产品和服务购买需求不同。企业的业务往来活动及各类会议经常需要食宿和各种旅游服务。政府和军事机构主要为来访者或出访活动、会议、职员休假等购买旅游服务产品。学校常在节假日为教职员工购买一些旅游服务项目。这些消费行为均为自身消费,他们需要旅游营销者提供不同层次的服务项目,满足不同的需求。

旅游中间商则是为了盈利而购买产品和服务,包括各类经营旅游业务的企业、旅游批发商、旅游代理商、旅游零售商等。它们购买旅游产品和服务并将之用于组合包装成新的旅游产品或服务,以供销售或供应给他人,或者通过购买旅游产品和服务直接转售或出租给他人获取利润。

一般来说,组织机构购买旅游产品和服务具有购买的数量和批量大、价值高等特点,购买决策所需信息多、决策时间长,而且往往签订购买合同。因此,旅游营销人员应长期密切关注这一市场,并针对其制定专门的营销策略。

二、影响一般组织机构购买行为的因素

与个体旅游者购买行为的影响因素相同,影响一般组织机构旅游购买行为的因素也可以分为内部因素和外部因素。下面以企业的旅游购买行为为代表介绍各种影响因素。

(一) 外部因素

影响企业旅游购买行为的外部因素主要包括经营环境因素和竞争者因素。企业的经营环境由宏观经济、政治法律、技术以及社会文化等因素构成,这些因素对企业的旅游购买行为产生重大影响。

宏观经济因素中诸如产业政策、经济周期、通货膨胀率、税率、利息率以及原材料价格、员工工资等的变化,都直接影响企业的现金流动、利润率等经营绩效,从而增强或削弱其经济实力,最终影响到员工差旅、接待来访客人及员工奖励旅游、会议开支等旅游购买行为。当公司面临经济衰退、通货膨胀时,往往会降低旅游购买的档次和数量。

政治法律因素中对组织消费限制的立法、规定，会限制组织购买旅游产品和服务的数量。例如，2009 年，中共中央办公厅、国务院办公厅发布《关于坚决制止公款出国（境）旅游的通知》，这一政策的出台大大压缩了党政机关等因公出国的团组数和人数。

技术的变化一方面可以对企业的经营绩效产生重大影响，增强或削弱其经济实力，从而间接地影响到旅游购买；另一方面，通信技术的发展可以使企业之间的商业信息得到更加及时而准确的传输，先进的通信技术，如多媒体技术的产生在很大程度上代替了企业之间业务人员的商务来访，使一部分商务洽谈活动失去了存在的必要性。

社会文化因素会影响企业对员工福利及奖励举措的选择。在 20 世纪 70 年代以前，增加员工奖金和工资以及提供其他物质利益是通行的做法。随着社会结构及文化观念的变化，目前奖励旅游已经成为全社会普遍认可的较好的福利和奖励措施。奖励旅游及员工休假等往往成为企业之间进行人才争夺的有力手段。一些著名的跨国企业出于维护自身品牌形象和显示实力的需要，还专门规定员工在出差时必须入住某星级之上的豪华酒店。

（二）内部因素

影响企业购买旅游产品和服务的内部因素包括该企业的业务特点、经营宗旨、制度、组织结构以及购买中心或购买成员个人特点等。

首先，企业的业务特点决定了该企业员工出差的方向、时间，并间接影响到对交通工具、食宿设施的选择。例如，一家经销美国汽车品牌的总代理商需要经常去美国进行采购；还有一些公司的业务具有很强的季节性，因此，该公司的差旅购买也呈现出较强的季节性。

一个在经营目标和宗旨上以人为本的企业必然会重视员工福利及员工培训，工作休假作为现代社会的一种通行的福利手段，已为越来越多的企业所采用。目前，企业经销商销售培训过程中也经常安排企业主要客户顺便享受奖励性质的度假旅游，以便联络双方感情。

企业文化和公司制度在很大程度上影响着企业商务人员的旅游购买行为。一种强调勤俭节约的企业文化和与之相应的公司差旅制度，必然会大大制约公司差旅人员对豪华商务旅游服务的购买。而在一个认为员工的商务旅游是企业声望和实力象征的跨国公司中，企业文化及差旅制度就会鼓励差旅人员购买豪华档次的旅游服务。

【案例 3-3】

跨国公司的高待遇

跨国公司员工给人的印象通常是高收入、高文凭、高福利的“三高群体”。就高福利而言，除了通常所指的公共性福利，如住房公积金、医疗保险、失业保险、养老及意外伤害保险外，还包含个人福利，如退休金、住房津贴、交通补贴、工作午餐补贴、电话津贴等，此外还享有带薪假期、子女教育费、脱产培训、高额差旅标准等。对其高额差旅待遇的传言是“有五星不住四星，有四星不住三星，低于三星不予报销”，差旅补贴更是动辄 300～500 元/天不等。

在任何一个组织中,除了专职的采购人员之外,还有一些其他人员也会参与旅游购买决策过程,所有参与购买决策过程的人员一起构成组织的决策单位,通常包括以下内容。

(1) 旅游活动的实际参与者,即实际参与将要购买的某种旅游产品的人员。比如,某单位要组织一次职工考察旅游活动,参与考察活动的职工就是这次旅游活动的实际参与者。他们往往是最初提出购买某种旅游产品意见的人,他们在计划购买旅游产品过程中起着重要作用。

(2) 影响者,即在组织外部和内部直接或间接影响购买决策的人员。他们通常协助组织的决策者决定购买旅游产品的品种、规格等。

(3) 购买者,是指按职责有权选择服务提供者并进行实际购买的人。

(4) 决策者,是指有正式或非正式的权力来选定供应商的组织成员。在公司日常的旅游预订中,购买人就是决策人。但当涉及大量订购时,一般由公司的高级管理人员以决策人的身份来批准。

组织的购买决策是所有参与旅游购买决策的人员共同作用、相互影响的结果,他们在公司的职位、影响力、号召力很大程度上影响着购买决策的结果。另外,参与购买决策过程的人员的个人特征,如性格、经验、受教育程度等也是影响购买决策的重要因素。

三、旅游组织机构的旅游购买过程

组织机构的旅游购买过程与个体购买者的旅游购买过程有相似之处,但也存在很大差别。组织机构的旅游购买过程要经过五个步骤,如图 3-7 所示。

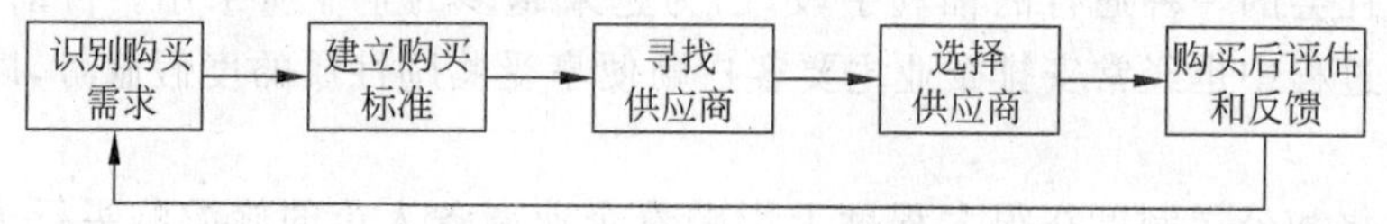

图 3-7 组织机构旅游购买过程

(一) 识别购买需求

当组织机构中有成员意识到某种需要或问题要通过旅游服务的购买才能解决时,组织机构的旅游购买过程就开始了。旅游购买的需求除了使用者了解之外,购买人员或组织高层管理人员也应该了解。他们对需求进行重新判断和说明,并以此为基础建立购买标准。

旅游营销人员应仔细了解组织机构的需求,以便有针对性地制定营销策略。在组织机构中了解旅游需求的有专职的采购人员和某一专门部门的秘书及助理。因此,旅游营销人员要了解组织的真正需求,首先要弄清楚哪些人了解这一需求并有权依据这一需求进行决策。旅游营销人员只有深入组织内部了解组织的情况,才能与决策者和使用者建立密切联系,推销才会有针对性,成功的可能性才会大大提高。

（二）建立购买标准

当使用者及购买者明确了旅游购买需求后，就会为购买确立各种标准，其内容包括：公司应购买哪一类型的旅游服务；有多少人参加本次旅游；旅游线路及目的地选择；具体的时间安排；活动项目安排；交通及饮食住宿设施的选择；所需费用的初步预算，等等。经过上级主管人员批准后，就可以以此来寻找旅游供应商。

（三）寻找供应商

购买人员可以通过各种方法寻找旅游服务企业。他们可以查找企业名录，请旅游行业协会的咨询机构推荐，或请同行推荐。在此基础上，购买人员可以选择4～7个旅游服务企业，把购买标准拟订为招标书或招聘书，寄送给各个旅行商，并请他们提出各自的建议书或投标书，以作为选择的依据之一。

（四）选择供应商

在这一过程中，公司决策人员依据各个旅游服务企业提供的投标书或建议书选择旅游服务企业。在选择过程中，公司成员会考虑旅游服务企业的信誉、产品质量、价格、支付条件、营销人员的素质以及对公司购买人员的需要所做出的反应。广告、宣传品等均能对公司购买人员的决策产生重大影响。购买中心人员同样根据他们感知到的每个旅游企业的属性、提供利益的能力及属性的重要程度进行综合权衡，找出最具吸引力的旅游服务企业。

对于大批量、高价值的购买行为，公司的购买中心成员一般会与两家以上的旅游服务企业进行洽谈，以便在价格和服务项目上获得更多的好处。有时，大公司还有可能将大批量的旅游购买分成几个小批量，选择几个旅游供应商，以便分散风险。

（五）购买后评估和反馈

在购买后评估和反馈这一过程中，购买决策人员经常通过营销人员与最终消费者的交往来了解对产品和服务的满意程度。但在较重大的旅游购买行为发生后，购买中心人员一般都会向产品和服务的最终使用者征求意见，了解他们对产品和服务的满意程度。购买后评估和反馈最终可导致购买中心做出下次是否继续购买该旅游企业的产品和服务的决定。因此，旅游营销人员应注意购买人员和最终使用者对自己产品和服务的反映，以便及时向其提供购买后服务并更新产品。

同个体旅游者的购买过程相类似，组织机构购买所有产品和服务时并非都要经历这五个阶段，只有价值高、批量大或重要程度高的旅游购买才需要经历这样完整的过程。对一般性的预订、购买人员大多依据个人经验，或他人推荐，或使用者要求直接购买，而不需要经历复杂的选择过程。

本章小结

旅游消费行为是营销战略制定的重要依据和基本出发点。旅游消费行为依据购买的决策单位可以分为旅游者消费行为和组织机构消费行为。影响旅游者购买行为的因素主要有文化因素、社会因素、个人因素、心理因素等；旅游者购买决策一般程序是认识需求、信息搜集、判断选择、购买决策和购后行为。影响组织机构购买决策行为的因素有来自组织外部的环境因素，也有组织自身的因素；组织购买决策一般程序是识别购买需求、建立购买标准、寻找供应商、选择供应商、购买后评估和反馈。

核心概念和观点

旅游者消费行为；组织机构消费行为；旅游动机；态度；旅游中间商

★ 如果旅游从业人员能较好地理解和把握旅游者的消费心理和购买行为，就能更好地调整产品、价格、销售渠道及促销策略，来适应旅游者的需求，这对旅游企业的经营具有十分重要的意义。

★ 旅游者的消费过程，是一个相互关联的消费行为的系列，旅游消费过程在购买行动发生之前已经开始，而且还包括购买后的行为。

练习题库

□ **知识题**

1. 什么是旅游消费行为模式？
2. 影响旅游者消费行为的个人因素有哪些？
3. 旅游者消费行为和组织机构消费行为有什么不同？
4. 旅游者购买决策的过程一般有哪几个步骤？

□ **案例分析题**

旅游者购买行为案例分析

王先生：35岁，某公司部门经理，月薪8 000元。

王太太：32岁，某中学历史老师，月薪4 000元。

儿子：8岁，上小学二年级。

爷爷：60岁，爱好书画，参加过对越自卫反击战。

某天，儿子在电视上看到日本迪士尼乐园，强烈要求去日本游玩。这引发了夫妻两人的旅游冲动。妻子对丈夫说："你不是每年有一次带薪假期吗？咱们家房子也买了，儿子现在还小，爸爸有退休工资，日子还算稳定。你看人家老李家，每年都出去玩一次，现在我们是不是也该出去看看，同时也长长见识。"接下来，夫妻两人利用闲暇时间留意了一些旅游消息，偶尔也上网查一些资料。王先生查了一些国内著名旅游线路的资料，如九寨沟—黄龙、昆明—大理—丽江—香格里拉、丝绸之路等，这些旅游线路对他有相当强的吸引力。他想去的地方的太多了，一时拿不定主意。他想，妻子是中学历史老师，喜欢看人文景点，特别是一些历史遗迹，能不能找到一条自然资源和人文资源并重的旅游线路呢？

一天，王先生下班回家，看见爷爷正在给儿子讲越南的一些情况。爷爷参加过对越自卫反击战，对越南那边的情况比较熟悉。王先生的思维一下子打开了。他想，一家人从来没有到国外旅游过，为什么不到国外去旅游呢？

夫妻商量后，王太太对出国旅游有两点想法：一是对国外的情况不熟悉，他们都不会英文，不知道能否适应那里的环境；二是她听同事说，目前中国已开通了多条出境旅游线路，包括欧洲、日本、韩国、澳大利亚、新马泰等，如果要出国，到底该选择哪一条旅游线路呢？

王先生随后到旅行社了解到：新马泰旅游线路开发时间比较早，价格相对便宜，而且这几国的文化背景和中国有相似之处；欧洲旅游线路这两年才得到开发，现在的旅游产品形式是把多个国家捆绑在一起，没有把一个或两个国家作为一条旅游线路的，因此一般说来价格高一些，出游时间也长一些。另外，旅行社还开通了到韩国、日本、澳大利亚和马尔代夫等的旅游线路。非洲也开通了一些国家，如南非、毛里求斯等；美洲现在主要集中在是商务旅游。

爸爸一直有反日情绪，平时都不用日货；韩国他觉得太小了，没有什么可看的；澳大利亚天气太热，爸爸身体一直不太好，去那里害怕引起他身体的不适。王先生决定把欧洲游和新马泰旅游作为重点考虑和选择的对象。

回到家后，妻子把王先生从旅行社拿回来的资料看了一下，特别留意了价格、游览景点和住宿条件。"我想我们去新马泰吧，欧洲游的价格太贵了，四个人的费用加起来比我一年的工资还多。"尽管在妻子的心目中，欧洲对她的吸引力更大，她想去看法国的凯旋门、罗浮宫和埃菲尔铁塔，想去看看古罗马的斗兽场，想荡舟于威尼斯的城中，但是她还是做出了这样的决定。

王先生说道："好吧，咱们这是第一次到国外去旅游，先去近的地方吧，下次我们出去旅游就走远点。在马来西亚的吉隆坡可以目睹好莱坞影片《偷天陷阱》中的那两幢联体摩天大楼，还可以去海洋公园巴雅岛玩，儿子肯定特别喜欢；在新加坡我们到马六甲海峡拍照，还要到著名的圣淘沙岛游玩；在泰国我们要去有'东方夏威夷'之称的芭堤雅。"

妻子打断了丈夫的话，说："我听同事说，到新马泰去旅游，如果报价格低的团购物特别多，让人很扫兴，你再到旅行社去问一下，如果是那样，我们就报标准高一些的团。"

最后，王先生报了一个价格稍高的团。在暑假，他们全家度过了一次愉快的旅行。

思考题：

1. 哪些因素影响了王先生一家对旅游产品的选择和购买？是怎么影响的？
2. 在本案例中，哪些是主要影响因素？哪些是次要影响因素？

第四章 旅游市场营销调研与预测

学习目标

- 知识目标：通过本章的学习，应了解旅游市场营销调研的意义，熟悉旅游市场调查与预测的程序、内容，掌握旅游市场调研与预测的概念、方法、技术。
- 技能目标：通过对理论知识的学习，能够制订营销调研计划，掌握设计旅游市场问卷调查的方法。
- 能力目标：针对某一具体旅游企业的营销活动，为其制订营销调研计划，根据收集到的信息进行市场预测，从而制定有效的营销策略。

第一节　旅游市场营销调研

在现代旅游市场营销活动中，能否及时、准确地掌握旅游市场信息是决定旅游企业能否生存和发展的关键。由于旅游市场呈现出的异地性、波动性、季节性、世界性、竞争性等特征，决定了旅游企业在不同市场环境中进行的市场营销决策管理活动，不是凭空想象或主观臆断就可以成功的，而是需要大量及时、有效的信息，这也决定了旅游市场营销调研工作是旅游企业所应长期开展的一项基础性工作。

一、旅游市场营销调研概述

（一）旅游市场营销调研的意义

信息不完全和不对称是现代经济学的一个基本假设前提。从本质上说，旅游营销活动就是降低双方信息不对称程度，降低交易成本，从而更好地满足游客各种价值需求的过程。

在我国，许多旅游企业虽然对旅游市场调研的意义有一定认识，但是在利用旅游市场调研方面仍相当薄弱。因此，认清旅游市场营销调研的意义显得十分重要。

1. 旅游市场营销调研有助于旅游企业了解旅游市场态势和发现市场机会

旅游市场是瞬息万变的，而旅游市场营销调研本身作为一种管理工具，它强调旅游企业在整个营销过程中都要时刻注意了解市场动向，把握机会，发现旅游管理营销中的失误，随时改进旅游企业营销活动，使旅游企业的经营活动更好地满足旅游者的需求。

2. 旅游市场营销调研有助于旅游企业进行科学决策

从宏观环境来说，我国长期受计划经济体制的影响，企业对市场营销调研缺乏必要的认识，对市场的认识与把握不足。旅游企业也经常因为缺乏市场营销调研工作，采取一些盲目的营销行为而造成巨大的损失和风险，甚至失去大量的市场机会。在全球经济一体化的今天，我国旅游企业不仅要立足于国内市场，而且要放眼于世界市场，旅游企业面临着更大的机遇与挑战，必须对旅游市场有格外清醒的认识，要善于利用旅游市场营销调研这一工具，根据旅游营销环境的变化来调整自己的营销策略。

（二）旅游市场营销调研的概念与内容

旅游市场营销调研是指运用科学的方法，有针对性地、有计划地、系统地收集整理和分析有关旅游营销活动方面的信息，以了解旅游营销环境与市场状况，为旅游经营决策提供依据的活动。

1. 旅游市场营销调研的目的

旅游市场营销调研的目的是为旅游企业决策者或管理部门提供参考依据，可能是为了制定旅游企业长远性的战略性规划，也可能是为制定某阶段或针对某问题的具体政策或策略而提供参考依据。市场研究主要是实用性的。

2. 旅游市场营销调研的内容

一般来说，旅游市场营销调研主要涉及以下五个方面的内容。

(1) 宏观环境调查。主要是对政治与法律环境、经济环境、环境科技、社会文化环境等社会不可控因素进行调查。

(2) 旅游市场研究。从不同层面(如按国别、地域分布、经济发展水平、生活方式等；或按顾客的年龄、职业、收入、性别、社会地位等)研究旅游市场的特点，并作为市场细分的标准；着重研究目标市场的特点、偏好、购买行为、对不同营销方式的可能态度等，测定市场发展潜力。简言之，就是营销学所说的“3W”，即我们的顾客是谁(Who)，购买我们什么产品(What)，为什么要购买(Why)。

(3) 旅游企业竞争情况分析。包括本企业的市场占有率分析和竞争对手状况分析。对市场占有率的分析，即通过比较本企业的销售和所有竞争对手的总销售量，计算企业的市场占有率，并通过销售趋势分析，研究本企业未来年市场占有情况；竞争对手状况分析，主要是了解竞争对手的营销方案，有助于制定本企业的营销策略，同时分析竞争者企业的特点并进行比较。

(4) 旅游形象研究。明确旅游者对旅游企业产品的品牌、市场形象的看法和认识。

(5) 营销可控因素分析。包括对旅游企业的产品使用、销售渠道、价格以及广告促销情况的调查研究。

【案例 4-1】

景区市场调研的三大误区

误区一：只了解现实游客不了解潜在游客

旅游业的经营特点使得在收集游客信息方面受到很大局限。由于景区的不可移动性，景区企业向顾客提供的主要是接待服务，往往只能了解现实游客的有关信息，却很难掌握潜在游客的相关资料和需求特点，不利于开发新客户和拓展市场范围。因此，这就要求景区通过相关部门掌握较为详细的居民人口统计资料，从中分析潜在游客。组织或借助专业市场调研机构，对主要客源市场做抽样调查，通过调查客源地的经济发展水平、居民可支配收入、居民消费结构和特点、当地的文化风俗及其转变状况等一系列信息，有针对性地制定市场开发战略。

误区二：只注重静态数据不注重动态信息

旅游是一种体验，旅游产品既是一个综合产品，又是一个需要游客参与才能实现的动态过程。游客在旅游过程中追求的是一种集食、住、行、游、娱、购为一体的综合价值。在整个旅游过程中，旅行社、目的地景区经营企业、交通运输部门、旅馆酒店、当地政府等相关部门实际上都是旅游产品的提供者。旅游产品的这种特殊性要求我们每个环节要尽可能做到令客人满意，只要任何一个环节出现问题，客人的全程旅游满意度就会大打折扣。这就需要注重了解游客的全程体验。

一是需要通过与旅游服务的提供者密切配合，搜集游客在整个旅游过程中的意见、建议、态度、反映等信息资料。

二是要求景区服务人员多同客人交流，了解其需求变化，征求客人对提高服务质量的意见。

三是要注重对旅游结束后的调查。顾客不仅是消费者和企业服务的对象，更是企业资产的重要组成部分，能带来价值。首先，顾客的意见和建议是企业进行产品和服务创新的一个重要来源。其次，企业都希望顾客成为忠诚顾客，因为实践分析数据表明，开发一个新顾客的成本是维持一个老顾客成本的5～6倍。对购后游客进行调研，是培养忠诚顾客、形成顾客资产必不可少的过程。

误区三：只注重信息收集不注重信息分析加工

市场调研，从字面上理解，就包括调查和分析研究两个过程。

首先，国内旅游管理部门和许多景区在信息资料收集整理上确实下了很大功夫，但这种整理主要停留于技术环节之上。一些旅游信息系统的推出只是完成了信息采集的过程，但最为重要的、对这些信息和数据的分析及市场预测依然欠缺。因此，景区应该将有关信息收集后，委托专门的调查咨询公司进行统计分析，再根据分析结果采取对应的营销策略，这样才能收到良好的效果。

其次，认为市场调研就是仅仅了解顾客需求。这种对市场调研的认识是十分狭隘的。市场调研是一个系统工程，不仅要调研游客，而且涉及与景区经营相关的方方面面。比如，旅游消费的需求趋势、客源市场社会和经济因素的变化对旅游成长性的影响、景区在目标客源市场的形象定位和再定位、旅行社服务满意度、营销组合的实施效果、新的旅游产品(老产品的重新组合，创新产品)的概念测试等，都要纳入景区调研的范围。

二、旅游市场营销调研的程序与方法

（一）旅游市场营销调研的程序

为保证旅游市场营销调研的系统性与准确性，营销调研活动应依据一定的科学程序进行。一般来说，需要经过确定旅游营销调研项目、制订营销调研计划、收集相关信息资料、分析处理信息、提交报告结果这五个步骤如图 4-1 所示。

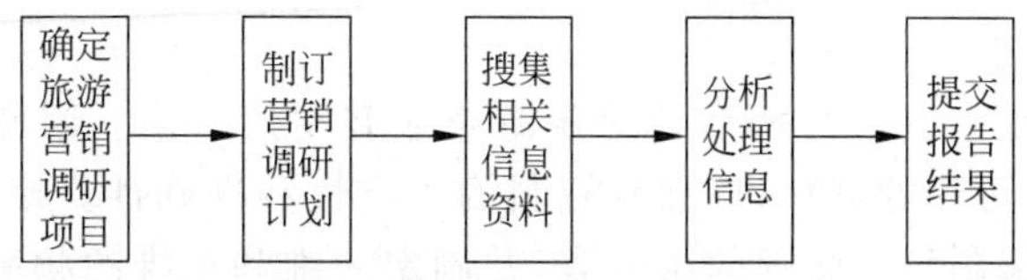

图 4-1　旅游市场营销调研的程序

1. *确定旅游营销调研项目*

旅游营销调研的第一步工作是明确调查对象，确定本次营销调研应该弄清的问题并据此确立市场调研的目标。绝大多数旅游市场营销调研项目从属于以下五种类型：旅游企业销售市场调研、旅游企业与旅游业发展前景调研、旅游企业产品及竞争产品调研、旅游广告方式及广告效果调研、旅游企业社会责任调研。其中最常见的调研项目有旅游市场特殊性调研、旅游市场潜量调研、旅游市场份额调研、旅游产品发展趋势调研、短期销售预测、长期旅游需求预测、旅游价格预测、旅游竞争者调研等。

由于调研目标的不同，这些调研项目可以分为探索性调研项目、结论性调研项目、描述性调研项目、因果性调研项目、预测性调研项目。

2. *制订营销调研计划*

旅游市场营销调研的计划总体方案设计报告的结构和内容取舍可随具体情况而有所变化，一般都要包括以下几个方面的内容。

（1）摘要。摘要是整个报告书的一个简短小结，要求简明清晰，并用提供帮助理解报告的基本内容的充分信息。

（2）调研目的。说明提出该项目的背景、该调研结果可能带来的社会效益或经济效益，或是在理论研究方面的重大意义。

（3）调研内容和范围。说明旅游市场营销调研的主要内容，规定所需获取的信息，列出主要的调研问答题和相关的理论假设，明确调查的范围和对象。

（4）调研方针与方法。调研方针，说明所采用的研究方法的重要特征，与其他方法相比较的长处和局限性；将要采取的抽样方案的主要内容和步骤；样本量的大小和可能达到的精度；控制质量的方法；数据收集的方法和调查的方式；问卷数据处理和分析的方法，等等。

（5）调研进度和经费预算。详细地列出完成每一步骤所需的天数以及起始中止时间，再详细地列出每一项活动所需的费用，通过认真估算实事求是地给出单项预算和总预算。

(6) 附录。包括调研项目负责人及主要参与者名单,说明每人的专业特长以及在该项目上的主要分工;抽样方案的技术说明及细节说明;问卷设计中的有关技术说明。

3. 收集相关信息资料

收集相关信息资料是旅游市场营销调研实质性的工作阶段。主要有两方面的内容。

(1) 收集现有的二手文字资料。如旅游企业内部的各种记录、统计报表,以及企业外部的市场调研机构、广告公司、期刊、报纸等。

(2) 进行实地调查,收集第一手资料。这些资料直接反映了旅游市场活动过程和问题,是进行市场研究的基础。实地调查方法有访问法、观察法、实验法等。

4. 分析处理信息

获取的信息必须汇总和分析后才对旅游企业有实用价值。因此,应对资料进行校核,剔除不必要和不可靠的资料,以保证资料的可靠性和准确性。校核后的资料要按内容进行分类、编码,编制每一类别的统计表,并制定一维和二维的频率分布,对主要变量要计算其平均数和衡量离中趋势。在此基础上,市场调查人员应利用统计方法对资料作必要的分析。为完成这项工作,要求旅游调研人员掌握多种数据处理技术,不仅会做比较简单的数据规范化处理和频率分布计算,而且会做比较复杂的数理统计与分析。

5. 提交报告结果

旅游市场调研人员应将调研结果以及对结果的分析,以书面形式予以详细说明,写出调查报告。调查报告一般由导言、正文、调研结论与附件组成。

(1) 导言部分介绍调研项目的基本状况,主要是对调研目的简单的基本的说明。

(2) 正文是调研报告的主体部分,其中应概述旅游市场营销调研的目的、说明调研所运用的方法及必要性,以及对调研结果和分析结果的详细说明。

(3) 调研结论可以采取多种方案的形式给出,要对每一种方案的可能性与可给旅游企业带来的收益加以说明,供旅游企业有关人员决策时参考。

(4) 附件部分是用来论证、说明正文有关情况资料。包括调研中一些表格、图片及调研花费情况的统计,如资料汇总统计表、原始资料来源以及调研结果的局限性和误差范围。

调研报告是对调研成果的总结和调研结论的说明。优秀的旅游营销调研成果应具有针对性、方法科学、有创见、模型简练的特点。这样,旅游营销调研所提供的决策信息才能在被采用后产生良好的实际效果。

(二) 旅游市场营销调研的主要方法

旅游市场营销调研的方法很多,在旅游市场营销调研中常用的方法主要有访问法、观察法、实验法三种。

1. 访问法

访问法即通过面对面、留置问卷调查、电话、互联网等方式,以调查提纲或调查表的形式,向被调查者了解情况、收集资料的方法。在这些方式中面谈访问法是最通用的方法。而在旅游行业中最常见的就是顾客满意度调查反馈单。

2. 观察法

观察法是指旅游调研人员到各种现场进行观察和记录的一种市场调研方法。既可以耳闻目睹现场情况，又可以利用照相机、录音笔、摄像机等仪器对现场情况作间接观察，以获取真实的信息。观察法的优点是被调查者往往是在不知不觉中被观察调查的，所收集到的资料较为客观、可靠、生动、详细；但这种方法所需费用较大，并且观察不到行为的内在因素与旅游者的感情、态度等，因此观察法常常与访问法结合起来使用。

3. 实验法

实验法是指旅游调研人员将调研对象置于特定的控制环境之中，通过控制外采取变量和检验结果差异来发现实验变量与目标变量间的因果关系的一种调查方法，它适用于获取因果性调研数据。通常，作为目标变量的有销售量、销售额、市场份额等；作为实验变量的是营销组合变量，如价格、广告投放、店铺陈设、促销方式等。

以上三种市场调查方法，各自有其相应的优缺点，在市场调查中究竟应采用哪一种方法，应视调查的问题和所需资料而定。如果要了解被调查者关于旅游方面的态度，采用询问法效果较好；如果要推介旅游新品种或要调查旅游价格问题，则应选择实验法；若要了解旅游者对旅游企业的认同度，则较适宜采用观察法。

三、旅游市场调查问卷设计技术

调查问卷设计技术、抽样技术以及定量分析技术是旅游市场调研中常用的基本技术。本节主要介绍调查问卷设计技术。

调查问卷，又叫调查表，是指以书面问答的形式了解调查对象的反映和看法，由此获得资料和信息的一种调查方式。调查问卷的设计是旅游市场调查中的一项基础性的工作，直接关系到调研能否达到预期的目的。

（一）调查问卷的目的

调查问卷是用来收集调研数据的一种重要工具，是调查者根据调研目的和要求设计的，由一系列问题、备选答案、说明以及编码组成的书面文件。它将调研目标转化为具体的问题，为从被调查者那里获得准确信息提供一种标准形式和一种访问结构，为数据资料处理提供方便。

（二）调查问卷的结构

旅游市场调查问卷应包括如下构成要素。①开头部分：主要用来指导被调查者正确填写问卷。内容包括标题、问候语、自我介绍、问卷填写说明。重点在于说明调查目的和要求，请求被调查者予以合作并表示感谢。②主体部分：是问卷的核心。提出相关问题，提供回答方式，获得所需资料。要求问题必须具体、客观、简明、可操作、通俗易懂。③背景部分：是调查内容的一部分，主要是了解被调查者的基本情况，如年龄、性别、民族、家庭、职业、教育、经济状况等。④问卷编码：便于汇总整理。⑤调查人员备注：注明调查人的姓名、调查时间、调查地点等，作为调查作业证明记录，证明调查过程的真实性，以备检查和修正调查计划的执行情况。

(三)调查问卷中问题的类型

调查问卷中问题形式主要有开放式问题和封闭式问题两类。

1. 开放式问题

开放式问题,是在设计调查问题时,不设计备选答案,让被调查者自由地用自己的语言来回答和解释有关想法的问题类型。调研人员没有对被调查者的选择进行任何限制,让其自由回答,利于调动被调查者的兴趣,得到较为深入的观点和看法。这类问题能进行深入调查,且容易获得较为广泛的信息资料,在机动调查中的应用尤其广泛。常用的开放式问题有如下几种。

(1) 自由回答式。不做任何提示,请被调查者自由回答。例如,“您认为本餐厅还有哪些方面有待改进?”

(2) 语句完成式。提出一些完整的句子,请被调查者续写完整。例如,“当我们一家人想出去吃一顿随意的小吃时,我通常选择________”。

(3) 文字联想式。列出与调研问题相关的词汇和文字,请被调查者写出在他脑海中最先出现或感觉最强烈的几个字或几句话。例如,“碧峰峡________”。

(4) 故事完成法。提供一幅漫画,典型的是漫画中包含两个人物,一个人的话框中写有对话,另一个则是空白的,要求被访者填写对话;有时也可以让被访者画出他们对事物的感知和感受。

2. 封闭式问题

封闭式问题,是调查者在提出问题的同时,还将问题的一切可能答案或几种主要可能答案全部列出,让被调查者从中选出一个或多个答案作为自己的回答,而不做答案以外的回答。这类问题标准化程度较高,被调查者容易回答,方便对调查资料的统计整理分析。常用的封闭式问题如下。

(1) 是非法。给出两个互相排斥的答案,被调查者选择其中的一个即可。例如:

你是香格里拉大酒店的 VIP 会员吗?” 是□ 否□

(2) 多项选择法。提供含有三个或三个以上的备选答案的问题,请被调查者做出选择,可选择一项或几项。例如:

“什么是你这次来访的主要目的?

游乐□ 会议/团体□ 集会/宴会□ 商务□

(3) 量表应答式问题(属封闭式问题)。用调研者划分的等级来表示研究对象的属性,答案的选项在问卷中做了说明。可以对应答者的回答强度进行测量,利于直接编码。量表式问题如下。

① 李克特量表:要求被访者对一系列说法表示同意或不同意的程度的方法。例如:

小航空公司通常会提供比大航空公司好的服务。

非常反对	反对	既不赞成也不反对	赞同	非常赞同
□	□	□	□	□

② 语义差别量表:在两个意义完全相反的词语间提供不同的尺度,请被调查者选择

代表自己意愿的某一程度的点来表示自己的意见。例如：

请根据您对本饭店的评价在您认为合适的空格上打钩。

	非常	比较	稍	一般	稍	比较	非常	
态度热情	____	____	____	____	____	____	____	态度冷漠
价格合理	____	____	____	____	____	____	____	价格昂贵
环境清洁	____	____	____	____	____	____	____	环境肮脏

③ 重要程度量表：对所要了解的某个问题的某种性质，按重要性程度“非常重要”至“极不重要”排序，请被调查者按自己的意愿选择的量表。例如：

宾馆的叫醒服务对我来说是

极其重要 很重要 比较重要 不很重要 不重要 极不重要

1 ____ 2 ____ 3 ____ 4 ____ 5 ____ 6 ____

④ 等级量表：对某种属性从“极好”至“极差”的顺序排列的量表。例如：

本餐厅的食品是

极好 很好 好 一般 差

1 ____ 2 ____ 3 ____ 4 ____ 5 ____

⑤ 购买意向量表：描述被调查者的购买意向量表。例如：

如果在飞机飞行中提供电话服务，您会

肯定购买 可能购买 不确定 可能不买 肯定不买

1 ____ 2 ____ 3 ____ 4 ____ 5 ____

（四）问卷设计中应注意的事项

问卷在收集数据过程中起着重要的作用，其设计要做到主体明确、篇幅简短、结构合理，问题编排恰当，版面布局美观。具体应注意以下事项。

(1) 问题应简明易懂，语言表达要清晰准确，避免使用含义模糊、模棱两可的词。如“也许”“可能”“有时”“偶尔”“大概”等。例如：

您经常在外用餐吗？

从不外出用餐□ 偶尔外出用餐□ 有时外出用餐□ 经常外出用餐□

这个问题设计中，“经常”就是不准确用词，到底多少次算“经常”？被调查者难以分清其确切含义。“偶尔”“有时”亦如此。

(2) 避免使用专业性术语，应适用通俗易懂的语言。例如，“您认为 POP 广告……”中，“POP”是专业术语，一般的被调查者可能不懂其含义。

(3) 尽量避免涉及私人生活的、令人窘迫的问题。例如，“您不去旅游，是不是因为收入低，经济拮据？”“您结婚了吗？”。对一些敏感性问题、个人不愉快的经历或不愿真实回答的问题，应采取易被接受或委婉的方式来提问。

(4) 问题不要带有倾向性。问题应避免诱导和暗示，保持中性。例如，“许多人都认为承德避暑山庄是值得一看的旅游景点，您印象如何？”这个问题就带有倾向性。

(5) 问卷要简短。问题过多会使被调查者感到时间太长因而敷衍了事或拒绝回答。

第二节 旅游市场的预测

旅游市场预测就是对旅游市场或旅游市场中的某一因素进行的预测。它是根据旅游市场调查收集的相关信息,进行科学分析、推理,以此判断旅游市场未来的状况或发展趋势,从而避免盲目的营销决策,提高营销的效果。旅游市场预测的基础是旅游市场调查。

一、旅游市场预测的内容与程序

(一) 旅游市场预测的种类

旅游市场预测可根据多个标准进行种类的划分。

按时间标准,旅游市场预测一般为1～3年。短期预测是1年以内的预测,它为旅游企业短期营销决策和营销策划提供依据;中长期预测一般为2～3年,其主要功能是服务于旅游企业长期发展规划和营销战略的制定。

按预测采用的方法,旅游市场预测可分为定量预测和定性预测。定量预测是用数学方法或教学模型,对预测对象进行数量分析;定性预测则从预测的本质属性方面揭示其发展规律和趋势。

(二) 旅游市场预测的内容

凡是能够引起旅游市场变化的因素,都可以作为旅游市场预测的内容。旅游市场预测的主要内容有旅游市场需求预测、旅游市场供给预测和旅游市场营销状况预测。其中,旅游市场需求预测是旅游企业预测的重点,同时,旅游市场需求的存在是旅游企业从事生产经营的前提条件,也是旅游企业生存的基本条件之一。

1. 旅游市场需求预测

旅游市场需求预测主要是预测旅游市场需求状况及其变化趋势。它包括旅游市场需求发展变化趋势、旅游市场需求量、旅游市场容量、购买力、人口等市场因素的市场状态及其变化对旅游市场需求的影响的预测。

旅游市场需求发展变化的趋势既与旅游企业的营销主观努力有关,又受到旅游市场营销环境中诸多因素的影响,旅游者个人心理的变化也会对其构成微妙的影响。这类预测基本上表现为描述性的定性推断。例如,对我国旅游市场的发展变化趋势一般可以做出这样描述性的定性预测:个人旅游将取代集团旅游成为旅游市场的主体;休闲度假旅游将成为旅游的主要形式;市场竞争将更加激烈;旅游企业的经营将更加规范;旅游企业将会推出更多个性化的旅游新品种等。以上预测的依据是:国家有关的支持和限制政策、居民收入水平的稳定增长、个人可自由支配时间的增加、社会利润微利化的趋势、我国加入世界贸易组织后的旅游市场开放等。

旅游市场需求量和旅游市场容量的预测是关于旅游市场需求的预测。旅游市场需求量的预测一般是预测旅游市场在一定时期的现实规模，即有多少现实需求，它反映的是近期内可实现的市场需求。旅游市场容量的预测则是预测旅游市场在一定时期的可能规模，即最大的需求，它包括了现实需求和潜在需求，反映的是整个行业的市场前景。

购买力的预测是对当前或近一段时期旅游者对某种旅游消费欲望的实际支付能力的预测。不能将购买力等同于旅游市场需求，现实的旅游消费购买力才构成旅游市场需求。购买力也不能等同于旅游市场容量，旅游市场容量还包括暂不具备购买力的旅游消费欲望。

人口的预测主要是预测特定旅游市场的人口增长趋势，以及预测年龄、职业、教育水平、家庭的构成等因素的变化趋势及其对旅游需求的影响。

2. 旅游市场供给预测

旅游市场供给预测是预测旅游市场供给状况及其变化趋势。需求与供给是紧密联系的，在了解旅游市场需求的同时，也必须了解与之相关的旅游市场供给状况和发展趋势。只有这样，才能够全面地了解旅游市场、认识旅游市场。

通过对旅游市场供给的预测，了解本行业的资源分布情况和行业结构、行业布局等行业现状及今后的发展趋势；了解科技在本行业的应用情况以及对市场供给的影响；了解本行业各旅游企业供给的能力差异和品种差异；了解行业供给和需求平衡状况；了解行业整体供给潜力，为后期其他预测做好准备工作。

总之，旅游市场预测的内容很多。但旅游企业应清醒地认识到，旅游市场预测是服务于旅游企业营销的，旅游市场营销与旅游市场预测的关系是"纲"和"目"的关系，是目的和手段的关系。因而，旅游企业在市场营销活动过程中，应围绕市场营销的实际需要，以市场预测为手段，实现市场营销的目标。

（三）旅游市场预测的程序

1. 确定预测对象

确定预测对象即确定需要进行预测的市场因素。对旅游企业的市场需求进行预测前，应首先明确所要预测的产品和服务，其市场需求是以销售额还是以人次、夜次或其他指标来衡量的。旅游营销人员还应明确市场需求产生于哪些顾客群体。

2. 组织市场调查

组织市场调查的目的是收集必需的信息资料。确立了预测目标后，旅游营销人员应该进行适当的调查，收集有关资料。任何一种预测必须以资料为基础。有关市场需求过去和现状的资料应该能够反映旅游营销环境以及市场需求变化的规律性和发展趋势。营销人员还应对收集的资料进行分析整理，对历史上所发生的偶然事件的资料予以剔除。若企业有这方面现成的情报资料，则这一步骤可省略。在资料搜集过程中，要把握一个"度"。搜集太多资料不仅不经济，而且容易贻误时机。掌握"度"的原则是：够用即可。

3. 选择预测方法

可供选择的预测方法很多，如定性预测方法中的经验判断法、专家会议法以及修正后的三点估计法、特尔菲法，定量预测法中的时间序列分析法、回归分析法等。在预测中,应根据预测的需要及资料情况,选择可行的、有效的方法进行预测。

4. 对预测结果进行分析评价

对预测结果进行分析时,应充分考虑影响旅游市场需求的各种因素,并力求对预测结果进行解释。运用定量方法预测时,旅游营销人员应对预测误差进行分析,寻求产生误差的原因,并掌握误差的大小,以便对预测结果进行适当修正。

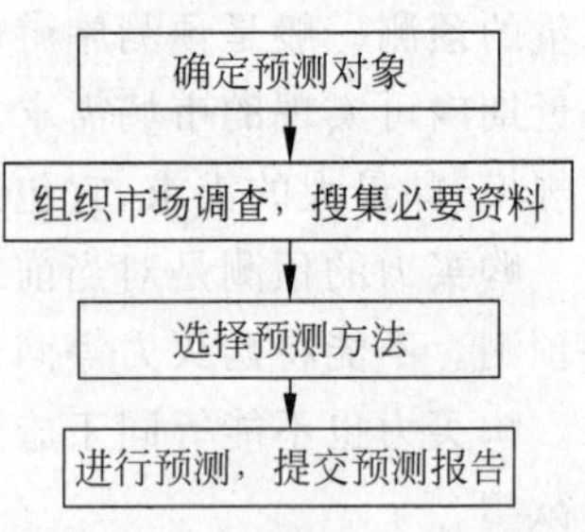

图 4-2 旅游市场预测的程序

旅游市场预测的程序步骤可用图 4-2 表示。

二、旅游市场预测的基本方法

旅游市场预测的方法不外定性和定量两大类预测方法。每一类方法中又由许多具体的方法组成。

(一) 定性预测法

定性预测法,又称经验判断法,是凭借预测人员的知识、经验和综合分析能力,或依靠集体的智慧进行预测的方法。定性预测的准确性取决于预测人员的知识、经验和综合分析能力。特别是当预测对象缺乏足够的统计数据和原始资料的情况下,常采用这类方法进行预测。定性预测的主要优点是:简便易行,一般不需要先进的计算设备,不需要高深的数学知识准备,易于普及和推广。但其因缺乏客观标准,往往因预测者经验、认识的局限,而带有一定的主观片面性。

定性预测较常用的方法有相关推断法和意见预测法。

(1) 相关推断法。这是指依据因果关系原理,从已知相关的社会经济现象和经济指标的变化趋势,来推断预测对象的未来趋势的预测方法。运用此方法进行预测,首先应根据理论分析和实践经验,找出影响预测对象变动的相关因素;其次,对预测期每一个因素所发生变化的方向、大小进行分析研究;最后,依据相关的因果关系的具体情况和预测人员的经验,对预测对象未来的发展趋势做出判断。

(2) 意见预测法。这是指根据预测的目的和要求,征询熟悉预测对象的旅游者的意见,以此来判断预测对象未来发展趋势的预测方法。此种预测较多用于征询旅游者对旅游企业提供的服务的评价意见或对旅游企业的关注程度,如旅行社在旅途结束时让每位游客填写的《游客满意度调查表》等。

【案例 4-2】

武汉市游客体验满意度调查问卷

1. 您的年龄

16 岁以下□　16～24 岁□　25～35 岁□　35～45 岁□　45～60 岁□　60 岁以上□

2. 您的性别

男□　女□

3. 您的职业

企业管理人员□　政府官员、公务员□　个体经营者□

专业人士或技术人员□　教师、学生□　企业普通员工□

离退休人员□　自由职业者□　其他□

4. 您的教育程度

高中及以下□　大专□　本科□　硕士及以上□

5. 婚姻状况

未婚□　已婚□　离婚□　丧偶□

6. 您是否曾经到过武汉

没有□　一次□　两次□　两次及以上□

7. 请问您是如何决定来武汉旅游的

旅行社推荐□　由媒体得知□　亲友介绍□

网站或者旅游论坛□　其他□

8. 请问来武汉旅游是谁决定的

自己□　家庭其他人员□　单位集体安排□　其他同伴□

由旅行社安排□　其他□

9. 请问您是和谁一起来的

一个人□　朋友、同学或同事□　家人、亲戚□　旅行团□

公司、机关或学校的团体活动□　其他□

10. 您打算在武汉停留多长时间

一天□　两到三天□　少于一周□　一周以上□

11. 您是否在未来还有其他的旅行计划

不会□　未来六个月之内□　未来六个月之后□　未来一年之后□

不确定□

12. 您认为武汉旅游业的国际化程度如何?

非常好□　好□　一般□　不坏□　坏的□　可怕的□

13. 请问您会在有可能的情况下重游武汉吗

会□　不会□

14. 您会将武汉作为旅游地推荐给其他人吗

会□　不会□

(3) 专家会议法。召集一定数量的专家,以会议形式就预测问题征求专家的意见,各专家在进行会议辩论后的一致意见即为预测结果,这种方法就叫作专家会议法。这是美国兰德公司提出的预测方法。后经多次实践证明这一方法存在很大的缺陷,兰德公司因此对它进行了改进,改进后的方法就是著名的“特尔菲”法。

(4) 专家意见法。也称“特尔菲”法,是专家会议法的改进方法,与专家会议法相比最大的差别就是以匿名通信的方式取代了会议方式。具体做法如下。

首先,拟订预测课题。由预测组织者拟订需要预测的课题,并搜集相应所需的信息资料,将其整理形成预测课题的背景资料。

其次,选择专家。专家应具有与预测课题有关的专业知识、实践经验、预见分析能力和一定的声望。同时,聘请的专家应在年龄、职务、资历和社会背景等方面具有广泛的代表性,以增强预测结果的可信度。专家的数量视预测课题的复杂程度而定。

最后,专家预测。组织者将预测课题和背景材料邮寄给各专家,请他们在规定的时间内完成课题预测并将预测结果寄给组织者。组织者收到第一轮预测结果后,若发现专家们的意见分歧较大,则将各种不同意见汇总整理,再寄给各专家,请他们在参考别人的意见的基础上,选择是否修正自己的预测结果,以及如何修正自己的预测结果。如此反复进行,直到专家们的意见或结论基本趋于一致。此一致的结论即为预测结果。现在,组织者当然也可以利用互联网的电子邮件系统完成这一过程。

专家意见法的匿名和反馈的特点,使参与预测的专家既消除了心理因素的影响,又能参考他人的意见,从而提高了预测的准确性。这一点已被实践加以证明。

(二)定量预测法

定量预测法是以预测对象的历史市场数据为基础,建立并运用数学模型进行预测的方法。这类方法的优点是“凭数据说话”,预测准确;缺点是需要大量的数据资料和复杂的计算,同时很难将诸多非量化因素准确纳入其计算体系。较常用的定量预测方法有时间序列分析法和因果关系分析法。

1. 时间序列分析法

时间序列分析法是根据事物发展的连续性原理和时间序列资料,运用预测模型,着重于分析市场过去和未来的联系,找出时间序列变动规律,使其向未来延伸,从而进行预测。常用的时间序列分析法有简单平均法、移动平均法、指数平滑法、季节预测法等。

2. 因果关系分析法

因果关系分析法是从事物发展变化的因果关系出发,运用统计方法,寻求市场变量之间数量依存的数量模型进行预测。常用的因果关系分析法有回归分析法和经济计量法两种。

定量预测方法是一类统计分析方法,其中涉及的统计分析方法的基本原理和统计计算公式,本书不作详细介绍。

本章小结

旅游市场的不断变化,决定了旅游企业在不同市场环境中进行的市场营销决策管理活动,不是凭空想象或主观臆断就可以成功的,而是需要大量及时而有效的信息,这就需要我们在开展营销活动之前进行有效的营销调研工作。一般来说,营销调研需要经过确定旅游营销调研项目、制订营销调研计划、搜集相关信息资料、分析处理信息、提交报告结果这五个步骤,主要通过访问法、观察法、实验法三种方法来进行。通过调研收集到的相关信息,就可以对旅游市场的供求进行预测,从而开展有效的营销活动。

核心概念和观点

旅游市场营销调研；问卷调查法；客户访谈法；实验观察法；定性预测法

★ 在现代旅游市场营销活动中，能否及时、准确地掌握旅游市场信息是决定旅游企业能否生存和发展的关键。

★ 旅游市场营销调研的目的是为旅游企业决策者或管理部门提供参考依据，可能是为了制定旅游企业长远性的战略性规划，也可能是为制定某阶段或针对某问题的具体政策或策略而提供参考依据。

★ 旅游市场预测是根据旅游市场调查收集的相关信息，进行科学分析、推理，以此判断旅游市场未来的状况或发展趋势，从而避免盲目的营销决策，提高营销的效果。

练习题库

□ **知识题**

(1) 旅游市场营销调研的程序是什么？

(2) 面谈访问法的优缺点各是什么？

(3) 结合实际谈谈，如何在旅游市场调研中运用观察法？

(4) 什么是旅游市场预测？主要有哪些类型？

□ **案例分析题**

夏令营市场调查

家长们在为孩子选择夏令营的时候一般会考虑哪些因素？他们更愿意接受何种形式的夏令营活动？中国教育在线基础教育频道策划了一项有关暑期夏令营需求的调查问卷，共回收有效问卷1 085份。问卷相关分析如下。

(一) 家长倾向于选择什么样的夏令营？

夏令营持续的时间、价位以及类型这三大硬指标往往成为家长选择夏令营时首要考虑的因素。

从调查结果来看，选择4～6天周期的夏令营活动的家长占51.15%，占到了接受调查者数量的一半多，另有39.63%的家长选择持续时间为1～3天的夏令营活动。在价位方面，48.85%的家长愿意接受500～1 000元价格区间的活动，500元以下以及1 000～2 000元的分列第二、第三位。部分受访家长表示，持续时间在一周以内的活动容易被家长接受，因为这样的周期家长通常能感觉到活动时间安排紧凑，节奏把握较好，而且不会导致孩子外出时间过长而引起的无谓担心或牵挂。另外，通常这种周期夏令营活动的费用往往在家长可承受的范围之内，既达到了让孩子得到锻炼、参与活动的目的，又不会给家庭造成过重的经济负担。

在不同类型的夏令营活动中，家长依次选择的是心智拓展类、体育健身类、英语学习类、艺术表演类、国际游学类。考虑到当今孩子受挫能力较弱，性格和体格的“双格”培养目标成为家长的首选。家长普遍认为，机构组织这样的夏令营活动，可以让孩子与同龄人一起体验，共同在游玩的过程中完善性格，促进心智发展，而国际游学类夏令营活动尽管目前比较热门,但毕竟需要踏出国门,抛去不菲的参与费用不提,安全方面的问题也成为家长的一大顾虑,因此家长对此决定往往比较慎重。

(二) 家长如何为孩子选择合适的夏令营?

(1) 决定权。71.43%的家长选择听取孩子意见后再做决定。

(2) 信息获取途径。超过一半的调查对象选择从教育机构获取相关信息,其次为媒体、拓展基地等渠道。另有受访家长表示,他们会与老师及其他家长交流,获取信息。

(3) 关注因素。夏令营活动所涉及的内容、培训师、食宿、交通等核心问题均在家长关注的范围之列。在食宿、交通等配套服务方面,食品卫生以及交通安全是家长们关注的重中之重。

(三) 家长希望孩子参加夏令营取得什么样的效果?

在“您希望孩子通过夏令营活动有哪些收获?”这一问题调查中,分别有23.37%和22.91%的家长选择“增长知识开阔眼界”“提高沟通协作能力”。另有18.89%和18.27%的家长认为通过夏令营活动培养孩子的个人自理能力和增强自信心同样重要,对于长期处于家庭呵护下的孩子来讲,夏令营是一次不错的锻炼机会。

资料来源:中国教育在线.

思考题:

1. 你认为以上市场调查是否有针对性?此调查结果对后期相关旅游产品开发有哪些影响?

2. 请根据以上案例,设计一份“暑期夏令营”市场调查问卷。

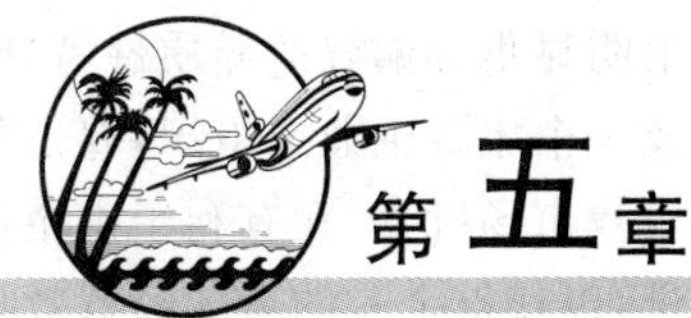

第五章 旅游目标市场选择与定位

学习目标

- 知识目标：通过本章的学习，要了解旅游市场细分、目标市场策略、旅游市场定位的概念，学会旅游市场细分的方法，掌握三种目标市场策略。
- 技能目标：通过本章的学习，能够对旅游企业或旅游产品在目标市场上进行准确的定位。
- 能力目标：在掌握理论知识的基础上，为本地一家三星级饭店选取自己的目标市场，进行准确的市场定位。

第一节　旅游市场细分

旅游市场细分是目标旅游市场选择和旅游市场定位的前提，旅游企业通过市场细分，可以更好地识别市场机会，进而结合本企业能力抓住最有利可图的机会。

一、旅游市场细分概述

（一）旅游市场细分的概念

旅游市场细分是指旅游企业根据游客群对旅游产品的需求欲望、购买行为和购买习惯的差异，把旅游市场划分为若干个分市场，从中选择自己的目标市场的过程。

旅游者的兴趣广泛且千差万别，但是同类旅游者群也有相似的需求和特点。因此旅游市场是可以细分的，这种细分以市场需求格局的相似性和差异性为客观基础。同一细分市场不论个人或团体，都有某些共同的特点，需求差别也很小；而不同的细分市场则存在较大差异。旅游企业通过市场细分，制定不同的营销组合，不同的旅游产品、价格、营销渠道、促销方法等，以便更好地满足各种旅游消费者的需要，获得经济和社会效益。

旅游是一种综合性很强的高层次消费活动,同时,旅游市场又具有非常鲜明且呈现出明显集群偏好的异质性特征。因此,在现代旅游市场竞争激烈的情况下,一个旅游点或一个旅游企业或组织,要占领一定市场份额并得到发展,必须善于分析潜在需求,善于寻找市场机会,在有利于本企业发展的细分市场上,积极、充分地发挥企业经营组合的力量,以获得企业的最佳经营效果。

(二) 旅游市场细分的意义

旅游市场细分是分析旅游消费需求的一种手段,对于旅游企业而言,具有以下作用。

(1) 有利于旅游企业及时寻找新的市场机会。由于旅游产品的差异性及旅游企业固有的客观局限性,旅游企业在市场上取得的优势都是相对的,而非永恒的和绝对的。市场客观存在着未被满足或未被全部满足的消费需求,这些需求的存在便成为旅游企业的市场机会。通过市场细分,旅游企业可了解不同消费者群的需求状况及满足程度,迅速占领未被满足的市场,扩大市场占有率,取得市场营销的优势。

(2) 有利于旅游企业适时调整营销策略。旅游企业通过市场细分,可以比较直观、系统、准确地了解目标市场的需求,从众多的细分市场中确定服务方向、产品战略,更合理地确定营销组合策略,及时调整旅游企业产品、价格、销售渠道及促销手段。

(3) 有利于旅游企业制定灵活的竞争策略。通过细分市场,旅游企业了解到市场的消费特征之后,可集中力量对一个或几个细分市场进行市场营销,突出旅游企业产品和服务特色,制定灵活的竞争策略,提高旅游企业的竞争能力。通过市场细分,使旅游企业由粗放经营转变为集约经营,集中使用人、财、物、时间、空间和信息等资源,有助于提升企业营销效率,进而提高经济效益。

(4) 为中小型企业选择独特发展空间、回避大企业的竞争压力提供了机会;对消费者而言,也为满足各类消费者的不同需求创造了更多机会。

(三) 旅游市场细分的原则

为了保证市场细分的质量,企业在进行市场细分工作时,要求遵循以下原则。

1. 可衡量原则

可衡量性是指旅游市场经过细分后具有明显的差异性,每一细分的旅游子市场的购买力大小和规模大小都能被衡量,旅游企业获取明确表现旅游消费者不同特征的确切资料,从质与量两个方面可以为旅游企业制定营销决策提供可靠依据。

2. 可进入原则

可进入原则是指企业利用现有的人力、物力、财力可以去进入和占领的细分市场。市场细分是为确定目标市场服务的,市场细分结果中必须有本企业可能进入并占有一定份额的子市场存在,否则就没有现实意义。如果细分市场的旅游者受种种限制根本不可能到达旅游目的地,这样的细分市场即使开发潜力再大也没有任何价值。

3. 有价值原则

有价值原则要求细分市场要有可开发的经济价值。细分后的市场要有适当规模和发展潜力,适合企业经营和今后进一步发展壮大的需要。细分后的市场规模与营销费用密切相关，市场范围太小，其营销费用的比例会扩大；反之，营销费用则缩小。如果容量太小，销量有限，则不足以成为细分依据。

4. 稳定性原则

严格的旅游市场细分是一项复杂而又细致的工作，因此要求细分后的市场应具有相对的稳定性。这也意味着企业的营销战略相当长时期内要尽量维持不变，有利于企业减少营销风险，取得稳定发展。

二、旅游市场细分标准

旅游市场细分从本质上看是把旅游者需求按照特定标准加以分类的过程，一般依据旅游者地理、人口、心理和行为四大因素来进行。

（一）旅游市场地理变量细分

旅游市场地理变量细分，是旅游企业按照旅游者居住地所在的地理位置及自然环境的差异来细分旅游市场。地理细分因素包括地区、气候、环境、人口密度及城市规模等。

1. 根据潜在客源地区与旅游目的地之间的自然环境的差异进行旅游市场细分

构成自然旅游资源的重要因素中，地形地貌与气候起主导作用，往往以气候为主导因素的自然旅游资源是最具有吸引力的。北欧各国旅游者近几年已形成了赴地中海地区旅游的热潮，即俗称的“Sand，Sea，Sun”。中美洲加勒比海地区和夏威夷之所以成为度假胜地，主要也是因为那里气候宜人，并为旅游者提供海滩、日光等良好的自然条件。我国北方冬季寒冷，哈尔滨的“冰雪节”、吉林的“雾凇节”都以其独特的北国风光成为颇具魅力的吸引源。而南方广东、福建、海南岛等地冬季天气良好、气候温和，很适宜北方旅游者冬季去旅游。此外，如内蒙古草原、西北荒漠、偏远山区、广阔的水面都会引起久居城市的旅游者的兴趣，这些都反映了人们对变换自然环境的一种需要。

2. 根据六大旅游区细分旅游市场

世界旅游组织（WTO）根据地区间在自然、经济、文化、交通以及旅游者的流量、流向等方面的联系，将世界旅游市场划分为六大旅游区：东亚及太平洋旅游区、南亚旅游区、中东旅游区、非洲旅游区、欧洲旅游区、美洲旅游区。这六大旅游市场中，欧洲旅游区和美洲旅游区是世界上最发达的旅游客源输出地区与旅游接待地区。同时，传统的旅游目的地正在转变为重要的客源地，在这种“双向旅游”中亚太地区表现得极为活跃。作为旅游目的地，它们成为北美和欧洲客人关注的焦点。与此同时，东亚及太平洋地区已成为近年来旅游业发展最快的旅游市场。

3. 根据客源国进行旅游市场细分

按国别进行旅游市场细分的方式，是旅游目的地国家或地区细分国际旅游市场最常用的形式。由于国界因素的强化，一国内部的消费需求往往有许多相似性，而国与国之间则往往出现较多的差异性。这些差异性表现在旅游者的文化习俗、购买能力、带薪假期等方面。例如，根据近年来华旅游入境人数统计，港澳台同胞占主流，韩国、日本、美国、英国、德国、俄罗斯等是主要的客源国，新兴的客源市场如瑞典、荷兰、加拿大等有所发展。这些主要的客源国和地区大都有较长时间的带薪假期,如日本的黄金周(即一周的假日)实为旅游周,美国人的带薪假期及节日约26～40天,瑞典国家规定的最低带薪假期每年不低于5周,有些国家长达7周。

4. 根据客源地与旅游目的地的空间距离进行旅游市场细分

按照客源国与接待国之间的距离,可将旅游市场划分为远程旅游市场、中程旅游市场或近程旅游市场。一般来说,远程旅游需要时间较长,旅游消费较高,游客多属经济比较富裕、闲暇时间充裕、生活条件十分优越的中上层人士。随着交通工具日趋现代化,旅游的空间距离和时间距离的相对缩短,远程旅游也有逐渐发展的趋势。近程旅游是指旅游客源国和目的国之间距离短,旅程时间短,旅途的消费也相应减少,如欧洲各国之间的国际旅游活动。近邻旅游市场是各旅游区旅游市场中最为活跃的国际旅游市场。不论远程旅游或邻近国旅游都有很大潜力。我们必须在大力发展邻近国旅游市场的同时,有针对性地扩大远程旅游市场,挖掘潜在的旅游市场,这样才能使我国的国际旅游得以快速均衡发展。

5. 根据旅行者的国际流向细分旅游市场

即根据不同客源地旅游者流向某一目的地的人次占该目的地接待人次的比例,可将国际旅游市场细分为一级市场、二级市场和三级市场。一级市场(也叫核心市场)是指一个目的地国接待的旅游者人数在接待总人数中占比例最大的两三个国家或地区的旅游市场。在通常情况下,一级市场占目的地国接待总人数的40%～60%。企业在制订市场营销计划时,应优先考虑一级市场的市场需求和消费特点。二级市场(也叫发展市场)即在目的地国接待总人数中占相当比例的旅游市场,一般也可包括三四个国家。二级市场的特点是有较大的市场潜力,潜在需求还没有完全转变为现实需求,需要花大力气去开发。三级市场(也叫边缘市场)是指一个旅游目的地国计划新开拓的市场。其特征是,该市场的出国旅游人数与日俱增,但前往本目的地的人数很少,属于有待于进一步开发的市场。必须通过认真调研,确认其潜力,才能加以开发。

从宏观角度研究国际旅游者的流向,对确定目标市场和制定市场营销策略,集中有限的人力、物力、财力开发一级、二级市场方面具有相当重要的意义。

(二) 按人口统计变量细分

该方法是市场细分中最流行的方法,既直接又十分有效。其分析变量非常明确,包括性别、年龄、职业、收入、家庭年龄结构、家庭人数、种族、宗教、国籍、受教育程度及文化与血缘关系等。

1. 年龄

旅游市场按年龄变量可分为儿童市场、青年市场、中年市场、老年市场。各类年龄层次不同的细分市场,其需求特点也有明显的不同,旅游企业可根据不同的市场采取不同的办法应对。

儿童旅游市场是潜力巨大的市场。根据第六次全国人口普查数据,0～14岁人口约占总人口的16.60%,儿童旅游市场十分庞大,旅游企业如能开发成功,不仅能满足儿童本身的旅游需要,还可促进父母带着孩子全家出行。

【案例 5-1】

"合家欢"家庭旅游项目的成功开发

海逸饭店是位于某海滨度假区的别墅式饭店，开业后，面临各家饭店对商务、旅行团等客人的激烈竞争，饭店决定采取"合家欢"营销形式，面对家庭旅游市场进行营销。饭店推出家庭价并免费为不同年龄的儿童提供体育活动、游戏、艺术雕刻、短途户外活动等，同时为13～17岁的少年免费提供冲浪、航行、高尔夫球、潜水、网球等培训课程；此外还组织主题比赛、填字游戏来吸引儿童；饭店给下一季度的早期预订或淡季预订的携带孩子的家庭予以大幅度优惠。通过上述活动，该饭店在当地激烈的市场竞争中达到了年均75%以上的出租率，比其他同行高出十多个百分点。

根据第六次全国人口普查数据，我国60岁及以上人口占总人口的13.26%，老年旅游市场度假客人较多，比起价格来，他们更关注旅游产品质量，更留恋老字号、老品牌。

青年旅游市场有不同的特点，青年人更注重经济型旅游，较注意价格，他们喜欢猎奇、冒险，探险旅游等对他们有较强的吸引力。

【案例 5-2】

青年旅馆

1912年，世界上第一个青年旅馆在德国一个废弃古堡中诞生，并奠定了青年旅馆的基本结构，即以"安全、经济、卫生、隐私"为特点，室内设备简朴，备有高架床、硬床垫和被褥、小座椅、公共浴室和洗手间，有的还有自助餐厅、公共活动室，受到青年人的广泛欢迎。仅一年后，青年旅馆即达到83家。现在世界青年旅馆已经遍布各个旅游区的中心地带，而旅馆客人则大多是30岁左右的或是全家开车出行或是独自出游的背包族。

中年旅游市场规模占旅游市场总规模比例最大，中年旅游者是各旅游企业竞相争夺的对象，是商务旅游、观光旅游的主力。

2. 家庭生命周期

单身青年被称为"单身贵族"，在经济上虽不富裕，但喜欢旅游，单身青年旅游市场是很有潜力的旅游市场；新婚夫妇尚无孩子，出去旅游的可能性较大，有了孩子而孩子又在婴儿期中旅游的可能性较小；到孩子长到少年期，全家出去旅游的可能性增加，对健康型旅游产品情有独钟。

3. 性别

旅游市场根据性别不同可细分为男性旅游市场和女性旅游市场。男性旅游者与女性旅游者对旅游服务和项目的需求表现出一定的差别。公务旅游以男性为主，家庭休息时间也一般由男性决定，但家庭旅游决策和目的地的选择常由女性决定。近年来，随着妇女社会地位的提高，妇女收入不断增加，女性将成为旅游市场的重要客源目标。众多旅游企业近年来大力开发女性旅游市场，尤其是女青年旅游市场，组织她们到世界著名的旅游胜地观光和购物旅游，女性旅游市场有了迅速增长，单身旅游也成为时尚。

【案例 5-3】

女性旅游市场持续升温

近年来，女性市场已经成为商家关注的焦点，同时这一市场也受到了旅游业界的追捧。就我国来讲，女性市场潜力巨大。我国女性中大约有1亿人生活在城市，而城市女性中近40%的女性年龄在20～40岁，其中90%是职业女性，这部分女性受教育程度高，消费能力强，对新事物的接受能力强，喜欢追逐时尚，也是引领潮流的领头军。《中国女性生活状况报告(2015)》针对中国城市女性的调研结果表明，2006—2014年，平均每年有62.7%的女性和家庭外出旅游。家庭旅游支出2010年为5 666.1元，2014年增至15 079.6元，年均增幅27.7%。旅游方式中，"跟团游"呈下降趋势，"自由行"被更多女性选择，出境游增加。

此外，去哪儿网、中商情报网、中研普发公司等旅游服务商和研究咨询机构也陆续开展了针对女性消费者的市场调查。

女性是旅游者中的一个特殊而又数量庞大的消费群体，她们在消费方面具有许多与众不同的特点，这在客观上要求旅游企业，在产品或服务设计上注重体现女性由于性别特点带来的特殊需求。

4. 文化程度、职业、经济收入

文化程度越高，旅游的欲望越强；经济收入越高，旅游支付能力越强，出去旅游的可能性越大。旅游企业了解按文化程度、职业、经济收入划分的细分旅游市场，可制定出相应的营销组合去应对这几个细分市场。

(三) 按旅游者心理行为细分

旅游市场以旅游者的心理特征来细分，具体变量因素有气质性格、生活方式、价值取向、购买动机、偏好等。

旅游者心理因素十分复杂，它不仅与旅游者的收入水平有关，而且与旅游者的文化素养、社会地位、价值观念、职业等因素密切相关。在第三章中，我们已经详细阐述了由于旅游者的个性、购买动机等变量引起的旅游者购买差异。每一类旅游消费群，均体现出不同的需求特点。因此，旅游企业需要有针对性地开发旅游产品和拟订营销方案，以吸引不同类型的旅游消费者。

(四) 按购买行为细分

按照旅游者旅游目的、购买时间和方式、购买数量和频率等行为因素，可将旅游市场划分为不同的细分市场。

1. 按旅游目的细分

按旅游目的来细分旅游市场是一种非常基本的方法，其实质是按消费者购买旅游产品所追求利益的侧重细分。它为旅游产品的开发设计和营销组合的制定提供了主要依据，可以确定旅游产品的主要类别。目前以此变量为标准，主要可细分出以下五个大的细分市场。

(1) 观光旅游市场，旅游的目的是了解异国他乡文化风俗、民情和景观。

(2) 度假旅游市场，这一市场的旅游者停留时间长，以度假休闲为主。

(3) 会议、商务旅游市场，旅游的目的是参加学术交流或某些业务往来，对住宿、饮食条件要求高。

(4) 奖励旅游市场，奖励性旅游者的旅游费用开支多是大公司、企业、协会对员工的奖励资助，它为社会收入较低的阶层提供旅游机会，故发展潜力很大。

(5) 探亲访友旅游市场，目的是探亲访友或寻根问祖，并不在意住宿条件和美味佳肴，一般停留时间较长，对价格较敏感。

2. 按购买时间和方式细分

按购买时间和方式细分即根据旅游者出游的时间、购买旅游产品的渠道及旅游方式来划分旅游市场。按购买时间可划分为旺季、淡季及平季的旅游市场，还可以分出寒暑假市场以及节假日市场(如春节、元旦、国庆、中秋、端午、清明、双休日市场等)。旅游企业可以把特定时机的市场需求作为服务目标。例如，我国近年来发展迅速的周末度假市场就引人关注。

购买方式是指旅游者购买旅游产品过程的组织形式和所通过的渠道形式，依此可分为团体旅游市场和散客旅游市场，其中，旅游团体又可依据团队性质与档次差别，划分为观光团或专业团，普通团或豪华团。目前散客旅游市场已发展成为世界旅游市场的主体，这一市场形式包括独自旅游、结伴同游、家庭旅游、小组旅游、驾车旅游、徒步旅游等。

3. 按购买数量和频率细分

按购买数量和频率细分是指按旅游者购买旅游产品的数量和频率特征来细分。依此可将旅游市场划分为较少旅游者、多次旅游者和经常旅游者。这种市场细分，有利于深入描述探析不同购买者数量特征的旅游群体在人口属性与心理特征、媒介习惯方面差异的深层原因。这一变量因素一方面也反映了旅游者对某一旅游产品的忠诚度。例如，英国人对于“度假农庄”的品牌忠诚度非常高，约有一半的游客表示已有过 2～3 次的类似度假经验，他们普遍是短期度假，也有 60%的游客是一次停留在“度假农庄”1 周左右。而奥地利人中有 3/4 表示曾在“度假农庄”度假，且百分之百的游客表示愿意再前往类似的“度假农庄”度假。游客最普遍的方式是中短期度假，90%的游客至少有 1 次在“度假农庄”停留 3 周以上。游客中 2/3 是银发族游客。

第二节　旅游目标市场选择

一、旅游目标市场选择的依据

目标市场是指旅游企业在市场细分的基础上进行营销活动所要满足其需求的消费者群体。这一类消费者群体的市场需求成为旅游企业的主要经营对象。旅游企业在市场细分化的基础之上,结合企业自身的资源条件选择和确定目标市场,明确企业的具体服务对象,实施相应的目标市场营销策略,是实现企业顺利运作、提高经济效益的重要途径和手段。

选择目标市场的第一步是分析评估各细分市场。对各细分市场规模和增长率、细分市场结构吸引力以及旅游企业营销目标和资源等方面予以准确评估,从而能把握最佳的市场机会,决定细分市场的取舍。

(一)各细分市场规模和增长率

旅游企业选择某一或某些细分市场作为旅游目标市场,其最终目的是期望旅游企业进入该领域后具有理想的长期盈利能力。因此,潜在细分市场要具有适度规模和合适的预期增长率,才具有一定的市场发展潜力,才能成为服务企业进入的驱动力。

市场规模和预期增长率是一个相对的概念,对实力雄厚的大企业来说,它是指规模大、增长速度快的细分市场;而对中小企业而言,由于其资源和实力的有限性,则是指不被大企业看好的、规模较小、增长速度比较平缓的市场。但无论是实力雄厚的大企业还是实力相对较弱的中小企业,都必须考虑目前的销售量和预期增长率,选择自身条件与这两项指标相适应的细分市场作为目标市场。

一般来说,理想的细分市场是具有较高的现实销售额、高增长率和高利润贡献的细分市场。值得注意的是,最大、最快速增长的细分市场并不适合所有的公司。较小的公司可能发现它们缺少相应的技术和资源来为较大的细分市场服务,这些公司可能倾向于选择一些较小的、不太有吸引力的细分市场,这样可以避开与大旅游企业的竞争,在这些市场上容易获得更多的利润。

(二)细分市场结构吸引力

哈佛大学商学院波特教授指出,影响一个市场或一个细分市场长期盈利的因素有四个——行业竞争、替代产品、购买者和供应者。细分市场结构吸引力可以视为对该市场利润的期望值。期望值高,则吸引力大。分析每一个细分市场的吸引力,是旅游企业选择目标市场的基础和出发点。

1. 竞争者状况

如果在这一细分市场上已经存在许多强有力的和具有进攻性的竞争者,这一细分市场就不太具有吸引力。例如,在深圳已有华侨城、锦绣中华等多处成功的人造景观经营的情况下,再在深圳建造同类的观光主题公园就可能有很大的市场风险。

2. 替代性产品状况

如果在一个细分市场上目前或将来存在许多替代性产品,那么可能会妨碍进入这一细分市场的企业获取足够多的利润。

3. 购买者的能力状况

购买者的相对能力大小也会影响细分市场的吸引力。如果在一个细分市场上,购买者相对于销售者具有强有力的讨价还价力量,那么,他们将迫使价格下降,并需要更好的质量与服务。

4. 供应商的状况

如果在一个细分市场上存在一个强有力的供应商，他能控制生产所需的原材料与服务的价格，以及它们的质量和数量，这个细分市场也是缺乏吸引力的。当然，如果市场需求足够大，情况又会有变化。当供应商是大而集中的，且替代者很少时，或者当供应的产品十分重要时，供应商往往是强势的。例如，对许多饭店来说，一些大的旅行商集团就是这类供应商，要注意处理好与它们的关系。

（三）旅游市场营销目标与资源

除对细分市场进行深入细致的评估以外，旅游企业还须明确自身的经营目标和拥有的资源。即使是吸引力大的细分市场，一旦与旅游企业的长期经营目标相偏离，旅游企业也只能放弃这一细分市场。对适合企业经营目标的细分市场，旅游企业则要考虑自身的生产能力，拥有的各种资源和技术，不能选择企业自身无法满足的细分市场，否则就会得不偿失。

二、旅游企业目标市场策略

旅游企业在选择目标市场范围时可采取“由面至线、由线至点”的战略，而在市场营销中则采取“由点至线、由线到面”的原则，稳打稳扎，步步为营，进入整个市场。其具体营销战略有以下三种。

（一）无差异营销策略

无差异营销策略，即旅游企业在市场细分之后，不考虑各细分子市场的独特性，而只注重市场的共性，决定只推出单一产品，运用单一的旅游市场营销组合，力求在一定程度上适合尽可能多的消费者的需要，如图 5-1 所示。这种营销策略不管细分市场的差异，旅游企业所设计的产品和营销方案，都是针对大多数旅游者的。例如，我国旅游部门在旅游业刚起步阶段、基本推出的是观光旅游项目。

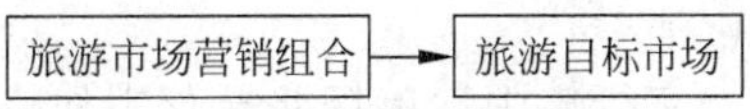

旅游市场营销组合 → 旅游目标市场

图 5-1 无差异营销策略

这种策略的优势主要有如下两点。第一，规模效应显著。当产品品种、规格、款式简单时，有利于标准化与大规模生产和销售，分销渠道简化，市场调研和广告宣传开支较低，有利于降低企业的综合成本费用，取得规模效益。第二，有利于提高服务技巧和劳动效率，易于形成垄断性的名牌旅游产品的声势和地位。

无差异目标市场策略的缺点主要有如下两点。第一，市场适应能力差，单一的市场策略不易满足具有多种多样需求的旅游者。因为单一产品要以同样的方式广泛销售并受到所有购买者的欢迎，这几乎是不可能的。第二，加剧了市场竞争，从而降低了经济效益，增加了企业的经营风险。当有若干旅游企业都采用此策略时，在较大的细分市场的竞争将会日趋激烈，利润不断摊薄，而在较小的细分市场的需求又得不到满足。

（二）差异性营销策略

差异性营销策略即旅游企业把整个旅游市场划分为若干个细分市场，从中选择两个以上的细分市场作为自己的目标市场，并有针对性地进行营销组合以适应旅游者不同的需要，凭借旅游产品与市场的差异化，获取最大的销售量，如图5-2所示。例如，旅行社同时推出观光旅游、经济团旅游、豪华团旅游等产品及其营销组合，采取的就是差异性营销策略。

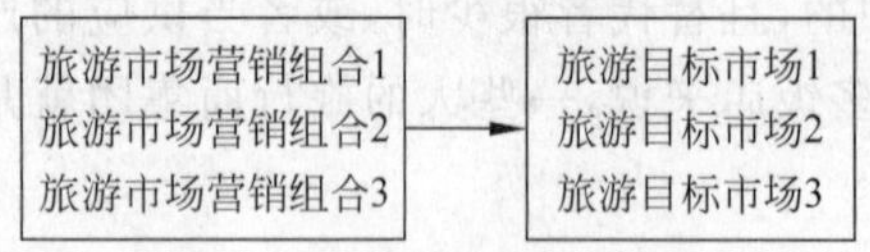

图5-2 差异性目标市场策略

差异性目标市场营销的缺点主要有如下几点。第一，由于差异性营销带来生产经营成本与营销宣传费用的增加，难以使旅游企业取得规模效益。第二，经营目标市场数量越多，越会影响经营效率，使旅游企业管理难度加大。第三，多元化分散经营，可能使企业的资源配置不能有效集中，影响某些优势的发挥。旅游企业在采用差异性目标市场策略时，必须保证所选定的目标市场由于总销量扩大所带来的收益要大于营销总成本费用的增加。实力相对较小的旅游企业一般不宜采用此策略。

（三）集中性市场差异营销策略

集中性市场差异营销策略即旅游企业在旅游市场细分的基础上，选择一个或少量细分市场作为旅游目标市场，为充分满足某些旅游消费群特定的需求服务，而集中企业自身营销力量实行高度的专业化经营，以占领其大量市场份额，如图5-3所示。该策略适合中小型旅游企业和一些旅游资源独具特色、能吸引一定类型旅游者前往的旅游地。

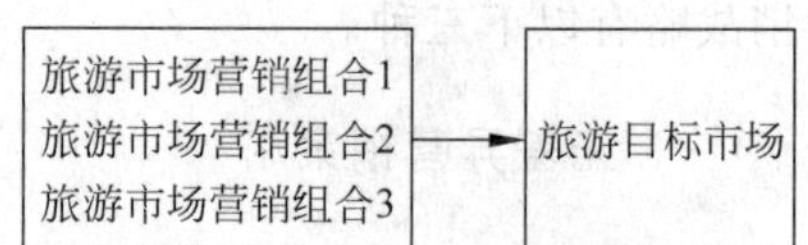

图5-3 集中性市场差异营销策略

实行集中性市场差异营销战略有如下优点。第一，可以提高企业在一个或几个细分市场上的占有率。采用该战略，由于企业销售的对象集中，因而对市场有较全面的了解，使产品容易满足消费者的要求。第二，可以降低成本和减少销售费用。在采用该战略的情况下，企业的生产实行专业化，批量大，因而生产成本可以降低，同时，单一经营也可以减少销售费用。第三，可以使企业创名牌，增加销售量，提高利润率。因为产品单一，可以集中力量搞好产品设计，提高服务水平和服务效率，有助于企业产出质量良好的名牌产品，满足消费者需要。同时，采用这种战略需要的人力、物力和财力都较其他战略为少，比较容易占领市场，因而是中小型企业的首选战略。许多中小型企业就是采用这一战略逐渐发展成为大中型企业的。

集中性市场差异营销策略有如下缺点。第一，企业经营具有很大风险性。依赖于小部分市场生存的旅游企业承担的经营风险较大，一旦市场突然发生变化或者强大竞争对手进入或者新的更有吸引力的替代产品出现，都可能使企业没有回旋余地而陷入困境。第二，如果选定不是较大的细分市场，则竞争者太多，市场竞争过于激烈。

因此，采用集中性市场差异营销策略要冒一定风险。市场情况变化和市场竞争的激烈化，往往促使企业将目标市场分散成几个细分市场，减少经营风险。

三、影响目标市场策略选择的制约因素

旅游企业采用何种目标市场策略，应综合考虑以下各方面因素来加以确定。

（一）旅游企业的自身实力条件

旅游企业的自身实力条件主要包括其人力、财力、物力条件，以及其生产能力、技术能力和销售能力。如果旅游企业的实力雄厚，管理水平较高，信息资源丰富，可考虑采用无差异性市场营销策略或差异性市场策略；如果旅游企业的实力不足，人力、财力、物力、信息等资源有限，企业无力顾及整个市场或多个细分市场，则适宜采用集中性市场营销策略。

（二）旅游产品或服务的特点

同质性旅游产品或服务，如旅游饭店同等档次的客房、旅游航空客运服务等，由于其差异性小，替代性很强，竞争主要集中在价格上，较适宜实行无差异性市场策略。而对于一些差异性较大、旅游者选择性很强的旅游产品或服务，如特色旅游线路产品、旅游餐饮服务等，则适宜采用差异性市场营销策略或集中性市场营销策略。

（三）旅游市场需求状况

当旅游市场上的消费者在某一时期的需要与偏好及其他特征很接近，市场类似程度很高时，适宜采用无差异市场策略，如旅游交通市场。而对于旅游者需求异质程度很高的旅游产品市场，一般要采用差异性市场策略或集中性市场策略。

（四）旅游产品生命周期

旅游产品的生命周期处于导入期时，性能还不够完善，品种比较单一，竞争者也较少，应采用无差别市场营销策略，以便进一步通过市场的扩大，以利产品的深化开拓。当旅游产品进入成熟期后，旅游产品品种增多，竞争者也增多，此时适宜采用差异性市场营销策略，以开拓旅游市场，扩大市场份额。当旅游产品进入衰退期，则应采用集中性目标市场营销策略收缩旅游企业的产品线，以便保持部分市场，延长旅游产品的生命周期。

（五）旅游市场竞争状况

经营者采取哪种市场策略，往往视竞争者的策略而定。如果竞争者数量较少或较弱，且产品具有垄断性，旅游企业则可采取无差异市场营销策略。若竞争者采用无差异市场营销策略，旅游企业则可反其道而采用差异性市场营销策略或集中性营销策略。如果竞争者太多，则应采取差异性或集中性目标市场策略。

综上所述，旅游企业必须从实际出发，要在综合考虑以上各种因素的基础上选择目标市场策略。

第三节 旅游市场定位

一、旅游市场定位的含义

旅游市场定位是指旅游企业根据目标市场上的竞争者和企业自身的状况,从各方面为本旅游企业的旅游产品和服务创造一定的条件,进而塑造一定的市场形象,以求在目标顾客心目中形成一种特殊的偏好。简单地说,旅游市场细分和旅游目标市场的选择是让旅游企业如何找准顾客,而旅游市场定位则是让旅游企业如何赢得顾客的"芳心"。

二、旅游市场定位的方法

(一)常用方法

在旅游市场上,企业常用的定位方法主要有以下几种。

1. 根据产品特色或是特殊用途进行定位

这是最为常见的一种定位方法,即根据自己产品的某种或某些优点,或者说是根据目标顾客所看重的某种或某些利益进行定位。当企业某种特性超出竞争对手水平时,企业就应在市场上重点强调产品的这些特性,以推动市场认可。实行市场定位应与产品差异化结合起来。例如,对于饭店企业来说,这些优点或利益的基础可以是本饭店的建筑坐落地点、服务项目、服务质量、房间和装潢的设计与质量,或者这些方面产品特色的任何组合。如果一个饭店拥有足够的会展场地和健全的会议设施,则可以围绕适合接待某些类型的会展或演出活动这一长处去树立形象。

2. 根据"质量—价格"定位

"质量—价格"反映了消费者对企业产品实际价值的认同程度,即对产品"性价比"的分析判断。按产品的"质量—价格"定位主要包括两种情况:第一种情况是强调质量—价格相符。例如,当企业产品价格与同类产品相比更高的情况下,企业可以强调产品具有更高质量,说服顾客购买本企业的产品。国际上许多知名饭店就是根据这种方法来考虑自己的定位的。第二种情况是质高价低。一些企业采用质高价低的定位方式作为竞争手段,以加速市场渗透,提高市场占有率。

3. 根据产品使用者进行定位

根据产品使用者进行定位是指企业主要针对某些特定顾客群进行的促销活动,以期在这些顾客心目中建立起企业产品"专属性"特点,激发顾客的购买欲望。这种定位方式能在一定程度上满足顾客的心理需求,促进顾客对企业产生信任感。采用这种定位方式时,企业要为目标顾客设计专门产品,并采取不同的营销措施。例如,某些饭店通过营销努力,特别是通过公关活动,同某一社会阶层或社会名流建立起较为经常的主顾关系,则会为某些类型的顾客所关注。在莎士比亚故乡莎士比亚剧场附近有一家餐馆,该餐馆的规模很小,在服务方面也没有太多值得称道之处,但由于同莎士比亚剧场演员关系较好,这些演员经常光顾该餐馆，以至很多对莎剧，特别是对其演员感兴趣的人也纷纷前来光顾，从而使该餐馆在当地颇有名气。

4. 借助竞争者进行定位

这种方法所指的是一个企业可通过将自己同市场声望较高的某一同行企业进行比较，借助竞争者的知名度来实现自己的形象定位。其通常做法是通过推出比较性广告，说明本企业产品与竞争者产品在某一或某些性能特点方面的相同之处，从而达到引起消费者注意并在其心目中形成印象的目的。竞争定位是根据与市场竞争有关的属性或利益进行定位。例如，成立于 1994 年的真功夫全球华人餐饮连锁，一直以来都将肯德基、麦当劳等洋快餐视为竞争对手，其产品定位为“营养还是蒸的好”，区别于洋快餐的油炸食品，但同时做到了中餐标准化，发展势头良好。

（二）创新方法

1. 蓝海策略

“蓝海”是当今全球企业界一句流行语。它源于海内外风行的一本管理畅销书《蓝海战略》，书中将已知市场和未知市场形象地比喻为“红海”和“蓝海”。“红海”是今天现存的产业，也是已知的市场空间。随着市场变得越来越拥挤，利润增长的空间开始相应减少，“卡脖子”式的血淋淋竞争最终把商海染成一片血色，因此叫“红海”。“蓝海”用来描述更宽、更深的尚未开发的潜在市场；不再以打击对手进而存活自己的方式来寻求发展，而是强调价值创新，通过寻求新的边界业务，进入尚未开拓的市场空间、尚未创造的需求和领域，去发现更宽广的、更有价值的发展空间。

蓝海策略就是创造没有人与其竞争的市场空间，超越竞争。传统的旅游业竞争主要是靠拼价格、拼服务，造成一片红海，因此在旅游市场营销中注重消费人群细分，寻找旅游蓝海市场，显得尤为重要。这种策略致力于增加需求，并摆脱竞争，不再瓜分不断缩小的现有需求和衡量竞争对手。借着改变传统经营思维，来打破现有市场的限制，来创造广大无竞争的市场，蓝海策略提供旅游企业思考的解决路径。像目前刚起步的太空旅游市场、残疾人旅游市场等都是旅游业蓝海策略的成功实施。

据统计，我国现有的残疾人口接近总人口数量的 1/20，其中 60%以上的残疾人有旅游的愿望，1.7%的残疾人有现实的旅游需求，而且很多残疾人旅游至少有一个人陪同，很多人是重复同一旅游路线。很多城市已经认识到这一市场潜力巨大，并采取了积极措施，如海南、云南已有旅行社推出了哑语导游、残疾人旅游景点、盲文等服务；北京一些旅游景点内的无障碍设施已在 2007 年年底完工。

2. 长尾理论

长尾理论认为非热门远比热门要多，如果所有非热门聚合成市场，将会彻底改变世界上某些最庞大的市场。在统计学中，这种形状的曲线被称作“长尾分布”，长尾理论向 80/20 法则提出了全面的挑战。随着人民生活水平的提高，以假日旅游为标志，我国居民旅游已经进入了大众化消费的新阶段。国家旅游局提供的数据显示，从 1999 年“十一”到 2015 年“十一”，黄金周旅游人数由 4 000 万人次快速攀升至 5.26 亿人次。2014 年我国人均出游率已经接近 3 次。这是我国初步实现小康目标以后，旅游业发展的重要特征。目前我国旅游市场规模是在人均GDP达到8 000美元的条件下形成的。随着全面建设小康社会的推进,我国人均GDP将由8 000美元向10 000美元跨越,消费市场、消费结构、产业结构都将发生显著的变化,旅游消费需求将大幅度提升。对于航空旅游的发展趋势,从市场供给来看,航空旅游产品将更加丰富,以满足多层次的旅游需求;适应大众化旅游由一般观光到度假的需求;形成多样化、复合型的旅游产品系列。从市场取向来看,热点地区将更加分散,游客将从传统的旅游热点地区,逐步转向偏冷地区。综上所述,航空旅游市场正从集中供应走向长尾分布。

3. 运用CI与CS战略进行旅游市场定位

随着市场经济走向成熟,旅游区与旅游企业间的竞争已不仅仅是单一生产经营层面上的竞争,而是在理念与价值取向、目标与企业精神、决策与经营哲学、人才与员工教育等多方面的全方位整体性竞争。CI战略与CS战略作为一种全新的经营战略,具有超前性、多维性和诱发性的特点。这两种战略试图融文化于企业战略,对于旅游区或旅游企业的旅游市场定位具有较强的借鉴作用。

CI是企业形象识别(Corporate Identity)的简称。CI组合,即企业识别系统,由于理念识别(Mind Identity,MI)、行为识别(Behavior Identity,BI)以及视觉识别(Visual Identity,VI)三个子系统构成。CI策划,就是运用CI方法对旅游区或旅游企业进行整体策划,帮助其创造富有个性和感染力的全新形象。CI策划作为完整的统一的形象塑造方法,它的导入往往使旅游区或旅游企业由显层标识到深层理念都发生积极的转变。

CS是顾客满意(Customer Satisfaction)的缩写,是一种面对买方市场新形势的出现,强调从顾客需求出发的战略,要求企业的整个经营活动要以顾客满意度为中心,要从顾客的观点而非企业本身的观点来定义消费者的需求,它通过运用CSI(顾客满意度)和CSM(顾客满意指数)对企业产品、服务、品牌不断定期定量、综合性测评与改进,优化服务品质使顾客满意度最大化,进而赢得顾客品牌忠实度。CS战略具有强化企业的抵御市场风险能力、经营管理创新和持续稳定增效的作用。

CI战略与CS战略,在旅游企业经营战略中各有侧重,详见表5-1。

表5-1 CI战略与CS战略比较

项目	关键因子	工作重点与目的	传导艺术重点	反馈	绩效手段	战略取向
CI	创造个性	我做什么才能吸引你	由里向外	形象识别	创造需求	企业为中心
CS	旅游者满意	我如何做你才能满意	由外向里	CSM(旅游者满意,级度) CSI(旅游满意指标)	需求拉动	市场为中心

根据CI战略与CS战略整合模式,我们可以得出如下认识:旅游地或旅游企业在进行旅游市场定位时,一方面要强调旅游地或旅游企业的经营理念、行为、视听具有可识别性的个性创造,突出区域特色、企业特色、产品特色;另一方面,要强调旅游者的满足感,注重建立健全反馈机制与满意评价机制。做到创造需求的同时适应需求,既留住目标旅游消费群又吸引潜在旅游消费者,从而真正实现经济效益、社会效益与文化效益的统一。

需要强调的是，为了保证定位战略的实施成功，很重要的一点便是所用营销组合中各项手段之间需要相互支持和配合。例如，以大公司商务人员为目标市场的高档饭店，提供豪华级饭店服务产品，宣传品就不能使用劣质的纸张、浓烈的颜色和难以阅读的密集排版，不宜采用直接削价法去开展销售促进，不宜将经营廉价产品的中间商纳入自己的分销渠道。否则，便会混淆消费者对其产品的知觉。总之，各项营销手段的应用都必须协调一致，以创造本企业品牌的统一形象。

三、旅游市场定位的步骤

旅游市场定位的主要步骤如下。

1. 确定定位的层次

对于旅游企业及旅游目的地而言，一般应考虑三个层次的定位：组织定位、产品线定位以及单一产品定位。组织定位是指一个企业整体或目的地整体的市场定位。例如，某一旅游城市可将本城市定位为海滨度假和历史文化并重的目的地。产品线定位是对一组或一系列产品和服务的定位。例如上述城市中的一家旅游经营商，可将自己的城市一日游系列定位为最适宜家庭旅游的项目。单一产品定位是对某一项产品或服务的市场定位。

显然，企业不需要同时在所有层次上定位，重要的是要选准定位的层次，以有效提高定位的准确度和效率。一般情况下，营销人员不会随时在这三个层次上同时进行市场定位。

2. 确定产品和服务的特征

当市场定位的层次确定之后，就应根据目标市场的需要选定能够使本企业产品和服务区别于竞争对手的产品特征。这些特征既是旅游产品必须具备的，也是目标顾客最看重的核心“利益点”。例如，对入住五星级饭店的客人来说，顾客最关注的产品特征不是“价格”，而是“环境”和“服务”。因此，企业需要研究在选择决策中哪一个是关键属性，这将形成定位的基础。

3. 绘制定位图，确定定位位置

当选定了作为产品和服务差异化的产品特征后，企业要为这些特性寻找最佳的市场位置。一个简单有效的办法就是把企业的关键属性与竞争对手的属性标注在同一张图上，形成专门的“定位图”，如图 5-4 所示。

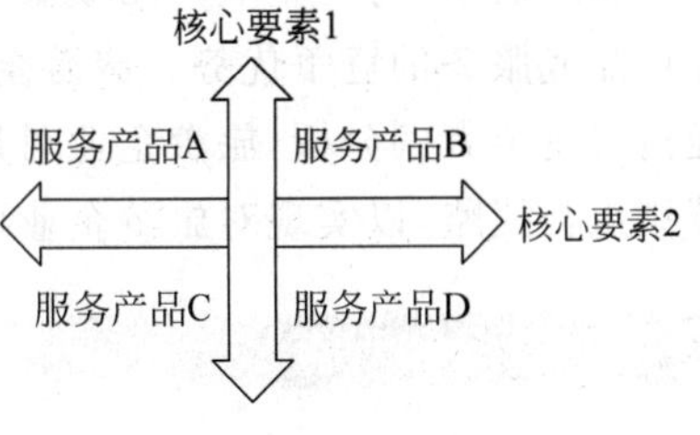

图 5-4　定位图

通常市场定位图中由两个坐标轴分别代表产品的两种特征，各竞争产品以这两种特征为标准而确定在定位图上的位置。营销人员可以根据定位图判断并分析自己的产品与竞争对手的产品的相对位置，从而更好地了解竞争产品之间的相似性和差异性。定位图不仅可以帮助企业识别竞争对手的市场优势，还能及时发现市场机会，为企业选择最佳的市场“位置”。

4. 实施定位

市场定位最终是通过企业与目标市场的互动过程实现的。这些互动过程包括企业各个部门、员工以及市场营销活动对目标市场的各种接触和作用。而企业的运营制度、内部的人力资源、财务方面的政策则直接影响着各部门、员工及市场营销活动对目标市场的接触和作用。因此,除了企业的市场营销活动和对顾客的服务过程,企业的内部制度及政策的制定也应反映并适应市场定位战略。

一个企业和服务如何定位需要贯彻到所有与顾客的内在和外在的联系中。这意味着企业必须确立一致的战略定位方向,并沿着它组织所有的战略营销和销售活动。也就是说,企业成功定位,一方面要强化执行并注意与整个营销策略的协调一致;另一方面要控制定位过程,及时纠正定位过程中出现的问题。

此外,企业在定位时应避免以下几种常见错误:第一是定位过低,使人们不能真正认识企业的独特价值;第二是定位过高,这也使人们不能正确地了解企业;第三是定位混乱,这可能与企业推出的差异过多或定位变化频繁有关;第四是定位的真实性问题,导致人们对企业的定位产生怀疑。显然,企业出现任何定位失误,都会在目标顾客心目中产生不利的影响。

本章小结

由于任何一家企业都不可能满足所有消费者的需求,旅游企业必须根据一定的变量来细分旅游者市场,然后根据市场的需要、自身的优势和竞争对手的经营情况,选择一个能实现企业利益的目标市场,并通过市场定位策略,在旅游消费者的脑海中树立本企业的形象,这就是目标市场营销战略。

目标市场营销战略包括市场细分、选择目标市场和定位三个主要步骤。其中,市场细分是指将特定市场按照顾客需求的差异划分为一系列具有不同特征的细分市场的过程;对市场进行细分以后,旅游企业需要从不同的细分市场中选择适合自己的对象,最终选定的细分市场就是企业的目标市场;而定位的实质是要专门针对目标市场顾客心目中某一特定需求,为本企业产品或服务设计鲜明、独特而深受欢迎的营销组合,以形成本企业产品或服务的竞争优势。旅游企业成功定位是建立在有效地分析竞争者的基础之上,通过对竞争者的分析,旅游企业可以准确识别自身所处的市场位置,并制定有针对性的营销组合战略,以实现对旅游企业可控制要素的最佳配置。

核心概念和观点

旅游市场细分;差异市场营销;集中市场营销;产品定位

★ 旅游市场细分是目标旅游市场选择和旅游市场定位的前提,旅游企业通过市场细分,可以更好地识别市场机会,进而结合本企业能力抓住最有利可图的机会。

★ 理想的细分市场是具有较高的现实销售额、高增长率和高利润贡献的细分市场。

★ 旅游市场细分和旅游目标市场的选择是让旅游企业找准顾客,而旅游市场定位则是让旅游企业赢得顾客的"芳心"。

练习题库

□ **知识题**

1. 影响旅游市场细分的因素有哪些？旅游市场细分的主要标准有哪些？
2. 旅游市场细分应遵循哪些原则？
3. 市场定位战略主要有几种？
4. 旅游目标市场策略有哪几类？影响旅游目标市场策略选择的因素是什么？

□ **案例分析题**

美国西南航空持续44年盈利的秘密

1971年，当美国西南航空公司进入航空市场时，美国航空公司与美国大陆公司已做得强大。但是它发现了一个市场空隙：在美国整个航空的细分市场中，缺少从城市到城市间经济、准时、航班频繁的供应商。

这样，美国西南航空公司出现在竞争业已激烈的美国航空市场，它的具体做法是：机型上，选择的所有机型都是波音737。这样的好处显而易见，比如如果机器有故障要维修时，很容易得到相应的备件，而且培训航空员也非常简单，因为他们驾驶的是同样的机型，可替换性很强。在服务上，除了像其他航空公司一样提供普通的票务服务外，对于那些没有时间买机票的人，只要把他的信用卡号和身份证号告知美国西南航空公司的票务中心就可以了，登机时候，只需出示信用卡与ID号码，而不需要机票。更夸张的是，飞机上的餐架也被打掉，没有正餐，只有一些花生米和简单的饮料。空姐在飞机上进行讲笑话比赛，轻松活跃顾客旅途生活。他们建立了忠诚顾客的档案，常坐他们飞机的人，可享有优先登机权。

通过以上措施，该公司经营成本大大降低，从而也降低了机票的价格，他们的机票价格一般在60～80美元，而一些大公司的价位一般在180～200美元。即便如此，他们也能收到一些顾客的投诉，公司请总裁亲手签名回信，及时处理这些问题。

思考题：

美国西南航空公司能够保持44年连续盈利的业界奇迹，成为美国唯一一家保持盈利的航空公司，其成功秘诀何在？

第六章 旅游市场营销策略

学习目标

- 知识目标：通过本章的学习，理解并掌握旅游市场营销中的三大营销策略。了解各个策略是如何在旅游企业中得到具体运用的。
- 技能目标：在学习本章基本理论的基础上，能够独立分析某一旅游企业的特点、市场环境、发展阶段等，并制定出相应的营销策略组合。
- 能力目标：学会灵活地运用不同的营销策略，真正地掌握每个营销策略的内涵及其相互联系，在社会实践中能够迅速做出反应。

市场营销活动的核心在于制定并实施有效的市场营销组合。1953 年，尼尔·博登创造了“市场营销组合”这一术语，其意是指市场需求在某种程度上会受到所谓“营销变量”或“营销要素”的影响。随着营销组合理论的提出，20 世纪 60 年代，营销组合的 4P 理论（见图 6-1）在美国产生。此后，营销界又提出了 5P、7P 等概念，但本章只在 4P 的基础上分析旅游市场营销策略。本章只重点讲解营销组合中的产品、价格、促销等三大策略，而销售渠道策略将在后面章节专门讲解。

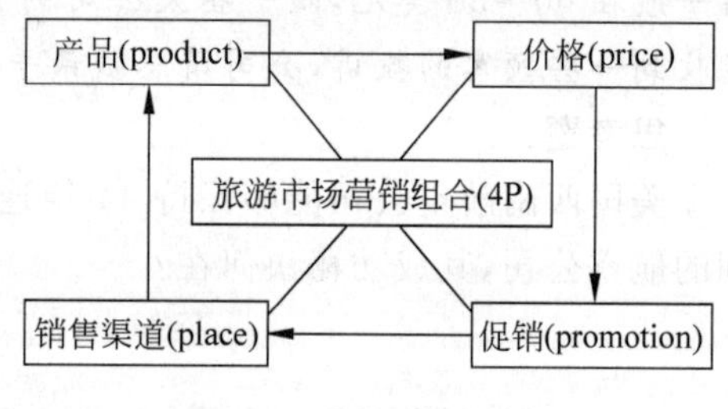

图 6-1 营销组合的 4P

第一节 旅游产品策略

产品策略在旅游市场营销中是一个核心环节。旅游经营者只有开发出能满足市场需求的产品和服务，才能进一步执行价格策略、促销策略和销售渠道策略。所以说，产品策略是整个市场营销组合的基础。

一、旅游产品生命周期策略

（一）旅游产品生命周期的概念

产品生命周期是指产品从正式投放市场开始，直到最后被淘汰、退出市场为止的全过程。旅游产品的生命周期一般包括投入期、成长期、成熟期和衰退期四个阶段，如图 6-2 所示。

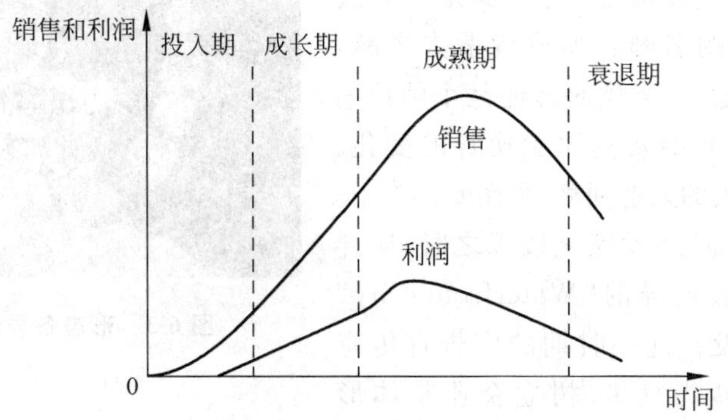

图 6-2　旅游产品的生命周期

（二）旅游产品生命周期各阶段的营销策略

旅游产品生命周期各阶段特点及其营销策略如表 6-1 所示。

表 6-1　旅游产品生命周期各阶段特点及其营销策略

生命周期阶段	产品营销特点	营 销 策 略
投入期	消费者对产品缺乏了解；产品的投资额大，销售额低，利润小；市场竞争者少	1. 进行产品的宣传 2. 制定合理的价格
成长期	产品日趋成熟，且基本上被市场所接受；生产成本和销售费用下降，利润增加	1. 根据产品反馈信息，进一步完善和改进产品 2. 加强产品促销
成熟期	产品广为消费者接受；需求量趋于饱和，销售增长趋缓	1. 寻求消费者新的旅游需求，增设尽可能多的服务项目 2. 寻找新的市场机会 3. 对原有产品进行重组
衰退期	销售量急剧下降，利润迅速减少	1. 立刻放弃连变动成本都无法补偿的产品 2. 对疲软产品进行处理 3. 分析滞销产品的滞销原因，使其销售量回升

从表 6-1 可以看出，旅游产品在生命周期的各个阶段都有其特点，旅游经营者可以有针对性地采取营销策略。

产品投入期是指产品才投放市场，基本上处于试销阶段的时期。在这一阶段企业应采取如下营销策略。首先，重点进行产品的宣传，使新产品能很快打入市场，被广大消费者所接受；其次，制定合理的价格。旅游产品的定价通常有高价和低价两种策略。高价策略，容易给产品树立一个高档次的形象，能很快扩大产品的知名度。而且，高价格为以后的降价留有较大的空间。对于旅游经营者来说,高价格也能很快让企业收回投资。

例如,中国的一些旅行社在刚开始开发欧洲出境游市场的时候,价格高达3万元,就是采取高价格策略。低价格策略有助于产品迅速占领市场,由于价格低,利润也相应较低,所以愿意跟进的潜在竞争者数量也就相应减少。

成长期是旅游产品迅速被市场接受的时期。在这个阶段,应根据投入期产品的销售情况,及时获得产品反馈信息,进一步完善和改进产品,创立企业的名牌产品或者拳头产品,例如迪拜。20世纪50年代迪拜还是个阿拉伯湾的小镇,90年代开始发生脱胎换骨的变化。现在,在世界上最大的人造列岛(见图6-3)——状如棕榈的"棕榈岛"还没完全竣工之时,迪拜又宣布将开始令人惊异的"Waterfront City"(滨水城市)的建设。这一时期的广告宣传应从单纯介绍产品转为宣传、树立企业整体形象,提高企业声誉,创立名牌,并为企业以后开发系列产品做准备。

图6-3　形态各异的人造列岛

成熟期是旅游产品已被大多数的消费者所接受,市场需求量逐渐趋于饱和而造成销售增长趋缓的时期。这一时期,由于产品已经完全定型,要想扩大销售量,必须开拓新的途径。首先,根据市场调查,了解消费者新的旅游需求,增设尽可能多的服务项目,吸引消费者。如一般公园为了吸引更多的消费者,添加一些儿童喜爱的游乐设施。其次,寻找市场机会,争取新的消费者。再次,对原有的营销组合因素进行重新调整、改革,以刺激消费者;最后,逐步淘汰过时产品,并开始着手对新产品的研制与开发,以不断适应市场的需求。

衰退期是旅游产品销售量急剧下降,利润迅速减少,产品逐渐退出市场的时期。产品进入衰退期主要有三个原因:其一,新产品研制出来,取代了老产品;其二,消费者的需求口味发生了变化,对老产品不再有消费欲望;其三,老产品本身失去了吸引力。在衰退期,旅游企业可采纳如下的营销战略:首先,如果旅游产品的市场价格、市场销售量都急转直下,甚至连变动成本都无法补偿,那么企业应立刻放弃对该产品的生产;其次,是对疲软产品进行处理;再次,不盲目放弃滞销产品,应分析产品滞销的原因,对症下药,使产品的销售量得以回升;最后,自然淘汰策略,即企业不主动放弃对于某一产品的生产,而是继续用过去的市场、价格、促销方法和销售渠道进行产品的开发,直到产品完全衰竭,退出市场。

二、旅游产品线组合策略

在竞争激烈的环境中,为了迎合市场多样化的需求,开发出品种齐全、内容丰富、具有自身特色的产品成了旅游企业或旅游经营者的当务之急。

(一) 旅游产品线组合的概念

旅游产品线组合是指旅游企业通过对不同规格、不同档次和不同类型的旅游产品进行科学的整合，使旅游产品的结构更趋合理，内容更加丰富，更能满足消费者的需求，以便能适应瞬息万变的市场竞争环境。了解旅游产品线组合的概念，必须首先要弄清产品线、产品线组合的广度、深度等几个与旅游产品线组合密切相关的概念，如表6-2所示。

表6-2　某旅行社产品线的广度和深度

	产品线组合的广度		
	自然风光游	历史文化游	户外娱乐游
产品线的深度	山水游 瀑布游 峡谷游 温泉游	文物古迹游 民俗风情游 博物馆游	国家公园 森林狩猎 垂钓

1. *旅游产品线*

旅游产品线是指旅游企业提供的能满足某一类顾客需求的一组产品，这一组产品之间有一定的联系。例如，饭店提供的餐饮服务就是饭店的一条产品线。因此无论提供的中餐、西餐、酒吧还是快餐等，都是为了满足顾客饮食方面的需求。

2. *旅游产品线的广度*

旅游企业经营产品线的多少，称为产品线的广度。如饭店通常经营餐饮、客房、娱乐、购物等多种服务。企业经营产品线的数量越多，产品线的宽度越广，否者越窄。宽产品线的组合市场适应能力强，也能适当地分散企业经营风险；窄产品线的组合，有利于企业集中精力开展专业化经营。

3. *旅游产品线的深度*

产品线中不同等级、规格的产品数量的多少，称为产品线的深度。例如，饭店经营的客房服务产品中，又分为标准间、豪华间、普通间和总统套房等。

4. *旅游产品线的关联度*

产品线的关联度指企业经营的各种产品在生产条件、销售渠道及其他方面的联系程度。产品线组合的关联度越高，生产线之间相互协调、配合的可能性就越大，就越有利于企业节省生产成本，增强竞争力。

**【案例6-1】**

湖北省创新旅游发展新格局

湖北省旅游以武汉城市圈、鄂西生态文化旅游圈、“一江两山”为依托，东西两大旅游圈协作互动，形成了几大特色鲜明的旅游板块和一批吸引力强的旅游核心品牌。建立了中心城市—次中心城市—旅游强县—旅游名镇—旅游名村(旅游景区)的新型旅游支撑体系和向纵深推进的旅游发展格局，构建了全方位、递进型、开放型的旅游整体发展布局。全省旅游产品组合呈现多样化，形成了以观光游为基础、度假旅游蓬勃兴起、专项旅游异军突起的旅游产品新格局。

旅游企业进行产品组合,通常要拓宽产品线的广度、加深产品的深度、加强产品线的关联度。产品线广度的拓宽,有利于充分利用企业资源,打开更多的市场空间;产品线深度的加大,有利于更好地满足消费者的需求,使产品更快地为消费者所接受;加强产品线的关联度,有利于增强资源的利用率。

(二)旅游产品组合策略

产品组合通常以能最有效地利用资源、最大限度地满足消费者的需要和最有利于市场竞争为原则。一般来说,有以下几种组合策略。

1. 全线全面型策略

采用此种策略的企业同时经营多条产品线,产品线广度较宽。企业之所以运用这种策略,是为了充分运用企业现有资源,让本企业的产品或服务尽可能地覆盖整个市场。例如,有些饭店除了经营餐饮外,还经营旅行社、旅游景点等。像雅高集团,其旗下的饭店品牌从高档型到经济型一应俱全,同时还拥有自己的旅行社和餐饮公司。这种策略有利于旅游企业满足不同市场的需求,分散经营风险。但这种策略经营成本较高,且容易造成资源过于分散,很难实现规模经营。

2. 产品专业化策略

产品专业化策略是指企业专门经营某一类型的产品以满足不同目标市场的同一类型需求。例如,某一旅行社只经营商务旅游,除了在国内开拓市场外,还把市场向海外发展,先后开发出了东南亚市场、日本市场、欧美市场等。采用这种经营方式开发成本相对较小,企业可以集中精力对产品进行专业化的开发。但是采用这种方式也具有较大的风险。

3. 市场专业化策略

市场专业化策略是指企业面向同一目标市场提供不同类型的产品,以满足市场不断变化的多样化需求。例如,有的旅行社只把女性作为自己的目标市场,既按照年龄划分,也按照她们的消费特点划分,分别设计出满足这些细分市场需求的产品。这一组合策略,有利于企业集中力量充分了解其目标市场的需求,使开发出的产品更容易为消费者所接受。但由于市场面太过单一,市场规模有限,经营者的销售量受到一定的限制。

三、旅游新产品开发策略

(一)旅游新产品的概念和种类

1. 旅游新产品的概念

旅游新产品,是指由旅游生产者初次设计生产,或者在原产品基础上做出重大改进,使其在内容、服务方式、结构、设备性能等方面更为科学合理的产品。这种新产品更加符合旅游经营者的意图,且与原产品存在着显著的差异。旅游新产品更多地是指对一个经营者来说是新的,而在市场上已经出现了的相对新产品。旅游经营者主要依靠增加服务项目、模仿竞争者的旅游项目、改进产品质量等方式进行旅游新产品的开发。

2. 旅游新产品的种类

(1) 创新型新产品。创新型新产品是能够满足消费者一种新的需求的全新产品。对于旅游企业或者消费者而言它都是新的，它可以是新开发的旅游景点，也可以是新开辟的旅游线路或者是新推出的旅游项目。例如，漂流、探险等旅游项目的出现，在旅游产品的开发上带来了一场新的革命。这种新旅游产品的开发周期较长，所需投资较多，而且风险较大，当然，一旦开发成功，后期收益是相对持续稳定的。

【案例 6-2】

夏威夷游客与驼背鲸亲密接触

近年来，夏威夷的游客在太平洋泛舟与驼背鲸亲密接触成为夏威夷旅游的新亮点。一般游客最大的希望莫过于看到海龟从身边经过的模样，但平静的太平洋也能带给人更大的惊喜。有时一头身躯庞大的驼背鲸会突然从水中高高跃起，直冲蓝天。见识了大自然最壮观的景象之一，游客们无一例外都有着一种受到老天眷顾的感觉。

(2) 换代型新产品。换代型新产品是对现有旅游产品进行较大改革后生成的产品。例如，我国在原有观光型旅游产品的基础上，推出了红色旅游、乡村旅游等主题观光旅游产品。之后，又陆续推出了主题旅游年，如“2007 中国和谐城乡游”“2008 中国奥运旅游年”。

(3) 改进型新产品。改进型新产品是指在原有旅游产品的基础上，进行局部形式上改进的旅游产品。例如长江三峡旅游，最初的旅游设施只有两艘豪华游轮，为了适应旅游市场需求，在游船的数量、等级、规模、路线等方面作了改进。现在的三峡游又加进了小三峡及小小三峡等内容，以此来延长游客的逗留时间，提高综合服务的档次规格。

推出一项新产品，对于任何企业来说都是很冒险的活动，因为新产品推出的失败率高得惊人。企业所能采取的最为保险的做法就是对现有产品做出调整。例如，增加产品的功能，使之在现有市场更具号召力。如果产品在现有市场完全不受欢迎，此时应对产品进行重新定位，以吸引新的细分市场。另一个比较保险的方法是针对现有顾客开发出一个真正的新产品。另外，企业也可以选择开发一项新产品投放到一个新的市场，但这样就会使风险加倍。

(二) 旅游新产品的开发策略

旅游新产品的开发，是旅游业存在和发展的必要条件，是企业保持活力和竞争优势的重要途径。旅游企业通常采用以下几种策略实行新产品的开发。

1. 资源重组策略

首先，以消费者的需求为基础组合旅游资源有利于激发旅游者的旅游动机，重新创造旅游需求。例如，前几年旅行社推出的“夕阳红”旅游专列就很受欢迎。其次，以文化为纽带组合旅游资源有利于创造出旅游产品的新卖点。最后，从经济效益的角度组合旅游资源有利于资源价值增值，提高产业贡献率。

2. 层次结合策略

层次结合策略是指同时推出多种不同档次的旅游新产品。企业在开发产品的时候应注意高、中、低档次产品序列的结合,从而有利于提高旅游企业经营的覆盖面。例如,开发一条新的旅游线路,应该体现豪华、标准和经济不同档次的差异。

3. 超前开发策略

旅游企业要获得长远发展,必须有一个长期、中期和短期的发展策略,这样才能获得长期稳定的持续发展。

【案例 6-3】

广州长隆旅游度假区——中国一站式综合旅游度假区

广东长隆集团创立于 1989 年,是中国旅游行业的龙头集团企业。自成立以来以前瞻性战略超越自我,不断推陈出新。目前,长隆集团旗下共拥有广州长隆旅游度假区(野生动物园、水上乐园、国际大马戏、鳄鱼公园、长隆酒店)与珠海横琴国际海洋度假区(横琴湾酒店、国际马戏城、企鹅酒店、马戏酒店)两大超级一站式综合主题旅游度假区,依托粤港澳的国际性区位竞争优势,长隆集团珠海和广州两大板块联动发展,每年接待游客超过 1 600 万,雄踞世界主题景区前列,入园游客的高速增长创造了世界旅游业的奇迹。长隆创新永远在路上,2014 年开发的新一代游乐园巅峰之作——长隆欢乐世界再一次惊艳世界。

四、旅游产品品牌化策略

(一) 旅游品牌的含义

旅游品牌是指用来识别一个(或几个)旅游企业产品或服务的名称、术语、标记、符号、图案或它们的联合使用,以便使消费者能识别本厂商的产品,将之与其竞争对手相区分。它一般由品牌名称和品牌标志两部分组成。品牌名称是品牌中可以用语言表达的部分,例如,中国国际旅行社、中国青年旅行社等就是中国旅游业的知名品牌。品牌标志是指用标记、符号或图案等表达的能让消费者识别的部分。例如,中国旅游业图形标志是 1969 年在甘肃省武威市出土的东汉时期的青铜器“马踏飞燕”,如图 6-4 所示。它象征着中国数千年光辉灿烂的文化历史,显示文明古国的伟大形象,吸引着全世界的旅游者,也标志着中国旅游业前程似锦。

图 6-4 中国旅游业标志

品牌对于旅游企业来说至关重要。首先,它易于消费者识别产品。其次,旅游产品是一种无形产品,购买品牌产品可以帮助消费者规避风险。另外,旅游产品也是重复购买率较高的产品,如企业产品树立了较好的形象,那么消费者就会成为该品牌的忠实拥护者。

（二）品牌策略

1. 多品牌策略

多品牌策略是指企业同时拥有两种或者两种以上互相竞争的品牌，其目的在于获得更大的市场占有空间。例如，洲际酒店集团就拥有洲际、皇冠假日、假日酒店等多个国际知名酒店品牌。多品牌策略的成功靠的不仅是品牌的创建，更重要的是品牌的保持，使产品在顾客心目中具有明确的差异性，这样就要为产品提供独一无二的特征。

2. 统一品牌策略

统一品牌策略就是公司的每种商品都使用同一品牌。这种策略可以使推广新产品的成本降低，节省大量广告费用。世界上的很多知名饭店都采用这一品牌策略，如香格里拉酒店集团，香格里拉的设计一向以清新的园林美景、富有浓厚亚洲文化气息的大堂特征闻名于世。

3. 延伸品牌策略

延伸品牌策略是指企业利用市场上已有一定声誉的品牌，推出改进型产品或新产品。采用这种策略，既能节省推广费用，又能迅速打开产品销路。这种策略的实施有一个前提，即扩展的品牌在市场上已有较高的声誉，扩展的产品也必须是与之相适应的优良产品，否则会影响产品的销售或降低已有品牌的声誉。

【案例 6-4】

武汉双乐谷创建旅游大品牌

武汉欢乐谷是深圳华侨城集团继深圳、北京、成都、上海之后，在我国中部地区倾力打造的复合型、生态型和创新型的大型文化公园。武汉欢乐谷拥有亚洲首座双龙木质过山车、国内最大的人工造浪沙滩、最大室内家庭数字娱乐中心、武汉最大的专业剧场等 50 多项游乐设施。

作为欢乐谷“东西南北中，欢乐大中国”全国战略布局的第五站，武汉欢乐谷承袭华侨城的创想文化内核，凝聚深圳、北京、成都、上海等四地欢乐谷的成功经验，以“打造世界一流的连锁文化公园”为愿景，旨在为不同的城市带来同样的欢乐，创建繁华都市开心地，向现代都市人提供愉悦身心的多元化休闲方式和都市娱乐产品，成为华中城市旅游新名片。

第二节　旅游产品定价策略

在美国亚特兰大市的石头山公园门口，竖立着一块牌子：坐缆车进园的缆车费是 12 美元，参观其他项目的门票费另买；步行进园游览全部 26 处景点的价格总共为 8 美元。

请问：假如你是一个旅游者，你会选择哪一种游览方式进园观看？假如你是旅游经营者，为什么要采用这种价格策略？

一、旅游产品定价依据与方法

(一) 影响定价的主要因素

1. 成本因素

成本是企业产品定价的基础。只有在产品的价格高于产品的单位成本时,企业才能盈利。从经济学的角度讲,成本通常包括变动成本和固定成本两部分。旅游产品作为服务性产品,一般有高固定成本和低变动成本的特点,特别是在酒店和航空公司。所以,一个酒店在客房出租率为10%时所支付的费用并不比在70%时低多少。

2. 企业营销目标

企业处在不同的时期,会有不同的营销目标,如获得最大利润目标、保持或扩大市场占有率目标等。针对不同的营销目标,企业应该采取不同的价格策略。例如,为了保持或扩大市场占有率,企业通常采用低价格策略,因为低价格容易被消费者所接受。

3. 市场供求状况

产品的价格由价值决定,但也会随着市场供求关系的变化围绕着价值上下波动。旅游产品也同样适合这一价值规律。旅游产品被推出市场后,旅游企业应根据市场的供求状况适时的调整其价格:当供过于求时,旅游经营者应通过降价或者其他价格手段来抢占市场空间;当供不应求时,可以适当提高产品的价格。

(二) 产品定价方法

1. 成本导向定价法

(1) 成本加成定价法。成本加成定价法是在产品单位成本的基础上加上市场平均利润率进行定价的方法。其定价公式为

$$单位旅游产品价格=单位旅游产品成本\times(1+平均利润率)$$

例如:白玫瑰酒店的油焖大虾的成本为50元,市场上的平均利润率为50%,则这道菜的价格应当定为多少元?

$$50\times(1+50\%)=75\text{ 元}$$

采用这种定价方法简单易行,很容易操作,特别适合于餐饮产品和一些零售小商品。但这种定价法只考虑到产品中的成本因素,而忽略了市场需求、竞争、旅游消费者的心理等因素对价格的影响,因而是一种较为理想化的定价方法。

(2) 盈亏平衡定价法。盈亏平衡定价法又称收支平衡定价法。这种定价法以保本点的总成本为依据来确定产品的定价。公式为

$$单位旅游产品价格=\frac{固定成本总额+变动成本总额}{保本销售量}$$

此种定价法的关键是要预测出市场的保本销售量,如果预测出的销售量不准确,可能对企业的经营效益造成影响。

2. 需求导向定价法

(1) 理解价值定价法。所谓理解价值,也叫感受价值、认知价值,是消费者对商品的

主观价值判断。消费者对产品的理解价值会影响购买决策。因此,要成功地运用这种定价方法,就要准确估算消费者对产品的理解价值,然后制定出与之相符的价格。

(2) 需求差异定价法。需求差异定价法是指企业针对不同的顾客、不同的时间和地点为产品制定不同的价格。例如,同一档次的客房,在淡季和旺季时价格会有很大的差别。商务旅游者和老年旅游者在购买同一档次的旅游产品时,价格也会有区别。

3. 竞争导向定价法

(1) 率先定价法。率先定价法是指旅游企业采取率先定价的姿态,制定出符合市场需求的价格,并能在竞争激烈的市场中获得良好经济效益的方法。采用这种定价方法的旅游企业,一般在某个区域内具有较强的规模与实力,在竞争中处于主动地位,它所制定的价格会成为其他企业制定价格的基础。

(2) 随行就市法。随行就市法是中小企业为了适应竞争激烈的环境,为了维持企业生存而采用的一种价格策略。例如,一些中小型旅行社为了生存,通常采用这种定价方法。采用这种定价法,可以保持本行业价格的相对稳定,也可以尽量避免恶性价格竞争。

二、旅游企业产品定价的常用策略

(一) 新产品定价策略

1. 撇脂定价策略

所谓撇脂定价,是指企业以高价格把产品投放到市场,以攫取最大利润。采用这种价格策略的原因有:首先,高价格有利于为产品在消费者心目中树立一个高价值高质量的高档产品形象;其次,高价格能使企业迅速地收回产品或服务的开发费用,并能很快积累资金;最后,高价格进入,为将来降价留有较大的空间。但采取这种定价策略在占领市场时必须加大宣传力度。

2. 渗透定价策略

渗透定价策略,是将新产品以低价格投放市场,目的是迅速占领市场,取得较高的市场占有率。它是利用消费者的求实惠、求廉价的心理,以低价格吸引消费者,迅速打开产品销路的一种策略。例如,某一酒店推出每位 48 元的海鲜自助午餐,吸引了大量客人,生意火爆。对于一些特点不显著、易仿制的旅游产品实行低价格策略,可以阻止其他竞争者的进入,减少本企业的竞争压力。但对于经营者来说,采用这种策略投资回收期长,经营风险较高。

(二) 心理定价策略

1. 尾数定价法

尾数定价法是利用消费者对数字认知的某种心理,尽可能在数字上不进位而保留零头,使消费者产生价格低廉和卖主经过认真的成本核算才定价的感觉,从而使消费者对企业产品及其定价产生信任感。例如,100 元的商品通常定价为 98 元或者 99.8 元,给消费者东西便宜的感觉,满足了消费者求公平、求廉价的心理。

2. 声望定价法

声望定价法就是企业利用消费者仰慕名牌名店的心理为产品制定价格,故意把价格定成整数或高价。对于质量不易鉴别的商品,可采用这种定价方法,因为消费者有崇尚名牌的心理,往往以价格判断质量,认为高价格代表高质量。旅游商品中的工艺品、星级酒店的高级客房等通常都采用声望定价法。采用声望定价法价格也不能高得太离谱,质量与价格应该相符。

(三) 折扣定价法

折扣定价法是旅游企业为了鼓励顾客尽早付清货款、大量购买、淡季购买,而采取的向顾客或中间商让利减价的一种策略。主要有现金折扣、数量折扣和季节折扣等几种方法。

折扣定价策略只有在产品具有价格弹性时才适合采用。如果某产品在降低其价格时可以大大提高产品销售量,可以采用适当的折扣策略以激发消费者的购买欲望。但值得注意的是,折扣价格策略要取得成功,折扣数量必须要大到使消费者感觉确实便宜,也就是降价的幅度应刚好引起喜好便宜货的消费者的注意。

三、旅游企业的价格调整策略

企业常常在下列几种情形下采取价格调整策略。

新产品推出后,为了树立企业产品的声誉,产品的价格应该在一段时间内保持相对的稳定。但企业毕竟处在一个竞争激烈,需求也在不断变化的环境中,为了生存与发展,企业必须适时地对价格进行调整。

1. 降价策略

(1) 企业面对强大的竞争压力,市场占有率有下降的趋势时,为了保持市场占有率而采取降价策略。

(2) 企业的生产能力过剩,需扩大销售,但无法通过改进产品和加强销售工作等来扩大销售。

(3) 企业的生产成本比竞争者低,为迫使潜在竞争者退出,企业往往也发动降价攻势。

降价策略虽然在一定时期内可以帮助企业增加销量,但它也会产生一系列的负面影响。例如,有的消费者认为产品降价是因为产品质量上存在着缺陷,企业经营状况不好等。这些想法都可能导致他们对企业的信任度降低,取消其购买决策,从而影响企业的市场占有率。

2. 提价策略

企业提价通常也有其原因:当面对通货膨胀,物价上涨,企业的生产成本大大提高时,企业不得不考虑提高产品价格;当企业的产品供不应求,不能满足其所有顾客的需求时,企业一般也会提高价格以限制部分顾客的购买。提价可以给消费者传递产品质量上升、成本提高、产品紧俏等信息。尽管提价会引起消费者、经销商和企业推销人员的不满，但成功的提价可以使企业的利润大大增加。

目标市场如果是价格非敏感型顾客，企业可以提高价格，并利用适当的促销手段在顾客心目中为本企业产品树立一个高质量、高品质、高档次的产品形象。只要价格提高的幅度能为顾客接受，并能保持其市场份额，那么提价就是成功的。

第三节　旅游促销策略

旅游促销是整个营销组合中最灵活和最具创意的部分。为了在竞争激烈的环境中获得生存与发展，就必须灵活地运用促销工具。

一、旅游促销概述

（一）旅游促销概念

旅游促销是旅游企业通过一定的传播媒介，将旅游企业、旅游目的地及旅游产品的信息传递给消费者，促使其了解、信赖本企业的产品，同时激发他们的购买欲望与兴趣，达到使其购买旅游产品的目的。旅游促销实质上就是旅游营销者和消费者之间的一种信息沟通。物质世界是如此的丰富，如何让消费者独具慧眼地选中本企业的产品呢？这就需要我们对本企业信息的传递与众不同。

（二）旅游促销的作用

旅游促销实际上是生产企业与消费者进行沟通的一种手段。通过这种沟通，可以传递有关产品的信息，最终达到销售产品的目的。具体说，促销的作用可以从以下方面来体现。

(1) 传递产品信息。这是旅游促销的基本功能。新产品进入市场，为了尽快地让消费者接受其产品，就必须加大促销力度，让消费者知晓其产品，并引起注意。

(2) 突出产品特色，塑造与众不同的形象。旅游促销的目标之一就是要为其产品创造一个具有特色和个性的形象，使产品从竞争者中脱颖而出，促使消费者做出购买决策。

(3) 激发顾客的购买欲望，增加其旅游需求。企业通过具有感染力的宣传方式，不但可以激发和诱导消费者的需求，甚至在一定程度上可以创造需求。

二、广告策略

（一）旅游广告的概念

旅游广告是一种非人员促销方式，是旅游企业通过媒体，以支付费用的方式将本企业产品或服务的有关信息传递给消费者。广告在商业界被称为“采购员的耳目，推销员的喉舌，消费者的导向”。可见，广告在整个营销过程中起着非常重要的作用。这体现在如下几个方面。

(1) 广告媒体众多。既有大众性传播媒体,又有户外媒体,还有 POP(Point of Purchase Advertising,购买点广告)、包装物等其他媒体,另外还有日益兴起的 INTERNET 媒体。

(2) 信息覆盖面广。旅游广告是一种高度公开的信息沟通方式。旅游企业借助于广告媒体,在短期内就可以让产品的信息得到最广泛的传播。

(3) 感染力强。广告媒介利用声音、色彩等技术使广告具有鲜明的美感,使消费者在美的享受中不自觉地就接受了广告信息。特别是电视广告媒体,它对人的感染力是最强的。

(4) 效果具有滞后性。广告给消费者传递的信息尽管具有权威性,但并不能促使消费者立即购买其产品。往往要在一段较长的时间后才能看出其宣传效果。

【案例 6-5】

著名旅游地宣传广告语

四川:熊猫故乡、天下四川。

山西:晋善晋美。

山东:好客山东。

大连:浪漫之都,时尚大连。

黄山:感受黄山,天下无山。

三亚:美丽三亚,浪漫天涯。

武汉:大江大湖大武汉。

重庆:重庆,非去不可。

云南:七彩云南。

贵州:走遍大地神州,醉美多彩贵州。

(二) 旅游广告决策

旅游企业在实施广告策略时,通常要对五个方面进行决策,如图 6-5 所示。

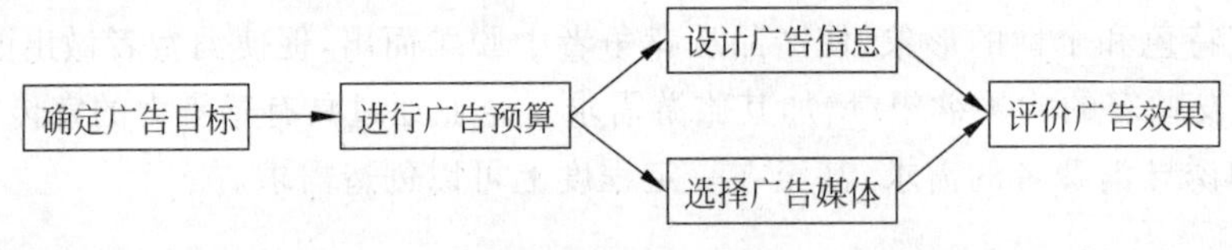

图 6-5 旅游广告决策

1. 广告目标决策

广告目标是旅游企业在整个市场营销组合的基础上,针对自己的目标顾客所要达到的特定的传播任务。旅游企业通常有以下三种广告目标。

(1) 通知型广告。企业开业初期或者新产品投放期的广告,通常采用这种广告目标。通知型广告通常侧重于介绍产品的性能、技术、用途、特点以及能给旅游者带来的利益等。其目的在于树立企业品牌，推出新产品。例如，世界著名的茶叶公司立顿公司为了吸引住游人的目光，在开业伊始就别出心裁地举办了一次精彩的表演。他们买来几头小猪，用缎带给它们精心打扮，并插上“我要去立顿市场”字样的小旗，然后赶着它们穿过闹市，引起众人的注意，达到了让商品家喻户晓的目的。

(2) 说服型广告。企业在面临市场竞争激烈的阶段，通常采用这一广告目标。企业通过突出产品某个方面的特色，为其产品树立一种品牌优势，激发消费者的购买热情。例如，利用消费者注重平安幸福的心理，泰山推出了“中华泰山　天下泰安”的广告语。

(3) 提醒性广告。企业具有一定知名度后或产品处于成熟期时的广告通常属于提醒性广告。这一阶段的广告目的在于加深消费者对企业或产品的记忆和印象，提醒消费者购买本企业的产品。例如，乐百氏的广告词就是“今天，你喝了没有?”

2. 广告预算决策

旅游广告预算是旅游企业投入广告活动的费用计划，它规定了广告投入期的经费总额和使用范围。常有以下几种预算方法。

(1) 销售比例法。销售比例法是首先预测出本年度的销售量，再根据上年度广告费用占销售额的百分比，推算出本年度的广告费用。它的最大优点是企业广告费用的多少有保证，而且它也让企业各层管理人员明确广告成本与营业额、营业利润之间的关系。这种预算方法计算简单，易于操作，但忽略了旅游市场的变化因素。

(2) 量力而行法。量力而行法就是完全根据企业的财务状况来决定企业广告的投入费用。这种预算方法尽管简单省事，但广告活动很容易受企业财务状况变化的影响，导致广告计划难以执行，广告目标也就无法实现。这种方法尽管不具备前瞻性和开拓性，但对于小型企业宣传其产品来说，不失为一种比较稳妥的方法。

(3) 竞争比较法。竞争比较法就是根据企业主要竞争对手的广告经费投入来确定本企业的经费规模。目的在于使企业在广告宣传中企业与竞争对手处于对等或略优的地位。这种预算方法对于打败竞争对手来说是一种较好的方法，但应该根据企业自身的实力、规模特点等综合性考虑后再进行预算。

3. 广告信息决策

广告信息是广告决策的核心，是整个广告决策过程中最具有创意的部分，也是广告是否成功的关键环节。广告信息应具有如下特点。

(1) 创意性。广告只有与众不同才能引起消费者注意，激发他们的购买欲望。

(2) 吸引力。广告只有对顾客了解产品有用，才具有吸引力。如黄山的广告语“新黄山，古徽州”。

(3) 可信性。广告信息必须是可信的或可以证实的，才能说服消费者购买本企业的产品。

广告信息的语言表达应该朗朗上口，言简意赅，并突出主题，这样才能引起消费者的注意。如上海春秋旅行社的广告用语“散客找春秋，春秋全国有”。

【案例 6-6】

巧打饭店广告语

香格里拉的广告用语十分讲究。如杭州香格里拉饭店的一则广告写道："有的旅馆推出包价旅游团,我们推出杭州。"而另一则广告宣称："杭州饭店将大多数人追求的静谧和很少旅馆可以提供的膳宿标准融为一体。"中国大饭店利用它的地址是建国门外大街1号的优势,整个广告画面用了硕大的"1"字,广告语为："在北京,找到1号就行了。"

4. 广告媒体决策

再完美的广告信息如果不通过一定媒体传输给消费者,也达不到宣传其产品的目的,所以说广告媒体的选择至关重要。广告的众多媒体,各有其优缺点,如表6-3所示。

表 6-3 广告媒体的优缺点

媒体	优　点	缺　点
电视	传播广泛,感染力强	成本高、针对性不强,诉求对象不准确
广播	覆盖面大,传播对象广泛、成本低	宣传时间短暂,总体注意率不高
报纸	覆盖域广、传播范围比较明确	内容繁杂、注意率较低
杂志	制作质量高、保存时间长、可信度高	成本高,覆盖面窄、目标受众难以确定
户外广告	灵活、出现率高、接触面广、费用低	可信度不高、观众选择性差
直接邮寄	选择性强、灵活、有个性、受时空限制少	成本高、传播面窄
互联网	具有多媒体兼容功能、信息容量大,信息具有全球性、不受时间限制、成本低	可信度不及传统媒体、容易受互联网普及率的限制

广告媒体都各有千秋。旅游企业只有选准合适的广告媒体,才能在恰当的时间准确地把自己产品的信息传递给自己的目标市场。选择广告媒体除了考虑各媒体的优缺点外,还需要从以下几个方面来考虑。

(1) 目标市场的媒体习惯。不同的观众通常会接触特定的媒体。有针对性地选择广告对象所易于接收的媒体,是增强广告促销效果的有效方法。例如,对于青少年,广播、电视是最有效的广告媒体。

(2) 产品特点。选择广告媒体,应当根据企业产品或服务的性质与特征来确定。通常情况是,产品的类型不同,所选择的媒体也会有很大的区别。应根据产品本身的特点,来选择合适的广告媒体。

➢ **小问题:**

如果武汉某旅行社新开辟了一条旅游线路,想首先在武汉开拓市场,是该在《楚天都市报》上做广告呢,还是该在《中国旅游报》上做广告?

(3) 广告信息内容。广告媒体选择还要受到广告信息内容的制约。如果是时效性的新闻,则电视、广播是比较理想的传播媒体。如果是技术资料,则宜登载在专业杂志上或邮寄广告媒体上。

(4) 广告费用。广告费用通常是企业选择广告媒体时应该考虑的一个重要因素。媒体不同,广告费用也会有很大区别。一般来说,电视是最昂贵的媒体,而报纸则较便宜。广告费用的差异不是绝对成本数字的差异,而是媒体成本与广告接收者之间的相对关系,即千人成本。比较千人成本,再考虑媒体的传播速度、传播范围等因素之后择优确定广告媒体,可以收到较好的效果。

5. 广告效果评估

广告效果的评价一般从沟通效果和销售效果两方面进行。通过对旅游广告效果的评价,可以衡量广告费用的投入是否达到了预期效果,也为以后广告活动开展提供了有力的依据。

三、营业推广策略

(一) 营业推广概念

营业推广又称为销售促进,是为了在短期内刺激消费者和中间商的购买行为而采取的一系列促销活动,如陈列、演出、展览会、示范表演以及其他推销努力等。与其他促销方式相比,营业推广有如下显著的特点。

(1) 营业推广是用一种短期行为,是旅游企业在特定时间向消费者提供的某种激励。

(2) 营业推广是针对目标顾客的心理而量身定做的,因此对消费者具有较强的吸引力和诱惑力,能迅速唤起目标顾客的广泛注意,有利于在短期内迅速增加旅游产品的销售量。

(3) 方式灵活多样。旅游企业营业推广的方式非常多,如赠券、打折、抽奖等。

(二) 营业推广的作用

营业推广的作用常表现在如下几个方面。

(1) 新产品的试用和了解。如一家新餐厅的开业,往往采用成本价来招徕顾客,以求顾客迅速了解和接受本企业产品。

(2) 鼓励预订、大批量购买或重复购买。在旅游旺季或一个新项目推出时,企业通常提供一些特价商品或折价商品以吸引消费者的注意。

(3) 增加消费。有时候消费者并不需要某种产品,但受到企业价格优惠、折扣、赠券等促销活动的刺激,也去购买产品,消费因此大大增加。

(4) 应付竞争。旅游经销商和航空公司常常以降低产品价格的方式来应对和对抗竞争对手的竞争策略。

(三) 营业推广方式

按营业推广的对象不同,营业推广可分为针对旅游消费者的推广和针对旅游中间商的推广两种推广方式。

1. 针对旅游消费者的营业推广

针对旅游消费者的营业推广又分为如下几种方式。

(1) 赠送样品。例如,饭店新推出一道菜,可以免费赠送给顾客品尝。这是介绍、推销新产品的一种促销方式,但费用较高,对高值商品不宜采用。

(2) 赠送优惠券。例如,购买人数达到 10 人的团队,可赠送一张优惠券。优惠券上一般有优惠额度或优惠期限,这样可以促使消费者尽快消费。

(3) 赠送礼品。例如,针对旅游者,天津送“狗不理”,哈尔滨送“俄式大餐”,沈阳送“老边饺子”,云南送“三道茶歌舞”等。游客是识货的,既然送礼,就不能“轻描淡写”。

2. 针对旅游中间商的营业推广

针对旅游中间商的营业推广又可分为如下几种方式。

(1) 购买折扣。旅游企业对于长期合作或销售业绩较好的中间商给予一定的折扣。目的是鼓励或刺激中间商批量购买和重复购买。

(2) 销售奖励。对经销本企业产品有突出成绩的中间商给予奖励。这种方式能刺激经销业绩突出者更加积极主动地经销本企业产品,同时,也有利于吸引其他中间商。

(3) 提供资助。旅游企业向中间商提供用于陈列、展示等的广告招贴画、小册子、录像带等资料,给予他们必要的资助,为他们更好地销售本企业产品提供一切必要的便利。

四、营销公关策略

(一) 公共关系的概念和特点

公共关系(简称公关)是通过一定的信息传播,建立企业与公众良好关系的一种手段。其目的是建立、维护、改善或改变企业和产品的形象,为企业的发展创造天时、地利、人和的社会环境。与其他促销方式相比,公共关系有三个显著特点。

(1) 真实可信。新闻报道具有一定的真实性,更容易为消费者所接受。

(2) 花费少。企业产品信息在媒体报道,企业并不需要花钱购买媒体的版面和时间。

(3) 促销效果好。新闻媒体播报的信息具有权威性,能为企业在公众中树立良好形象。

(二) 公共关系决策

1. 明确公关对象和公关目标

公关人员必须首先了解他们所面对的公众群体,并了解他们对企业和产品的态度。企业公关目标有以下几种:其一,提高企业或产品的知名度;其二,节约促销费用;其三,激励营销人员和中间商,等等。

2. 策划公关活动行动方案

旅游公共关系活动是由一系列活动项目组成的。旅游企业通常选择多种公关手段来进行旅游公关活动,如新闻发布会、展览会、庆祝活动等。但公关活动的实施及营销目标的实现有时候可能超过一个营销年度。因此,在公关活动方案执行过程中,对公关效果的监测也很重要,特别是对于那些中长期活动方案,这样有利于公关活动的优化与调整。

【案例 6-7】

长城饭店公关巧策划

北京长城饭店是一家大型豪华五星级饭店，由喜达屋集团经营管理。长城饭店在长期的经营中，始终高度重视以公关塑造饭店形象，如举世闻名的里根总统的答谢宴会、颐和园的中秋赏月和十三陵的野外烧烤等一系列使长城饭店声名鹊起的专题公关活动。长城饭店的大量公关工作，尤其是围绕为客人服务的日常公关工作，源于它周密系统的调查研究。饭店通过高质量的公关服务，从开业至今已接待了海内外宾客达 100 余万人。

五、人员推销策略

（一）人员推销的概念

所谓人员推销，是指企业通过派出推销人员与一个或一个以上可能成为购买者的人交谈，作口头陈述，以推销商品，促进和扩大销售。人员推销一般有三种设计方法：其一，建立自己的销售队伍，使用本企业的推销人员来推销产品。这种推销人员又分为两类，一类是内部推销人员，他们一般在办公室内用电话等来联系、洽谈业务，并接待可能成为购买者的人来访；另一类是外勤推销人员，他们作旅行推销，上门访问客户。其二，使用专业合同推销人员推销产品，如雇用销售代理商等，根据其代销额付给佣金。其三，雇用兼职的售点推销员推销，如在各种零售营业场合的产品操作演示、现场模特、咨询介绍等都使用兼职的售点推销员。他们按照销售额比例提取佣金。

（二）人员推销的特点

(1) 信息传递的双向性。通过双向信息沟通，企业可以及时、准确地了解到市场方面的有关情况和信息，为企业营销决策的调整提供依据。

(2) 推销过程的灵活性。销售人员可以根据顾客的不同需求和购买动机，及时地调整自己的推销策略和方法。而且，销售人员可以及时解答顾客提出的各种疑问，取得他们的信任。

(3) 针对性强。人员推销，一般选择具有较大购买可能的顾客进行，并事先对潜在顾客进行分析研究，拟订具体的推销方案、目标方法等策略，以提高推销的成功率。

【案例 6-8】

推销技巧效用大

有两家卖粥的小店，看起来生意都是同样的红火，但最终结算时，甲家比乙家的利润总是高很多。于是笔者进去考察了一番。当走进乙家时，服务小姐笑脸相迎，盛好一碗粥后，问："加不加鸡蛋？"我说加，于是她给我加了一个鸡蛋。笔者来到甲家，服务小姐同样微笑着把我迎进去，给我盛好一碗粥后，问我："加一个鸡蛋还是加两个鸡蛋？"我说加两个。我恍然大悟，原来推销很有技巧。

本章小结

本章主要阐述了4P营销组合策略。在产品阶段,重点讲解了产品的生命周期及其营销策略、产品组合策略和新产品的开发策略等;定价策略阶段,重点阐述了定价方法、定价策略与技巧等;促销策略方面,主要阐述了四种促销方法。通过对本章的学习,让学生对旅游市场营销策略有详细的了解。

核心概念和观点

产品生命周期;心理定价;销售渠道;直接销售渠道;广告;营业推广;人员推销;公共关系

★ 在竞争激烈的环境中,旅游产品组合与开发对旅游企业来说是一项艰巨而重要的使命。

★ 产品的价格应该在一段时间内保持相对的稳定。但企业毕竟处在一个竞争激烈,需求也在不断变化的环境中,为了生存与发展,企业必须适时地对价格进行调整。

★ 旅游促销实质上就是旅游营销者和消费者之间的一种信息沟通。

练习题库

□ **知识题**

1. 阐述旅游产品的生命周期及各阶段的营销策略。
2. 旅游产品组合包括哪些内容?
3. 旅游产品定价的方法有哪些?
4. 旅游产品定价有哪些策略与技巧?
5. 旅游产品销售渠道有哪些类型?
6. 旅游促销方法有哪些?它们各有什么优缺点?

□ **案例分析题**

迪士尼营销策划——迪士尼快乐复制法

自从沃尔特·迪士尼在1923年创建了迪士尼动画公司,米老鼠、布鲁托、古菲、唐老鸭已经让全世界的孩子充满欢笑。1955年,沃尔特在美国加州建立了第一家迪士尼乐园,他的理念是将动画片中的魔幻和快乐场景"复制"展现在人们生活中。

迪士尼乐园在全球建立每个主题公园前都对"本地化"的问题进行过深入探讨。而每次他们的决定都是:借鉴迪士尼核心业务(动画片人物形象和场景)的优势和资源,把迪士尼能够带给人们的奇妙体验复制到世界各个角落。因为尽管世界各地对快乐的理解和表现都不一样,但不同人群对"迪士尼品牌的快乐"的要求则有着令人吃惊的一致性。因此,把握游客的快乐需求成为迪士尼乐园的"主题思想"。

为了准确把握游客需求的动态,沃尔特·迪士尼曾经致力于研究"游客学",审视公司的每一项决策是否站在游客的角度。沃尔特曾经说道:"把握游客需求动态的积极意义在于:其一,及时掌握游客的满意度、价值评价要素和及时纠偏;其二,从中找到迪士尼创新发展的关键点。”

“迪士尼所带给你的将全部是快乐的回忆，无论是什么时候。”沃尔特·迪士尼深深懂得，不能让游客失望，哪怕只有一次。如果游客感到欢乐，他们会再次光顾。能否吸引游客重来游玩，恰是娱乐业经营兴旺的奥秘所在。因此，公司以“快乐”为经营理念，转化到每个员工的具体工作中，成为全体员工的工作理念和服务承诺。

思考题：

仔细阅读材料，试着分析迪士尼乐园是如何做到不同的消费群体拥有一致性的“迪士尼品牌的快乐”的？

第七章

旅游目的地营销

学习目标

- **知识目标**：通过本章的学习，应了解旅游目的地和目的地营销的基本含义，掌握各种类型的旅游目的地营销的基本方法和操作技巧。
- **技能目标**：通过本章的学习，能够运用所掌握的理论知识分析现实生活中某一旅游目的地的营销活动，采取了何种策略，取得了怎样的效果。
- **能力目标**：在掌握理论知识的基础上，能够为当地的某一景区策划一次营销活动。

第一节　旅游目的地营销概述

一、旅游目的地

（一）旅游目的地的概念

国际上对旅游目的地营销系统的研究起始于20世纪70年代。一些学者和研究机构从不同角度对旅游目的地进行了专门研究，并形成了各具特色的定义方式。

世界旅游环境中心1992年将旅游目的地定义为：乡村、度假中心、海滨或山岳休假地、小镇、城市或乡村公园；人们在其特定的区域内实施特别的管理政策和运作规则，以影响游客的活动及其对环境造成的冲击。

英国学者布哈利斯将旅游目的地定义为：一个特定的地理区域、被旅游者公认为一个完整的个体，有统一的旅游业管理与规划的政策司法框架，也就是说由统一的目的地管理机构进行管理的区域。

本书将旅游目的地定义为：能够对一定规模旅游者形成旅游吸引力，并能满足其特定旅游目的的各种旅游设施和服务体系的空间集合。

（二）旅游目的地的构成要素

结合我国旅游业发展的实际状况，一般认为构成旅游目的地的核心要素应包括如下几方面。

(1) 有独特的旅游吸引物(旅游资源)。这种吸引物必须对特定目标市场具有相对独立性，并具有一定的市场竞争优势。

(2) 有一定的市场范围和市场规模。目的地要有足够的市场开发价值和相应的市场发展空间；旅游目的地不仅要有足量的地理空间，同时还要有适当的市场空间，要有完备的市场链；旅游市场规则规范，市场可进入性高。

(3) 有完备的旅游设施和旅游服务体系。旅游目的地要形成相对完备的旅游服务和接待设施体系，具有一定的产业化基础；同时，这种产业体系要具有一定的开放性，能形成联结客源地与目的地的产业链。

(4) 要有目的地社区居民的认可、参与、支持保障(充足的人力资源)。

(5) 具有一定的可管理性。目的地内部要有明确、统一和协调一致的旅游管理机构。

（三）旅游目的地的类型

当今，由于旅游目的地的分类标准不同，而产生不同的旅游目的地类型。本章按空间范围大小将旅游目的地分为国家旅游目的地、区域性旅游目的地、城市旅游目的地和景区型旅游目的地 4 种类型。

1. 国家旅游目的地

国家旅游目的地是指一些旅游资源特色鲜明且相对集中的国家，尤其是一些对旅游业依赖性较强的小国，往往把发展旅游业作为基本国策，形成了以旅游业为主体的国家社会经济结构，如地处印度洋东北部的马尔代夫，就是一个典型的国家旅游目的地。

2. 区域性旅游目的地

区域性旅游目的地是从一个国家空间范围内部来划分的。以我国为例，目前我国发展较好的区域性旅游目的地有长三角旅游区、泛珠三角旅游区、环渤海旅游圈等。

3. 城市旅游目的地

城市旅游目的地是从一个特定旅游区域空间范围来划分的。城市不仅是重要的旅游吸引物、是旅游资源最丰富的地区，同时也承担了旅游交通、住宿、娱乐和服务等支持体系的功能，成为现代旅游经济活动的中枢。一个区域性旅游目的地一般由多个城市旅游目的地组成。

4. 景区型旅游目的地

景区型旅游目的地是旅游目的地的最小单位。一般来说，是指具有一定规模的旅游客源市场，具有专门吸引能力、又能为旅游者提供系统完备旅游服务的大型或者特大型旅游景区。例如，建在美国、法国、日本和中国香港的迪士尼乐园就具有旅游目的地的属性。

二、旅游目的地营销

(一) 旅游目的地营销的定义

所谓旅游目的地营销,是指区域性旅游组织通过区分、确定本旅游目的地产品的目标市场,建立本地产品与这些市场间的关联系统,并保持或增加目的地产品所占市场份额的活动。

这一概念包含以下几个基本要素。

(1) 旅游目的地的营销主体是区域性或跨区域性旅游组织,不是一般的旅游企业。旅游目的地营销是以区域性的旅游组织(或政府部门)为主体,在区域层面上进行的一种新的营销方式。

(2) 旅游目的地营销的客体是旅游客源市场。目的地通过产品开发和形象营造,来拓展市场范围,建立市场关联,提高自身的市场竞争力。

(3) 旅游目的地的主要营销手段是目的地形象。旅游目的地组织的任务一方面是塑造本区域独特的旅游形象,另一方面还要协调好本区域旅游企业和旅游产品的营销活动,因为一个良好的目的地形象也有赖于优势旅游产品的支撑和烘托。

(二) 旅游目的地营销的参与主体

旅游目的地营销活动的参与主体通常包括目的地旅游组织、有关政府机构、非政府的旅游专门组织、旅游产业协会组织、旅游企业、旅游营销辅助机构(如广告媒体、宣传促销机构、中介组织等)、旅游者等。

一般情况下,不同级次的旅游组织分别对应各自管辖范围内的目的地营销活动。旅游目的地营销一般由区域性旅游组织承担。在旅游目的地营销活动中,旅游目的地组织处在营销活动的核心地位。上述营销主体中的其他成员均要围绕该组织开展营销活动。

第二节　国家旅游目的地营销

一、国家旅游目的地营销组织

所谓国家旅游目的地营销组织,是指为了实现国家旅游目的地的营销目标和总体战略,通过职能分配和人员分工,并授予相应的权力与职责而进行旅游营销活动的有机体。一般情况下,国家旅游营销组织由国家旅游组织和分设在主要客源市场的旅游代理处共同组成。

按照世界旅游组织的分类,国家旅游组织是负责国家旅游促销事物的非行政性机构,而国家旅游机构是负责旅游政策、规划、开发职能的中央政府机构,部分国家是二者分离的,但我国目前仍然是二者合一的。也就是说,我国旅游形象的宣传和促销工作仍由国家旅游局来承担。

我国国家旅游局主要在塑造并推广最佳的国家旅游形象、引导开发完善的旅游产品体系、促销本国旅游产品和服务、优化本国产品和服务的分销渠道、推动本国旅游企业与客源地各企业的合作等几个方面发挥作用。

二、旅游目的地形象

(一) 旅游目的地形象的含义

旅游目的地形象是指在一定时期和一定环境下，人们对旅游目的地的各种感知印象、看法、感情和认识的综合体现。旅游目的地形象在旅游市场上有着十分重要的作用。旅游者在选择旅游目的地过程中，不会选择形象不佳的旅游目的地和产品；在旅游过程中，良好的目的地形象既可以激发旅游者的旅游兴趣；在出现一定意外的情况下，良好的形象和声誉又有助于缓解游客对目的地的不满情绪；游程结束后，满意的旅游者有可能成为该目的地形象的积极宣传者。可见，塑造良好的旅游目的地形象，对于目的地的成功营销有着不可替代的作用。

(二) 旅游目的地形象定位

形象定位是旅游目的地营销过程中一种非常重要的手段。正确的形象定位不仅有助于塑造目的地的独特形象，而且方便了目的地组织的战略选择。因此，旅游目的地的形象定位是旅游地营销管理的前提和核心。

1. 旅游目的地形象定位的方法

旅游目的地形象定位有如下几种基本方法。

(1) 领先定位。适宜于那些具有独一无二、无可替代的旅游资源的旅游产品，如埃及的金字塔、中国的长城等。但如此绝对领先、形势稳固的旅游地毕竟不是多数，大量的旅游地要依据其他方法进行形象定位。

(2) 比附定位。这种方法避开第一位，而抢占第二位。由于第一的位置只有一个，少数定位于第二的品牌反而能给消费者留下较深的印象。例如，海南三亚的形象定位表述为“东方夏威夷”，就是利用夏威夷绝对稳固的海滨旅游地形象，使自身比较容易在国际游客心中留下美好印象。

(3) 逆向定位。集中强调并宣传与消费者心中第一位形象形成明显对立面的市场形象。例如，河南林州市林滤山风景区以“暑天山上看冰堆，冬天峡谷观桃花”的奇特景观征服市场。再如，深圳野生动物园一改传统动物园将动物囚禁在笼中观赏的做法，采取游客与动物对调的方式，人被囚禁在车中，而让动物在笼外宽阔的空间自由活动。这种模拟野生动物园的模式第一个打破我国消费者对动物园的惯性思维，从而赢得了市场的认可。

(4) 空隙定位。其核心是分析旅游者心中已有的形象阶梯的类别，发现和创造新的形象阶梯，树立一个与众不同、从未有过的主题形象。例如，深圳“锦绣中华”的建立，使国内旅游者心中形成了微缩景观的概念。显然，“锦绣中华”比后来者处于强势地位。

(5) 重新定位，是对原旅游地采取的再定位策略，并非一种定位方法。由于旅游地发展存在生命周期现象，重新定位可以促使目的地新形象替换旧形象，从而占据一个有利的心理位置。中国香港回归前的形象定位是“购物天堂”，回归后，香港旅游形象在外国游客心目中发生认知差异，他们主动把形象重新定位为“动感之都”，从而获得了新的发展生机。

2. 旅游目的地的形象主题口号

旅游目的地形象定位的最终表述，往往以一句主题口号加以概括。口号是旅游者易于接受的了解旅游地形象的最有效的方式之一。主题口号的设计要遵循突出地方特色、体现行业特征、语言紧扣时代、形式借鉴广告的基本原则。例如，瑞士——世界的公园；法国——浪漫之都 魅力国度；新加坡——尽情享受新加坡；西班牙——阳光下的一切；埃及——历史的金库，等等。

三、国家旅游目的地营销技术

一般来说，旅游目的地国家针对客源国可以有如下一些促销方式。

1. 人员现场促销

对于重要客源市场，国家旅游组织应组织做好深度促销工作。近年来常被采用的方式是到重要客源市场举办旅游展览会，或派遣文化、艺术团体到客源地进行演出交流活动。例如，2012—2013年，中俄两国互办旅游年；2015—2016年，中韩互办旅游年；2016年5月由中国政府和联合国世界旅游组织在北京共同主办、国家旅游局承办的首届世界旅游发展大会，等等。

2. 公共关系活动

公共关系活动对于树立良好的国家旅游形象意义重大。近年来，美国前总统里根和韩国前总统金大中都先后为本国旅游做过形象宣传，邀请国外游客前来访问，产生了轰动性的公关效应。

此外，组织大型活动也有助于树立良好的目的地形象，拉动当地旅游业的发展。例如，2008年的北京奥运会和2012年的伦敦奥运会都对当地旅游业的发展产生了积极的作用，并极大地改善了两地的旅游形象。

旅游目的地国家常用的公关手段还包括邀请客源地知名旅行社(旅行公司)的高层主管，国内外有广泛影响的新闻媒体的记者和专栏作家等现场参观；或邀请国内外德高望重的社会人士前来度假，使目的地旅游形象在相应地区产生“轰动效应”。

3. 以电影推动旅游促销

观众在看了《卡萨布兰卡》之后，会想去摩洛哥看看；看了《天使爱美丽》后，想去巴黎走走。《泰囧》的拍摄在中国引起了强烈反响，这部并未明显展现外景地的电影却奇迹般地催旺了清迈旅游热。据泰国观光酒店业协会北部分会的负责人透露，清迈泼水节的酒店预订中，中国游客占55%。有数据显示，在《泰囧》播出前，2012年泰国共接待270万中国游客，但只有10万人去清迈。影视作品作为一种新兴的营销工具，比之传统的营销工具更加经济，易于深入旅游者记忆，最主要的是更能得到潜在旅游者认同。在影视作品从制作到放映的整个过程中，目的地得到了极大的曝光率，将其形象很好地传递给了受众，从而吸引旅游者到来。

【案例 7-1】

韩国旅游业借影视剧“起死回生”

近些年来，韩国影视剧在政府的大力扶植之下大举进攻亚洲和美洲的影视剧市场，尤其在中国，韩中文化的同源性，让中国人对韩国影视有着很大的认同感，从而对影视中所体现出的饮食、服饰、优美景色等产生向往，形成对“韩国”的关注点。

除却泡菜和人参，韩国的风光在大部分人心目中的印象应该都是由韩剧中的场景拼凑而来。很多韩国人首先会问游客喜欢哪出韩剧，然后像拿出保留节目一样告知游客，这出韩剧就是在哪儿拍的，一定要过去看一看。韩国因影视而著名的景点有如下一些。

花津浦海水浴场——在相爱却不能相守的凄美爱情故事《蓝色生死恋》中，让人留下伤心回忆的海岸就位于东海的最北端。它是一个清澈、安静的海水浴场。俊熙背负奄奄一息的恩熙茫然地走在海边，那幅场景深深地留在人们的记忆里。

大关岭三阳牧场——俊熙和恩熙的关系被家人所知，由此他们的爱情也更加牢固，这是他们“蜜月”旅行的地方。

来苏寺——秋叶红枫非常醉人。长今为了赢得御膳比赛不惜使用偏方，结果不但输了比赛，还被韩尚宫赶出宫，到云岩寺照顾生病的皇后娘娘保姆，不期遇见闵政浩。

水汽海水浴场——《浪漫满屋》中宋慧乔和 Rain 心系于此的浪漫别墅，就以这里闲适的白沙滩和松林为背景。

当然，仅仅靠影视业或者旅游业的独自努力，是达不到如此理想的营销效果的，韩国旅游营销的成功，在于营销策略的完美整合，而在这里面更少不了政府的支持，政府的积极造势为韩流，以及被韩流带动的旅游业，带来了积极而有效的影响，也对塑造整体的“韩国品牌”贡献不菲。现在的韩国正在慢慢赢取属于自己的品牌，依靠深层的诱引，安然吸纳着来自各地的体验者络绎不绝地涌入。

讨论题：

亚洲金融危机之后，韩国旅游业“起死回生”的关键何在？谈谈韩国的成功经验对其他国家旅游目的地塑造良好形象的启示。

第三节　区域性旅游目的地营销

目前，旅游的竞争策略已经从单纯的价格竞争、质量竞争向文化竞争转化，旅游的竞争方式从单一的技巧竞争向战略竞争和形象竞争转化。而构筑地域大文化、谋求区域联合成为当今时代旅游竞争的根本性策略，地域联合不但可以避免无谓的“牺牲”和自相残杀，而且可以达到“双赢”甚至“多赢”，并可在国际旅游市场上占有一席之地。从我国的旅游发展来看，区域性旅游日益呈现出稳中有升的发展势头，除起步较早的长三角、珠三角旅游区外，西南、东北等地区也成为新的旅游活跃区域。但从目前的实际情况来看，我国区域性旅游产品的整体形象并不十分突出,因此,加强区域内城市间的各方面合作是当务之急。

一、区域旅游合作概述

(一) 区域旅游合作的意义

区域旅游合作既是经济全球化发展的必然,又是区域旅游发展和区域旅游整体形象建设的一种必然趋势。

1. 区域旅游合作是旅游经济发展规律所决定的

旅游业是一项开放性、关联性极高的新型产业,区域旅游要实现可持续发展,必须坚持"大旅游、大市场、大产业"的发展战略,突破行政区划的障碍,大力开展区域旅游合作。我国率先实行区域旅游合作的有大环渤海地区、环太湖地区、长江沿岸地带、闽西南地区等。

2. 区域旅游合作是区域旅游经济持续、健康、快速发展的必然要求

在世界经济全球化背景下,区域旅游合作已越来越受到业界的重视。实行区域合作,可以有效地改变:地方割据和地方保护主义,景点(特别是主题公园)的近距离重复建设,公路等基础设施的难以互惠互利和共享,资金、信息等要素的跨地区流动受阻等弊端。

3. 区域旅游合作是区域旅游整体形象建设的要求

随着大众旅游供给的不断扩张,旅游资讯迅速膨胀,旅游者的注意力就成为一种稀缺资源,他们对旅游目的地的关注越来越倾向于区域的整体形象而非单一的产品信息。因此,合作、协作是树立区域旅游整体形象、吸引旅游者注意力的必然选择。

(二) 区域旅游合作的基本内容

1. 旅游资源的共享和重组

在平等互利原则下,本着谁投入谁受益的精神,将旅游资源视为区域的共有财富,共同开发和保护旅游资源。开展跨地区资源重组,形成更富有吸引力的旅游产品和更富有效益的旅游线路。

2. 旅游产品的更新和开发

区域旅游合作可以在各地方原有旅游产品的基础上,精选、改造,形成区域旅游精品,增加消费和逗留时间;还可以利用区域旅游产品开发和设计的优势力量,充实旅游产品的文化内涵,增加旅游产品的活动内容,乃至开发一些更新换代的产品,提高旅游产品的吸引力和价值。

3. 区域旅游功能分工

要突破各地方旅游功能区的限制,从整个旅游合作区域着眼,在更高层次上划定旅游功能区,使各功能区的旅游功能更为合理。在区域旅游功能区划分的基础上,确定进一步开发和建设的总体方案。

4. 相互客源市场的共同开拓

各方共同开展市场调研和促销宣传,以占领老市场的更多份额,并开拓新客源市场。

参加合作各方之间应取消不正常壁垒，互为客源地和目的地，共同培育居民的旅游意识，相互宣传对方，提高出游率。

5. 旅游企业的共同经营管理

可以发挥一些地方旅游企业管理优势，组建旅游管理公司，对另一些地方管理水平较低的企业进行直接管理，有利于加强区域内旅游企业管理规范化，快速提高经营管理水平。

6. 旅游大环境的营造

对于综合性、关联性特别强的旅游企业来说，区域合作有利于共同营造旅游大环境，包括市政建设、交通建设、文化建设、精神文明建设、旅游教育等，可以集中优势力量协力进行。

二、区域性旅游目的地的营销策略

（一）推行无障碍旅游

无障碍旅游即"无政策障碍、无市场障碍、无交通障碍、无服务障碍"的旅游。原来游客要外出旅游，一般形式是参团游，到本地旅行社报名，目的地旅行社安排导游接待，但是这样增加了组团旅行社的成本，变相增加了游客的团费。若没有对方的允许，就不能组团到对方景区，对方可能会设置层层障碍，这是政策上的限制。如果是散客自己出游，由于信息不畅，对要到达的景区景点不了解，容易走错路，安全、交通、食宿等也没有保障。

旅游区域内实行无障碍旅游后，到无障碍旅游区的各个景点旅游，组团旅行社可以无须目的地旅行社的同意，也不需他们另派导游，就像在本地旅游一样，这样就减少游客的团费支出。实行信息互通后，各地旅游资源共享，取消了原来的政策性障碍，自驾车旅游在获得了目的地的信息后，可以做好旅游线路设计、酒店预订等各种前期准备，放心前往，使自驾车旅游变得安全舒适。

2015 年 9 月，渝鄂两省市长江三峡区域旅游合作 2015 年轮值主席会议在宜昌召开，两地签署了《2015 年鄂渝长江三峡区域旅游合作备忘录》，在巩固和深化省级旅游部门合作的基础上，丰富旅游企业、旅游协会、旅游质监机构、旅游市县等合作层次，形成"1+4"全方位合作新格局；建立常议旅游发展之事的机制，促进信息交流的常态化。并且两地联合推出了以高铁主导的"超快感，慢享受"区域旅游合作展行动。

目前，我国旅游业不断加大东、中、西部互动，形成旅游资源优势互补，全面实施区域联合携手发展，旅游合作不断深化。

（二）整合营销

整合营销传播(Integrated Marketing Communication)的观点发源于 20 世纪 80 年代中期以来许多学者提出的具有战略意义的"传播合作效应(Communication Synergy)"概念，简称 IMC，是指在实现消费者的沟通中，以统一的传播目标来运用和协调各种不同的传播手段，使不同的传播工具在每个阶段发挥出最佳的、统一的、集中的运用。

在区域内采取整合营销传播策略，以旅游者为中心，重组目的地企业行为和市场行为，综合协调地使用各种传播方式，以统一的目标和统一的传播形象，传递一致的商品信息,实现与旅游者的双向沟通,迅速树立旅游产品品牌在旅游者心目中的地位,建立品牌与旅游者长期密切的关系,更有效地促销产品。其核心思想是要求整个旅游区域内不同部门、不同人员从各自不同角度与顾客沟通时有统一口径、统一的品牌个性、统一的顾客利益点和统一的销售创意,形成集中的品牌冲击力,及时通过不同的渠道进行系统的旅游者信息反馈,进而动态性调整促销策略。

(三) 完善旅游产品体系

目前,我国的旅游产品已逐步从以观光产品为主向观光产品、度假产品、体验产品和主题文化产品共同发展的局面转变。旅游区域一般市场广阔、需求层次多样化,应充分利用区域内拥有的丰富资源,完善梯度化的旅游产品体系,包括低端、中端、高端各种档次的产品等,构建互补的旅游产品群,满足不同层次的旅游者的需求。例如,以武汉为中心的"1+8"都市短程高铁旅游线路,为湖北省旅游市场注入了"新动力"。武汉黄陂奥特莱斯的休闲购物、罗汉街平海桑园的桑葚采摘成为武汉市民一日游的新宠。修身养性香城泉都——咸宁温泉等深受周边游客青睐,嘉鱼山湖温泉游客爆满。麻城野生杜鹃映红了山坡;武汉植物园虞美人、当代薰衣草风情园、东湖落雁景区玫瑰园吸引了不少游客前往赏花;黄陂木兰花玫瑰园、襄阳中华紫薇园吸引了周边省份大量游客乘坐高铁前来。在赏花游的基础上,2015 年湖北省旅游局还开展了赏花与美食同"香"的香游湖北——寻访最浓"湖北味道"活动,让游客闻着花香、吃着美食,畅游湖北。

【案例 7-2】

泛珠三角区域旅游发展与合作

泛珠三角区域合作的构想,是由广东省首先提出来的,并得到了珠江流域的福建、江西、湖南、广西、海南、四川、贵州、云南八省区和香港、澳门两个特别行政区的积极呼应。

2015 年 12 月,泛珠三角区域合作行政首长联席会议在福建省福州市召开,泛珠合作各方共同签署了《2015 年泛珠三角区域合作行政首长联席会议纪要》。泛珠三角各省区将深化旅游合作,共同规划、开发南海旅游线路,打造"环南海旅游经济圈";深化旅游合作,强化旅游项目合作,加强泛珠区域海峡之旅、邮轮之旅、苏区红色之旅、生态之旅等"一程多站"精品旅游线路的建设合作。

加强海上丝绸之路旅游推广联盟合作,开展"美丽中国—海上丝绸之路"旅游联合推广活动;以妈祖文化为纽带,设计福建—深圳—澳门连线旅游线路;着力打造经福建循"小三通"航线延伸至台湾本岛的黄金旅游通道;积极打造粤桂黔湘大景区。

泛珠各方还将结合沿海省区优势旅游资源,共同规划、开发南海旅游线路,开辟"一程多站"的跨国邮轮环线,发展海洋观光、海岛休闲、海上运动等特色旅游项目,打造"环南海旅游经济圈";共同推进厦门、三亚凤凰岛国际邮轮母港建设,做大邮轮产业链。

为了保证旅游合作的推进,泛珠各方还将强化合作机制建设,建立完善泛珠三角各省区之间关于旅游业发展的日常沟通联系、定期交流磋商平台和机制。加强泛珠区域旅游行业协会交流与合作,强化行业自律和旅游诚信体系建设;加强旅游质监部门执法联动和信息沟通,建立异地投诉受理机制、重大旅游突发事件处理机制及重大事件的通报制度。

讨论题：

结合泛珠三角区域旅游发展的实际，谈谈其对中三角区域旅游合作的启发。目前，泛珠三角区域旅游合作在哪些方面取得了一定的成效？未来应该在哪些方面以何种方式更加深入地开展合作，取得实质性的突破？

第四节 城市旅游目的地营销

现代城市大都具有政治、经济、文化、交通等多种功能。当然，各个城市的规模不同，功能也不同，每个城市都有自己的主要功能。就目前来看，经济中心的功能是大多数城市的主要功能，从发展的角度来说，随着市民休闲要求的普及，城市旅游中心的功能也需要进一步发挥，也应该成为各个城市的一个共性的功能。从长远来看，城市是旅游目的地的主要体现或集中体现。

一、城市旅游与旅游城市

城市旅游发展的最重要的问题是如何把城市现有的特点充分挖掘出来。任何一个地方都有其独到之处，把独到的东西挖掘出来，这个城市就具有了自己的特色。一个城市旅游发展的终极目标是形成旅游城市，如园林旅游城市、山水旅游城市、生态旅游城市等。

1. 旅游城市的定义

所谓旅游城市，就是指以旅游作为其主要功能，以提供优异的旅游产品并产生良好的环境、社会和经济效益为其重要特征的城市。

一个以旅游作为其基本性质的旅游城市，必须包含如下一些基本的含义：

(1) 旅游城市是人类、自然、城市相互高度协调的有机结合；

(2) 旅游城市是生态环境、自然和文化的凝聚体；

(3) 旅游城市的组成要素关系应符合美学原理；

(4) 旅游城市具有良好的生态保护和平衡力；

(5) 旅游城市拥有丰富的旅游资源和良好的环境。

旅游城市的最主要目标是按照优秀旅游城市的要求进行城市建设，向公众提供高质量的旅游产品，并产生良好的环境、社会和经济效益。

2. 旅游城市的类别

(1) 文化旅游城市。这类城市文化底蕴深厚，能为旅游者提供文化体验，如西安、北京、洛阳、曲阜、南京等。

(2) 风景旅游城市。这类城市的自然环境对其旅游业起了决定作用，城市往往有幽美独特的自然风光，如桂林、杭州、张家界等。

(3) 商贸旅游城市。这类城市一般处于两国边境，地理位置独特，形成了特殊的旅游风情。例如，景洪处于中、缅交界处，边境贸易、旅游频繁，形成了别具一格的旅游风貌。

(4) 综合旅游城市。这类城市现代化程度很高,旅游配套齐全,在旅游业中以都市风情取胜,如上海、广州、深圳、武汉等。

二、城市旅游目的地营销策略

(一) 完善城市旅游产品系列

纵观国内外城市旅游的发展历程,目前主要的城市旅游产品系列包括文化旅游产品、体育旅游产品、会议旅游产品等。

1. 文化旅游产品

文化旅游产品是指与城市社区的历史、艺术、科学和文化遗产有关的旅游活动,文化旅游被认为是改善城市的形象和提高城市知名度的有效举措。以加拿大多伦多为例,多伦多艺术展览馆、罗尔托马森大厅和北约克表演艺术中心等的建成促进多伦多城市旅游的快速发展。

2. 体育旅游产品

观赏型体育比赛成为当前许多城市旅游和经济发展的竞争战略措施,体育旅游的经济收益与赛事的规模、档次和持续时间长短有密切关系。奥运会和足球联赛等大型体育赛事的举办在给城市带来丰厚经济效益的同时,也使城市在国际上的形象和声望迅速提升。

3. 会议旅游产品

大城市,尤其是国际城市,都已认识到了举办会议为城市旅游业发展带来的好处,会议旅游者的高消费模式引起了城市旅游开发者的关注。我国东部的北京、上海、深圳等城市目前都具有了能够主办国际会展的超大型会展中心。

(二) 塑造城市旅游形象

城市旅游形象是人们对该城市旅游产品、旅游设施、旅游服务功能等的总体、抽象、概括的认识和评价,是城市的历史印象、现实感知和未来信念的一种理性综合。

一个良好的城市旅游形象应包括三个层次。一是城市旅游的整体形象。除旅游部门要搞好景区(点)、旅行社、星级酒店外,各级政府和有关部门,如城建、文化、交通、环保、通信等,都要共同营造"旅游大环境"这个系统工程,创造优美、舒适、文明、方便、安全的城市旅游形象,这是最高层次的城市旅游形象。二是城市吸引物的特色形象。即最具吸引力的旅游产品的定位和开发,它通常不是指个别景点,而是指某一类景观,这是中间层次的城市旅游形象。三是旅游企业形象。如一个旅游区、一家旅行社或星级酒店的形象等,这是城市旅游形象的基本层次。

总之,城市旅游形象是城市的一笔宝贵的无形资产,是城市的旅游品牌。塑造独特、鲜明、有招揽性的旅游形象,进而依靠城市旅游形象吸引游客已成为城市旅游业发展的必由之路。塑造城市旅游形象的前提是解决旅游形象的定位问题,在具体执行中,应遵循以下几个原则。

1. 城市旅游定位与城市资源紧密相关

各城市的资源不同,定位则不尽一致。海滨城市,则定位为度假游;历史古城,则定位为历史文化游;商业发达之城,则定位为购物游;会议展览之城,则定位为会展游,等等。例如,大连是中国北方著名的海滨城市,则可将之定位为观光度假旅游城市。

2. 城市旅游定位与城市产业相关

有的城市工业发达,则工业之旅就易叫响,像青岛的青啤工业园、海尔工业园等旅游项目就影响了青岛旅游的定位;有的城市农业先进,则农业观光之旅就响当当,像烟台的农业示范园等旅游项目,很大地影响了其定位。

3. 城市旅游定位与城市的未来发展相关

当有些城市的资源、产品、产业基本相同时,由于未来发展的方向不同,定位也就不同。例如,大连和宁波,资源、产品、产业有相近之处,但未来发展方向各有侧重。大连侧重于成为东北亚地区的航运、商贸、信息中心,则影响到旅游定位为观光度假;而宁波侧重于服装工业及其他工业发展,则旅游定位就不一样了。

(三) 旅游城市的推广策略

1. 节庆与节事活动

1984 年山东潍坊主办的第一届"国际旅游风筝会"开启了我国城市节庆营销的先河,从此在我国引发了一浪高过一浪的节庆旅游营销热潮,潍坊也因此由一个不知名的小城变成了名声显赫的"世界风筝都"。由此可见节庆和节事活动对城市旅游营销的潜在影响力。近年来,各地纷纷举办具有地方特色的"主题旅游节庆"活动,作为当地标志性的旅游节事活动,融自然人文风光、休闲度假娱乐、商业贸易洽谈、科技文化交流等于一体,使其成为当地旅游的拳头产品之一。我国已形成一定影响的节庆活动有洛阳牡丹花会节、青岛国际啤酒节、哈尔滨冰雪节、大连服装节、杭州西博会等。旅游节庆活动以其独特的形象吸引游客,聚集大量的人气,并产生效果不等的轰动效应,能在较短的时间内达到宣传作用,并且让人印象深刻,效果比较持久,从而提高了举办地的知名度。

2. 会展旅游

城市可以利用各种展览会和博览会,进行吸引力的推介。通过承办各种展览会和博览会,促进政府对城市建设增加投入,改善城市的交通环境、景观环境及城市综合接待水平,对城市形象的提升起到很好的作用。例如,海南博鳌小镇借助博鳌亚洲论坛举办效应,已经成为一个商务会展中心和旅游休闲目的地。自博鳌亚洲论坛落户以来,据统计,有近 4 000 多个大小会议相继在博鳌召开。近年来,到博鳌小镇观光游览的海内外游客每年都突破 200 万人次。

【案例 7-3】

高铁时代的贵州旅游推广

"迎接高铁时代·畅游多彩贵州"2014 世界旅游日贵州主题推广活动于 2014 年 9 月 27 日在中铁国际生态城隆重举行。这一活动与时俱进地打造旅游发展升级版,围绕深化改革、扩大开放、激活市场的目标,全方位推进旅游业发展迈上新台阶,见证贵州旅游的又一次飞跃。活动分为"世界旅游日庆典""双龙镇杯高尔夫友谊赛""中铁国际旅游度假区百人低碳骑行活动""云栖谷·双龙镇户外烧烤酒会嘉年华"等内容。

贵州的神奇与贵气来自大自然的创意与恩赐,使贵州有资格成为世界旅游宝库和天然大公园。当高速交通迅猛冲击并改变着人们的生活,旅游作为一种生活方式或者说生存方式,越来越成为一种生活必需品,由此给我们带来一种思考:在"快进"的同时,怎样让人"慢"下来?随着新旅游时代的到来,贵州省正着手实施两项旅游发展计划,即构建"快进漫游"产业体系和"打造旅游升级版"。

基于贵广高铁、贵昆铁路、昆曼高速公路三条旅游交通大动脉的有利条件和沿线城市得天独厚的旅游资源优势组合,贵州省与东盟启动联手打造广州—桂林—贵阳—昆明—曼谷世界级旅游观光线路。这将成为一条吸引境内外高端游客的黄金旅游线路,并成为贵州与泛珠三角各省区乃至东南亚地区加强旅游合作的崭新起点。以此为契机,贵州与泛珠、东南亚将进一步深化旅游合作层次,拓展合作空间,实现资源共享、客源互换、共同发展。

这将促进贵州与东盟国家在旅游项目合作达成进一步的意向。并以此为起点,逐步打通贵州连通内地到东南亚的自驾黄金线路,为贵州与东盟各国旅游文化交流起到积极的推动作用。

资料来源:贵州旅游在线.

讨论题:

贵州旅游资源算是得天独厚,但是酒香也怕巷子深,贵州此次推广活动对内地旅游业的推广有什么启示?

第五节 旅游景区营销

近年来,中国旅游业呈现良好的发展态势。2014年,中国入境旅游人数12 849.83万人次,国际旅游外汇收入516.63亿美元,国内旅游人数达36.3亿人次,旅游总收入3.25万亿元,中国已经成为世界第三大入境旅游接待国。旅游业的辉煌崛起,极大地改变了旅游景区的生产方式和经济结构,景区的发展成为迫在眉睫的任务。可以这样说,一个景区营销的黄金时代即将来临。景区作为旅游系统中最重要的组成部分,是激发旅游动机的主要因素,是旅游产品的核心。因此,对旅游景区营销的研究不仅有利于景区自身的发展,也有利于相关的旅游服务业以及当地经济的发展。

一、旅游景区概述

(一) 旅游景区的含义

旅游景区是由具有某种或多种价值、能够吸引游客前来观光、游览、休闲、度假的自然景观以及能够满足游客需要的旅游设施构成的,具有明确具体的空间界线的多元环境空间和经营实体,这一实体可以通过对游客进出的管理和提供相关服务,达到盈利或保护该环境空间的目的。尽管国内外对旅游景区的概念表述多种多样，但基本上都认同它是一个吸引游客前来游览观光的经营实体。

（二）旅游景区的构成要素

旅游景区的包括如下几个构成要素：

(1) 有固定的、范围确定的经营服务场所；

(2) 有能够供人们观赏、游览或从事科学研究的旅游资源；

(3) 具有相应的旅游接待设施；

(4) 有相应的景区经营管理机构。

二、旅游景区产品生命周期决策

（一）旅游景区产品生命周期理论

如同人一样，旅游景区产品也是有生命周期的。加拿大著名学者巴特勒(Butler)教授成功地揭示了旅游地生命周期的自然规律。旅游景区属于旅游地当中的一种类型，一般情况下，旅游景区生命周期与旅游地生命周期同步。巴特勒认为，每个旅游地都将经历资源发现、开发启动、快速增长、平稳发展、衰落或复苏五个时期，如图 7-1 所示。

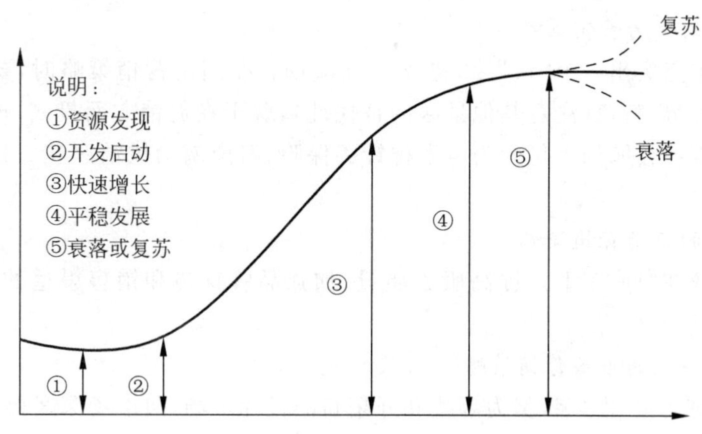

图 7-1　旅游景区生命周期规律一般示意图

1. *资源发现期*

资源发现期主要是少量的探险者、科学考察者进入景区，由于开发尚未启动，旅游资源还未成为旅游产品。此阶段当地居民出于新奇对外来者热情欢迎。

2. *开发启动期*

随着景区进入开发启动，外来资本大量进入，旅游资源开始转换为旅游产品。当地居民在就业、为游客提供服务等方面都获得了较大利益，对旅游开发满腔热情。投资者开始了大量营销，景区知名度大增，游客大量涌入。此时对景区及其周围环境的破坏开始了。

3. 快速增长期

旅游景区产业快速增长,对当地经济的推动作用很大;游客人数也快速增长,旅游景区环境容量、资源、环境、设施的压力大,旅游景区形象已牢固地树立起来。当地居民生活条件得到基本改善,但与他们的期望相差较大,同时还要承担物价上涨的压力,因而不满情绪滋长,影响他们与游客的沟通。

4. 平稳发展期

这一阶段游客人数增长率下降,但游客人数总量前期依然增长,到后期游客数量达到最大值,多年来停滞不前,游客增长率接近为零,人造景观在大量取代自然、文化吸引物,接待设施过剩,低价竞争导致服务质量下降。当地居民对游客产生反感。

5. 衰落或复苏期

在衰老期,游客被新的景区或目的地所吸引,已不将该景区作为旅游选择。景区接待的多是远距离的游客,而且远距离的游客也越来越少,旅游地形象已遭破坏。若景区经营管理者重新设计景区形象,推出新的有特色的旅游产品,将使旅游景区进入复苏期。

旅游景区生命周期长短不一,一般而言,自然型旅游景区的生命周期较长,人造景区的生命周期较短,很少超过5年。

(二) 旅游景区生命周期各阶段的市场营销策略

1. 投入期的市场营销策略

策略思想重点突出一个"快"字,抢先占领市场。在制定营销策略时,要充分认识旅游景区产品的优势、特色(注意其他景区的替代性),敢于在促销方面投入,迅速提高知名度。如张家界森林公园用1亿元为定海神针买保险,海南南山风情区花2亿元打造弥勒佛等。

2. 增长期的市场营销策略

策略重点放在"好"字上。提高服务质量、加强品牌宣传和销售渠道的管理、分析同类竞争者的营销策略。

3. 平稳发展期的市场营销策略

营销重点应突出"占"字,努力寻找和开拓新的目标市场,向市场深度和广度发展。

(1) 市场政策。寻找机会市场,争取新的消费者。如华侨城,最初的市场定位是港、澳同胞;后来转向境内游客,在全国人造景区中产生轰动效应。

(2) 产品改革。加强产品质量改革,提高服务质量。

(3) 营销组合改革。对原有的营销组合因素进行调整、变革,以刺激销售量。如降价或增加销售过程中的服务内容,开辟多种销售渠道等。

(4) 注重新产品的研制与开发。

4. 衰退期的市场营销策略

营销策略应突出"转"字,转向开发新产品。一般而言,这一时期的景区经营者应尽可能地缩短产品的衰退期,其主要策略有立刻放弃、淘汰疲软产品、逐步放弃、自然淘汰。

【案例 7-4】

太白山风景区成功转型

太白山是秦岭主峰,也是青藏高原以东中国内陆的最高峰。改革开放以后,这里以森林观光旅游产品为主打进入了人们的视野,成为眉县经济的重要组成部分。然而,由于资金匮乏、体制不合理,加之基础设施落后,21世纪初,太白山景区进入衰退期。

2012年通过实施山内山外一起开发战略,树立建设"县区一体、山水同城"的全国一流休闲度假旅游目的地和5A级陕西西线旅游客源集散地,打造太白山旅游升级版等目标。太白山旅游实现了由单一的森林公园旅游向旅游新区和文化特区的转型,由初级景区管理向智能化智慧型的转型,由季节性旅游向全年常态化旅游的转型。

先后恢复修建药王庙,修缮保护老君殿、观音洞等与孙思邈采药有关的古迹遗存,展现太白山独特的草药文化。目前,主景区建筑面积达1.8万平方米,有日可接待游客1万多人次的"太白山游客服务中心"和7万平方米的林荫生态停车场,凤凰逸景营地、太白山漂流和温泉欢乐谷等多个休闲娱乐项目;下西宝高速通往景区的大道参照欧洲绿化模式,已建成通车。

为使太白山旅游冬季不冷,洞天福地景点附近投资4 000多万元建设了滑雪场,并雕塑了一系列惟妙惟肖的雪雕作品,让游客在童话般的世界里强身健体、陶冶情操。2013年建成后第一个冬天,滑雪场就接待了数万名游客。2014年春节吸引十余万人到此游玩。

资料来源:陕西传媒网.

三、旅游景区促销方法与技巧

(一)公共关系宣传

景区开展公共关系宣传活动的方法有很多,只有方式新颖、可信度高的宣传才能达到树立形象的目的。景区公共关系宣传的主要方法有以下几种。

1. 景区新闻宣传

景区新闻宣传是运用新闻报道的形式为公众提供信息,为景区制造声势。这是景区公关宣传中最常用的一种方式,具有客观性强、社会影响大及宣传成本低等优点,所以又被称为软文广告。景区新闻宣传的方式主要有编写新闻报道、制造新闻事件、举行记者招待会和新闻发布会等。例如,2014年北京紫海香堤香草艺术庄园将自己包装成为"薰衣草庄园",提供以薰衣草为主的香草观光类旅游项目,并抓住"山寨和疯狂"两个关键词,通过宣传炒作,达到了极佳的宣传效果,即一个"山寨版"普罗旺斯,让无数女性疯狂来此寻梦,成就了一个旅游商业新神话。

2. 景区机会宣传

景区可能获得一些难得的宣传机会,这些机会主要包括以下几点。

(1) 文艺作品与景区宣传机会。随着游客市场的日渐成熟,旅游者对景区旅游产品的文化体验要求相对提高,而文艺作品作为大众喜闻乐见的传播形式,加上其中的文字意境和拍摄效果,使作为场景的景区在人们心中留下了深刻的印象,因此景区一旦成为优秀文艺作品的主题或背景,其知名度和美誉度就有可能随着这些作品的传播而提高,从而触发潜在客源的旅游动机。例如,西溪湿地因《非诚勿扰》而名声大噪;《非诚勿扰2》刺激了亚龙湾高档酒店消费;《狼图腾》带动了内蒙古旅游;携程网推出《花千骨》同名旅游线路;《Hold住爱》带火了三亚呀诺达雨林景区,当地旅行社推出以“HOLD住爱”为主题的婚庆旅游线路,等等。

(2) 社会事件与景区宣传的主题。社会事件是社会关注的焦点,景区可以借助这些事件来宣传景区的资源特色、经营观念,传递有益景区发展的观念,如名人与景区佳话,疾病的流行与景区的康体健身价值等。例如,2014年全球千名摄影师聚焦武陵源,参加“聚焦张家界,千名摄影师新年摄影采风”活动,集中张家界的形象宣传,起到了较好的营销效果。

(二) 联合促销

景区联合促销工具有两种形式,一种是关联景区联合开展促销;另一种是一定区域范围内的相关收益部门、企业联合起来促销。

1. 旅游景区水平方向联合促销

相关联的景区联合起来开展促销的方式称为水平方向的联合促销。一般而言,单独一个景区很难构成强大的吸引力,而旅游者的一次旅游活动中常包括多个景区,因此,景区之间开始进行联合促销。例如,四大佛教名山联合推出“中国四大佛教名山朝圣之旅系列文化节”,定期举办联合促销活动。

景区联合促销所采取的是营业推广、广告、公关宣传等各类工具的综合。它的促销主体不是某一个景区,而是一定区域内的多个景区;促销的目的也不是一个景区销售量的增加,而是区域内各景区游客量的普遍上升。

【案例7-5】

16省景区联合促销

锦绣江山全国年票,包含北京、山东、河南、河北、辽宁、江苏等16省130个城市不限使用的旅游门票,原价3万多整体打包优惠到98元。

该年票由山东省淄博市旅游局、河南省洛阳市旅游局、陕西省西安市文物局、河北省唐山市旅游局、北京市园林绿化局、辽宁省沈北旅游局、安徽省亳州市文旅局等发起,由齐鲁年票办、河南年票办、陕西年票办、北京年票办、华东年票办、华北年票办、东北年票办联合管理,已连续发行10年。

2015锦绣江山全国旅游年票已增加到901家景区,凭年票享受的优厚待遇,包含北京十三陵、保定白洋淀、威海西霞口、郑州黄河、上海大观园等681家全年不限次免票,西安大明宫、黄山徽州古城等52家免票一次,山西王莽岭等168家半价折扣,合计901项精彩内容,每个景点的门票算起来,免票价值达35301元。

2. 旅游景区纵向联合促销

联合促销的另一层含义是旅游行业的相关受益部门、企业联合起来促销，这种促销方式称为纵向联合促销。单个景区的促销经费和能力总是有限的，而景区游客数量的增加又能为本地区的旅游业及相关行业带来营业额和收益，这是景区纵向联合促销的利益基础。

联合促销可以由景区与旅行社、旅游饭店、旅游管理部门共同开展，一般由旅游管理部门负责组织，景区则作为联合促销的重要参与者给予支持与配合。旅游企业应该要看到联合促销的现实收益以及长期潜在影响，积极地联合促销，实现各利益相关企业的共赢。

本章小结

旅游目的地按空间范围大小分为国家旅游目的地、区域性旅游目的地、城市旅游目的地、景区型旅游目的地。国家旅游目的地营销的关键在于塑造国家旅游形象，综合运用人员促销、公共关系等多种促销手段；区域性旅游目的地营销策略主要是完善区域旅游产品体系，实行整合营销，在区域内推行无障碍旅游；城市旅游目的地营销策略有完善城市产品体系，准确定位城市旅游形象，借节庆活动与会展来促销城市；旅游景区营销要重视景区产品生命周期，在不同的阶段，采取不同的营销策略。

核心概念和观点

旅游目的地；旅游目的地营销；旅游目的地形象；整合营销；旅游城市；联合促销

★ 与旅游企业营销过程中一切以企业利益为中心的组织形式不同，在旅游目的地营销活动中，旅游目的地组织处在营销活动的核心地位。

★ 塑造良好的旅游目的地形象，对于目的地的成功营销有着不可替代的作用。

★ 区域旅游合作既是经济全球化发展的必然，又是区域旅游发展和区域旅游整体形象建设的一种必然趋势。

练习题库

□ **知识题**

1. 什么是旅游目的地？如何把握旅游目的地的内涵？
2. 如何进行旅游目的地形象定位？
3. 试评价长三角区域旅游的发展现状。
4. 一个城市要发展旅游，应该具备哪些先决条件？
5. 评价本地某一景区的促销活动。

□ **案例分析题**

张家界天门山，传奇永不止步，精彩持续升级

1999 年 12 月，世界特技飞行大师以超凡的勇气成功驾驶飞机穿越天门洞。

2006 年 3 月，俄罗斯空军“勇士”在天门山进行特技飞行表演。

2011 年 9 月,“2011 翼装飞行穿越天门”极限挑战活动在天门山上演。

2012 年 7 月 22 日,法国轮滑大师成功挑战天门山 99 弯“通天大道”。

2013 年 10 月 12～13 日,第二届“世界翼装飞行锦标赛”在天门山举行。

2014 年 10 月 19 日,第三届“世界翼装飞行锦标赛”在天门山举行。

2015 年 5 月“天梯速降赛竞速赛”在张家界天门山举行,此次速降赛是欧美高水平职业选手首次在中国进行山地车速降比赛,共吸引了美国、英国、意大利、法国、德国等 8 个国家的 15 名顶级山地车高手报名参赛。比赛赛道选在张家界天门山 999 级天梯之上,选手依次从位于海拔 1 300 余米峭壁之上的天门洞口出发,俯冲骑行整条天梯,并腾空飞跃跨度超过 12 米、高差超过 5 米的跳台完成比赛,时间最短者为胜。整条赛道全长 200 米,全为台阶,没有平坦路面,平均陡度 39 度以上,要求车手拥有极高的控车能力。曾在美国山地车电影《车轮不息》中担任重要角色的加拿大山地车手加勒特·比勒,不到 30 秒便“征服”了 999 级台阶,一举夺得 2015 的冠军。新西兰车手詹姆斯·麦康纳基和德国车手约翰尼斯·菲施巴赫,分别以 31 秒 652 和 33 秒 572 的成绩获得亚军和季军。

2015 年 10 月,第四届红牛翼装飞行世锦赛在湖南张家界揭幕,来自全球 12 个国家的 16 位顶级翼装飞行高手齐聚天门山,共同挑战空中无动力翼装飞行的竞速极限,角逐最快翼装侠。

资料来源:天门山旅游官网.

思考题:

1. 试评价张家界天门山景区多次举办极限活动对景区的宣传效果。
2. 你认为制造旅游景区新闻应考虑哪些因素?

第八章 旅游产品营销

学习目标

□ **知识目标**：通过本章的学习，理解并掌握旅游产品的概念，并在此基础上了解三类旅游产品的特点、构成及其营销方式。

□ **技能目标**：在学习本章基本理论的基础上，学会识别不同的旅游企业的不同旅游产品的营销方式。

□ **能力目标**：运用所学的营销知识，针对不同的旅游企业产品，制定相应的产品营销计划。

第一节　旅行社产品营销

一、旅行社旅游产品分析

（一）旅行社旅游产品的定义

从旅游者的角度看，旅游产品是旅游者从离开居住地到返回居住地的一段经历，它以旅游设施为基础、以服务为主要内容，购买和使用的旅行社产品，以满足其基本需求。旅行社产品不仅包括旅游者购买的度假和观光等旅游吸引物，也包括构成旅游者旅游经历的所有因素。

综上所述，旅行社产品是旅行社为了满足旅游者在旅游过程中的各种需要而向游者提供的有偿服务。旅行社提供的产品大致可以分为以下两类。

（1）代理销售或预定单个旅游服务供应商的产品，如机票、客房、景点门票等。

（2）各个单项旅游要素（如住宿、交通、饭店等）组合起来，附加以经营者自身提供的服务和附加价值（如导游服务、安全保险、旅游行程咨询等）并赋予它品牌，形成旅行社的包价旅游。

(二) 旅游产品的构成要素

1. 旅游吸引物

从旅行社产品的角度来讲,只有那些能够被旅行社进行开发和利用,并被组合到旅游产品中的事物和现象,才能被看作旅游吸引物。主要包括自然吸引物、人文吸引物和社会吸引物三大类型。

(1) 自然吸引物是指以大自然造物为吸引力本源的旅游资源。

自然吸引物主要分为:①地文景观。如典型地质构造、名山、沙滩、火山熔岩景观等;②水域风光,如海洋、湖泊、瀑布等;③生物景观,如古树名木、奇花异草、森林等。

(2) 人文吸引物是指以社会文化事物为吸引力本源的旅游资源。

人文吸引物主要分为:①古迹与建筑,如人类文化遗址;②消闲、求知与健身场所与设施,如博物馆、动物园、植物园等;③购物场所,如市场与购物中心、庙会;④特殊事件,如探亲访友、参与贸易、会议活动等。

(3) 社会吸引物是指旅游目的地居民的生活方式、语言、人际交流及特殊的社会活动等。

2. 旅游生活服务

旅游生活服务是指旅行社产品中所包含的住宿、交通、餐饮等各项服务内容。

3. 导游服务

导游服务包括导游讲解服务和旅行生活服务,是旅行社产品的核心内容。导游讲解服务包括旅行社导游员在旅游活动中为旅游者提供的旅游景点现场导游讲解、沿途讲解及座谈、访问时的翻译等内容。

(三) 旅行社旅游产品的特征

旅行社产品作为一种服务产品,具有一般服务产品的共同属性。此外,旅行社产品还有其独特性,即产品的综合性、脆弱性、预约性和高接触性。

1. 综合性

旅行社产品的综合性主要体现在以下方面。

(1) 产品内容的综合性。除了单项旅游服务产品外,绝大多数的旅行社产品都包含着住宿、交通等多方面的服务内容,是由多个单项旅游服务项目共同构成的综合性产品。

(2) 产品生产的综合性。构成旅行社产品的各个单项服务内容,通常是由不同旅游企业及相关企业和部门所生产的。

2. 脆弱性

旅行社提供旅游的过程和旅游者旅游实现的过程涉及众多的部门和因素,这些部门和因素中任何一个发生变化,都会直接或间接地影响到旅行社产品生产和消费的顺利实现。2008 年四川省汶川大地震对四川的旅游业造成的直接损失已超过 600 亿元。

3. 预约性

预约性是区别旅行社产品和许多其他旅游企业的服务产品的重要标志之一。所有的旅行社产品都必须提前预订,即旅游者或者旅游中间商必须事先同旅行社签订旅游合同或者旅游协议。

4. 主动性

主动性是指购买和消费旅行社产品的绝大多数旅游者都自始至终参与旅行社提供的旅游服务的全过程，从而使旅行社及其相关人员与旅游者始终保持着较高程度的接触。

二、旅行社包价旅游产品的营销

（一）包价旅游产品的定义

包价旅游产品是旅游者在旅游活动开始前将全部或部分旅游费用预付给旅行社，由旅行社根据同旅游者签订的协议相应地为旅游者做好旅游安排的旅游项目。

（二）包价旅游产品的类型

1. 全包价旅游产品

全包价旅游产品是指旅游者将涉及旅游行程中的一切相关服务项目费用预付给旅行社，由旅行社全面落实旅程中的一切相关服务项目。全包价旅游产品中的一切相关服务项目包括食、住、行、游、购、娱的各环节及导游服务、办理保险与签证等。

2. 半包价旅游产品

半包价旅游产品是指在全包价旅游的基础上减少部分服务项目和收费的一种包价旅游产品形式，如扣除中餐和晚餐项目及其费用等。

3. 小包价旅游产品

小包价旅游也称可选择性旅游产品或自助游产品。它由非选择部分和可选择部分构成。前者包含城市间交通（长途交通）和市内交通（短途交通）及住房（含早餐）；后者包含景点项目、娱乐项目、餐饮、购物及导游服务等。

4. 零包价旅游产品

购买零包价旅游产品的旅游者必须随团前往旅游目的地，返回时也必须随团离开旅游目的地。在目的地期间散团、自由活动，旅行社不安排项目，完全由旅游者自行安排。旅游者即使以散客的形式也能享受团体机票的优惠；旅行社统一代办签证和保险。目前，我国公民出境探亲旅游多采用此种方式。

5. 组合旅游产品

组合旅游产品也称自由人旅游，是指旅游目的地的旅行社把来自不同旅游客源地的零散旅游者汇集起来，组成团队进行旅游，旅游活动结束后，旅游团就地解散，各自返回客源地。

（三）包价旅游产品的营销

1. 包价旅游产品的设计

旅游产品设计也称旅游产品组合。在进行旅游产品设计时，必须注意以下几个方面。

(1) 有利于节省时间,避免走回头路。旅游者的游览活动其实并不限于旅游景点上,沿线的景观也是观赏的对象。在游览过程中,应当使所有的景点串联成环行线路。

(2) 有利于旅游购物活动的实现。在线路设计时,应注意将线路上旅游商品最丰盛、购物环境最理想的景点,尽量安排在线路所串联景点的最后。这是因为在旅游活动即将结束时,游人的购物愿望是最强烈的。

(3) 活动安排应动静适当交错。旅游过程要注意节奏适宜,有紧有松。游览的节奏太松,游客会觉得时间没有充分利用而不满意;若节奏安排得太紧,则不仅游览效果不佳,且容易出现各种事故。线路设计中,旅游活动应当张弛有度。

(4) 旅游项目安排顺序应体现"越来越好"。一条线路的各个旅游景点,在风格、质量、品位等方面总存在水平差异。倘若线路对景点的串联组合是把越好的景点越放在后面,游客心理上就会产生一种成功感,确认这条线路是值得花钱、花时间、花体力不断深入游览的。由此可见,同样的景点,由于串联组合的方式方法不同,最后游人的旅程感受是大相径庭的。

2. 旅游产品的市场细分

旅游市场的消费群可以根据其生活形态划分为以下几个群体。

(1) "高级灰",主要由城市中的白领阶层和管理者构成,在周末他们一般选择城市周边游,交通方式以自备车或租车为主。国内旅游则是在个人休假期间,他们大多有一个旅游计划,只要时间允许,一般半年或三个月会参团或自助旅游一次。对于服务价格并不十分敏感,但对服务质量要求较高。他们也是个人出境游的主要消费者。

(2) "探险者",主要由富有冒险精神的学生和年轻人构成,他们的收入有高有低,但都酷爱大自然。自助旅游和连锁式的学生旅馆是他们的最爱。事实上,绝大多数的学生出游都属于此类。

(3) "拍照留念者",主要由新婚夫妇或年轻伴侣组成。他们的旅游目的非常明确。作为纪念日的象征,拍照是必不可少的。他们基本选择国内的参团游,对价格和服务都比较敏感,旅游过程中购物也是一大主题。

(4) "合家欢",基本上是全家集体行动,一方面体现出对老人的孝心,另一方面可以让孩子在旅程中开阔眼界。

3. 旅游新产品的开发

旅行社开发的新产品主要包括三个类型。

(1) 全新型产品。全新型产品是指旅行社根据市场的发展和旅游者需求的变化,开发推出的新景点、开辟的新的旅游线路等。以三天小长假为例,旅行社针对小长假的特点设计了具有民俗特色的旅游线路。例如,推出三峡、屈原故里秭归、嘉兴、洞庭湖汨罗江以及华东城市赛龙舟之旅等线路,这些线路都围绕端午节的特点而设计,非常适合全家人一起游览。这些线路不仅贴近民俗游的特点,行程设计上也都很美,如水中赏月、古镇观月等项目都很有意境。

(2) 改良型产品。改良型产品是指旅行社对其原有产品做部分调整或改造,冠以新的名称投放市场的产品。例如,在国务院刚刚公布的2016年节假日方案中,全年共有

5个三天小长假，许多旅行社推出的一些产品也不得不做出相应的变化。“五一”、元旦适宜短途游，北京不少旅行社已经开始调整线路，有些把三亚、北海、桂林、漓江等比较远的旅游城市纳入小长假的游览范围。

(3) 仿制型产品。仿制型产品是指旅行社模仿其他旅行社的产品所开发的新产品。

4. 旅游产品的定价

(1) 时间的差异定价。根据季节、时间的差别制定不同的价格。例如，旅游企业经营中都会在旅游旺季、平季和淡季分别制定不同的价格，以吸引更多的游客。

(2) 旅游者的差异定价。结合企业的社会责任及热点事故，针对不同的旅游者，制定不同的价格。例如，对于学生、老人给予相应的价格优惠；部分旅行社结合学生高考给高考优异者以价格优惠。

5. 市场调查

在旅游产品准备推出市场之前，必须要进行市场调查。

**【案例 8-1】**

旅游市场调查结果分析

(1) 放飞心情，假期出游最宜。调查结果显示，消费者在选择何时出行方面越来越理智，四成的受访者表示愿意在学生的寒暑假出游，两成的受访者会利用单位休假出游，依然希望在春节、“五一”“十一”等节假日出游的受访者不到15%。

(2) 不同年龄的消费者选择差异显著。有50%的年龄在30～50岁的人会利用孩子的寒暑假带孩子出去旅游；而年龄在18～29岁的年轻人则更多的会在单位休假期间出游。人们在出行时间安排上都注意避开节假日的高峰期，因而外出旅游的时间结构发生变动。

(3) 自助旅游，潜力巨大。目前来看，了解自助旅游的人还不是很多，只有30%左右。但无论是否有随团旅游的经历，当受访者被询问是否希望尝试旅游自助时，一半左右的人表示希望。相关分析显示，年轻人更愿意尝试自助旅游，随年龄的增加，希望尝试的比例逐步降低。这种差异还表现在家庭收入的差异上。例如，家庭月收入在2 000元以上，超过半数的受访者希望尝试自助旅游；而家庭月收入在2 000元以下的，则只有近1/3的人希望尝试自助旅游。

6. 产品计调

旅游产品在推出市场进行营销前，通过对一些旅行社计调人员的访谈，征求他们对旅游线路设计的意见，然后在此基础上总结整理。旅行社的线路设计至少要考虑以下几点。

(1) 尽可能安排知名的、精彩的景点，以增加旅游线路的吸引力；

(2) 尽可能用最少的时间走完最多的行程，以保证有限的价格包含尽可能多的内容；

(3) 在条件允许的情况下，尽可能在同一地点多安排一些景点和活动内容。

【案例 8-2】

岳阳旅行社线路规划

第一天：下午6点岳阳楼码头上游船，晚宿游船上。第二天：晨8点抵荆州，游荆州古城、历史博物馆、万寿塔，11点返船，继续沿江而上，晚7点左右抵宜昌，过葛洲坝、三峡大坝，晚宿船上。第三天：巫峡、小三峡、瞿塘峡，晚上10点左右抵涪陵，自由活动，晚12点返船，宿船上。第四天：晨8点左右抵丰都，游丰都鬼城，11点返船，继续前行。第五天：晨抵重庆，游白公馆、渣滓洞、人民大礼堂、琵琶山公园，晚宿重庆。第六天：上午自由活动、购物，下午2点乘火车返岳阳。第七天：抵岳阳，散团。

【评析】 从游程设计来看，整个行程基本上包括了该旅游线上的主要知名景点，但同时也安排了一些知名度并不高的景点，景点停留时间短暂，充分体现了旅行社线路设计的特点。

要开发出价格低、质量好的旅游产品，计调人员在其中往往发挥很大作用。因此，计调人员要对地接线路多备几套不同的价格方案，以适应不同游客的需求，同时留下取得合理利润的空间。

7. 包价旅游产品的营销

(1) 人员推销。推销人员通过与潜在旅游者或客户的直接接触，向他们推荐旅行社的产品，解答他们提出的各种问题，引导消费并设法取得购买旅行社产品的合同。

(2) 有奖竞赛。竞赛是旅行社营业推广的一种形式，如针对某项旅行社产品知识的有奖竞赛，关于某个旅游目的地情况的有奖竞赛等。通过参加竞赛，公众对于举办竞赛的旅行社及其产品产生一定的印象甚至好感，有利于旅行社产品在今后的销售。

(3) 价格促销。价格促销是指旅行社通过短期降低产品价格来吸引旅游者和客户购买的一种促销方法。价格促销是旅行社以临时性的价格下调来吸引旅游者的注意，并吸引旅游者在旅行社所希望的时期大量购买旅行社的产品。旅行社的价格促销多集中在节假日期间、新产品试销期间等特殊时期。

(4) 互联网营销。旅行社利用互联网进行产品促销，对于扩大旅行社在旅游市场上的影响和产品的销售量与销售范围是十分必要的。互联网营销能够及时将产品信息传递给分散居住的散客旅游者。

(5) 口号营销。国内部分城市旅游宣传口号如表8-1所示。

表 8-1 国内部分城市旅游宣传口号

地点	口号
桂林	桂林山水甲天下
乐山	乐山乐水乐在其中
丽江	七彩云南，梦幻丽江
苏州市	人间天堂，苏州之旅
青岛	心随帆动，驶向成功
厦门市	海上花园，温馨厦门

【案例 8-3】

包价旅游为何盛行?

(1) 包价旅游所提供的全程活动安排使旅游者感到方便易行,可免除旅游者的一切忧虑之苦。

(2) 由于组织这种旅游的旅行社是成批购买旅馆床位、交通客票及其他旅游供应产品,因而在价格上享有优惠折扣。旅游者自己安排的旅游无论如何也赶不上旅行社提供的包价旅游便宜。从供给方面来看,则主要是由于包价旅游产品便于实行批量生产,从而有利于旅行社扩大经营。

第二节 旅游饭店产品营销

一、饭店产品的构成及特点

(一) 饭店产品的构成

1. 饭店的位置

饭店地理位置的好坏对于饭店建设的投资额、饭店的客源和饭店的经营等产生很大的影响。现代饭店一般要根据自身的功能定位不同而选择适宜的地理位置来经营。

2. 饭店的设施

饭店设施是指饭店的建筑规模、建筑形式、客房设施、餐饮设施、康乐设施以及公共区域的设施等。齐全、舒适的设施是宾客满意的基础。

3. 饭店的服务

服务是饭店产品的重要组成部分,也是宾客选择饭店的主要参考因素之一。饭店服务内容的针对性、服务项目的多少和服务水平的高低等更是饭店竞争的重要环节。

4. 饭店的气氛

气氛是宾客对饭店的一种感受。气氛取决于设施设备条件,如客房的大小及其装饰、餐厅的布局、色彩与照明等,也取决于员工的态度与行为等。

5. 饭店的形象

饭店的形象是宾客对饭店的总体评价或看法,涉及饭店的知名度、美誉度、经营思想与经营作风、服务质量等诸多因素的长期积累。

(二) 饭店产品的特点

1. 饭店产品的无形性

服务本身是无形的,对服务质量的衡量并无统一客观的尺度,顾客对产品的满意程度主要来自于感受,与客人的经历、受教育程度,价值观等相关,因而带有较大的主观性。

2. 饭店产品的不可储存性

饭店的设施与空间环境是不能储存、不能搬运的,在某一时间内不能销售出去的客房和菜肴等的最佳价值会随时间的流逝而消失,并且在以后也不可能挽回。

3. 饭店产品的不可运输性

饭店产品的不可运输性,决定了它不能像别的产品那样可以集中生产、集中销售,或是淡季多生产、旺季多销售。

4. 饭店产品的季节性

饭店产品的销售受季节的影响较大,一个地区的旅游有淡季、旺季之分,呈周期性变化,季节变化直接影响着人们的出游计划,也影响着饭店产品的销售。

5. 饭店产品的非专利性

饭店不能为自己的菜肴糕点、服务方式等申请专利,唯一能申请专利的是名称与品牌标志。因而,追求"人无我有"的产品创新就成为饭店经营者苦心经营的永恒目标。

二、饭店产品的营销

(一) 饭店自主营销

1. 建立网络营销渠道

随着信息技术的广泛应用,网络营销以其难以想象的发展速度成为酒店最有效、最经济、最便捷的营销手段。

饭店网上营销渠道可以分别设计为外部连接和内部连接两大系统。外部连接是指饭店营销主页与其他饭店网页、旅游网站、饭店所在地区其他网站、搜索引擎网站的连接;内部连接是指主页上饭店营销信息内容的布局与打开形式。网上饭店营销信息体系外部连接直接影响上网者接触并访问该饭店站点机会的多少,需精心解决好饭店营销主页与其他饭店网页、旅游网站、饭店所在地区网站、搜索引擎网站的关系。上网者总是希望通过最简单的途径获取最有价值的信息。因此,应尽量做到网上营销信息的内容结构突出饭店的经营特色。

饭店可根据各自不同情况安排内容的先后顺序及组成,如以举办会议为特色的酒店,应将有关内容放在第一屏或第一个超文本链接上,并尽量将主要信息放在屏幕中心位置。对于条目繁多的告知性营销信息,如餐饮特色价格、服务时间、客房类型、面积和价格等可尽量采用表格形式表现,因为这比单纯使用文字说明更直观,更让人一目了然。

2. 人员营销

人员营销方式比较传统,也是效果最好、费用最高的促销手段。饭店的人员营销是指通过人际交往的方式向宾客进行介绍、说服等工作,促使宾客了解、爱好、购买本饭店的产品或服务,如联系走访代理商、中间商、机关、团体、VIP及零散宾客。这种营销方式的优势在于强化了交易过程中的感情色彩,有利于培养稳定的交易关系。

【案例 8-4】

世昌饭店的单位营销

世昌饭店周边有相当多的制造型企业和事业单位。这些企事业单位近年来日益重视员工满意度建设和企业凝聚力打造，年终时很多老板都愿意投入资金以酒店聚餐的形式组织企业年会，感谢员工们一年的辛勤付出。于是饭店在这一块的营销宣传上又增加了很多增值服务，比如针对到酒店来举办年会的企业，他们不仅辟出年会聚餐的专用场地，搭建活动舞台，提供音响设备和欢迎横幅，还承诺提供活动司仪、代为主持、员工接送、安排部分歌舞节目、年会免费摄像等增值服务，主动为企事业单位做年会活动的组织策划方案，让年终企业聚餐"吃"得更有意义，更值得回味。这个酒店的策划思路已经成了此饭店 2016 年春节营销的亮点，并已制作成精美宣传册向饭店周边 5 千米半径内的企事业单位投放。

3. 社区营销

(1) 对社区的前期调查，建立社区档案。对社区进行深入调查是开展饭店产品营销的第一步，首先要掌握小区的人口规模、居民年龄结构、文化层次水平、居民作息习惯以及小区的地理情况等资料，并对社区居民发放精美的定期饭店活动目录单，介绍本周或本月的各种餐饮娱乐活动等。

(2) 采取有针对性的营销方式。年龄是决定购买模式的一个重要因素。调查显示，70%的购买是冲动性购买，而 35 岁以下的达到 75%左右，35～44 岁达到 64%左右，45～54 岁达到 68%左右。饭店在进行社区营销时，可以做消费多少送多少或者消费满多少即送酒水之类的活动，或是诸如"合家欢乐宴""新春佳节宴""好运年年宴""温馨和谐宴"等主题年夜饭。

(3) 在社区开展主题创意的活动。社区活动必须有一个很特别的主题与形式，社区活动的形式可以多种多样，比如菜篮子餐饮有限公司在六一儿童节之际，推出儿童免费品尝糕点的活动，这样既可以推出自己的产品，同时也可以起到很好的社区宣传效果。

4. 内部营销

饭店的内部营销就是把营销理论和思想应用于饭店内部员工，把员工当作"顾客"，向员工提供让其满意的服务，从而激发员工的工作热情，增强员工的对外营销意识，以促使他们提高服务质量。

(二) 委托代理营销

委托代理营销的渠道主要有如下一些。

1. 旅行社代理营销

饭店能否成功营销和顺利经营与旅行社的合作关系是相当重要的。饭店的市场部门要经常向旅行社推介自己饭店的优势产品并以促销价格和旅行社签订合作协议，其中价格因素显得十分重要。所以，饭店要时刻把握各旅行社的团队价格的高低。在旅游淡季时饭店要照顾旅行社的生意,这样旅行社才能够在旅游旺季给饭店以优惠。

对于散客,通过旅行社预订饭店毫无疑问是最便宜的。例如,在五台山二星级饭店挂牌价格通常在480元/间左右,门市优惠价格大致为280～380元/间,而通过旅行社订房可以得到150～200元/间的价格。

旅行社是饭店的"免费"推销员,旅行社和饭店是合作关系,旅行社销售的产品中包括饭店的食宿内容。因此,饭店给旅行社的理应是最优惠的价格。

2. 专业销售公司营销

中央订房系统(GRS),是饭店成员共享的预订网络,可与饭店全球分销系统(GDS)、互联网分销系统(IDS)、饭店官方网站预订引擎(IBE)连接,使饭店在全球范围内实现实时预订。订房人可以通过直接访问GRS,查看系统内各饭店的房态信息,包括房型和房价等,并可直接人机对话,完成网上销售,而无须借助饭店前台人员操作即可完成客房预订的全过程。香格里拉、雅高等国际饭店集团几乎无一例外地常年花费巨资打造并改善集团自己的中央订房系统,因为他们明白,一个订房通过中央订房系统输送到成员饭店的价值是让订单直接到成员饭店的n倍(n约等于集团的成员饭店总数)。

【案例8-5】

饭店中央预定系统——饭店在线分销的入口

EasyRez饭店中央预订系统无缝连接全球四大GDS和上千个国际网络分销商(IDS),协助饭店在各分销渠道管理价格、预留房间和预订,包括饭店自身的网站、语音预定中心、旅行社、全球分销系统和第三方旅游网站等。目前,中国有2 000余家饭店使用EasyRez提供的中央预订系统进行全球分销。该预订系统具有以下特点:

- 对所有分销渠道实施及时的房源、房价控制;
- 创新的在线预订引擎简化复杂的预订流程;
- 同其他系统的兼容和接口;
- 根据不同市场和分销渠道在不同时段无限制地设定不同"价格体系";
- 完善的报告功能协助分析和管理预订活动;
- 灵活的预留房间控制:可动态地使各价格体系共享预留房间,也可为某价格体系单独保留房源。

同时,EasyRez饭店中央预订系统还建有呼叫中心服务,为所有使用中央预订系统的饭店提供高质量的语音预订服务,同时也提供全面的私属代码的呼叫中心外包服务。连锁饭店和单体饭店可以选择将语音预订服务外包,从而节省高额的软件和硬件投资,及持续的员工和管理成本。

3. 代理网站

据统计,目前有70%的网络休闲游客在线预订部分个人旅游产品,而52%的旅客则在线购买全部或多数个人旅游产品。中国旅游供应商显然也看到了网络蕴含的商机。

2008年8月，携程旅行网与谷歌开展全面战略合作，携程旅行网就谷歌热榜、电子地图、生活搜索等展开全方位战略合作，为搜索用户提供更准确、便捷的搜索体验。此外，携程旅行网还将为谷歌生活搜索提供强大的内容支持，用户在谷歌生活搜索频道不仅可以快捷地搜索各类饭店及机票信息，同时还可以根据个人需要对各类信息进行筛选，实现了集信息展示和预订服务于一体的一站式服务。此次合作不仅为谷歌提供专业的内容支持并凝聚人气，也将给携程带来更多的网络用户，从而实现"双赢"。

目前，艺龙网正集中力量做好机票和饭店产品业务，它更看重的是客户体验。他们认为，在线旅游可减少人工服务，只要通过互联网、信用卡、电子机票三个方面即可实现。但是，在线旅游必须依靠三个"真理时刻"才能做到尽善尽美，即事前、事中、事后。在客户预订前，选择哪家网站就是第一个真理，谁被选中，谁就已经成功了一大半；在预订过程当中，流程是否非常简捷和方便成为第二个关键；在使用产品之后，客户是否全程满意是第三个真理时刻。虽然是通过网站订的房间，但如果客户对房间等一些细节不十分满意，那么客户对网站的品牌和认同也会大打折扣，客户流失的可能性将会很大。因此，整个产品的选择要注重消费者的体验。看似简单的工作，服务的含金量却很大。

【案例 8-6】

内部营销让服务"不可思议"

某天中午11：30时，餐饮部厅主管小张像平时一样例行巡视到中餐厅，看到靠窗5号桌坐着一位女士，她正拿起汤勺准备往自己的小汤碗中盛汤，可是犹豫了一下又放下了。凭着职业的敏感和多年来的工作经验，小张立刻从工作台中取了一个干净的汤碗和小汤匙，放在托盘中端向客人。"您好，可以为您换一下餐具吗？"小张轻声地问那位女士。"哦，哦，可以！"那位女士一时还没有反应过来。

半个小时以后，刚才那位女士用餐完毕，一定要求见餐饮部经理。见到经理后，她第一句话就说："你们的服务员太神奇了！……"

原来，刚才这位女士所点的腐皮青菜汤上桌后，她想给自己盛一小碗，可是汤碗中还留着上一道菜的辣油，所以迟疑了一会儿又放下了，正在犹豫之时，主管就来给她更换了餐具……

临走之时，客人一再要求酒店对小张进行表扬，并称："你们的服务太神奇了！"

【评析】 酒店能给客人留下深刻印象的，往往是细节服务，可谓"细微之处见真情"。一个个提供对客服务的接触点、无数的服务细节犹如一颗颗珍珠，串联在一起就能给客人以美好的高品质的酒店消费体验。"台上一分钟，台下十年功。"要达到像案例中小张这样的服务功底——服务在客人开口之前，除了在日常接待工作中注意观察、勤于积累、善于总结以外，更重要的是心中要始终装着客人——真正做到用心服务。

第三节 景区产品的营销

旅游景区跟一般产品的最大的不同之处是景区具有不可移动性。如果没有营销让固化的景区产生足够的效益，景区很快就会沉寂下去。要让固化的景区活起来，就必须要有正确的营销思想。

一、旅行社代理

旅行社与旅游景区的深度合作，总体来说有以下三种方式。

1. 门票减免

景区在特定时期给指定合作旅行社以门票减免优惠，与旅行社共同策划活动，组织大规模游客前往，相当于“不花钱做活广告”。

2. 量返销售

旅行社这一渠道，可为景区带来稳定客源。景区再好，如果不能跟旅行社很好地沟通，没有旅行社这个渠道的支持，旅游景区的经营工作就要冒极大的市场风险。我们可以通过阅读材料8-7来了解旅行社销售代理商的量返政策。

3. 门票冲减广告

以门票优惠部分冲减广告费，相当于“收钱做广告”

2003年，世界卫生组织宣布取消广东及中国香港两地的旅行警告，广之旅马上和香江野生动物园、海洋馆积极联系，并迅速统一思路，将让利的部分当成广告费，联合推出“庆祝抗非典胜利全城大游行”，广之旅免费提供旅游大巴，香江野生动物园、广州海洋馆给予价格优惠支持，参加活动的市民只需付38元即可畅游此两景点。而事实上，动物园和海洋馆的门票价格各要100多元，超低价格显然启动了市场。围绕此次活动在广州各大媒体发布新闻共计50多条次，经过近一周的轰动性宣传，香江野生动物园和广州海洋馆销售额不断上升。

这种特价线路与普通的以降价压制为特征的价格战无关，低价不等于挑起价格战。因为这些特价线路只是一次性的，而且限定了名额，景区门票的减免部分可以视为另一方式的广告投入，这也为我们提供了在非常时期启动旅游的一种非常营销方式。

【案例8-7】

旅行社价格优惠政策

一、景区门票挂牌价

1. A景点30元/人(持A门票可游览××景点至××景点一线)

2. B景点30元/人(持B门票可游览×××、×××、×××、×××一线)

3. C景点15元/人(持C门票可游览×××景点)

4. D景点(索道)20元/人、往返30元/人

5. 通票50元/人(持通票可游览×××、×××、×××、×××一线)

二、旅行社优惠政策

对所有旅行社销售代理商实行门票折扣一致的政策,不再按照每一个片区市场制定不同的政策,具体如下:

1. 通票6折(30元/人)

2. A门票6折(18元/人)

3. B门票6折(18元/人)

4. C门票8折(9元/人)

5. D门票10免1

备注:协议期间,景区若有价格调整,景区将另行发函通知。

三、旅行社销售代理商量返政策

为鼓励旅行社积极开展×××景区销售工作,根据旅行社年度景区门票消费金额,实行量返政策如下。

1. 和景区签订了合作协议的旅行社,凡在一定时期,组织旅游团队到×××景区旅游,购买景区门票总金额累计达到2万元(人民币),有权享受景区提供的量返政策。

2. 景区按照旅行社年购买门票总金额进行量返。

(1) 门票累计消费在2万~5万元(含5万元),按照8%进行量返。

(2) 门票累计消费在5万元以上,按照10%进行量返。

3. 统计方法:按照旅行社每次发团购买的门票总金额进行统计,以景区营销中心、景区售票点、代理商三方确认的数据为准。

统计项目包括通票、A门票、B门票和C门票,不进行重复叠加计算(索道票不包含在内),金额以景点售票处最终确认的数据为准。

4. 景区可根据旅行社的要求进行门票累计消费一次性返利,但结算单位至少为一个季度。

5. 量返政策只针对组织旅游团队的旅行社专线部门,不针对旅行社总社。

四、踩点政策

景区欢迎代理商到景区进行参观考察,凭借营销中心确认件以及有效证件(经理资格证或导游证),对旅行社踩点提供必要的支持(在旅游淡季,景区可以为踩线的旅行社提供住宿,但餐饮、交通自理)。一个单位踩点的人数原则上不超过2人。

五、×××旅游发展有限公司负责对以上优惠政策以及所涉及的其他相关事宜进行法律解释。

×××旅游发展公司
营销中心

二、广告营销

1. 报纸广告

报纸广告的受众面主要集中在城镇,读者群稳定,读者正是景区产品的主要消费者或潜在消费者。报纸具有消息性、时效性的特点,更新快,传播速度快,更容易获得受众的信赖感。2008年,湖北武当山景区就在《中国旅游报》《中国日报》等报纸推出20多个推介本景区的旅游专版,详尽解读武当山。

2. 电视广告

电视广告色彩绚丽,声情并茂,可形象生动地表现景区产品,具有广泛的覆盖范围。目前,在旅游推广中较多地运用的是片长在30～60秒的电视广告片,从视觉上生动地展现景区形象和旅游概念。如在诸多省级电视台发布的"登泰山,保平安""人间天堂——山东烟台""梦西子,中国杭州"等旅游地形象广告。

3. 户外广告

户外广告是由景区出资发布的、具有较长的时间性和一定表现力的一种广告形式。户外广告覆盖地域性明显,影响力较小,不可移动,一般处在旅游景点的附近或公交车站。主要形式有标牌广告、灯箱广告、标语广告等。

4. 特邀旅行

特邀旅行是指旅游景区邀请旅游新闻记者或旅游专栏作家免费旅行的一种公关活动,旨在使他们对旅行社的产品产生浓厚的兴趣和深刻的印象,回去后撰写有关旅游景区产品的介绍性文章和报道。

5. 事件营销

所谓事件,就是指在特定的时间和社会群体内出现的活动与现象的总和。在旅游景区的实践管理活动中,可以根据事件发生的过程和特点,为其提出相应的营销方案来进行营销管理,这就是事件营销的出发点。

2014年端午节当日,黄陂木兰天池旅游景区举办端午节民俗活动,并向前200名入园的游客,免费发送粽子和香袋等时令礼物。针对首个端午小长假,木兰天池旅游景区推出了丰富的文化套餐——景区将重现画画门符、插艾枝、悬艾虎、戴香包、包粽子、饮雄黄酒和双狮祈福等传统端午节民俗活动和歌舞演唱会等。除了端午节当日向前200名入园的游客发送粽子、香袋外,端午节三天假期里,景区还请了当地农民演示包粽子的传统手艺,游客们也可以现场体验。

6. 其他广告形式

除了报纸、电视等行规模化的旅游广告宣传外,旅游景区也运用不同的手段、不同的载体进行企业形象宣传,主要包括旅游景区派发的旅游宣传单张、旅游景区宣传册、景区产品介绍册、旅游交通工具上的流动广告、旅游地图,以及旅游企业发布的其他隐形广告,如旅游企业的公共关系活动、企业现场活动等。

旅游交通工具上的流动广告主要是指喷绘在旅游交通工具上的广告，如张贴在旅游车、游轮上的车身、船体等部位的广告等。交通广告具有流动性，广告曝光时间长，价格较低廉，制作相对简单，具有明显的针对性和指向性，同时也增加了交通工具的可识别性。

【案例 8-8】

天津西青旅游局主动"织围脖"营销杨柳青

"一提西青就会想到杨柳青，尤其是极富特色的杨柳青年画。"2013 年天津西青旅游局开通微博，怀抱鲢鱼、坐在莲叶上的娃娃年画成了它的"个人形象"。微博开放不足 10 日，便吸引了超过 2 500 余粉丝关注。通过此微博，西青区旅游局及时发布旅游资讯，并与游客进行交流。目前，此微博在天津已开通的旅游局官方微博中人气位居首位。

西青区旅游局微博负责人表示，杨柳青镇开埠建镇已逾千年，积淀了悠久的运河文化、大院文化和年画文化，曾被评为"中国魅力文化传承名镇"。杨柳青木版年画以其功力遒劲的木刻韵味和民族绘画风貌的独特格调被列入国家首批非物质文化遗产名录，不仅是极具地方特色的旅游产品，还代表着西青区旅游的特色。通过微博，网友通过手机、电脑可以随时随地了解西青旅游动态，增强了宣传营销的互动性和体验性，提高了工作效率，提升受众满意度。不仅增进了与网友之间的交流，还增加了与全国各地旅游同行们的经验分享。区旅游局微博以新颖的内容、精美的图片、适时的更新，吸引了网络眼球，其粉丝数量和点击率不断攀升。

本章小结

本章主要涉及旅行社产品、饭店产品和景区产品的营销，在旅行社产品营销中主要讲到了包价旅游产品的营销，它包括了旅游产品的设计、旅游市场的细分、旅游产品的开发等过程，在这里面特别不能忽视的是计调，它在营销过程中起到了关键的作用；饭店产品的营销主要是包括饭店自主营销和饭店委托代理营销，其中要重视饭店内部营销，它是饭店自主营销中的一个很重要的营销手段。景区产品的营销中主要是包括旅行社代理营销和广告营销，其中要特别重视事件营销和旅行社的量返政策，通过本章的学习，要掌握一些营销的手段和方法，力求做到学以致用。

核心概念和观点

旅行社产品；包价旅游产品；旅游产品设计；内部营销

★ 旅游者消费后并未拥有实物，而是通过购买和使用旅行社产品，满足其基本需求。

★ 服务是无形的，对服务质量的衡量并无具体实在的尺度。

★ 要让固化的景区活起来，让一个个景点变成一道道流动的风景，就要赋予它灵魂。

练习题库

□ **知识题**

1. 旅行社产品的内涵及特征是什么?
2. 旅行社产品的构成要素有哪些?
3. 包价旅游产品分为哪几类?
4. 如何做好酒店的内部营销?

□ **案例分析题**

1. 请为本地景点进行一日游线路设计。
2. 请为当地某景区策划一次事件营销。

第九章 事件旅游营销

学习目标

- □ **知识目标**：通过本章的学习，了解事件旅游营销的发展阶段及其特点，理解并掌握事件旅游营销的含义和事件旅游营销的运作原则、运作步骤和运作策略等。
- □ **技能目标**：在结合本章知识点的基础上，通过对书本案例的分析与讨论，分析现实生活中具体的事件旅游营销。
- □ **能力目标**：在理解并掌握相关原理的基础上，能够对具体的事件旅游营销进行分析，并能初步掌握和参与具体的事件旅游营销的运作。

第一节 事件与事件旅游

一、节庆事件的含义与分类

1. 含义

在西方事件及事件旅游(Event; Event Tourism)的研究中，常常把节庆(Festival)和特殊事件(Special Event)合在一起作为一个整体来进行探讨，在英文中简称为FSE(Festivals Special Events)，中文译为"节庆和特殊事件"，简称"节事"。

事件营销在英文中称作Event Marketing，可译为"事件营销"和"活动营销"，其定义为：通过把握新闻的规律，制造具有新闻价值的事件，并通过具体的操作，让这一新闻事件得以传播，从而达到广告效果。对一个企业来说，就是通过运作公关事件来迅速提高企业及品牌的知名度和美誉度，达到"一举扬名天下知"的目的。进行事件营销，就是企业整合本身的资源，通过具有吸引力和创意性的活动或事件，使之成为大众关心的话题、议题，来吸引媒体的报道与消费者的参与，从而达到企业营销的最终目标。

成功的事件旅游营销是借助或制造具有新闻价值的事件，并通过一系列的运作，让这一新闻事件广为人知,利用事件做广告,迅速增加旅游企业的美誉度和知名度,进而促进旅游产品的消费,达到企业盈利的目标。1999年张家界世界飞行特技大奖赛就是一次非常成功的事件旅游营销,开启了中国事件旅游营销的先河。

2. 分类

从概念上来看,狭义的节庆是"节日庆典"的简称,其形式包括各种传统节日以及在新时期创新的各种节日。广义的节事包括非常广泛的内容,国外把事先经过策划的事件(Planned Event)分为以下八个大类:

(1) 文化庆典(包括节日、狂欢节、宗教事件、大型展演、历史纪念活动);

(2) 文艺娱乐事件(音乐会、其他表演、文艺展览、授奖仪式);

(3) 商贸及会展(展览会/展销会、博览会、会议、广告促销、募捐/筹资活动);

(4) 体育赛事(职业比赛、业余竞赛);

(5) 教育科学事件(研讨班、专题学术会议、学术讨论会、学术大会、教科发布会);

(6) 休闲事件(游戏和趣味体育、娱乐事件);

(7) 政治/政府事件(就职典礼、授职/授勋仪式、贵宾观礼、群众集会);

(8) 私人事件(个人庆典—周年纪念、家庭假日、宗教礼拜、社交事件、舞会、节庆、同学/亲友联欢会)。

二、事件旅游营销的特点

中国有句古话,叫作"酒香不怕巷子深"。然而在当今高度发达、竞争激烈的注意力经济市场中,此法已经不再灵验。"酒"固然要好,若鲜为人知也只能是孤芳自赏。如何让旅游者在"乱花渐欲迷人眼"的众多旅游胜地中选中你,最好的办法可能还是广告,但是问题是:铺天盖地的广告已经开始让人们厌倦了,那怎样才能让游客从众多广告中注意到自己这一景点呢?这是问题的关键。同样在报纸和电视上出现,然而人们对新闻很关注,而对轰炸式广告几近排斥。"事件营销"体现出以下三个特质,而正是这些特质使它在旅游营销活动中备受关注。

1. 投入少,收获大

事件营销最重要的特性是利用现有的非常完善的新闻机器,来达到传播的目的。理论上讲,所有的新闻都是免费的,事件营销严格说来应归于公关行为,而非广告行为,但是对企业来说,它达到了做广告的效果,甚至是"有过之而无不及",宣传的效果更好。

2. 目的明确,更容易传播到目标群体

新闻事业发展到现在,媒体已经非常精确和细化了。通常某一领域的新闻只会让特定的媒体感兴趣,并最终进行报道,并且这个媒体的读者群也是相对固定的。因而,事件营销策划的第一步就是要有明确的目的,然后确定通过怎样的新闻可以让新闻的接受者知道,从而达到宣传自己的目的。

3. 具有一定的风险性

首要的风险是选错了事件,关注者与企业或产品没有关联,徒劳一场;其次是来自于媒体的不可控性和新闻接受者对事件的理解程度，容易事与愿违，甚至背道而驰。有经验的、设计周密的事件通常会规避这些风险，同样可以准确地宣传自己，让有利于己的信息更有针对性地到达目的受众。

【案例 9-1】

变形金刚激战重庆武隆天生三桥

在 2014 年上映的《变形金刚 4》中，我们看到了重庆武隆的旅游 Logo——武隆天生三桥的身影。擎天柱和机械恐龙在天生三桥下的精彩打斗，一时间，让全世界的观众都记住了中国重庆的这个独特旅游景点。

营销效果：《变形金刚 4》不仅让全世界的观众和游客都知道了武隆天生三桥，连不少重庆人也重新审视起这个近在咫尺的景点来。据悉，2014 年武隆景区的外地游客明显增多，而其中的大量游客正是冲着《变形金刚 4》的名号而来的。

【评析】 在当今娱乐至上、电影大片消费成为文化消费主流的时代，重庆武隆喀斯特旅游集团公司超前把握了全球对好莱坞大片《变形金刚 4》面世的消费预期，及时与电影制作方合作，将自己标志性景点——天生三桥巧妙地地植入电影场景中，借大片《变形金刚 4》上市之机展开旅游目的地事件营销，成功传播了武隆品牌，从而有效地引导了大众的旅游消费。

三、节庆事件的旅游价值

旅游景区举办大型节庆活动，可以快速聚集人气，整合资源，提高旅游目的地或景区知名度，营造品牌。实践表明，发动旅游节事活动是重要的营销策略之一，也是提升旅游目的地自我认同和品质的重要方法。如山东曲阜每年举办的“国际孔子旅游文化节”、福建宁化石壁村的世界客家祭祖大会、山东潍坊的风筝节、北京国际旅游文化节、河北吴桥的杂技节、广东梅州的客家山歌节、珠海的航展等。现在，全国大型活动每年不下数百个，但要真正扩大影响，增加旅游客源却非易事。

【案例 9-2】

“武当大兴 600 年”盛典活动

2012 年 6 月 21 日，武当大兴 600 年盛典活动筹委会办公室透露，国家原则同意湖北省人民政府举办“武当大兴 600 年”纪念活动。

公元 1412 年，明朝永乐皇帝朱棣同时开启了“北建故宫，南修武当”两大国家工程。公元 2012 年，600 年后十个甲子的玄妙轮回。南水北调，山水相映，天地和谐。庆典活动将以 600 年纪念盛典为龙头，多视角、全方位地向世界展示十堰武当山全新的价值魅力。

"武当大兴600年"盛典活动,由国家文化部、国家旅游局、国务院宗教事务管理局、国务院南水北调办公室为指导单位,湖北省委、省政府主办。活动以纪念武当大兴600年重大历史事件为主线,以产业大发展、大繁荣和旅游业发展为契机,整合国内外政治、经济、文化等各种资源,把盛典活动打造成武当又一个对外合作交流的品牌盛会。

盛典以大型文艺晚会、高端文化论坛等多种形式,包括武当大兴600年盛典、"和谐之道"文化论坛暨中国道教名山联谊会、第十届中国武当国际旅游节、武当大兴600年系列文化产品展、第九届中国摄影艺术节暨第二届"太极湖杯"中国武当国际摄影大展、第四届世界太极拳健康大会暨第六届武当国际太极拳联谊大会等十大活动。

海内外多家媒体将对本次盛典作全方位报道,如2012年8月15~19日,中央电视台新闻频道对武当山遇真宫顶升工程进行为期5天的现场直播活动。

【评析】 武当山的大兴600年事件营销充分利用了新闻事件的高曝光率,抓住机会充分展现了武当的旅游特色和中国道教文化的魅力,是一个非常成功的景区营销案例。

四、事件旅游营销的发展历程

首先,事件营销最大的特点就是利用新闻做广告,这就决定了所有真正意义上的事件营销与新闻媒体的发展和我国旅游业营销的发展都有很大的关系,所以从新闻媒体传播途径的角度以及我国旅游业营销发展阶段来看,事件旅游营销的发展历经了三个阶段。

(一) 第一阶段——新闻媒体的开放,事件旅游营销的萌芽时期

改革开放以后,新闻媒体从政治活动报道转向对经济报道和广告开放,大量的企业开始意识到新闻媒体对推出和促进销售自己的产品作用重大。但这一阶段的事件营销处于无意识的状态,通常都是报道一些大企业的发展状况或优秀企业家的先进事迹,虽然说在一定意义上提高了企业的知名度,但多数企业并没有把事件营销作为企业市场工作中的重要事情来对待。

这一阶段,我国的旅游业在经济中的地位开始从"外事接待型"逐步向"积累外汇型"转轨,中国旅游的发展解除了思想束缚;同时,党中央提出了利用国内和国外资源,打开国内市场和国外市场的方针,旅游业作为创汇产业的经济性逐步凸显,无论是中央还是地方,对旅游业的重视都空前加强。1979年,《中国旅游报》创办,这是国家旅游局主管、中国旅游协会主办的全国性旅游平面媒体,是沟通旅游全行业信息的权威媒体,是我国唯一的全国性旅游专业报纸。但在这一阶段,中国的整个旅游营销都处于萌芽和自发状态,旅游企业呈现"等、靠、要"的特征,整体处于一个营销缺位的时代,到后期才有"小荷才露尖尖角"之势。

【案例 9-3】

《无锡旅情》的日本营销

20 世纪 80 年代，地处太湖之滨的无锡尽管风光秀美，但因为“上有天堂，下有苏杭”的深远影响，无锡却一直是“天堂边上一块被人们遗忘的角落”。无锡旅游主管部门决定创作一首歌曲来打响无锡在国际上的知名度。于是，几经周折，在 1985 年日本筑波世界博览会期间，无锡旅游部门找到日本 ABC 音乐出版商社长山田广作，通过他的帮助，一首专门针对当时主要客源国日本的歌曲《无锡旅情》被创作出来，歌词由日本著名诗人中山三大郎创作，突出太湖、清名桥以及如何从日本到达无锡，描写的是一个男青年和恋人闹了矛盾，独自出国旅游，浩瀚的太湖使他心胸开阔，积郁顿消，决心回国与恋人和好如初的故事，配上传统日式曲调风格，由日本青年歌手尾形大作演唱，这首《无锡旅情》迅速传遍了日本大街小巷。据日本官方统计，这是当时全日本销量最大的歌曲，从东京、大阪到边远的北海道农村，人们都知道《无锡旅情》这首歌。一次民意测验显示，通过歌曲知道无锡这个城市的占 76%，想到无锡旅游的占 43%。自 1987 年到 1992 年，来无锡的日本游客逐年递增，外汇收入每五年翻一番。直到今天，日本游客仍占无锡海外游客的首位。20 年间，来无锡旅游的日本游客已累计超过 200 万人次。截至 2006 年 10 月，在无锡投资的日资企业已经达到 1 081 家，累计投资额 78 亿美元。

就目前来看，《无锡旅情》的创作为后来围绕“无锡旅情”开展各种交谊宣传活动和经贸旅游交流会创造了条件。这一事件旅游营销实例其实和我国旅游业的发展历程密切相关，我国的经济情况决定了我国的旅游业必须是以先发展入境旅游为突破口，是国情催生了针对国外进行旅游宣传的方式，随着我国经济的发展和传播条件的具备，针对国内客源的营销活动层出不穷，其中不乏达到“无锡旅情”这种轰动效应的成功营销案例。以《无锡旅情》和中国首批六家景区获得“世界文化遗产”为标志，开启了中国旅游营销波澜壮阔的精彩篇章，这无疑为后来的事件旅游营销埋下了伏笔，但当时事件旅游营销的方法还未在人们心目中形成明晰的轮廓。

（二）第二阶段——都市媒体涌现，事件旅游营销的形成时期

20 世纪 90 年代，都市报纸媒体和都市电视台如雨后春笋般涌现，他们的出现需要新的新闻资源，经济、生活、休闲类的新闻，包括体育、文艺新闻的版面和内容都大幅增加。在这样的大环境中，企业开始认识到，通过制造正面的公关事件，甚至只是引起社会轰动效应的事件就可以轻松地走入报纸、电台、电视台的新闻内容中去。于是，不少企业开始在市场部门中扩大公共关系这一职责，派专人负责新闻事件的策划，这样事件营销开始作为一种营销手段登上舞台。这一时期随着我国经济的发展，旅游渐渐走近大众，很多旅游企业开始认识到宣传自己是非常必要的，可是事件旅游营销这一营销技能并没有被旅游企业所掌握，旅游是个年轻的行业，相对其他行业的企业营销来说显得有些稚嫩，他们并没有积极地去创造一些公关事件来引起轰动和社会关注，他们大都凭借自己悠久的历史或者是天然的优美风光等待游客的到来。1994 年 3 月 31 日，千岛湖“海瑞”号游船抢劫纵火杀人事件，使千岛湖旅游事业遭受了最沉重的打击，让行业深刻地认识到“没有安全就没有旅游”的道理。千岛湖全面启动了危机事件营销，加快了旅游安全监管体系

的构筑,租用了美国通信卫星建造我国第一个水上通信救助中心,并推行了统一门票的管理制度和改进后的大力宣传,拉开了中国旅游企业事件营销的序幕,这也是我国旅游企业危机营销的成功典范。

(三) 第三阶段——互联网飞速发展,旅游营销的快速发展时期

20 世纪 90 年代后期,互联网发展迅速,人类进入互联网时代,这给事件营销带来巨大的契机。互联网使得新闻搜索无处不在,通过互联网,一个事件或者是话题可以更轻松地进行传播和引起关注。于是,一些设计巧妙的事件营销案例往往通过传统媒体报道后,又在互联网上引起更大的反响,达到了非常显著的效果,成功的事件营销案例开始大量出现。

【案例 9-4】

事件营销“引爆”旅游品牌价值

“中国龙水湖畔国际露营音乐节”是事件营销首次在西部地区旅游行业运用的案例,分段分点预置新闻引爆点,不断引发新闻焦点关注,以不到 100 万元的传播费用创造了数百万元传统广告的投放效果。“中国龙水湖畔国际露营音乐节”证明:有创意的事件营销无论是在投入还是在知名度提升方面,回报率都超过其他广告形式。

音乐节期间,龙水湖共接待 6 万多名游客,同比增长 978%,仅音乐节直接收入就达 1 800 万元;在音乐节拉动下,4 万多名游客前往大足石刻景区参观,同比增长 30%。

此次事件营销还取得了较好的社会舆论效果。其中,CCTV 新闻联播、CCTV-4 中国新闻、中国国际广播电台、中央人民广播电台、凤凰卫视、新华社、中新社均发了本届音乐节消息。新浪、搜狐、人民网、腾讯等均设置了专题页面或专题报道;中青报、新京报、南方都市报等进行了多次大篇幅的报道。Google 搜索上符合“重庆,龙水湖,音乐节”的相关信息有 36 万多条,几乎每篇报道都提到“龙水湖畔国际露营音乐节”。

因为这一时期我国的旅游行业还没有出现非常有效的事件营销案例,所以“中国龙水湖畔国际露营音乐节”的营销让读者对事件营销这一行为方式有了一个生动深刻的了解。这一时期的旅游也是渐得人心,获得如火如荼的发展,旅游业的有识之士也立刻注意到媒体的飞速发展是展开事件旅游营销的好时机,这一时期涌现出许多成功的案例,所依赖事件的类型也越来越广泛,如借助于重大事件、政府决策、特殊时间、知名人物、乡情民俗、宗教活动和体育赛事等来达到旅游营销的目的。

第二节 事件旅游营销策略

一、事件旅游营销的操作原则

(一) 尽快抓住时机

2008 年 4 月,在第四届华中旅游博览会上,中部六省正努力加强自身旅游品牌宣传

推广,"把握奥运旅游商机"已成为共识。山西省以奥运旅游宣传推广为主线,着力推介宗教古建、晋商文化、黄河风情等旅游精品线路;湖北省围绕"北京奥运、相约湖北"的旅游主题,推出"来湖北、游三峡、探神农、登武当、品三国、逛武汉"的旅游品牌。长江三峡也于近日被国家旅游局纳入北京奥运会旅游精品线路。湖南则立足"人文湘楚,山水湖南"加强与奥运旅游的对接融合,着力打造具有湖南特色的奥运旅游产品。

在旅游博览会上,有的旅游企业就特别积极,迅速和承办单位联系,购买到整个会展的最好位置,以独特的展览在前来参展的观众脑海中留下深刻的印象。尽管有很多的参展企业展台布置得非常好,但参展单位太多,并且都是不遗余力地表现自己,客人已经看得眼花缭乱,最后留在脑海中的当然是首先留下烙印的那个。利用事件进行营销最重要的秘诀之一就是快,毕竟事件营销的计策已经被越来越多的企业所重视,抢占先机才能出奇制胜。

(二)选择合适的切入点

并不是每个事件都留给不同行业企业同样的机会。所以,当一个事件发生时,想要借力的企业还必须要考虑如何在企业和事件之间形成一个良好的切入点。比如,申奥成功会让公众情绪激动、感觉自豪,而非典事件则让公众感到恐惧。一般来说,企业应该与公众的普遍情绪保持一致。当事件带来喜悦情绪时,企业应该让公众感觉到它们正在与公众分享喜悦;当事件带来悲伤或恐惧情绪时,企业应该表现出理解和支持。这样才能引起公众的共鸣,对企业产生亲切感,有利于树立企业在消费者心目中的形象。

二、事件旅游营销的操作步骤

进行事件旅游营销一般应按如下步骤操作。

第一步:明确事件营销的目标。这个目标必须是以旅游企业或者说旅游吸引物的类型、目标市场和潜在顾客为依据,通常按照其生命周期的不同阶段,目标可分为:①向受众提供信息;②使受众产生前往旅游的欲望;③强化本旅游目的地的品牌形象。

第二步:选择目标受众。也就是选择潜在旅游者,这一步工作的目的是避免无效事件发生。一个旅游企业或旅游目的地不能满足所有游客的需求,而我们也没必要把所有游客都列入自己的目标受众,在强调个性化的今天,旅游也不例外,营销要有针对性,才能引起目标受众的更多关注。

第三步:选择事件营销的方式。事件营销总的来说是制造新闻,但新闻也有很多种类。例如,张家界利用"飞越天门洞"的特技表演扬名四海,而之前为黄龙洞的"定海神针"买下1亿保险的事件都为张家界带来非常可观的收入和很高的知名度。还有许多城市选择举办会展节庆等都是事件营销的方式。营销方式的选择一定要符合实际情况,不可盲目模仿。

第四步:分析媒体的运作流程。知己知彼,百战不殆,这里的"彼"是指新闻媒体,因为要借助与媒体的力量,了解了它,就掌握了事件运作的关键点——抓住媒体的注意力,就能达到事半功倍的效果。

第五步：计划的制订。确定了事件营销的目标和策略以后，就需要着手制订具体计划，有行动时间、行动方案、事件预算，甚至风险评估等。运作前的周密思考和准备会节省成本，保证事件运作顺利进行。

第六步：效果评估。包括事件旅游营销的事前评估、事中评估和事后评估。

三、事件旅游营销策略

(一) 城市节庆旅游营销

城市节庆作为一种重要的活动形式，在我国城市的发展中已扮演着越来越重要的角色，它们是推动城市旅游发展的重要动力源，如哈尔滨冰雕节、上海国际时装节、大连国际服装节、青岛国际啤酒节、潍坊风筝节等都已成为我们熟悉的地方旅游节庆事件。城市节庆活动对旅游营销的作用主要体现在：展示旅游城市形象，提高旅游目的地知名度；丰富旅游资源和产品结构；带动相关产业及区域经济的发展；促进旅游基础设施的完善，等等。针对如何才能办好城市节庆旅游营销，下面将阐述三种营销策略。

1. 加大宣传力度，提高城市旅游节庆知名度

发展旅游节庆，必须首先让外人了解、认识你要举办的旅游节庆的宗旨、特色，要做到这一点，必须靠宣传促销。节庆活动的举办者除利用影视、歌曲、小宣传册、招贴画、互联网等多种宣传方式外，最关键的是要向新闻媒体发布一些信息，提高宣传促销的影响力、覆盖面和科技含量，增强旅游宣传的实效。

2. 旅游节庆要体现创新

旅游节庆营销要想在现代社会中吸引世人的目光，赢得更多的游客，取得良好的效益，就必须要增强创新意识，在保持节庆主题的前提下，在项目、内容、形式上一定要有独特的创意。节庆活动的内容要不断地花样翻新，独出心裁，形式要灵活多样，只有这样，旅游节庆才会有生命力，才能火爆起来，才能获得持续发展的动力。同时，充分发挥旅游局等行政部门和行业协会在旅游发展中的管理作用，加强旅游节庆发展的宏观调控和管理，加强旅游形象的研究定位和策划，使各个旅游节庆活动紧紧围绕着提高本景区的旅游形象来举办，既切合实际，又体现新意。

3. 丰富旅游节庆的文化内涵

旅游节庆活动要丰富其文化内涵，因为文化是旅游节庆的精神内核，体现出文化的特色才能经久不息，可以从两个方面着手：一是在策划举办新的旅游节庆时，积极尝试与当地的历史底蕴相结合；二是在旅游节庆中突出其文化特色，注重培育名牌和精品。

(二) 影视旅游营销

被誉为“中国好莱坞”的浙江横店影视城是我国开展影视旅游营销最成功的旅游目的地之一，迄今为止已经拍摄过《鸦片战争》《荆轲刺秦王》《汉武大帝》《英雄》等400多部影视剧，由于这些深受观众欢迎的影视剧的播出，剧中许多故事发生的场景被观众深深地印入脑海，因而场景的所在地横店影视城成了人们向往的“梦幻旅游地”。2011年，横

店影视城共接待中外游客 1 090 万人次，同比增长 30%；接待中外影视拍摄剧组 150 个；营业收入同比增长 50%，实现利润同比增长 70%。此外，在全国众多影视旅游主题公园中，横店影视城的品牌知名度、公众满意度、市场竞争力持续上升。其他的如《大话西游》外景地宁夏镇北堡已成为新兴的旅游热点；全国各地的“追剧”游客纷纷涌入雁荡山，寻找“杨过”“小龙女”的足迹；《天下无贼》外景拍摄地甘肃夏河、《英雄》外景拍摄地九寨沟等都因为影视的拍摄而被更多的人关注和向往，旅游接待人次和旅游收入大幅度增长。自《泰囧》于 2012 年年底上映以来，以 11 亿元的票房稳坐内地票房冠军宝座。而随着《泰囧》的火热，泰国旅游也一再升温，2013 年春节期间报价翻涨几倍，部分线路涨了 2 000 多元。这些影视拍摄地扬名的原因在于影视事件被人们关注，从而吸引游客前往。但这并不能说明仅仅靠拍摄过影视就可以发展成为旅游胜地，它们还需要不断地投入和开发，同时相关部门或企业还应进行持久的营销，这样才能保持其“热度”。其营销模式如下。

1. 营销模式之一：借影视发展旅游景区

在国内外的众多案例中，许多旅游景区都是因为影视剧的播出而发展起来的。如早期的《刘三姐》《五朵金花》《庐山恋》，但当时人们并没有意识到电影对外景地的旅游营销的作用，近几年营运商们注意到了影视剧对旅游目的地的推动作用，开始借助影视剧来营销。例如，乌镇通过电视剧《似水年华》很快树立了形象，使得旅游收入和游客量迅速得到了提高。而最近的芒果网与《夜宴》的联合营销则更加表现出了借助影视营销的巨大魅力。

2. 营销模式之二：借影视塑造旅游主题

最早的迪士尼乐园就属于这种模式，它是以迪士尼的动画片为原本，将电影中的人物在主题公园中再现。在亚洲，韩国《大长今》的热播带来了巨大客源，韩国政府以韩国传统文化为主题建立的大长今主题公园也受到了人们的欢迎。

3. 营销模式之三：借影视策划旅游项目

目的地的旅游产品进入成熟期后，游客数量会逐渐减少，这时就必须对旅游产品进行创新，使其重新焕发活力。“桂林山水甲天下”曾经使桂林天下闻名，但如何使游客能够再回头则是处于旅游业发展成熟期的桂林要解决的重要问题。2004 年张艺谋策划导演了《印象・刘三姐》，给人们带来了视觉冲击和新的感受，为桂林打造了新的吸引物。2013 年在“印象”系列之后，张艺谋团队再次推出了升级版大型情境体验剧《又见平遥》，该剧突破了原来的山水实景，而是将布景挪到了室内，并把古城元素和演出过程有机地融合……看演出就像一次“穿越”，观众时而像看客，时而又像亲历者，沉浸其中，回味无穷。

（三）民族节庆旅游营销

民族文化是各民族在社会发展过程中积累下来的精神文化和物质文化。它记录一个民族的发展进程，反映一个民族的历史底蕴，同时也是旅游业发展所依托的重要资源。

近年来，我国各地积极开发形式多样、各具特色的地方和民族节庆活动，吸引了国内外很多旅游者。随着北京奥运会和上海世博会的成功申办,我国节庆旅游的发展前景更加广阔。由于节庆参与者在节庆活动举办地的连带消费,节庆对于旅游目的地的建设与发展有着十分重要的促进作用。在文化层面上,节庆活动往往积淀了丰厚的地方文化内涵,并具有很强的参与性、娱乐性。因此,节庆活动往往能够吸引更广泛的关注和更多的游客,甚至是形成一种"传统"。目前,国内外一些具有民族特色的活动往往节日化,节日庆典也已经称为国内外众多目的地的一个重要旅游营销途径。

首先,要对民族节庆旅游进行准确定位,树立市场观念、引入市场机制是促进节事经济发展的关键。为此要按照不同层次、针对不同市场,对节庆活动进行合理定位,并对不同的市场促销不同的节庆产品,形成科学的节庆产品—定位—市场组合,并按照不同的方式、由不同的主体运作不同层次、不同类别的节庆活动与节庆产品。通过了解游客对来西双版纳旅游的期望对西双版纳傣族泼水节进行准确定位,是西双版纳节庆产品及其品牌能否获得成功的关键,如图 9-1 所示。

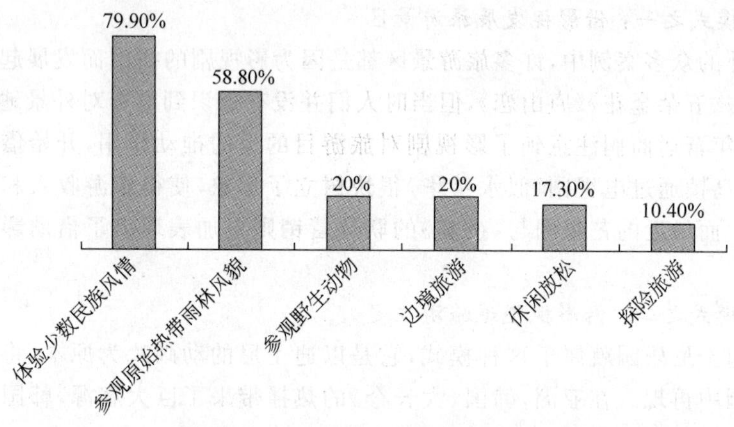

图 9-1　游客来西双版纳旅游的期望

从游客对西双版纳的期望来看,"体验少数民族风情"是最高的期望,有接近 80% 的游客为此前来西双版纳旅游,比第二位的"参观原始热带雨林风貌"多了 20 多个百分点。说明泼水节作为西双版纳民族风情的主要体现,有着重要的地位。据进一步调查,游客对西双版纳旅游业各方面评价的对比表明,有超过 80% 的游客认为泼水节好,远远高于游客对其他项的认可(稍低于环境绿化)。这说明泼水节已经是西双版纳旅游发展的第二个重要的因素,但是若能与环境结合起来,则泼水节对提升当地旅游品牌的作用还将进一步得以加强。

其次,强调民族特色。民族特色才是吸引游客的一个重要方面,是最具影响力的因素,民族节庆旅游的营销策略通常都是大力宣扬自己的民族特色,力求与众不同,满足人们求新、求异的旅游倾向。泼水节是傣族的传统节日,流传已久,非常具有民族特色,是傣族风俗的一个代表性体现,西双版纳泼水节被其主流媒体和政府作为"东方狂欢节"来进行宣传,同时,把"西双版纳·猛巴拉纳西"作为西双版纳旅游市场促销的目的地形象品牌。借助于遥远但闻名世界的巴西狂欢节之名来类比宣传泼水节,不但让人们对泼水节活动有一定的了解,而且刺激了人们对"东方狂欢节"这一活动的向往。

再次，民族节庆事件一定要体现创新和发展。目瑙纵歌艺术节是景颇族最盛大的传统节日，每年都有数万人一起起舞，素有"天堂之舞"、"万人狂欢舞"的美称，吸引了无数的游客参与其中。人类学家认为，宗教是一种重要的仪式活动，包含了族群信仰的观念与仪式行为等众多活动。从旅游人类学的角度看，目瑙纵歌艺术节从基于传统的创新角度进行了重新策划，在仪式表演上再现了东巴文化舞台化的真实。这是目瑙纵歌艺术节成功举办的关键点之一。没有了传统就没有了特色，但是没有了创新就失去了持久的魅力，可以说在继承目瑙纵歌多样性的基础上，通过创新，延续了景颇族文化传统。"传统的创造"（英国历史学者霍布斯鲍姆提出）和"文化再生产"（法国社会学者皮埃尔·布迪厄提出）都形象地说明了民族节庆创新这一营销策略的精髓。

（四）会议会展旅游营销

在会议会展事件研究中，可以把会议旅游分为广义和狭义两个层面。广义的会议会展旅游包括展览会/展销会、博览会、会议、广告促销、募捐/筹资活动等商贸、会展以及奖励旅游等七个部分。狭义会议会展旅游专指与各种会议会展直接联系的旅游或旅行活动，如图 9-2 所示。

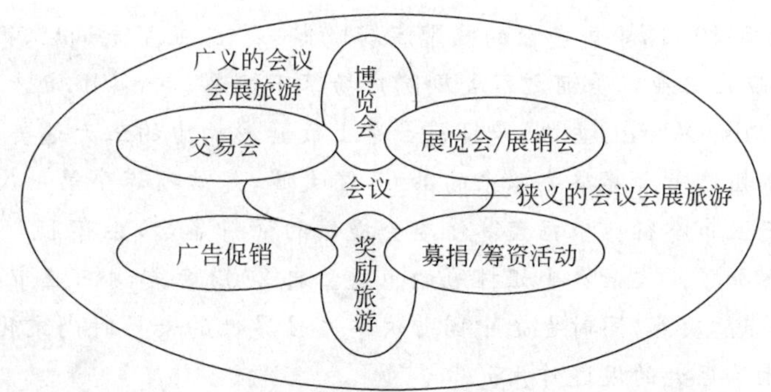

图 9-2 广义会议会展旅游和狭义会议会展旅游

会议会展事件频繁，对会议会展参与方以及承办方来说是互利互赢的。鉴于会议旅游对目的地社会经济乃至政治有着重大的影响，世界上许多国家和地方政府成立了专门的会议管理部门，或者与旅游部门一起联合成立会议观光局（Convention & Visitor Bureau，CVB）。为了吸引各类公司、机构前来本地召开各种会议、举办各类展览，举办地政府以及宾馆、酒店、景点、航空公司等实体企业都采取针对性很强的策略，或者通过专业的会议策划人员和机构，对会议会展市场进行促销，以塑造会议会展举办地的良好形象。如何达到提升主办地形象，铸造旅游品牌的目的呢？下面将介绍四种会议会展旅游营销的策略。

1. 市场定位准确

国内外实践表明，突出特色、精选目标是会议会展营销的必经之路。20 世纪二三十年代，上海是太平洋沿岸一座经济繁荣的国际性大都市，中西文化交融，现代与传统结合，使许多外资进入中国往往首选上海。伴随着浦东的开发，上海的经济从 1990 年开始经历了 25 年的高速发展，如今已成为中国最具现代化气息和城市综合实力的大都市,许多大型跨国公司都选择落户上海,甚至将亚太中心或公司总部移至上海,使上海成为中国走向世界、世界了解中国的窗口,由此为上海成为著名的会展旅游城市搭建了腾飞的平台。上海除具有便利的交通条件、良好的城市基础设施、辐射华东地区的大城市影响力等客体因素外,还依托其占有全国巨大市场份额和顶尖产业优势的行业,如汽车制造、生物工程、微电子等,使其导向支柱产业——会议会展旅游业成为现实。

2. 树立品牌优势

品牌在现代经济竞争中已经成为重要的武器。企业要发展,要吸引顾客,必须创建和发展自己的品牌,响当当的招牌总是很有说服力,会展市场也一样,如一提起上海,大家就联想到2001年的APEC峰会、2010年的上海世博会等重量级会议会展,也随之想到上海的交通、信息、人气、经济等非常适合接办此类大型活动。上海也正是尽全力成功当好东道主,才得以借助这些广为人知的会议会展树立起品牌优势的。

【案例 9-5】

第65届世界小姐总决赛再次花开三亚

2015年12月19日,中国美丽的热带海滨城市——三亚星光灿烂,第65届世界小姐总决赛19日晚在三亚市美丽之冠大剧院广场落下帷幕。世界小姐选美大赛由世界小姐组织机构(Miss World)主办,是目前世界上最具影响力的三大选美赛事之一。本次大赛是世界小姐选美大赛举办以来的第65届大赛,是该项赛事第七次在中国举行,也是第六次在三亚市举行。根据大赛组委会提供的资料显示,共有114个国家和地区的114名选手参加了此次世界小姐桂冠的角逐。自2003年起由三亚市政府首次承办第53届世界小姐总决赛,同时也是中国首次举办世界性的女性时尚文化赛事,对三亚的旅游经济产生了巨大的促进作用。

根据官方统计,举办本次大赛相当于投放了1.2亿美元的广告,它还可在未来持续拉动三亚旅游经济的发展。三亚举行一次世界小姐选美大赛吸引了数以万计的游客来三亚旅游,带动了食、住、行、游、购、娱的全面消费。世界小姐组织机构负责人透露,因为世界小姐决赛,全世界了解三亚、热爱三亚的人越来越多,他们都愿意到三亚来旅游度假,而且参加比赛的世界小姐也希望将来能到三亚度蜜月。第65届世界小姐总决赛受到了全球约200多个国家超过20亿观众的注目。

【评析】 三亚借世界小姐总决赛出镜,引起了国内外游客对三亚的高度关注,同时由于其成功地举办该活动,为三亚的入境度假旅游树立了强大的品牌效应。

3. 提高服务质量

会展业的发展一般要具备三个条件:一是城市的经济文化比较发达,能吸引客人;二是城市具有相对完善的交通、通信、住宿等基础设施;三是具有一定知名度的旅游资源,而且游览观光和购物条件较好。而上述条件都与服务分不开,而且会展经济越发展,其服务业的地位就越突出。第十届中国国际园林博览会于2015年9月底至2016年4月底在武汉举办,用修复垃圾填埋场生态过程中收集的沼气,点燃园博会景观火炬。武汉园博会在建设期间，为践行公益环保的使命，倡导“生态园博绿色生活”的理念，积极策划开展了一系列线上＋线下联动活动。结合“防霾”热点话题，选择武汉地标处向广大市民免费赠送绿植、3M 口罩、园博会爱心书签及山湖温泉门票等环保礼品，并在活动现场开设小讲坛向市民普及环保小知识，号召市民低碳出行、绿色生活，将“绿色武汉”的理念深入市民心中。

4. 积极促销

促销策略是影响会展市场顺利发展的关键因素，世界上许多国家的会议或展览业之所以能取得巨大成功，并在国际上享有盛誉，在很大程度上就得益于其高效有力的促销活动。2010 年中国上海世博会聘请成龙、郎朗、姚明担当形象大使；2010 年 2 至 4 月，国家旅游局驻东京、纽约等 16 个办事处，在全球 27 个国家 237 座城市，借助文化、教育、旅游等国际交流活动平台，开展大规模世博旅游推广，共制作、发放了世博旅游资料 110 多万册。我驻美国等 12 个国家的大使亲自参与了推广月活动。上海市旅游局在 2009 年赴 22 个国家和地区进行海外促销 38 场次；邀请海外媒体及旅行商来沪考察并推介世博会 46 批次 1 200 余人次，覆盖了 5 大洲 30 个国家和地区。积极促销是促使上海世博会走向成功的快车道。

（五）体育事件旅游营销

体育让人类超越人种、性别、宗教、地区等限制，是修炼身心健康与社会生活主要品德的基础，亚运会、奥运会、NBA 篮球赛等赛事的举办广受关注，影响范围大，大量有实力的企业都力争成为赛事的合作伙伴。体育赛事是品牌时代营销传播争夺核心竞争力的战略突破口。就 2008 年北京奥运会来说，它具有覆盖全球的媒体和面向全球的巨大市场，旅游是奥运会收益最大的产业。所以，奥运旅游营销是体育旅游营销的重要组成部分，运用奥运资源达成旅游目的地和旅游企业的商业战略目标，是中国和中国旅游企业面临的重要课题。

体育事件旅游营销即旅游企业或旅游目的地基于体育资源在社会生活中的高关注度，强大的媒体、公众影响力，和积极良好的形象，借助将其产品、品牌、形象及文化与体育资源的捆绑并应用相关的市场工具，协助整体市场营销策略的实现。简言之，就是旅游企业或者旅游目的地借助于体育赛事的影响力宣传自己，进而提高其知名度，吸引更多游客前来消费的营销活动。

旅游企业或旅游目的地体育营销有以下几种手段。

(1) 借助对体育赛事或体育机构的赞助、合作或支持而展开的营销策略，最典型的就是“奥运营销”。这种方式所借助的资源认知级别高，媒体覆盖及受众范围广泛，能得到政府支持。这种方式存在费用成本高、官方性导致的灵活性不足等局限。这一方式多被实力雄厚的大企业所青睐，旅游企业因为资本的原因几乎没有介入，但这并没有太多地影响到旅游目的地的销售情况，因为旅游目的地的旅游资源具有独特性，它们在体育赛事的举办地等特定区域内竞争力很强，甚至不存在竞争。

(2) 结合体育资源和媒体的传统市场营销方式，主要包括在体育媒体平台上的广告投放、宣传推广，利用体育明星的个人支持获得有利形象，或以体育为主题的公关、推广活动。这种营销方式的目的及效果最为直接,也最有灵活性优势,但其运作缺乏完整性和延续性,社会及公众影响力也相对较小。旅游企业或者是旅游目的地常采用这种营销方式,如希腊奥运会期间的"走进希腊"电视系列节目,刘翔和小巨人姚明都做过上海旅游的形象大使等。

【案例 9-6】

2016 年里约热内卢奥运会对巴西旅游影响深远

2016 年,全世界最盛大的体育赛事奥运会在里约热内卢举行,里约热内卢也因此为巴西创造了新的历史。巴西人从来不曾想到奥运会为这座城市带来的彻底变化:从基础设施建设到全体市民无限的自豪感,针对巴拉、科帕卡巴纳、德奥多罗和马拉卡纳四个奥运赛事主办区域开展的新场馆大规模改造和管理措施显著提升了里约人的公民意识与文明意识。奥运会结束后,当地市民将拥有一座极限运动主题公园和其他多座体育场馆,这座主题公园主要面向 18 岁左右的青年人设计建造。随着各项新建体育锻炼设施的完善,里约将为这座城市和整个国家的人民提供更多的休闲福利。据预测奥运会期间当地住宿接待能力将提升 50%,加之港口整体改造的完成,均将明显拉动里约旅游业的迅猛发展。

巴西国家旅游公司曾在 2010 年年初在巴西发布"2020 水彩计划",希望利用主办 2014 年世界杯和 2016 年奥运会的机会,全力推动旅游业发展。巴西国家旅游公司总裁让妮内·皮雷斯表示,"2020 水彩计划"是巴西旅游业专家经过认真调研后制定的,将为未来十年巴西旅游业的发展提供指导。

巴西国家旅游公司预测,巴西获得两大重要体育赛事的主办权,将带动外国游客人数增加以及旅游业增收。从现在起至 2020 年,预计巴西将接待 1 110 万游客,总收入达到 176 亿美元。巴西也将以此为契机,努力把自己打造成南美洲第一大旅游国,力争在 2020 年实现占南美旅游市场 27%份额的目标。里约热内卢奥运会更是巴西推广国家形象的良机,预计奥运会效应将促使旅游业增长持续至 2020 年。

(3) 大力推出与体育赛事有关的特色旅游产品。以影响力最大的奥运为例来说明。奥运旅游产品内涵丰富且外延广泛,成功的奥运旅游,其旅游产品开发除了奥运设施、场馆、比赛活动与仪式、纪念品等与奥运直接相关的要素外,还延伸出体育旅游、节事旅游、会展旅游、饮食文化以及观光、休憩、度假等旅游产品。旅游企业和旅游目的地可借机大力推出与奥运主题"绿色奥运、科技奥运、人文奥运"一致的旅游产品,形成观光、度假、会展、修学等奥运旅游系列产品,满足不同游客的需求。

旅游企业或旅游目的地的体育事件营销,无论采取何种具体方式,最关键的一点是要做到体育营销策略必须与整体的市场战略相吻合。不同的体育资源具有不同的市场针对性,体育资源的选择对于企业战略的价值是很重要的。旅游企业的营销需要一个长期、有延续性的连贯策略,而非短暂的公关、推广行为。企业和体育资源的结合是一个相互促进的过程。对企业来说,通过一系列的市场营销策略达到自身营销目的,同时也对体育资源的发展起到不可忽视的积极推进作用,可以说是体育和企业之间的整合体育事件旅游营销。

本章小结

本章首先阐述了事件旅游营销的含义，接着总结出事件旅游营销的发展阶段及其特点，最后重点介绍了事件旅游营销的运作原则、运作步骤和运作策略。事件旅游营销是旅游营销的重要手段之一，正确地运作事件旅游营销，常常可以达到事半功倍的效果。总的说来，事件旅游营销的目的是宣传自己，进而促进销售。运作的关键点是抓住时机、积极创新。

本章把事件旅游营销的策略归结为五种，分别是城市节庆旅游营销、影视旅游营销、民族节庆旅游营销、会议会展旅游营销和体育事件旅游营销。

核心概念和观点

事件营销；体育事件旅游营销；会展；节庆事件

★ 事件旅游营销具有投入少、收获大，目的明确、更容易传播到目标群体，具有一定风险性的特点。

★ 事件旅游营销操作原则：一是尽快抓住时机；二是选择合适的切入点。

★ 城市节庆旅游营销包括三个方面：一是加大宣传力度，提高城市旅游节庆的知名度；二是旅游节庆的举办要有创新意识；三是要有文化内涵。

★ 影视旅游营销模式有三种：借影视发展旅游景区、塑造旅游主题和策划旅游项目。其中特别强调旅游产品创新。

★ 民族节庆旅游营销首先要做好市场定位并引入市场机制，其次是要有民族特色，确定标志性节庆形象定位，最后要求民族节庆旅游营销要强调创新和发展。

★ 会议会展旅游营销的重点在于：市场定位准确、树立品牌优势、提高服务质量、积极促销。

★ 体育事件营销手段有两种：一是借助对体育赛事或体育机构的赞助、合作或支持而展开的营销，二是结合体育资源和媒体的传统市场营销。

练习题库

□ **知识题**

1. 事件旅游和事件旅游营销有什么关联？
2. 事件旅游营销在旅游业中有什么作用？
3. 事件旅游营销主要有哪些策略？

□ **案例分析题**

世界杯对巴西经济的影响

2014 年在巴西里约热内卢举办的世界杯耗资超过 137 亿美元，超过了 2010 年在南非约翰内斯堡举办的世界杯。成本包括 12 个场馆改造，机场、铁路在内的基础项目设施建设，参赛队奖金等。大约有 140 万球迷在里约热内卢居住生活，在世界杯开赛前一周时间,酒店就已经被一抢而空,由此带来的收益主要在门票、旅游、餐饮、交通等方面。

(一) 世界杯对巴西经济的积极影响

印度《经济时代》文章认为,国际足联是世界杯主要受益者,巴西政府承担场馆、机场、港口、公路等项目建设。酒店可以提高价格,像欧洲那样昂贵,比萨饼可以卖到15美元,还有比如啤酒,彩票等都可以提高价格,巴西尽可能赚取更多。

国际足联售出了超过330万张门票,达到了有史以来最高纪录,有64场比赛在巴西直播,国际足联秘书长杰罗姆·瓦尔克表示,我们从来没有卖出过那么多张门票。

信用评级机构穆迪表示,短期赛事或将给巴西国内生产总值带来0.4%的增长,大约为111亿美元。而巴西2014年经济增长大约只有1.6%。经济学家法比奥认为,如果没有世界杯,巴西经济可能会更糟。根据福布斯报告,巴西世界杯为巴西经济带来超过30.3亿美元的收入,370万游客已经挤满了巴西首都,每人花费大约2 488美元。马里兰大学丹尼斯·科茨教授认为,世界杯将给巴西旅游业带来显著增长。

(二) 世界杯对巴西经济的不利影响

大约有1/3批评者认为:第一,巴西世界杯耗费巨额资金建设场馆,铁路、公路、航空等基础设施项目,成本高且对企业不利。第二,世界杯期间,商场购物人数减少。第三,世界杯期间,更多假期对巴西经济不利,这给本来就经济放缓的巴西或多或少有影响。第四,加油站、零售业务在比赛期间销量下降。第五,世界杯使巴西经济增长0.2%~0.5%,但这个增长是短暂的。

思考题:

1. 巴西国际旅游局是如何提前应对2014年世界杯的?
2. 结合以上分析,你认为世界杯对巴西旅游的利弊影响如何?

第十章 旅游营销渠道管理

学习目标

□ **知识目标**：通过本章的学习，理解并掌握旅游产品销售渠道、旅游中间商直接营销渠道、间接营销渠道等核心概念，学习认识旅游营销渠道的功能。

□ **技能目标**：在结合本章知识点的基础上，通过对书本案例的分析与讨论，掌握分析现实生活中具体的旅游营销渠道的案例。

□ **能力目标**：通过相关理论的学习，掌握旅游营销渠道的构建方法。

第一节　旅游营销渠道概述

“一个篱笆三个桩，一个好汉三个帮。”找到好的批发商、代理商、零售商等相当于找到了旅游企业的“桩”和“帮”。建立渠道，就是为了给顾客带来更大的便利，进而提高企业与旅游者之间市场交换的反应速度。

所谓旅游产品销售渠道是指旅游产品从生产者转移到购买者手中所经历的途径或通道，如图 10-1 所示。

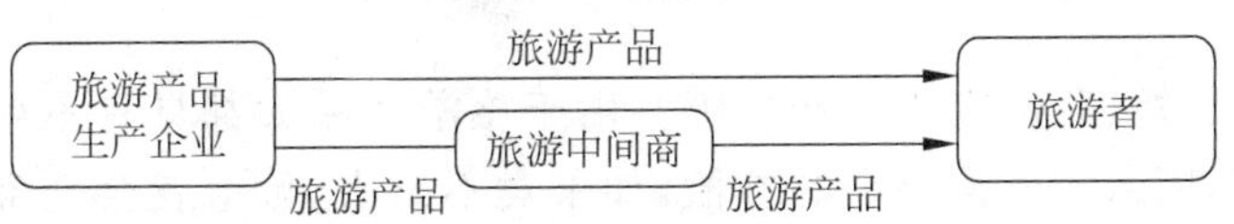

图 10-1　旅游营销渠道

旅游营销渠道是个完整的系统，所要解决的问题是由谁、在什么地方把旅游产品销售出去。在渠道的流程中，可以明显看到生产者、中间商、旅游者之间的相互关系。

另外，旅游营销渠道起“交付价值”的作用，这里即是指通过旅游营销渠道中的各方主体买卖活动，完成旅游产品的从生产者到旅游者的转移，最终实现旅游产品价值。通过图 10-1 我们可了解到除旅游产品生产者与旅游者面对面直接营销渠道外，还有通过中间商销售的间接营销渠道。

一、营销渠道的特征

1. 营销渠道长度

任何存在的事物都有其特征标志，旅游产品营销渠道也不例外。它的长度是指旅游产品从生产者到旅游者所经过的中间环节的多少，中间环节的数量不同，渠道的长度也不同。所经过的中间环节越多，渠道就越长；反之，渠道就越短。其中，企业直销渠道最短。据此，营销渠道就有长渠道和短渠道之分。

2. 营销渠道宽度

相对于长度来说，旅游产品营销渠道也有宽度之征，犹如我们生活中常见的方形水渠，如图 10-2 所示。宽度是指一个时期内营销网点的数量，包括旅游企业自设的营销网点和旅游中间商的数量。比如，一些规模大的跨国公司旅游营销网点遍布全球、渠道较宽，而一些小型旅游企业营销网点较少、渠道较窄。

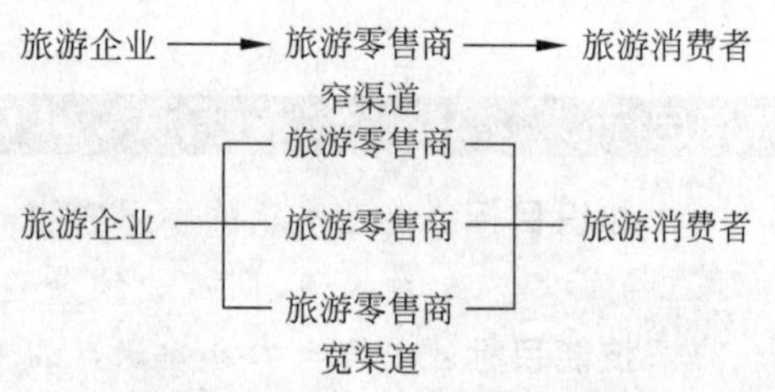

图 10-2 宽、窄旅游营销渠道比较

宽渠道适用于一般化、大众性的旅游产品，如观光型、度假型旅游产品；而窄渠道一般用于销售专业性较强的旅游产品，如探险旅游、修学旅游等。

3. 多渠道与少渠道

渠道的多少是按旅游企业所采用的渠道类型的多少来区分的。少渠道指旅游企业只通过一条营销渠道将产品送达目标市场。多渠道则指企业通过两条以上的营销渠道将产品送达目标市场，如图 10-3 所示。

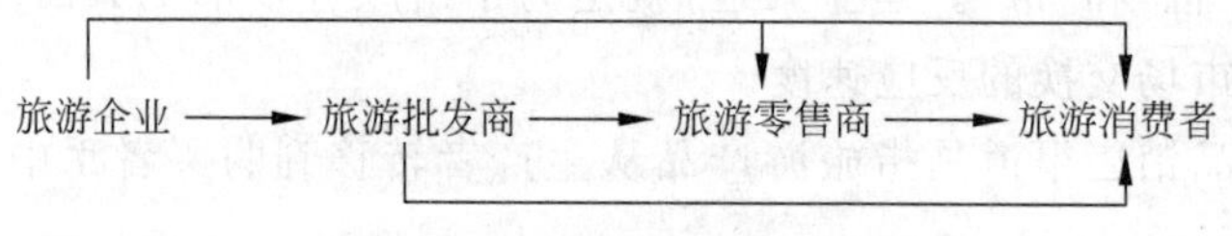

图 10-3 多旅游营销渠道示意图

对于渠道的长短，我们应如何选择呢？由于旅游产品大都具有不可储存性，今天卖的是今天的价值，明天卖的是明天的价值，如果卖不出去，价值就会全部损失，如酒店的客房、旅游交通工具的座位、景点的门票等就是这类产品，所以就对营销渠道的速度有很高的要求。因此，旅游企业都应努力寻求较少环节的营销渠道。

对于营销渠道的多少，一些旅游产品，如容量很大的旅游景点、大规模连锁经营的酒店等，往往是营销渠道越多越好。然而有的旅游产品渠道多反而得不偿失，如包价的旅游线路，在同一地区选择众多中间商，在渠道竞争的条件下往往大家都难以成团。

二、旅行社营销渠道的种类

由于受旅游生产企业、旅游产品、旅游中间商、旅游同行竞争者、旅游者等各种因素影响，旅游营销渠道也就呈现多种模式。从旅游产品生产者和旅游者是否直接进行旅游产品交易来看，可把旅游营销渠道分为直接营销渠道和间接营销渠道两大类。

(一) 直接营销渠道

直接营销渠道又称零级销售渠道，是指旅游产品生产者不借助任何中间商，直接把旅游产品销售给旅游者，如图 10-4 所示。

旅游企业 ——→ 旅游消费者

图 10-4　直接旅游营销渠道

1. 渠道模式

旅游产品直接销售渠道是指旅游产品直接转移到旅游者手中的过程。旅游企业选择直接销售渠道，可以降低成本，在价格上赢得竞争优势。同时，也有利于旅游企业及时了解和掌握旅游者对其产品的购买态度和其他相关市场需求信息，及时根据市场需求改进产品，有利于企业控制旅游产品的质量和信誉。

从旅游产品的销售实践看，直接销售渠道一般有以下三种模式。

(1) 旅游产品生产者或供给者→旅游者(在旅游目的地)。在这一模式中，旅游产品的生产者或供给者把产品直接卖给旅游者。这种销售渠道至今仍被很多旅游企业所采用。例如，旅游景点、旅游饭店、博物馆和一些小餐馆等客上门购买其产品的销售方式即属于这种模式。

(2) 旅游产品生产者或供给者→旅游者(在旅游客源地)。在这一模式中，旅游者通过网络、电话等方式购买或预订旅游产品。随着现代信息技术的迅猛发展及其在旅游中的广泛应用，近年来，这种模式有了新的发展和突破，很多旅游企业都已开始借助计算机直接向旅游者出售其产品。例如，旅游饭店通过网络向旅游者销售其产品。

(3) 旅游产品的生产者或供给者→自营的销售网点→旅游者(在产品销售地点)。在这一模式中，旅游产品生产者通过自己在目标市场设立的销售网点，直接面向旅游者销售其产品。例如，一些规模较大的旅行社在很多目标市场区域设立门市部或销售点，向旅游者直接销售产品。

2. 直接营销渠道的优点

(1) 简便、及时和灵活。生产者通过与旅游者“零距离”接触，直接向旅游者销售其产品，手续简便，易于操作；同时可以及时将旅行社开发的最新产品尽快输送到旅游者面前，有利于旅行社抢先于其竞争对手占领该产品的市场。而且可以随时了解旅游者对旅游产品质量、价格等方面的意见，以便改进营销组合、适应目标市场需要；电话预订特别是网络销售渠道，突破了出售旅游产品的时空限制，更是营销渠道的新宠。

(2) 销售成本低。直接销售渠道避开了横亘在旅行社和旅游者之间的中间环节，节省了需支付给旅游中间商的手续费等销售费用。而对于旅行社而言，通过直接营销，在销售某项产品时可以随机向旅游者推荐旅行社的其他产品(如回程机票、车票、品尝地方风味等),增加产品的附加值。

3. 直接营销渠道的缺点

直接销售渠道的主要不足之处是覆盖面比较窄,影响力相对差,销售量有限,只适合于生产规模小或接待量有限的企业。

(二)间接营销渠道

生产者借助中间商将其产品销售给旅游者的即是间接营销渠道。其特点是生产者先把产品卖给中间商,再由中间商进行售卖。这样一来,营销的范围更广,但同时旅游企业对销售活动的控制力相对减弱,信息反馈的及时性和准确性也有所下降。

按中间环节的多少,间接营销渠道又可分为一级渠道、二级渠道、三级渠道等类型,其中,有两个或两个以上中介机构的营销渠道统称为多级营销渠道。

1. 一级营销渠道模式

一级销售渠道模式指旅游产品生产者通过旅游零售商销售其产品,即:

旅游产品生产者→旅游零售商→旅游者

航空运输公司、铁路运输企业由旅行社代理销售其客票,景点由酒店、旅行社代理销售门票等就属于这种形式。

其优点是:一级销售渠道环节较少,有利于把旅游产品快速推向市场。

其缺点是:销售范围有限、规模有限。

2. 二级营销渠道模式

二级营销渠道模式是在一级营销渠道基础上加入了旅游批发商,生产者通过旅游批发商,再通过旅游零售商把旅游产品卖到旅游者手中,即:

生产者→旅游批发商→旅游零售商→旅游者

在这种模式下,规模大的生产企业将其产品以大批量预订的形式卖给旅游批发商,旅游批发商设计出包价旅游线路,再以批量形式卖给旅游零售商,最终将旅游产品卖给旅游者。

其优点是:旅游批发商一般规模大,网点多,生产者借助旅游批发商,可以把旅游产品销售到更大的范围和更远的目标市场,适用于规模大的旅游企业。

其缺点是:小旅游企业不宜采取这种渠道模式,渠道速度较慢,渠道费用上升。

3. 三级营销渠道模式

三级营销渠道模式是在二级渠道基础上加上旅游总代理,这是环节最多、流程最长的长渠道。其基本结构为

旅游生产者→旅游总代理→旅游批发商→旅游零售商→旅游者

这种模式在我国国际旅游市场营销中广泛采用。我国旅游生产企业一般较少直接在国际市场销售,而是委托总代理商把产品销售给国外旅游批发商,再由他们把产品卖给国外旅游零售商,然后转卖给客源国旅游者。

其优点是:销售范围进一步扩大,销售量进一步提高。

其缺点是:渠道最长,各环节有时间差,推销速度较慢,旅游产品生产出来后较长时间才能真正与旅游者见面,有时因此错过时机,特别是会影响流行时间短的旅游产品销

售；渠道费用最高。

下面用图 10-5 和图 10-6 来直观地描述旅游销售渠道模式的几个层次。

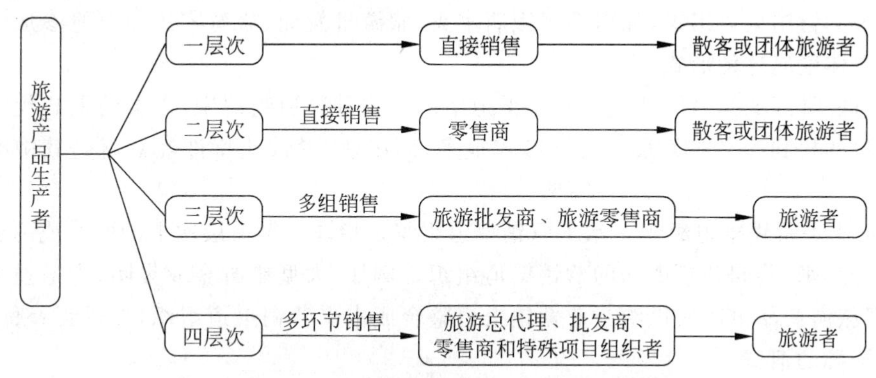

图 10-5 旅游销售分配系统图(销售渠道)

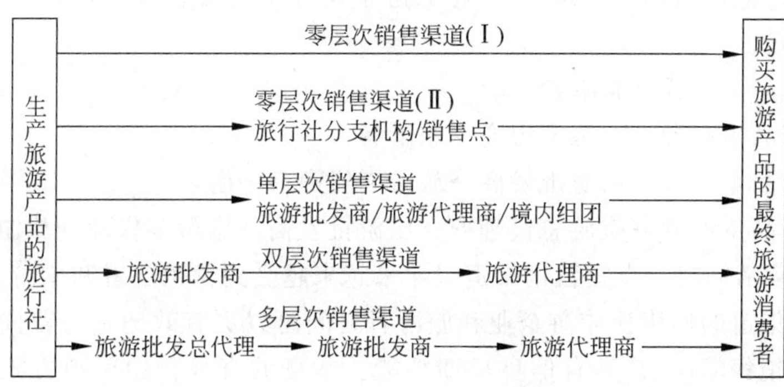

图 10-6 旅行社产品销售渠道

第二节 旅行社营销渠道管理

一、渠道的演进与竞合

旅游营销渠道在不断发展变化，各种渠道既有相互冲突、竞争的一面，也有在冲突、竞争的同时相互合作的另一面。

1. 渠道的演变

旅游营销渠道在“旅游产品生产者→旅游批发商→旅游零售商→旅游者”这种传统模式中，渠道各成员都是独立的企业，各自都以本企业利润最大化为决策目标，相互间的利益冲突有时会影响旅游产品“货畅其流”。为此，变革营销渠道模式是旅游企业所面临的重要课题。

(1) 垂直旅游渠道组织。垂直旅游渠道组织是由旅游产品生产企业、旅游批发商、旅游零售商组成的一种统一的联合体。例如，不少大型酒店开办旅行社为本酒店提供客源等。公司式营销渠道组织也可由批发商或零售商组建。

另一种形式是管理式营销组织，指渠道内各成员以协调方式而不是以所有权为纽带进行管理的营销渠道组织，如由知名饭店牵头，旅游批发商、旅游零售商自愿参加的销售渠道联合体就属这种形式。

还有一种形式是合同式垂直营销渠道组织。这种渠道组织中，以契约形式规定渠道成员各自的权利和义务关系。具体形式很多，酒店业、餐饮业特许经营就是其中的一种形式。

(2) 水平营销渠道组织。水平营销渠道组织是指同一渠道层次上的两个或两个以上成员联合起来，共同开拓市场的营销渠道组织。例如，大型旅游企业集团，为增强大渠道功能，把旅游产品生产或供给企业营销渠道整合成水平营销渠道组织，形成互补优势，减少渠道资源的浪费。

(3) 多渠道营销组织。多渠道营销组织指旅游企业同时使用两种或两种以上的营销渠道销售旅游产品的营销渠道组织，大型旅游企业可能从以下四种渠道中选择多个作为本企业营销渠道。

① 旅游产品生产者→旅游者；

② 旅游产品生产者→旅游零售商→旅游者；

③ 旅游产品生产者→旅游批发商→旅游零售商→旅游者；

④ 旅游产品生产者→旅游总代理商→旅游批发商→旅游零售商→旅游者。

(4) 直复营销渠道。直复营销渠道近年来越来越受到营销学者和旅游企业经营者重视。直复营销渠道的使用让旅游企业和旅游者之间可以更有效地进行双向信息交流，使各种媒体成为销售场所，并具有信息反馈功能。常见的直复营销渠道方式有电话营销、直接邮购营销、电视营销等。

① 电话营销。这是最广为使用的双向直接沟通渠道，通过电话营销可以节省登门销售的出差成本和其他开支。目前旅游企业和旅游企业之间的很多产品的销售工作都通过电话来完成。

② 直接邮购营销。指旅游企业把旅游产品和服务的目录直接邮寄给目标游客，目标游客再根据产品目录选购旅游产品和服务。

③ 电视营销。电视营销渠道有两种常见形态：一种是时间比较短的直接回复广告，它以一般广告时间的长短来介绍旅游产品或服务，同时提供给旅游者可以直接回复的方法，通常是免费电话号码；另一种是通过电视购物频道来进行，整个购物频道 24 小时播出商品销售节目(其中有一部分是旅游产品销售节目)，这种专门的购物频道在国内还比较少见。

(5) 特许经营。现代特许经营起源于 1851 年的美国，直到 20 世纪初才变得较为普遍。现在很多旅游企业也开始使用特许经营渠道来进一步分销自己的产品和服务，达到扩大市场的目的。

① 特许经营渠道的特点。旅游企业在使用特许经营渠道的时候，转让的是一套标准化的产品和服务，以及某种管理技能。使用特许经营渠道的旅游企业一般具有较大的规模、较好的品牌形象、较独特的产品和较先进的管理技能，如假日酒店、喜来登酒店和香

格里拉酒店集团等。

② 特许经营渠道的两种主要类型。旅游企业常用的特许经营渠道主要有产品和商标型、经营模式型两种类型。

a. 产品和商标型。在这种形式中,特许人通常是一个旅游生产商,同意授权受许人对特许产品或商标进行商业开发。特许人可能提供广告、培训、管理咨询方面的帮助,但受许人仍作为独立的经销商经营业务。这种模式也被称为传统特许经营渠道模式。

b. 经营模式型。经营模式型特许经营渠道又被称为第二代特许经营渠道,是最近一二十年发展较快的特许经营渠道模式。这种形式中特许人与受许人之间的关系更为密切,受许人不仅被授权使用特许人的商号,而且要接受全套经营方式,包过经营场所、产品或服务的质量控制、人员培训、广告、财务系统及生产产品所需的原材料供应等。这种经营渠道常见于餐馆、酒店等。

(6) 网络营销渠道。随着E时代的到来,网络营销作为一种全新的营销渠道,正被越来越多的旅游企业所关注和使用。在第三节中,我们会谈到网络营销渠道的具体内容。

2. 渠道冲突

渠道冲突是指渠道各成员之间、各渠道之间因为利益上的矛盾而发生的冲突。主要表现为横向冲突和纵向冲突两个方面。

(1) 横向冲突。横向冲突指不同的企业渠道之间的利益冲突,如酒店与酒店之间、旅行社与旅行社之间的渠道冲突。横向冲突还表现在同一渠道、同一层次、同一层级的中间商之间的冲突。例如,同样都是某酒店的批发商,为了招揽游客往往互相诋毁;甚至旅游企业自设的经营网点,有时也发生冲突。

(2) 纵向冲突。纵向冲突指同一企业营销渠道中不同层级之间的利害冲突。例如,旅游产品生产者调高价格会面临来自旅游批发商和旅游零售商较大的压力,旅游批发商时常与旅游零售商发生利害冲突。

渠道的矛盾冲突处理的主要方式有:建立利益共享、风险共担机制;以共同目标为导向,协调矛盾、减少分歧,防止矛盾激化;建立共同行为准则,约束渠道所有成员。

3. 渠道竞争

渠道竞争指目标市场相同的旅游企业营销渠道为争夺客户所形成的竞争。包括横向渠道竞争和渠道系统竞争两种竞争形式。

(1) 横向渠道竞争。横向渠道竞争指在同一目标旅游市场销售的同一渠道层次之间的竞争,如向同一观光旅游市场提供产品的某景点各旅游零售商之间为争夺观光客而展开的竞争。

(2) 渠道系统竞争。旅游市场是较为开放的市场,各种营销渠道林立,同一旅游者可以得到来自各类渠道的服务,各种渠道系统往往竞争激烈。例如,希望乘飞机旅行的游客,既可得到各家航空公司自设门市部销售点的服务,也可选择到代办机构购票,还可通过电话、网络订票。

4. 渠道的协调

为避免渠道冲突的发生或尽可能减小冲突带来的损害,旅游企业应协调渠道成员的销售目标及行动,发挥营销渠道的合力效应。应根据具体情况采取相应的对策。

(1) 共同目标法。旅游企业要让所有中间商意识到营销渠道系统是一个不可分割的整体,所有渠道成员有一个共同的目标——实现渠道的最大利润,这一目标由各中间商的分销目标组成,任何一家中间商的消极销售或低水平销售都会影响共同目标的实现。

(2) 责权利法。渠道成员间的良好合作关系归根结底要靠利益来维系,若某中间商得到的利益超出其所承担的责任,其他生产商或中间商就会产生不满。因此,旅游营销渠道各成员必须共同协商,制定科学的责权利方案并以合同的形式确定下来,以约束和协调所有成员的行为。

(3) 信息沟通法。由于追求的目标不一致,旅游企业和中间商之间经常因为观点不一而产生冲突,如延期付款或在产品价格上互不相让等。因此,旅游企业必须建立准确、畅通的信息渠道,如成立专门的信息机构,以协调各渠道成员的不同观点和建议,并及时向渠道成员传达有关市场信息,实现步调一致、信息共享。

(4) 互相渗透法。互相渗透法指通过加强渠道成员间的相互合作,提高彼此间的依赖程度,通过增进相互之间的理解,减少渠道冲突。这种方法有助于渠道成员互相认同,并形成共同的价值观念和行为准则。加强人员流通、共同开展促销活动等是较常见的手段。

5. 渠道合作

传统意义的渠道合作往往理解为同一营销渠道之间的合作。旅游生产者、旅游批发商、旅游零售商所组成的分工渠道在共同利益的基础上,彼此相互依托、补充、充分发挥各自优势。

从旅游市场营销现实看,渠道之间横向合作和纵向合作的趋势越来越明显,如几家大旅行社联合推出旅游超市、联合销售同一包价旅游线路,如包机、旅游专列等,而旅游零售商也踊跃代理。

围绕各自的利益,旅游营销渠道之间的冲突、竞争与合作不以人们的意志为转移,旅游产品生产者需要正确应对各自渠道冲突,善于化解矛盾,利用渠道竞争为本企业取得理想的利益;在互利互惠的基础上不断提高渠道合作层次,建立经济、高效的营销渠道网络。

二、旅行社营销渠道选择的基本原则

选择合适的旅游营销渠道,需要旅游企业综合分析影响营销渠道的各种因素,确定营销渠道目标,并设计出多个备选方案,然后根据不同标准加以评估,从而确定最佳方案。

(一) 旅游者导向原则

俗话说,“顾客就是上帝”。旅游企业进行市场营销的最基本原则是满足顾客的需求,旅游产品的生产者或供给者首先必须设计和生产出符合市场需求的旅游产品,制定出合理的价格，并进行有针对性的旅游市场促销活动。

当今的旅游业已经是一个竞争十分激烈的行业。新的旅游企业不断涌现，旅游产品甚至同类旅游产品的数量也在不断增加；旅游产品又具有替代性强的特点，旅游者的选择余地大。在其他条件相同的情况下，选择合适的时间和地点使旅游者能够便利地购买到本企业的旅游产品，旅游企业就能在竞争中赢得更多的优势。

（二）经济效益的原则

旅游产品销售渠道并非是自然形成的，它需要旅游产品生产者的认真规划、组建、开拓和维持，这种开拓和维持都需要一定的费用。这些费用需要从建立后的销售渠道所带来的收入中得到补偿。如果旅游企业自身的经济实力不足以支付开拓和维持某一销售渠道所需要的费用，这一渠道显然不具有选择的意义。所以，在选择营销渠道时应比较各种渠道所带来的销售收入、利润和成本，只有那些不但能带来一定的销售收入，而且在扣除其他费用后还能使本企业盈利的销售渠道才是值得选取的销售渠道。这就是选择旅游产品销售渠道时应遵循的经济效益的原则。

事实上，旅游者导向原则和经济效益原则是市场营销观念在旅游产品销售渠道选择中的具体表现。前者表现为旅游市场竞争形势下的必要性，后者则体现了选择该销售渠道的可行性。

三、影响旅行社渠道选择的因素

旅游营销渠道有长有短、有宽有窄，旅游中间商多种多样，营销渠道成员之间关系各异。旅游产品生产者在选择营销渠道时要做出正确决策，就必须考虑法律因素、市场因素、产品因素、企业自身因素和中间商因素等多种因素的综合影响。

1. 法律因素

在进行营销渠道决策时，应考虑相关法律政策因素的影响。例如，在中国入境游目前尚属特许经营，未被批准的国内旅行社无法从事招徕、接待入境旅游者业务。因此，旅游生产者或提供者要认真研究目的地国（地区）和客源国（地区）的有关法律和法规，在法律法规允许的前提下选择营销渠道。

2. 旅游市场因素

旅游市场因素包括旅游者特点、竞争状况及竞争对手所采用的营销渠道。

（1）旅游者特点包括目标旅游市场旅游者数量与地理分布、购买习惯等。当旅游者地理分布较集中、购买量大时，旅游产品生产者往往会选择在客源地建立直接营销网点；当旅游者地理分布较分散时，旅游产品生产者可利用中间商进行销售。

（2）竞争状况以及竞争对手所采用的营销渠道。当竞争对手所生产的旅游产品竞争力不强甚至具有一定互补性时，旅游企业可以选择与竞争者相同的营销渠道；当企业产品竞争力比竞争对手的产品更强时，也可选择竞争对手所采用的渠道；当企业产品竞争力不如对手竞争产品时，应另辟渠道，避免选择与竞争对手相同的中间商。

3. 旅游产品因素

对于大众化的旅游产品宜采取间接营销渠道、较宽的渠道,而对于高档、非大众化的旅游产品,则不宜选择宽渠道而宜选择较窄的营销渠道。

4. 企业自身因素

旅游企业的规模、形象、经营能力对营销渠道有较大影响。旅游企业规模大、形象好、经营管理能力强,对营销渠道的影响力和控制力也较强;相反,企业选择中间商的余地就小。规模小的旅游企业,一般宜以散客为主、以短渠道为主,而规模大、供给能力强的旅游企业,宜采用较长的旅游渠道;企业自身销售能力强、直接销售的经验丰富,宜采取直接销售渠道,如果自身销售能力弱,则应借助中间商的力量来销售产品。

5. 中间商因素

旅游产品生产者能否找到理想的旅游中间商,这是选择营销渠道所要考虑的重要问题。理想的旅游中间商是:能便捷服务顾客,其职能与生产者的需要相符,熟悉生产者所提供的旅游产品,在目标市场旅游者心目中形象较佳,合作意愿强,营销能力能达到生产者的期望,费用适中。

四、旅行社的销售渠道策略

(一) 广泛性策略

广泛性策略是一种以建立广泛而松散的销售网络为手段,扩大产品销售量的分销渠道策略,其目的是建立一个由大量旅游中间商组成的销售网络。在这个网络里,旅行社与其合作伙伴达成默契,但双方之间不存在严格的相互约束关系。

1. 广泛性策略的优点

(1) 销售范围广。这样可方便旅游者的购买,有利于扩大产品的销售范围。

(2) 联系面大。这样可有利于加强同广大旅游者及潜在旅游者之间的联系,逐步树立旅行社在旅游市场上的形象。

2. 广泛性策略的缺点

(1) 销售成本高。旅行社经常与旅游中间商保持联系,花费大量的通信费用和其他销售费用,由此提高了产品的销售成本。

(2) 合作关系不稳定。广泛性策略对旅行社及其合作伙伴均无严格的约束,由此会导致旅行社产品的销售量不稳定。

(二) 专营性策略

专营性策略是指旅行社在某一个客源市场只同当地一家旅游中间商建立合作关系,双方互为对方在当地的独家代理或总代理,双方均不得在当地同时同对方的竞争对手进行业务往来。

1. 专营性策略的优点

(1) 销售成本低。由于旅行社在一个地区或国家只同一个合作伙伴发生业务往来,所以通信、业务谈判等销售费用比广泛性策略节省很多,有利于销售成本的降低。

(2) 合作关系稳定。专营性策略对双方都具有较强的约束力，同时双方的经济利益比较一致，能更好地相互支持与合作，合作关系比较稳定。

2. 专营性策略的缺点

(1) 市场覆盖面窄。专营性策略要求旅行社在一个客源地市场只能选择一个合作伙伴，是一种排他性的销售方式。旅行社产品的销售量受到合作伙伴经营能力的严格限制，不利于扩大产品的销售范围。

(2) 风险大。采用专营性策略的旅行社完全依赖其合作伙伴在客源市场上进行产品销售，经营上风险共担。

(三) 选择性策略

选择性策略是指旅行社在一个客源地市场上仅选择少数几个在市场营销、企业实力、信誉和市场声誉等方面具有一定优势的旅游中间商作为合作伙伴的策略。

1. 选择性策略的优点

(1) 销售成本低。由于构成分销渠道的合作伙伴数量较少，所以同广泛性渠道相比，旅行社用于销售方面的成本较低，有利于增加旅行社的利润。

(2) 市场覆盖面宽。同专营性渠道相比，选择性渠道所接触的旅游者更为广泛，从而使旅行社的产品能够在当地市场上具有较宽的覆盖面。

(3) 合作关系稳定。选择性渠道的合作伙伴同旅行社的业务往来比较多，双方在产品经营方面有着共同的业务兴趣和经济利益，因而在选择性渠道中双方的合作关系比较稳定。

2. 选择性策略的缺点

(1) 实行难度大。旅行社产品在旅游市场上经常处于买方市场，旅行社寻找理想的合作伙伴难度较大。

(2) 具有一定风险。如果旅行社选择的合作伙伴不当，可能对产品销售造成不利影响。

【案例 10-1】

旅游联合体：转型期的战略突围

目前，我国旅游业已经形成了入境旅游、国内旅游和出境旅游三大市场全面发展的局面。外资旅行社的进入加剧了国内旅游业市场竞争，我国中小旅行社面临着新的生存与发展危机。

旅游联合体是指旅游企业以提高市场竞争力、谋求更大利润为目的，通过一定形式进行优势互补、资源共享，建立交流机制与合作平台而组成的共同体，其实质是实现由现行“作坊式”旅行社生产经营方式向现代化旅行社生产经营方式转变。旅行社利润的重要来源是批零差价。为旅游者旅游生活提供全方位服务，是旅游业的利润实现方式。

发展旅游联合体也是实现我国旅行社体制转轨的重要途径。西方国家旅行社采用的是批发、代理与零售旅行社"垂直分工"体系。这种分类体系,有利于形成专业化、信息化与规模化的分工与合作体系。而我国旅行社在分类体系上采用"水平分工",即按照从事国内旅游业务和从事国际旅游业务来进行分类。这种分工体系带有明显的计划经济色彩。更为突出的问题是它导致我国旅行社形成了"家庭作坊式"生产经营方式。这种落后的经营方式正是导致我国旅游服务业发展不畅的根本原因。

而旅游联合体可使原本孤军奋战的中小旅行社结盟,通过资源共享、优势互补而迅速扩大知名度。旅游联合体的交流合作平台优势明显,通过旅游联合体采用团体采购,可以实现成本节约,获得批零差价利润。旅游联合体还可以实现体内业务循环,提高市场竞争力,谋求更大利润空间,获得垄断利润。旅游联合体可通过整合中小旅行社,向专业化、信息化和规模化的旅游联合体转变。由此可见,发展旅游联合体可使中小旅行社纳入专业化分工体系与网络化、规模化经营,有效避免恶性竞争。因此,旅游联合体是中小旅行社的重要出路。

目前,国内运营较为成熟且具有一定规模的联合体包括中国八方旅游联合体(200余家旅行社)、中老年旅游联合体(300家旅行社)、浙东南旅游联合体(200家旅行社)、东北"4+1"城市区域旅游联合体等。

五、旅游中间商的选择与管理

(一)旅游中间商的类型

在营销渠道中,旅游中间商一般是不可缺少的。旅游中间商是指专门进行旅游产品交易的组织或个人。旅游中间商在市场营销活动中的作用日益明显,并呈现出多种类型。

1. 旅游经销商

旅游经销商是指通过买卖旅游产品,从买进和卖出的差价中获取利润的中间商,它与旅游生产者共同承担市场风险。旅游经销商主要分为旅游批发商和旅游零售商两类。

(1) 旅游批发商。旅游批发商即指以批量购进和销售旅游产品为主要业务的经销商。与零售商相比,旅游批发商有以下五个特点:批量购进,批量销售;交易产品一般不直接进入最终消费领域;交易地域范围广;交易关系较为稳定;多分布在大型经济中心城市和地区。

(2) 旅游零售商。旅游零售商是指把旅游产品直接销售给顾客的中间商。旅游零售商直接与顾客接触,其交易活动是旅游产品流通过程的最后一道环节。零售商在营销渠道中承担着实现旅游产品的价值和反馈信息两项重要职能。

2. 旅游代理商

代理商既是受旅游产品生产者的委托,在一定时间、一定地区内代售其产品的中间商。由于不取得产品所有权,旅游代理商承担的风险要比经销商小得多。旅游产品生产企业一般在自己营销能力难以达到的地区，或在新产品投放期、产品销路不太好的情况下利用代理商寻找营销机会。

（二）选择中间商的原则

目前，我国的旅行社广泛采用间接销售渠道策略，这就必然涉及旅游中间商的选择与管理问题。这直接决定着旅行社间接销售渠道策略的成败。旅行社选择旅游中间商应首先进行综合分析，明确自己的目标市场、建立销售网的目标、产品的种类、数量和质量、旅游市场需求状况和销售渠道策略，在此基础上才能有针对性地选择适合自己需要的旅游中间商。旅行社可以通过有关专业出版物、参加国际旅游博览会、派遣出访团、向潜在的中间商寄发信件资料或通过接团等方式发现中间商，并主动与旅游中间商进行接触和联系。

选择旅游中间商应遵循如下原则。

1. 便捷性原则

旅游者购买产品，通常会选择方便快捷，并能得到所需服务的营销点。旅行社选择的旅游中间商的目标群体必须与旅行社的目标市场相吻合，而且在地理位置上应接近旅行社客源较为集中的地区。这样便于旅行社充分利用中间商的优势进行产品推销。

例如，美国是我国国际旅行社的主要目标市场之一，而美国只是一个大的地理概念，其出国旅游市场并非均匀分布，而是相对集中地分布在有限的区域。据美国旅行与旅游局的统计，美国出国旅游的50%集中在加利福尼亚州、纽约、新泽西、佛罗里达、得克萨斯和伊利诺斯六个州。因此，旅行社选择的旅游中间商，在地理位置上应接近这些客源相对集中的地区，并在此基础上考虑旅游中间商的目标群体与旅行社的目标市场是否一致。

2. 效益原则

构建和维持营销渠道都需要一定费用，这些费用需要从营销渠道的收入中得到补偿。一般而言，企业会选择费用最省、效益最高的旅游中间商作为最佳营销渠道。

3. 控制风险原则

风险和利益往往是共生关系，选择旅游中间商应尽可能规避和减少风险。旅游生产企业都十分重视对散客的招徕，因为对这类游客售价高而且没有被拖欠的风险。

目前旅游市场还不够规范，防范中间商的拖欠风险成为旅游企业风险控制的重要内容。对中间商恶意拖欠的防范，从理论上讲并不难，其做法主要有：①企业对境外旅游团和诚信不佳的国内旅行社坚持“先款后接”的原则；②企业高层主管应廉洁自律；③要充分了解旅游中间商的诚信程度；④建立恶意拖欠的预警防范机制。

【案例 10-2】

中间商恶意拖欠就那么几招

S国际旅行社地处在国际上较有影响力的旅游胜地，经过多年的经营，该社已具备了一定的经济实力，不少境外旅游公司都希望与该社建立业务关系。一家境外的Y旅游公司却把恶意的眼光瞄向了S社，经过了一番“考察”后，与S国际旅行社签订了一份较为公允的销售协议。根据这一协议,Y旅游公司向S旅行社送团需预付定金、团到后结款。双方签约后,Y旅游公司按协议不断小批量送团,在一段时间内Y旅游公司显得十分"诚信",并以此取得了S国际旅行社的信任。然而一段时间后,Y旅游公司就以小批量形式拖欠但很快又结付团费,S国际旅行社也没在意;随着送团规模的扩大,拖欠团费越来越多。为追讨欠款,S国际旅行社经理亲赴境外与Y旅游公司进行交涉,对方早有准备,S国际旅行社经理最终被Y旅游公司以贿赂的方式拉下水,于是拖欠一发不可收拾,一个好端端的旅行社因被恶意拖欠而濒临破产。

【评析】 通过以上的阅读我们可以知道,其实恶意拖欠就那么几招:①以诚信经营的面孔出现,通过先期"诚信"行为骗取信任;②设计陷阱,使拖欠成为现实;③拉拢腐蚀有关高层主管;④继续恶意拖欠;⑤转移资产,"合法"宣布破产以逃脱欠款追讨。只要提前采取有效的防范措施,旅游企业是能够防止中间商的恶意拖欠的。

4. 效率原则

选择旅游中间商要考虑其对本企业旅游产品的推销速度。推销速度快、效率高,有利于旅游企业提高资本周转速度。这对时间性很强的旅游产品如特定日期的旅游产品、流行时间短的旅游产品尤为重要。

5. 可控性原则

旅游企业有必要对营销渠道进行适当的控制,一旦营销渠道失控会导致营销渠道的混乱,旅游中间商会弃之而去,严重时生产者会被挤出市场。例如,当旅游批发企业以低于零售商的价格直接向旅游者出售旅游产品时,会引起批发商和零售商的强烈反对;当旅游客源地各旅游零售商出售同一生产者包价旅游线路、价格高低差异却很大时,会引起游客的质疑;这两种情况都会影响渠道的整体效益,严重时会使整个营销渠道崩溃。

(三) 旅游中间商的日常管理

在选择了营销渠道模式和具体的旅游中间商后,旅游企业还必须对营销渠道进行有效管理,以明确旅游中间商的权利和义务,增强企业自身对营销渠道的控制能力,从而最大限度地发挥旅游中间商的销售职能。旅游企业在营销渠道建立后,为使营销效果最大化,根据企业自身、产品特质及市场环境等变化,通过对中间商的日常管理来实现对渠道成员协调、激励、评价、改进的功能。

旅游中间商的日常管理包括建立客户档案、及时沟通信息、实施客户评价、采取折扣策略和适当调整客户五项内容。

1. 建立客户档案

旅行社应该建立起完整的客户档案。客户档案应按照旅游中间商的名称建立。旅行社在档案中记录每一个旅游中间商的历史和现状,输送旅游者的人数、频率、档次,付款时间及欠款情况等信息。通过对这些信息的分析和研究,旅行社销售人员能够对不同旅游中间商的能力、信誉、合作程度、合作前景等作出判断和预测,并据此对他们分别采取相应的对策。

2. 及时沟通信息

及时沟通信息是旅行社加强对旅游中间商管理的重要措施之一。旅行社及时向旅游中间商提供各种产品信息有助于旅游中间商提高产品推销的效果。同时，旅行社也能够根据旅游中间商提供的市场信息改进产品的设计，开发出更多的适销对路产品。

3．实施客户评价

旅行社应对客户档案中的信息进行评价，以掌握每一位旅游中间商的现实表现及合作前景。客户评价应包括以下几点。

(1) 积极性。客店的积极性是配合旅行社销售工作的最好保证。许多旅行社产品是由旅游中间商卖出去的，其积极性直接影响着销售效果。

(2) 经营能力。经营能力的强弱标志着旅游中间商销售能力的大小，也直接影响旅行社产品的销售业绩的好坏。旅行社在衡量客户经营能力时应重点考察其经营手段的灵活性、经营管理能力和市场覆盖面等几项指标。

(3) 信誉。旅游中间商的信誉是旅行社与其合作的基础，旅行社必须密切注意客户的信誉状况。

4．采取折扣策略

折扣策略是以经济手段鼓励旅游中间商多向旅行社输送客源、调节旅游中间商输送旅游者的时间或鼓励旅游中间商及时向旅行社付款，以避免不良债权的重要方法。折扣策略包括数量折扣策略、季节折扣策略和现金折扣策略三种类型。

(1) 数量折扣策略。数量折扣策略是旅行社为了鼓励旅游中间商多向旅行社输送客源所采取的一种策略。采用这种策略的旅行社以其产品的基本价格为基础，根据旅游中间商销售旅行社产品的销售额给予他们一定程度的折扣。

(2) 季节折扣策略。季节折扣是旅行社针对旅游淡、旺季明显的特点，为了调查旅游中间商向旅行社输送旅游者的时间所采取的一种管理策略。当旅游中间商在旅游旺季向旅行社输送旅游者时，旅行社按照产品的基本价格或略高于基本价格的产品价格向中间商收取旅游费用；当旅游中间商在旅游淡季向旅行社输送客源时，则可以享受一定比例的价格折扣。通过这种方法，旅行社可以达到鼓励旅游中间商在旅游淡季多向旅行社输送客源，平衡旅行社全年旅游接待流量的目的。

(3) 现金折扣策略。现金折扣又称付款期折扣，是旅行社为了鼓励旅游中间商尽快向旅行社付款，避免或减少拖欠款、呆账等不良债权的管理措施。实行现金折扣的旅行社一般规定，如果旅游中间商能够在双方事先商定的付款期限之前偿付欠款，可以享受一定比例的现金折扣优惠。现金折扣一般应略高于旅游中间商所在地的银行利率，以刺激他们尽早付清所欠旅行社的各种费用。

5．适当地调整

旅行社在管理旅游中间商的过程中还可以根据旅游市场、旅游中间商和旅行社的自身发展等因素的变化，如下列所列情形，应当对与之合作的旅游中间商作出适当的调整。

(1) 旅游市场发生变化。旅行社应根据旅游市场的变化，及时调整与之合作的旅游中间商。旅行社根据旅游市场动态，选择某些具有一定经营实力并确有合作意向的专营或主营散客旅游业务的旅游中间商作为合作的伙伴。

(2) 旅游中间商发生变化。当合作的旅游中间商发生变化时，旅行社应对其进行适当的调整。例如，某旅游中间商在同旅行社合作期间，出于其自身的原因长期拖欠应付的旅游接待费用。旅行社在发现这一情况后,可相应地采取减少接待该中间商输送的旅游者,必要时停止与其合作等措施以避免更大的经济损失。又如,某旅游中间商违反与某旅行社达成的谅解,擅自将大量旅游者输送给本旅行社的竞争对手,从而急剧地减少了为本旅行社输送的客源。旅行社应针对这一情况,及时采取应对措施,在该旅游中间商所在的旅游市场上积极寻找新的合作伙伴,以逐步取代该旅游中间商。

(3) 旅行社自身发生变化。旅行社在自身发生变化并影响与旅游中间商的合作关系时,应适当调整旅游中间商。例如,由于旅游市场的变化,旅行社将其经营的产品种类从以文化观光型的团体旅游产品为主转变为以度假型散客旅游产品为主。根据这一变化,旅行社应选择专营度假旅游产品或散客旅游产品的旅游中间商作为新的合作伙伴,以逐步取代经营文化观光旅游产品或团体旅游产品的旅游中间商。

第三节 旅游电子商务营销渠道

20 世纪 90 年代以来,日益成熟的现代信息技术逐步渗透到我们生活中的每一个领域。至此,电子商务也从单纯的网上发布信息、传递信息到在网上建立商务信息中心,从借助于传统贸易手段的不成熟的电子商务交易到能够在网上完成供、产、销全部业务流程的电子商务虚拟市场。

一、旅游电子商务的概念及必然性

(一) 概念

旅游电子商务是指旅游企业应用计算机和现代通信技术,通过互联网,调整企业同消费者、企业同企业、企业内部关系,从而扩大销售,拓展市场,并实现内部电子化管理的全部商业经营过程。它具有以互联网为依托,消费者直接参与,涉及企业运作的各个层面(产品设计、市场营销、企业管理、客户管理、资源管理、供应链管理),信息源庞大,支付方便、快捷等特点。

(二) 旅游电子商务发展的必然性

旅游电子商务的快速发展,与其自身特点紧密相连。

1. 旅游销售与消费的异地性(又称为生产与消费的同一性)

人们在旅游时需要行、游、住、食、娱等多种以服务为主要内容的无形商品,其交易方式与有形的实物商品不同。它在市场(一般是旅游者的居住地)上被售出以后,由购买者(即旅游者)来到其生产地(即旅游目的地)消费(如住宿、餐饮、乘坐交通工具、游览等)。这一特性使旅游电子商务绕开了物流配送这个被认为是当前电子商务发展瓶颈之一的环节。

2. 旅游交易是一种小额、多批次的服务贸易

人们对旅游服务具有很强的个性化要求,旅游产品的购买者大部分是散客,即使是

成团旅游，每团也不过数十人。旅游是一种典型的小额贸易，每次交易的内容和金额各不相同，但批次很多，交易过程比较复杂，传输的信息量很大，中间环节又多，需要大量手工劳动和频繁地使用电话、传真等通信工具，费时费力。利用电子商务则可以使旅游企业建立一个 7×24 小时对全世界公众开放的网上营业场所，避免了时间、时差和地域上的限制。同时买卖双方的意愿通过固定的网上交易表格统一和规范地表达，大大降低了交易成本中高昂的长途电话费。

3. 旅游促销的抽象性

为了招徕旅游者，旅游业需要进行大量促销工作，其方式比有形产品更加复杂。旅游促销因为其产品的无形性使得这种与推销相似的促销工作不得不使用各种媒体，参加许多旅游交易会，以及制作和散发大量宣传品，来进行目的地形象宣传和企业产品宣传。同时，促销对象又遍布全球，其工作量和费用之大是可想而知的。而通过电子宣传册、数据库跟踪技术等网上营销方式的使用，减少了巨额的促销开支，且更具有针对性。

4. 旅游交易需要一个庞大的销售中介网络

旅游业已发展成为一个全球性的大产业，旅游客源市场和旅游目的地均遍布全世界，两者之间的距离可能很短，也可能跨越国界甚至大洋。旅行社作为旅游产品“上游”企业的代理，将其产品销售给旅游者，并将收到的付款在扣除佣金后汇给产品的提供者。世界各地形成由旅行社组成的庞大的旅游产品分销网络。网络化经营是旅游业得以运转的必要条件，但这个网络是靠佣金来维持的。因此，高销售成本成了旅游业的又一大特点。电子商务的网络应用，促使直销的可能性大大增加，从而降低了旅游交易成本中佣金的支付，并且有利于旅游产品供应商直接从市场上搜集到真实的第一手资料，合理安排生产，提高产品质量，改善经营管理。

二、旅游电子商务营销渠道的功能

旅游电子商务营销渠道具有如下基本功能。

(1) 网络营销渠道是信息发布的渠道。一方面企业的概况和产品的种类、质量、价格等，都可以通过这一渠道告诉用户；另一方面企业可以通过网络搜集关于市场环境的市场调研和情报信息。

(2) 网络营销渠道是销售产品、提供服务的快捷途径。通过网络平台，旅行社建立与顾客的交流，协助、补充旅游产品提供者的促销活动，以实现其促销功能；搜寻预期购买者与其沟通，为其提供建议和购买帮助；适当改变产品使其符合购买者的需求，包括诸如分类组装和组团等功能；通过与顾客协商，在价格和产品买卖等其他方面达成共识，从而使产品使用权转移；接受销售收入并将其转移给旅游产品经营主体。因此，用户可以从网上直接挑选和购买自己需要的商品，并通过网络方便地支付款项。

(3) 网络营销渠道是旅行社之间洽谈义务、开展商务活动的场所，也是进行客户技术培训和售后服务的理想园地。所以，旅行社是否开展电子商务，绝不仅仅是标志着企业的信息化水平和现代化程度，更重要的是它可以给企业带来实实在在的好处。

与传统分销渠道对比，网络营销渠道的优越性明显，一方面，它几乎具有传统分销渠道成员的所有主要功能,另一方面,它使旅游产品交易可以超越时空限制,减少了流通环节,从而降低流通成本,使企业有可能以较低价格向公众出售其旅游产品,还加强了旅游产品生产者对其产品的控制力。

【案例 10-3】

餐厅的网络销售

华人杨先生在美国一个人口密集的城镇开了一家中餐厅,开业一个月来餐厅生意一直很冷清,这让杨先生伤透了脑筋。他进行了市场调查后,发现当地人并不是对中餐不感兴趣,而是因为大部分人不了解中餐,还有一部分人不喜欢中餐厅喧闹的环境而喜欢在家里或西餐厅用餐。据此,杨先生瞄准了网络销售渠道,让顾客在家里通过互联网络登录他的餐厅网站,了解餐厅所提供的菜肴,并介绍一些菜肴的制作方法和相关的餐饮文化,顾客可以根据需要在网上点菜、付费,在半个小时内餐厅员工就可把所点的菜肴送到顾客家。此法推出后很受大家欢迎,还因此带动了餐厅现场的消费。餐厅生意由冷转旺,网络销售渠道功不可没。

【评析】 案例中的餐厅通过网络营销使生意由冷清转为红火,其成功之处在于充分利用了网络营销给顾客带来的便利性,然后以高效的服务赢得顾客,最终带动现场的生意并使之红火。

三、构建网络营销渠道所需要的条件

要想充分发挥网络营销渠道的作用,还需要政府和企业共同努力,一起构建网络时代的新型营销渠道。

1. 构建规范网络营销的法律体系是根本保障

为了充分保障旅游企业和旅游者的利益,首先要构建规范的网络营销法律体系。政府和相关部门要尽快从旅游经济安全的角度建立具有中国特色的、适用于电子商务的法律,使得旅游企业的网络渠道营销工作和旅游者的网络购买行为有法可依、有规可循。

2. 增强人文关怀意识是网络营销成功的关键条件

为了体现网络营销的人文关怀,旅游企业应制定出体现个性、服务个性、满足个性、实现个性的人文营销策略来促进网络营销渠道的构建。

(1) 进行人文化、"量体裁衣"式的旅游产品设计。旅游企业可以利用网络营销渠道,和旅游者之间形成"一对一"的营销关系。这样有助于为每一个旅游者解决个别问题,甚至可以根据旅游者的要求"量身定制"其所需要的旅游产品,如旅行社可以通过网络营销渠道为旅游者"量身定制"满足其需要的旅游线路。

(2) 情感服务和个人沟通。旅游企业要从细微处关心旅游者,想旅游者所想,提供温馨的情感服务,以弥补旅游者在这种虚拟的人际关系中可能感受到的"人情淡漠"。

第四节　旅游电子商务的应用现状

一、旅游电子商务发展现状

目前，全球旅游电子商务发展迅猛，根据艾瑞监测数据，2014 年中国在线旅游市场交易规模达 3 077.9 亿元，同比增长 38.9%。其中，在线机票市场规模为 1 930.7 亿元。在线酒店市场规模为 632.5 亿元。在线度假市场规模为 448.8 亿元。越来越多的旅游产品供应商在网上建立自己的主页，尝试网上促销和产品直销。饭店预订、航空服务、汽车租赁、旅游线路等旅游产品大量在网上销售，2011 年中国在线旅行预订市场中，酒店预订营收比重占 45.2%，机票预订营收比重占 40.8%。作为传统旅游交易中介的旅行社行业面临生存空间压缩的危机。

据世界旅游组织预计，中国有望成为新世纪全球最大的旅游市场。而据业内人士预测，3 年以内，旅游市场将有 10%的交易额来自网络支持。据统计我国现有旅行社已超过万家，但大部分是中小型企业，本身没有太多的资源和合作伙伴，更多的旅行社还在延续着传统的小作坊式的手工操作，一台电话加一台传真机的模式并不罕见。对于这些散、小、弱的企业，网站起到了整合资源的作用。网络最大的作用就是把这些旅行社联合起来，并在此过程中形成新的规模。

目前，全国旅游网站已超过 500 家，网上旅游市场发展很快，携程旅行网、华夏旅游网、青旅在线、意高神州等不胜枚举。虽然旅游电子商务在中国电子商务的交易量和增幅都排在首位，但就目前而言，现有的旅游网站电子商务模式主要有 B to B 与 B to C 两种，国内专业的旅游电子商务网站尚处于初级阶段，其电子商务应用还主要停留在 B to C 表层层面上。其他诸如企业管理、资源管理、供应链管理等深层应用，由于我国普遍低下的企业管理水平、政策环境、网络化程度不高等因素而未能有效实施。目前仅仅建立了面对消费者的网上营业场所，大量的后台支持工作仍需要采取传统方式进行。这在旅游电子商务的实际操作过程中带来了效率低下、实时性差、运作成本高等一系列问题。大部分网络旅游公司因此对网下旅游产品资源的整合显得力不从心，有效资源整合的个性化旅游产品提供也成了一句空洞的口号。

二、B to C 旅游电子商务模式

B to C(Business to Customer)是商业机构对消费者的电子商务。这种形式的电子商务一般以网络零售业为主，主要借助于 Internet 开展在线销售活动。B to C 经营模式是目前国内旅游电子商务的主流，相对来说起步比较早，以中国旅游资讯网、中华行知网、携程旅行网、e 龙旅行网、华夏旅游网等为代表。

1997 年，国内相继出现以中国旅游资讯网、华夏旅游网、中华行知网为代表的第一代 B to C 旅游网站，旅游企业直接面对个人用户进行营销活动，提供在线服务。网络营销

的目标市场扩大了。

2000 年,以携程、e 龙旅行网为主的第二代 B to C 旅游网站开始崭露头角。携程首次将旅游网站定位为旅游行业的中介服务机构,市场定位主要为自助旅游和商务旅游。携程、e 龙这样的全国性旅游预订服务网站成功地运用 IT 技术,利用集中式呼叫中心搭建起来的虚拟服务网络支撑着遍及全国的预订服务体系,高效且有规模效应,大大降低了服务成本。

2005 年,传统以商务旅游为主的 OTA(在线旅游服务商)开始开发新的旅游产品,以期开拓新的盈利增长点。一些新兴的旅游服务商开始涌现。航空酒店开始加大自有网站的投入,大力发展网络直销业务。各种细分垂直型的在线服务商日渐兴起,如途牛、驴妈妈、悠哉旅游网等。一些大的互联网巨头凭借自身强大的用户流量,开始进军在线旅游行业,如淘宝旅行频道、新浪旅游、腾讯入股艺龙等。

2009 年至今,各种旅游垂直网站开始兴起,典型代表为以垂直搜索为主的去哪儿、酷讯,以旅游点评为主的到到网、旅人网。其中,垂直搜索加剧了机票业务的竞争程度。点评网站有利于酒店及度假业务的线上发展。综合来讲,垂直网站的发展对整个旅游市场的发展起到了催化剂的作用,使得整个行业的竞争更加立体化。

业内人士指出,随着经济和社会的发展,旅游者对个性化的需求越来越强烈,B to C 的发展趋势将是进一步进行市场开发、进行市场的细分、加强个性化服务的结果。在开发过程中特别应加强组团出发前的需求预见性服务、急需物品时的实时性服务、送达物品时的快捷性服务、大型旅游点的电子导游等,以满足游客的个性化需求。

三、B to B 旅游电子商务模式

B to B 指的是 Business to Business,即商家(泛指企业)对商家的电子商务。有时写作 B to B,但为了简便更多地用其谐音 B2B(2 即 to)表示。B2B 是指进行电子商务交易的供需双方都是商家(或企业、公司),它们使用了 Internet 技术或各种商务网络平台完成商务交易的过程。这些过程包括:发布供求信息,订货及确认订货,支付过程及票据的签发、传送和接收,确定配送方案并监控配送过程等。

C to C(Customer to Customer)是旅游电子商务的后起之秀,起步较晚,但显然是旅游电子商务发展的趋势,以旅游交易在线为代表。

WTTC(世界旅游及旅行理事会)指出,中国将成为全世界从未有过的旅游经济大国,但这一迅速发展的朝阳产业却面临瓶颈——信息的高度不对称,由此引起的突出现象是,中国的大多数旅行社的经理人每到旺季便忙车、忙房、忙团队,淡季就跑会、跑展、跑外联,疲于奔命却仍然不可能面面俱到,也就是很难找到综合性价比最优的组合。旅行社自身的旅游产品开发也因而滞后,只能有什么做什么,成为简单的作坊型企业。旅游界急需一种省时、省钱的方式来解决信息不对称的难题,因此 B to B 旅游电子商务网站应运而生。B to B 旅游电子商务网站的运营模式是为旅游企业提供网上信息交流、网上交易的平台及其他增值服务。

旅交汇(www. 17U. net)在 2008 年开通,是目前中国最大的旅游 B2B 交易平台。市场定位明确,为包括旅行社、酒店、景区、交通、票务代理等在内的旅游企业提供专业的交

易、交流和信息化管理服务。旅行社、宾馆酒店、票务、汽车租赁等旅游企业通过网络用最少的时间、最小的代价重新整合资源，找到性价比最优的旅游产品，使旅游产品更具竞争力，提高企业核心竞争力。旅游企业借用网络进行同行询价报价、供需、拼团、合作等信息交流，重新进行资源整合，可节约十几万元的通信费，降低成本，提高工作效率，提高产品透明度，减少差价空间，可以提供有竞争力的价格，提高旅游产品的竞争力。业内人士预测，B to B旅游电子商务是未来旅游电子商务的趋势，其旅游电子商务的模式将是旅游企业的专业搜索+B to B形式。随着竞争的愈加激烈，网站之间的差异化缩小，信息量的多少和真实已经不是B to B旅游电子商务竞争的焦点和重点，而是网站的功能完善、操作简单和人性化的服务，以及网站所特有的专业的技术和功能等。虽然现在有百度和3721等专业的搜索平台，但是它们已满足不了企业的搜索需要，所以旅游企业专业搜索必然是一个未来竞争的焦点和重点的。B to B旅游电子商务网站的出路在于合作网站之间的合作以及网站、企业、政府、国际公司等各个部门和行业协会的合作，这变得越来越重要，大家都意识到只有合作才能带来企业的共赢。

电子商务的发展过程中还有C to C(Customer to Customer)，B to C、C to B等模式。旅游电子商务网站的经营模式及发展趋势各具特色，由于赖以存在的实体资源不同，所以网上的竞争并不如想象般的硝烟四起。这只能说明，相对于国外成熟的旅游电子商务，即使是被业内看好最接近电子商务的国内旅游网络，也处于携手做大市场的互联网经济"初级阶段"。到底下一步谁能夺得最终的领军地位，尚待验证。

【案例10-4】

中国在线旅游的经营模式

在线旅游预订网站

为用户提供预订服务 以收取佣金为主要盈利模式，属于酒店的分销渠道，包括携程、艺龙等。

旅游点评网站

为用户提供酒店和目的地点评参考，主要为旅行者提供开放性的分享平台，增加用户互动和访问量，以收取网站媒体广告为主要盈利模式，属于酒店直销平台，包括到到网等。

旅游比价搜索网站

帮助用户收集、比较和处理旅行产品数据的有效工具，包括去哪儿和酷讯网等。

直销模式

是一种可供双方面对面交易的平台，特点在于省去代理商割让金中间环节，直销模式越来越受到酒店和航空公司的青睐，包括淘宝旅游等。

1. 旅游网站盈利模式(四种类型):

A类:在线旅游预订网站　代表:携程旅行网

网站简介:

携程旅行网品牌创立于1999年,总部设在中国上海,目前已在北京、广州、沈阳等11个城市设立分公司、员工1万余人。携程旅行网向超过4 000万会员提供集酒店预订、机票预订、旅游度假、商旅管理、特约商户及旅游资讯在内的全方位旅行服务,被誉为互联网和传统旅游无缝结合的典范。

盈利状况:

携程发布的2009年财务报表数据显示,2009年携程网的营业收入达到21.2亿元,同比2008年增长33.3%.,2010年携程第二季度未经审计财务业绩,净营收为6.95亿元。

盈利模式:

收取上游服务供应方佣金。

盈利点:

携程业务

酒店预订　机票预订　旅游度假　商旅管理　在线广告

合作模式:

A.代理商合作

B.网站合作

a.共建品牌栏目　b.信息查询服务　c.共建旅游频道　d.市场资源互换推广

C.服务供应方合作

B类:旅行点评网站　代表:到到网

网站简介:

到到网于2009年4月正式上线,是TripAdvisor®中国官网,TripAdvisor®是全球最大的旅游网站,隶属于Expedia旅游公司。目前,到到网每月独立用户已超600万,搜集的酒店和旅游景点等各类点评内容超过3 500万条,其中收录4万多家国内酒店信息。

盈利状况:

Expedia2009年第四季度财报显示,2009年利润达到4.106亿美元,净利润达到了2.995亿美元。(全球)

注:到到网属Expedia公司,据搜索未发现其单独发布财报。

盈利模式:

企业按点击支付广告费用(CPC)及向站内被评价的企业收费。

盈利点:

到到业务

在线广告　企业评价

合作模式:

A.商务合作

a.酒店评分与用户点评提供 b.广告销售 c.友情链接互换

B.内容合作

a.免费酒店信息全球发布　b.在"到到网"发表您的酒店入住感受及旅行札记

C.媒体合作

C类：旅游比价搜索网站 代表：去哪儿网

网站简介：

“去哪儿”（Qunar.com）是全球最大的中文在线旅游媒体平台，创立于2005年2月，总部位于北京。由纪源资本（GGV Capital）等四家资本共同投资支持。“去哪儿”对互联网上的机票、酒店、度假和签证等信息进行整合，为用户提供及时的旅游产品价格查询和信息比较服务。

盈利状况：

目前未收集到去哪儿网收益相关资讯。

盈利模式：

企业按点击支付广告费用（CPC）+ “免佣金”模式。

盈利点：

合作模式：

A.为各类网站提供搜索服务 B.与各个垂直内容网站进行合作

C.交换链接 D.信息分享 E.信息联盟

D类：直销模式 代表：淘宝网

网站简介：

2010年5月，淘宝旅行频道成立，整合了数千家旅游相关机构。目前，淘宝旅行机票、酒店等产品拥有相当大的价格优势,也是目前规模最大、产品种类最全的互联网旅行相关产品服务平台，包含机票、酒店、旅游、保险栏目。

盈利状况：

淘宝旅行频道单日成交额突破2 200万，目前未收集到淘宝旅行频道收益相关资讯。

盈利模式：

收取交易手续费。

盈利点：

淘宝旅行业务

酒店预订 | 机票预订 | 旅游度假 | 旅游保险 | 在线广告 | 付费服务 | 虚拟平台租金

合作模式：

A.搜索框合作 B.搜索模块合作 C.淘宝酷站分类导航栏合作 D.淘宝名站导航合作

E.名站购物合作 F.底部热门文字链合作 G.淘宝便民框合作

2. 交易流程及利润来源

去哪网

在线广告：企业按点击支付广告费用（CPC）,广告价格：45元/1000IP。

酒店直通车：“免佣金”模式，该业务集成互联网搜索和电话预订的综合应用，即当用户在该平台上搜索到目标酒店之后，便可以拨打电话与酒店前台进行电话沟通。此外，加盟酒店还可以通过酒店直通车平台来直接展示酒店的信息。

仅收取加盟酒店与用户实际通话所产生的电话费用（2元 / 分钟）。

携程网

酒店合作:佣金制度,按照星级不同收费标准不同

五星酒店: 按10%收取；

四星酒店:标间一般返佣为30元/间/天、套房为40元/间/天、豪华套房60元/间/天；

经济型酒店:30~40 元/间/天。

交易流程:

游客通过电话和网络向携程公司进行酒店预订 → 携程将订房信息反馈给酒店 → 酒店向旅客提供房间，旅客在酒店前台进行房费交付 → 酒店进行入住信息确认，按与携程签订的协议支付代理费

机票预订:佣金制度，按3%收取,卖一张票收50元左右的佣金。

交易流程：

游客通过电话和网络向携程公司进行机票预订 → 携程将机票预订信息反馈给航空公司 → 航空公司出票并送票，旅客向航空公司或代理机构进行票务费用支付 → 航空公司确认出票信息后按之前签订的协议向携程支付一定的代理费

旅游度假:旅游中的酒店、机票预订代理费以及保险代理费，采用了盈利折扣返还和差价两种方式。

资料来源：根据艾瑞咨询报告整理.

本章小结

本章主要介绍了旅游营销渠道的相关概念，以及旅游渠道中所涉及的旅游中间商的基本内容。在学习旅游渠道的基础上，了解旅游营销渠道的功能和作用以及两种营销渠道模式。掌握了相关的概念，就要根据不同企业的现状来选择合适的旅游营销渠道，掌握旅游营销渠道构建方法。

核心概念和观点

旅游产品销售渠道；旅游中间商；直接营销渠道；间接营销渠道

★ 旅游营销渠道是一个完整的系统，营销渠道长度、宽度和渠道的多少决定了它的特征。

★ 从旅游产品生产者和旅游者是否直接进行旅游产品交易来看，可把旅游营销渠道分为直接营销渠道和间接营销渠道两大类。

★ 在旅游营销渠道构建过程中必须慎选中间商，一般应遵循便捷性原则、效益原则、控制风险原则、效率原则、可控性原则。

练习题库

□ **知识题**

1. 如何决定旅游企业营销渠道的长度、宽度与渠道多少？
2. 如何理解渠道各成员之间的竞争和合作关系？
3. 旅游企业应如何调整营销渠道？
4. 特许经营有哪些特点？

□ **案例分析题**

中外航空旅游信息服务商联手进军中国航空市场

从2006年起，中国本土最大的GDS(航空旅游分销系统)提供商之一——中国民航信息网络有限公司(简称“中国航信”)与全球权威的航空数据信息管理公司——英国OAG国际有限公司签署战略合作协议，双方将展开多方面合作。一是加强以航班数据交换为主体的航班时刻信息、联程航班自动衔接服务方面的合作；二是以对接英国OAG商旅策划平台与中国航信分销系统平台为主体的目的地信息服务方面的合作。这意味着今后人们在中国任何一座城市都能够及时、快捷地了解到全球各主要机场及航空公司诸如航班票务及目的地信息等方面的丰富信息。

国外发展多年的GDS系统服务领域从机票开始，涉及行程、酒店、租车、旅游安排等出行的各个方面。一些发达国家，航空之外的旅游销售能占整个GDS销售的40%。尽管中国航信已占据中国航空旅游信息业界领先地位，但与国外强大的GDS巨头们相比，中国航信仍然存在着一定的差距。

中国民航为了更好地利用新技术手段，在更开放的终端设备上开展销售，提出了把传统的GDS业务开放到互联网上的eGDS概念。这一业务转型，不仅把航空公司、机票代理人的服务搬上了网，扩展了分销渠道，同时还能针对每个航空旅客提供直接的服务，将过去民航一些相互独立的业务系统有机地结合起来，衍生出一些新的产品和服务。

英国OAG公司拥有全球约3 500个机场的1 000多条航线的航班资料。截至2012年年底，该公司的服务系统能够向人们提供4 000万个航班起飞信息，以及过去十多年的相关航班数据信息；而中国航信能够通过自己的互联网旅游平台，向中国各地的所有航空公司及300余家机场和8 000余家旅行社、宾馆等代理机构提供实时数据传输和交换服务，从而使人们能够及时地了解中国国内及全球各机场的航班票务信息，使人们乘机出行或旅游更为便利。2014年，英国OAG公司宣布与拥有超过1.41亿注册用户的中国最大在线旅行服务公司携程旅行网签署了一项3年期协议。携程将因此成为具有独创突破性的OAG计划航班数据动态推送信息系统的用户。

从20世纪90年代起，在中国社会经济活动和对外开放事业的双重推动下，中国航空运输业实现了快速增长，2004年至2012年中国民航旅客运输量复合增长率约为12.9%。根据国际航空运输协会数据显示，同期全球民航业旅客运输复合增长率仅为

5.0%。“十二五”期间中国民航运输总周转量达3 457.5亿吨公里、旅客运输量为18亿人次、货邮运输量达2 887.6万吨,年均分别增长9.6%、10.4%和2.3%。

有关专家指出,中外航空旅游信息界的携手合作不仅使中国航空信息系统的中外航班信息的准确性、广泛性得以提高,也使中国航空公司在提升国内及国际联程航班的销售获益匪浅,同时也增强了中国航空业界的市场竞争能力。

资料来源:编者整理自网络.

思考题:

1. 航空旅游电子分销系统发展的背景是什么?
2. 与传统GDS相比,eGDS有何特点和优势?
3. 中外航空旅游信息界联手经营,将会对中国航空旅游市场产生哪些影响?

第十一章 专项旅游营销

学习目标

- 知识目标：通过本章的学习，理解并掌握专项旅游的几种典型方式，包括老年人旅游、女性旅游、修学旅游、探险旅游、商务旅游等。
- 技能目标：在结合本章知识点的基础上，通过对书本案例的分析与讨论，掌握分析现实生活中具体的专项旅游营销行为。
- 能力目标：能够从分析相关专项旅游的概念、特点入手，进一步掌握和参与各个专项旅游市场所应采取的营销策略的设计与运用。

背景资料：深圳是一个移民城市，大多数人来自四面八方，经过多年打拼，有些人已经在深圳成家立业，他们常定期或不定期地将父母接到深圳来居住，而他们本人却因工作繁忙没时间陪父母，"如何让老年人在深圳安心、充实地生活"一直是深圳人为之苦恼的问题。如果能让辛苦了一辈子的老人去香港、澳门旅游一趟，这可是在离香港最近的深圳工作的儿女给父母的最好的孝礼。

【案例 11-1】

沙发漫游——国际自助游新时尚

最近，一种新型的通过网络交换住宿的时尚旅游方式受到人们青睐。这种旅游方式是身居两地的朋友或网友，通过协商，将自己的住房暂借给前来旅游的对方，旅游期间吃住在对方那里，双方都不用花一分钱住宿费，当地的主人还负责接待和导游。旅游的同时也是结交朋友的过程，大家注重情感的交流。通过这种方式，人们为自己找到旅途中的免费餐宿，虽然有时条件艰苦甚至睡沙发或打地铺，却能让无数充满梦想的年轻人走遍世界。

沙发漫游(Couch Surfing)已成为一种新的旅游体验方式，有钱的"驴友"可互换自己的住房，享受对方的生活品位，无钱的"驴友"就充当沙发客相互借宿一宵，以节省旅费。

交换住宿起源于1945年第二次世界大战结束后，当时很多人家破人亡、居无定所。针对这种状况，英国人洛特勒发起成立一个和平理念的组织。1949年，一群自称"和平建造者"的年轻行动家在丹麦成立了Servas，意即"我服务I serve"。它的理念是：不同背景的人之间提供直接接触的机会，促进跨文化了解，达到真诚包容的和平。现在，Servas已发展为一个串联旅行者与接待者的国际性和平友善组织，他们将全世界分为九大地区，每个区域都有一位总负责人，组织完全由义工运作。组织采取会员制，成员遍及全球130多个国家。无论访客或主人都需通过申请的方式，经与所居住国家联络人面谈后，才能正式成为会员，现已有1 300多人开放家门迎接访客。Servas鼓励想要出门探索世界的网民走出虚拟世界，到处走走，真实地广结天下朋友，认识不同文化、宗教和种族。因理念崇高，在联合国的经济与社会委员会中，Servas是具有咨询地位的非政府组织。

沙发漫游(www. couchsurfing. com)是美国人芬顿在2004年创立并发展迅速的廉价自助游网站。一次，芬顿临时决定到芬兰旅游，他给1 500名芬兰大学的学生发电子邮件寻求住宿，共获得100人的回应，旅途中遇到的很多热心的当地人令他难以忘怀，这也使他萌发把这种体验推广开来的想法。"沙发漫游"网站成立后，即日益受到欢迎，吸引了众多网民登记。迄今全球已达30万会员，并且正以每周1万人的速度递增。登记的会员中，很多是费用不多的自助游客，他们通过网站与旅游地的当地人联系，让其提供一张空床或沙发过夜。除可以寻找过夜的住宿之地，还可通过网站找个免费的当地导游。虽然不付费，但建议"驴友"帮助主人做些力所能及的家务或下厨。网友可通过游戏、论坛或聊天等形式相识并彼此逐步深入了解，最好在比较稳定的网络社区选择交换的对象，这样建立起的旅游模式较稳定。双方在明确旅游意向后，出游最好结伴而行，出发前要将旅游的相关细节告诉家人或朋友，在旅行过程中保持与家人或亲友的联系并告之行踪，以确保安全。

第一节　旅游市场的专题细分

一、旅游市场细分的现象

随着人们受教育程度和文化水平普遍提高，加上网络经济的迅速发展带来了新的信息革命，消费者的需求个性化开始突显，个性化消费需求时代开始来临。"驴友""沙发漫游""分时度假"等开始频频出现在网络上，人们渐渐喜欢上三五成群地跋山涉水自行游玩。他们近的深入乡村山寨，远的徒步沙漠草地，森林探险、登峰攀岩、露营荒郊野外亦是拿手好戏。看上去似乎狂野不羁，有些另类，但驴友们的户外旅行远比传统的大众观光旅游更让人全身心投入，更能获得精神上的深刻体验。个性的尽情释放所带给他们的快感表明，人的内心世界比以往任何时候都更需要获得满足。2008年9月中国神舟七号载人飞船的成功发射以及翟志刚的首次太空行走，都在向我们展示，太空旅游也不再是梦想。

“有所为，有所不为”是很多旅游企业成功的关键。企业面对的消费者的需求千差万别，在资源有限的情况下，旅游企业通过将消费者市场分为不同的细分市场，结合自身的相对优势资源，选择其中的一个或者多个细分市场作为自己的目标市场，并看重开发这些市场，以资源的集中和经营专业化的优势更好地满足旅游企业目标市场的需求。专项旅游，就是抛开大众旅游市场和标准化行程，只向市场的某一小部分群体提供特殊产品的旅游活动，如老年人旅游、女性旅游、红色旅游、乡村旅游、美食游、探险揭秘游、修学游等。在本章，我们主要介绍几种典型的专项旅游。

二、旅游市场细分的动因

旅游市场细分不是由人们的主观愿望决定的，而是由旅游市场的需求和供给的共同特点所决定的。

一方面，从旅游市场的需求来看，旅游市场细分是非常必要的现实问题。由于旅游者的性别、年龄、收入、兴趣、偏好、价值观等各不相同，旅游需求的差异性很大。同时，游客群体内也有十分相似的消费特点。企业可通过辨明具有不同需求的游客群，将整体旅游市场划分为不同特点的细分市场，如度假、观光、会议、商务、探亲访友、文化交流、宗教、探险、考古、体育等旅游市场。在同一细分市场中，旅游者的需求即使有差别，游客对旅游过程中需要的服务却基本相同。例如，同是会议旅游市场，其吸引物都是会议事件本身，所住的宾馆都需要有会议厅、同声传译、电信设施，消费水平一般较高。而在不同类型的细分市场中，旅游吸引物不同，游客需要的设施、服务也不尽相同，如以探亲访友为目的和以参加会议为目的的旅游者来看，在吸引物、设施、服务等方面的要求就有很大的差异。旅游需求的绝对差异性和群体内需求的相对一致性，要求旅游企业必须进行有效的市场细分。

另一方面，从旅游市场的供给来看，任何一个旅游产品的供给者，既没有足够的接待服务能力，也没有足够的旅游吸引物面向所有的国内外游客，满足他们各种各样的要求。因此，有必要将旅游市场按不同的消费特点细分为几个游客群体，把需求基本相同的游客群看成一个细分市场，再根据自己供给条件的优势，从中选择自己的目标市场，针对目标市场的需求，制定有效的经营策略。

由于旅游是一种综合性很强的高层次消费活动，旅游市场具有非常鲜明且仍在发展的异质性特征，同时其异质性特征又表现出明显的集群偏好，这正是旅游市场明确细分的客观基础。在现代旅游市场竞争激烈的情况下，一个旅游点或一个旅游企业或组织，要占领一定市场份额并得到发展，必须善于分析潜在需求，善于寻找市场机会，在有利于本企业发展的细分市场上，积极、充分发挥企业经营组合的力量，以获得企业的最佳经营效果。

三、旅游市场细分的意义

旅游市场细分是分析旅游消费需求的一种手段，对于旅游企业而言，有以下几个方面的作用。

1. 有利于旅游企业及时寻找新的市场机会

由于旅游产品的差异性及旅游企业固有的客观局限性,旅游企业在市场上取得的优势都是相对的而非永恒、绝对的。市场客观存在着未被满足或未被全部满足的消费需求,这些需求的存在便成为旅游企业的市场机会。通过市场细分,旅游企业可了解不同消费者群的需求状况及满足程度,迅速占领未被满足的市场,扩大市场占有率,取得市场营销的优势。

2. 有利于旅游企业适时调整营销策略

旅游企业通过市场细分,可比较直观、系统、准确地了解目标市场的需求,从众多的细分市场中确定服务方向、产品战略,更合理地确定营销组合策略,及时调整旅游企业产品、价格、销售渠道及促销手段。

3. 有利于旅游企业制定灵活的竞争策略

通过细分市场,旅游企业了解到市场的消费特征之后,可集中力量对一个或几个细分市场进行市场营销,突出旅游企业产品和服务特色,制定灵活的竞争策略,提高旅游企业的竞争能力。通过市场细分,使旅游企业由粗放经营转变为集约经营,集中使用人、财、物、时间、空间和信息等资源,有助于提升企业营销效率,进而提高经济效益。

4. 有利于中小企业参与竞争

为中小型企业选择独特发展空间,为规避大企业的竞争压力提供了机会。对消费者而言,也为满足各类消费者的不同需求创造了更多机会。

第二节　按人口统计变量细分的专项旅游市场

人口统计变量在旅游市场细分中成为最常用的变量,主要有以下三个原因:其一,游客的愿望、偏好和习惯的变化与此变量高度相关;其二,该变量往往比别的细分变量更易于定义和测量;其三,即使目标市场是用其他非人口结构变量描述的,但要达到所期望的目标市场,还是要确认主要的人口结构特征,因为这将影响到促销媒体的选择。而性别、年龄又是人口统计变量中最容易分辨和统计的变量,因为性别不同、年龄不同的旅游消费者其消费需求和爱好具有明显的差异性,因此本节将以老年旅游市场和女性旅游市场为代表来进行具体分析。

一、老年旅游市场

(一) 老年旅游者的特征

不同年龄段的人对旅游内容、旅游价格、旅游时间、旅游方式等有很明显的需求区别,随着年龄的增长,需求也不断发生变化,因此可根据游客的年龄结构将旅游市场细分为老年旅游市场、成年旅游市场、青年旅游市场和儿童旅游市场。按年龄不同划分旅游市场,可以从微观角度帮助我们研究、分析具体顾客的购买行为,以便有的放矢地开发目标市场,避免盲目行事。

【案例 11-2】

“千名老人下江南”起航

2010 年 4 月 10 日 18 时，来自广东、深圳、内蒙古、山东、湖南、河南、湖北等地近千名老年游客乘上“东方之星”“东方皇宫”号两艘星级游轮，由武汉港启程“下江南”游。

由湖北南方国际旅行社的主打产品“千名老人下江南”活动已经举办了五年之久，深受广大老年朋友和游客喜爱，在全国及东南亚地区都有很大的影响。游览景点包含庐山、黄山、九华山、中山陵、夫子庙、瘦西湖、西湖、千年水乡古镇锦溪、普陀山、夜观世博园外景等。在往返十天的行程中，有 6 天或 7 天宿于船上，在上海、杭州、宁波则住当地宾馆。

随着社会老年化进程，“千名老人下江南”已越来越受广大老年游客喜爱和欢迎。“千名老人下江南”整个游程采取“夜航日游、车船衔接”的运行方式。“下江南”游把长江两岸的美景串联一体，游客上船后“吃、住、购”一应俱全，船上文化娱乐活动也安排得丰富多彩，被广大游客誉为长江“水上流动宾馆”。

“下江南”游产品推出后，经数年的包装营销及媒体宣传后，社会上广泛知晓，现已成为武汉和长江上的一个知名旅游品牌。社会上对乘船旅游，特别是老年游客对享受“水上流动宾馆”的叫好声很高。

【评析】 案例中，“下江南”游产品行程安排安全、舒适、休闲，正好适合老年游客需要。“下江南”游产品行程从武汉启航突显了区位的优势。同时，老年游客和社会期望有更多的长江水上旅游产品面市，供广大老年游客和其他不同年龄、不同层面游客选择消费。

我国是世界上老年人口最多的国家，截至 2014 年年底，中国 60 岁以上老年人口达 2.12 亿，占全国总人口的 14.9%，占全球老年人总人口的 23.5%。预计到 2051 年，我国的老年人总人口将达到 4.37 亿。老年人收入较高并有一定的储蓄，闲暇时间也较多，旅游活动相对频繁。老年人的旅游目的主要是游览风景名胜、瞻仰历史古迹、品尝特色风味。他们重视食宿条件和交通条件，旅游停留时间长，且文化意识和健康意识较强。因此，优质优价政策较容易被这个市场所接受。随着老年人旅游需求的快速增长，也越来越受到旅游学术界和产业界关注，“夕阳红旅游”“银发旅游”等已经成为热门话题。例如，深圳市海外国际旅行社有限公司太平洋营业部与湖北远大旅行社倾力合作，推出了“千名老人下江南”的豪华包船游，活动分为“下江南”和“上川北”两条路线，年龄在 50～80 岁、无重大疾病的老人都可以报名参加，此次活动在社会上产生了巨大的反响。老年旅游市场由于老年人心理和生理的原因，导致他们在消费行为方面有不同于青年人和中年人的特点。具体表现如下。

1. 对历史文化有浓厚的兴趣，且有怀旧情结

“怀旧”是老年人的普遍特点。空巢老人往往通过“怀旧”来打发无聊的时光，并希望通过回忆留住过去。所以，老年旅游者对传统产品、历史文化产品往往情有独钟。在旅游景点的选择方面，他们倾向于游览名人遗址、历史文物古迹等。对于旅游景点的文学材料、历史背景、诗词、典故、传说故事等也有着浓厚的兴趣。

2. 消费行为理智,对价格较为敏感

老年旅游者消费行为比较理智。调查显示,有51.2%的老年旅游者属于理智型消费者。他们会对所选择的商品和服务进行认真的分析和思考,并广泛选择,充分考虑多种因素,挑选自己满意的商品和服务。除此之外,老年旅游者对价格也比较敏感。目前尽管老年旅游者经济方面普遍都比较宽裕,但由于长期形成的节俭习惯,多会挑选一些物美价廉的商品。

3. 常结伴旅行或参加旅行团旅行

由于老年旅游者有年龄大,身体脆弱等特点,所以他们的出游方式要么是结伴出行,要么是参加旅行团旅行。老年人从心理和生理来说都是谨小慎微的,拥挤的交通、令人担忧的社会治安问题等,都是他们在旅游前所必须考虑的问题。所以,老年人更喜欢参加旅行社组织的夕阳红旅行团,因为纯老人团更适合老年人的需求特点,给人以安全感。

4. 游览活动比较单一,以纯观光型的近程旅游为主

老年旅游者出游,既区别于青少年组的休闲旅游活动,更不同于中年组的带有特定商务目的的旅游活动,他们的游览活动一般比较单一,而且以观光型的近程旅游为主,见表11-1。与此相对应,他们的旅游消费支出,基本上全部用于旅途中的吃、住、行、游、娱等方面,基本上很少有购物消费。而其他年龄组的购物支出往往占到整个旅程总消费的50%左右。

表11-1 中国各年龄段农民旅游意愿的调研

调研问题	各年龄段人群的选择
出游意愿	调查数据显示,60岁及以上老年人仅有57.5%表示愿意旅游,30.5%表示不愿意旅游,12.0%表示不好说 目前,不愿意旅游的老年人选择“没有经济能力”和“没有时间”的比例都比青年和中年人低,而外出旅游意向却低于青年和中年,这一方面可能与老年人的身体状况有关;另一方面目前旅游企业的老年旅游产品开发、服务接待等方面不够完善,导致老年人对旅游资讯不够了解,同时还担心旅途中特殊需求得不到满足
花费意愿	调查数据显示,60岁及以上老年人最倾向花费1 000元以下(40.2%),其次是1 000~2 000元(41.3%)、2 000~5 000元(13.1%),愿意花费5 000~10 000元的仅有5.4% 总体来说,青年人的花费意愿最高,中年人其次,老年人最低
旅游地选择	中老年人最愿意去名胜古迹地(中年28.2%、老年31.4%),其次是城市休闲(中年21.8%、老年28.2%)。很显然,中老年人倾向于游览历史文化底蕴深厚的古城与现代都市,而青年人更喜欢地文景观和水域风光类的自然景观
购物意愿	调查数据显示,各年龄段农民在纪念品购买选择上,最受青年和中年欢迎的是手工艺品/纪念品(41.7%、33.2%),其次是农副土特产品(13.2%、24.5%);老年人则最倾向购买农副土特产品(24.8%),其次是手工艺品/纪念品(23.7%),随后是服装/丝绸等纺织品、食品/烟酒等
出游信息来源	38.2%的青年选择了网络,其次是亲朋好友推荐(30.2%)、广播电视(21.6%)和报纸杂志(10.0%);中老年则更希望通过亲朋好友了解旅游信息(中年44.4%,老年56.3%),随后是广播电视(中年30.6%,老年28.7%),中年人对网络的重视度高于报纸杂志,老年人则反之

资料来源:根据中国旅游研究院武汉分院《2014年中国旅游业发展报告》数据整理。

（二）老年旅游市场营销策略

由于老年旅游者心理和生理的特殊性，必须就其需求特点采取有针对性的营销策略。具体包括以下几个方面。

1. 产品策略——开发出能满足老年人生理、心理需求的富有特色的旅游产品

产品是企业营销中至关重要的一个因素，是市场开发中的核心问题。只有开发出能满足老年人生理、心理需求的富有特色的旅游产品，才能很好地发挥老年旅游市场的潜力。针对老年人旅游市场，可以采用以下策略。首先，健康长寿是每一个老年人的心愿。通过组织老年人到温泉疗养胜地、原生态景区等地进行品尝药膳、书法绘画、垂钓等活动，既可以满足老年人的健康需求，又可以满足其精神情趣的需求。其次，我国名胜古迹众多、秀丽风景无数、风俗民情迥异，通过组织老年游客观光游，既可以开阔老年人的视野，也有利于老年人的身体健康。最后，针对老年人的怀旧心理，可以开发瞻仰游、文化游及金婚、银婚纪念旅游等，还可以组织老年人到他们工作过、生活过甚至战斗过的地方故地重游，以唤起他们对过去美好生活的回忆。

【案例 11-3】

异地联动，一线多游——江浙沪联手拓展老年游

2012 年 5 月 9 日，一艘满载着来自江浙沪三地的四百多位老年游客的游轮，在南京客运码头一声汽笛长鸣，缓缓踏上“夕阳红长江三峡之旅”14 日游的旅程。

这艘游船的出游，对船上的老年游客来说是其人生旅途中的一个“亮点”，对于组织这次旅游活动的旅行社来说，则代表着一个零的突破。这次旅游活动是由上海、杭州、苏州的三个旅行社联手操作的。自三峡大坝蓄水以来，由于在此前舆论的“告别三峡”等的错误引导，导致“长江三峡游”的状况跌下低谷。其实，三峡大坝蓄水后，高峡平湖形成碧波荡漾的湖光山色，峡中有湖，湖中有岛，峡、湖、岛风光交相辉映，形成别具一格的自然风光，新的游点正在形成，关键是看旅行社怎么去运作。这次旅游活动的组织者上海老城隍庙旅行社、杭州老年旅行社、苏州职工国际旅行社正是根据上述情况，在“大胆探索、规避风险、谨慎操作”的基础上，集聚到一起的。三家旅行社采取“统一品牌、分舱包销”的合作方式，推向市场销售，在一个月左右的时间内，完成了全部旅游票的销售，实现了三方共赢。其主要成功经验是：江浙沪异地旅行社联动，避免当地恶性竞争，在江浙沪扩大销售辐射面。

江浙沪联手尝到甜头。上海老城隍庙旅行社近期又与浙江、江苏的同行推出了“夕阳红九寨沟长江三峡专船之旅”，此游程为 14 天，途经庐山、石钟山、黄鹤楼、三峡、神农溪、石宝寨、重庆、成都、松潘古城、都江堰，抵达拥有“世界自然遗产”“世界生物圈保护区”“世界绿色环球 21 组织成员”“国家地质公园”之称的九寨沟。

此游线给人以耳目一新的感觉，并受到老年游客的欢迎。究其原因有三。一是一

线多游。该线路以九寨沟长江三峡之旅为主要游线外,还另有峨眉乐山、赤水、广安、黄果树、长江三峡之旅可供老年游客自由选择,适应了老年长线旅游市场多样化的需求。二是旅程轻松。该游线出发时包租豪华游轮沿长江而上至重庆,几位老人家结伴出游,在轻松愉快的氛围中饱览两岸景色,确乃人生一大快事。三是价格实惠。该游线除了船上餐费自理,庐山门票自理外,其全包价为1 880元起,而且70岁以上老年人凭有效证件,可享受门票优惠,给人以明白消费、实惠享受的感觉。所以旅行社这种给游客以实惠的诚信的做法,赢得了众多老年游客的好感。

2. 价格策略——开发出经济实惠型产品

老年旅游者由于长期以来养成了精打细算、勤俭节约的习惯,所以他们在购买旅游产品时往往对价格比较敏感,对物美价廉、经济实惠型产品比较感兴趣。老年旅游者在整个旅途中,最感兴趣的可能就是“游”的过程,对于吃、住、行、娱、购等都不会太在意。因此,旅行社在组合旅游产品时,可通过这几个环节适当降低旅游产品的整体价格,以吸引旅游者注意。

【案例 11-4】

申城出现“候鸟游”老年旅游市场空间巨大

花3 950元,包吃、住、行、游,在海南住上一个月——日前,沪上出现超低价的“候鸟式旅游”。设计这一旅游产品的老城隍庙旅行社表示,“候鸟游”锁定老年旅游市场,不但没有猫腻,而且商家还有盈利。据介绍,在海南的30天不是天天外出旅游,除了第一周安排3天旅游外,其余3个星期每个星期只安排一次外出旅游,其余时间,老人可以住在距离海滩较近的准三星级酒店中,参与棋牌、书画、摄影的交流活动,享受海南之暖。据介绍,海南游中机票占了大头,一次往返最少也要1 600元,而住宿、餐饮其实并不贵。在三亚、海口等城市的市区三星级、四星级酒店,双人标房的报价也就100元左右。据透露,酒店给“候鸟游”的报价是每人每天48元,包吃包住。按照测算,机票、住宿、餐饮,成本是2 960元,再加上600元的景点门票和领队及随行医务人员开支,花在每个游客身上的总成本不过3 700多元——这意味着旅行社仍有200元左右的盈利空间。

3. 促销策略——加强对老年市场的宣传,做好促销工作

“酒香不怕巷子深”的时代已经一去不复返了。为了吸引老年人参加旅游,除了开发出富有特色的产品和制定合理的价格外,加强对老年市场的宣传,做好促销工作也是非常关键的。在促销方式上,除了传统的“广告+促销”外,针对老年人的心理特点,开展活动营销、体验营销、公关营销等可能更容易为他们所接受。另外,老年人害怕孤独,渴望与社会接触,希望得到家人、社会的承认与尊重。因此,在促销的各个环节都要以“情”字贯穿始终,处处为老人着想。

【案例 11-5】

“爸妈之旅”火了旅游市场

导游人员对随团的客人一律称爸叫妈，成了近年来旅行社行业服务的一道亮丽景观。春节一过，各旅行社都异常冷清，但有一家旅行社别出心裁推出的“爸妈之旅”却异常火爆。记者看到，工作人员对上门询问和选定游线的老年顾客都“爸妈”不离口，一旁柜台上准备有不同度数的老花眼镜，温馨备至。这种特色之旅配备有专门的医务人员和摄像师，在膳食、住宿和交通方面都有特别的安排和考虑。“爸妈之旅”的红火，说明送旅游正在成为儿女孝敬老人的一种时尚。

4. 提供完美优质服务，注重售后反馈

老年旅游市场因为其团队的特殊性，所以对服务的专业化也提出了更高的要求。老年人出游的途中，安全性和医疗保健是旅游服务人员最应该关注的问题。老年团的领队和导游，最好具备一定的医学专业知识，他们除了协助地陪完成旅行计划外，更应该时时观察每一位老年游客的身体状况。特殊团队或重点团队还可以从医院等医疗机构聘请医务人员随团。考虑到老年人的特殊身体状况，旅行途中应尽量放慢节奏。在吃、住、行方面要细心安排，保证老年人得到足够的休息。饮食上，食物要香、软、含糖少、营养高、易消化、易咀嚼等。老年人一般都比较珍惜出游的机会，而且有着强烈的求知欲和好奇心，所以导游人员的讲解要尽量细致。在旅途中，服务人员还应该从心理上拉近与顾客的距离，让他们对本旅游企业产生信任感。旅行结束后，旅游人员在客人返回的第二天就可以打电话问候、给他们寄送意见征询单、明信片、旅行新路线宣传单等。

【案例 11-6】

上海老城隍庙旅行社成功开行双色旅游

近年来，中国人口老龄化在呈加速趋势。为及时找到老年旅游向高层次发展的突破口，上海老城隍庙旅行社从 2010 年起先后成功地运作了“绿色画廊之旅”张家界、贵阳、桂林 11 日游和张家界黄果树、昆明、大理、丽江、韶山、长沙 13 日专列游，以及“蓝色海洋之旅”海滨城市 9 日游。通过这些产品的运作，旅行社的社会效益和经济效益都较前几年上了一个台阶。

他们成功打造了“绿色画廊之旅”——张家界、贵阳、桂林 11 日专列游。根据老年市场的调查和预测，专列旅游一线多游，贯穿精华景点并将众多的中华民族灿烂辉煌的自然风光、民族风情、历史文化、人文景观、饮食文化融为一体，使老年朋友们充分领略祖国瑰丽的七彩山水、享受美好的健康人生。老城隍庙旅行社精心策划的专列游一经推出，反响强烈，取得了意想不到的效果，每天门庭若市，不过两个月的时间就提前将所有车厢的旅游票销售一空。

老城隍庙旅行社在成功开行专列游过程中，全体工作人员以“优秀服务、安全第一”为宗旨。自始至终关心老人，爱护老人、照顾老人、尊敬老人，使老年游客真正感受到了专列是“温暖之家”，专列游是“爱心之旅”。据不完全统计，旅行社已先后收到游客的感谢信和表扬信达40余封。为提高全陪和领队的工作技能和服务素质,老城隍庙旅行社还特邀全国劳动模范担任了春秋两季的专列游的形象大使,并对各团领队进行了为期两天的服务质量、旅游规范专业化的强化训练。

服务不光是带好老年游客出游景点,为使老年人玩得更舒心,旅行社还特意在列车上举办丰富多彩的娱乐活动,组织扑克、象棋比赛、书法绘画表演和有奖猜谜等活动。每次参加人数均在50%以上,同时在专列上先后已为十几对金婚老人送上纪念品,祝贺他们金婚长寿,表达了旅行社的一片爱心。

在专列旅游结束前,为了满足老年游客对了解列车沿途风土人情的需要,分别在贵阳和丽江之夜举办了大型夕阳红联欢晚会。邀请了当地少数民族朋友与老人们联欢,联欢活动气氛热烈,使老年朋友在旅途中玩得更开心。同时又为专列行程过程中生日的老人过生日,尤其是金秋十月的专列为行程中过生日的17位老人和领队在联欢之夜登台祝贺,送上礼品和蛋糕。

【评析】 上海老城隍庙旅行社成功开行双色旅游,其成功的经验主要体现在如下几个方面。①概念独特,尊崇享受。在上海老年旅游市场中,专列旅游形式具有生命力,比较新颖,备受媒体关注。专列所到之处,锣鼓喧天,载歌载舞的欢迎队伍使老年游客备感风光无限,受尊敬的感觉油然而生。②11天和13天的专列游能够一次畅游祖国各地名山大川,是比较实惠的老年产品。③线路设计合理,所有景点皆为我国旅游景点之精品,甚至为世界级的自然资源,真山真水,令人向往,广大老年游客较易接受此类人生必游的景点。④包租专列"一路到底"可以随时恭候游客,免除了换乘所带来的箱包搬移之苦,最大限度地确保了老年游客的安全,很适应老年游客。

二、女性旅游市场

男性旅游者与女性旅游者对旅游服务和项目的需求表现出一定的差别。公务旅游以男性为主,家庭休息时间也一般由男性决定,但家庭旅游决策和目的地的选择常由女性决定。近年来,随着妇女社会地位的提高,妇女收入不断增加,参加各类活动的时间增多,外出妇女也在不断增加,她们注重人身财产安全,常结伴出游,喜好购物,对价格较敏感。因此,女性将成为旅游市场的重要客源目标。目前,在旅游客源市场竞争越来越激烈的情况下,女性旅游市场逐渐成为旅游业的新宠。

(一) 女性旅游者的特点

1. 对安全较为重视,常结伴旅行

女性在旅行方式上往往体现为结伴旅行。特别是在我国,有相当多的传统女性由于生理上和心理上的特点,陌生的旅游环境以及社会治安等问题都会让她们望"游"止步,所以往往倾向于以团体的形式出游以增加旅行途中的安全系数。当然,也有一些受教育程度较高、思想开放的年轻女性喜欢自助游和自驾游。

2. 热衷于自主化、时尚型、个性化产品

在女性旅游市场中，比较活跃的是 20～50 岁的中青年女性，她们富于幻想、爱好浪漫，喜欢追求“新”“奇”“特”的个性化事物。据调查，在众多的旅游方式中，女性最不喜欢那种走马观花式的旅游方式，更喜欢自助游。尽管要做很多前期的准备工作：要自己预订机票和酒店、制订行程计划等，在男性看来一定很辛苦，但对于女性旅游者来说，处理这些事情是一种乐趣，是她们旅游的一部分。另外，由于女性的从众心理，在消费习惯上表现为需要及时了解和购买到最新商品，这样对旅游产品的时尚化提出了更高的要求。旅游企业应该针对女性的这一特点，不断地推陈出新，开发出具有新鲜主题的产品。如携程旅游网推出“3 月水样女人”主题游后，反响强烈，线路推出没几天，即告爆满。

【案例 11-7】

女子客房——为单身女性提供特殊服务

在全世界酒店行业中，希尔顿酒店是最早注意到单身女性顾客的特殊性的，为此他们早在 1974 年就在美国阿尔克蒋希尔顿酒店里开辟了专门的女子专用楼层，为单身妇女提供旅途中的一切便利。

近些年来，随着单身女商务客的增加，入住环境也在发生微妙的变化。对于单身女客来说，能否拥有一个轻松方便、无拘无束的居住环境显得十分重要。不断发生的对女房客的骚扰案件使得女性客人的这一要求越来越突出。

在希尔顿酒店的女子专用客房里，所有的设施设备和装饰色调都从女性的生理特点与旅途需要出发，不仅配备有特制的穿衣化妆镜、品牌化妆品、各种牌号的洗涤剂和沐浴用芳香泡沫剂；同时还会提供女士睡袍、挂裙架、吹风机、卷发器、针线包以及其他妇女专用的卫生用品。客房通常会被装饰成温馨的色调，比如粉红、天蓝或米黄等，而床上用品和窗帘等织品往往也与房间色调相匹配，就连客房里的电话机都选择了活泼、灵巧的款式，床头柜或是小茶几上还备有专供妇女阅读的书籍和最畅销的妇女杂志。

女子客房单独辟成楼层，并配有大量的便装女保安人员。别看这些女保安个个温文尔雅，但一旦有人想乱闯“禁地”，她们立时就成了谁也突破不了的坚强堡垒；除了便衣保安外，女子楼层还有很多专门的保安措施，例如房间号码严格对外保密，不准任何人查询；外来电话未经客人同意不能随意接进客房……总之，这是一片完全独立的空间，甚至连进出大堂都可以选择另外的通道。

【评析】 女性是旅游者中的一个特殊而又数量庞大的消费群体，她们在消费方面具有许多与众不同的特点，这客观上要求旅游企业尤其是现代饭店，在产品或服务设计上注重体现女性由于性别特点带来的特殊需求。因此，饭店如果能将女性市场作为一个专门的细分市场而设计相应的客房，必能取得良好的效益，希尔顿饭店就是一个很好的典范。正是凭着这种对市场敏锐的触觉及采用科学的细分方法，三十多年来，希尔顿酒店联号正是因为一直致力于为单身女客提供更专业化、更精细的服务，从而赢得了一片相当稳定的大市场。

资料来源：编者整理自网络。

3. 对低价格产品有浓厚兴趣

由于女性旅游者在生活和工作中要兼顾家庭和社交等多方面的开支,并且受女性天性的影响,她们在购买旅游项目上往往精打细算,对低价格产品有着浓厚兴趣。在旅游产品的购买过程中又要"货比三家",经过反复比较之后才决定购买既经济又实惠的产品。

4. 对购物较为迷恋

针对女性旅游者的产品,把看景、购物和逛街相组合往往是最佳搭配,最能吸引女性旅游者的目光。女性购物具有连带性和广泛性的特点。在其购买行为中,女性往往集女儿、妻子、母亲、主妇的角色于一身。她们不仅购买女性用品,还购买男性用品、儿童用品、家庭用品等。从最近几年的消费支出可以看出,尽管女性旅游者的人数多于男性,但消费水平却低于男性,说明这片市场还有待于进一步开发。目前,越来越多的旅行社在关注着女性购物这一极具潜力的市场空间。很多旅行社推出了"购物主题游",如开发出的多条香港旅行线路,在行程安排上就突出了女性最感兴趣的购物环节。

5. 购买决策易受情感影响

女性喜欢群聚、爱好虚荣、喜欢攀比,她们非常关注自己周围的同事、朋友的生活方式,从众心理强,易受相关群体的影响。她们选择旅游目的地时,总是习惯性地把相关群体去过的或曾经介绍过的景点作为自己的旅游目的地。一方面,她们认为相关群体的亲身经历或介绍值得信赖,购买这样的产品可以降低购买风险;另一方面,她们希望购买与相关群体相类似的商品,获得心理上和地位上的平衡。

【案例 11-8】

邕城旅行社"女人味"引来众多游客

"三八"节快到了,很多旅行社照例又推出一系列应时旅游线路,为"半边天"设计了很多有"女人味"的旅游产品。

女人爱美。在饭局上,很多人劝女同胞吃饭时,常常说某道菜能"美容、养颜",这道菜必大受欢迎。如今这个绝招被"克隆"到旅游线路上:南宁一家旅行社在越南胡志明、柬埔寨与吴哥窟线路上,在吃的方面别出心裁地推出送"蛇肉姜丝汤""鳄鱼中药美容汤",以吸引女性游客。

女人爱逛。旅行社针对不少女性是"购物狂"的特点,投其所好,为女性购物大做"服务"工作;港澳线路和成都线路在报名时就送"购物地图",让女游客在出发前就计划好;厦门线路专门送女性到著名的世贸购物中心逛街,让女性大过购物瘾。

女人爱花。"三八"节旅游线路的另一个"主角"是花。正当春暖花开的季节,很多旅行社在设计旅游产品时,也考虑用"花"取悦游人。欧洲线路特别安排了荷兰的郁金香之旅,让游客参观世界最大的花展;云南罗平线路特地安排"菜花游",旅行社还为女性旅游团安排了随团的摄影师,专给爱美的女性拍靓照。

资料来源:南国早报。

（二）女性旅游市场营销策略

1. 开发出符合女性消费心理的旅游产品

吸引女性旅游者的关键是开发出时尚化、个性化的具有独特魅力的旅游产品。推出女性旅游专线是吸引女性旅游者的一个重要方面。专门针对城市女性的一项调查显示：女性选择旅游的比例最高，占 28.23%；其次为保健，占 27.54%；文学教育居第三，占 20.83%；美容居第四，比例为 12.91%。针对女性的这些需求，旅游企业可开通专门的旅游专线，如“保健旅游”“美容旅游”“购物旅游”“修学旅游”等，或在原有的旅游路线中增加这样一些旅游项目，使女性游客在满足旅游需求的同时其他需求也能得到满足。

2. 整合高低价格产品

女性对价格都非常敏感，购物时“物美价廉”是其基本要求。同时，女性又有着强烈的攀比心理，她们认为，产品的价格代表着她们的社会地位、文化修养和生活情操等。所以，旅游经营者在开发女性旅游产品时，应该对高低价格产品进行整合。

3. 合理选择促销手段

针对女性旅游产品的促销，主要有如下方式。首先，利用电视、广播、杂志等广告媒体把旅游产品的相关信息提前传达给消费者，以影响其购买决策。其次，进行情感促销。女性比男性感性化，一旦对某种产品产生感情，便会在较长时间内成为它的忠实顾客，因此，要以高质量的服务，耐心周到的讲解，人性化、女性化的服务设施给女性以人文关怀，引起她们的共鸣。最后，用营业推广的方式引起女性顾客的注意。女性多为经济性消费者，价格需求弹性较大。据调查，有 56%的女性会因打折或降价的刺激而购买不需要或不打算购买的商品。因此，企业可以灵活地运用数量折扣或季节折扣等折扣促销方式刺激女性旅游者的购买行为。

4. 注重产品的内在质量

女性旅游者在购买旅游产品时对于产品质量的关注并不只集中在饮食、住宿、交通和购物等方面，她们更多关注的是旅途中的一种心理感受，所以营造一种亲切、友好、互帮互助旅游氛围，对于女性旅游者来说至关重要。同时，女性旅游者出游，考虑最多的就是安全问题，导游在服务过程中要力求给予女性顾客一种安全、稳当的感觉。

【案例 11-9】

中东首家女性旅馆开张

2008 年 3 月 19 日，中东地区第一家全女性旅馆庐姗大饭店 & 水疗(The Luthan Hotel & Spa)于沙特阿拉伯首都利雅德开张，而服务对象只限女性。

庐姗饭店只有 25 间豪华客房，并供应高级餐饮，另设有会议厅。但最能吸引女客的，还是它的健身及美容设施。沙特阿拉伯为伊斯兰逊尼派国家，奉行极端保守的瓦哈比教义，女权受到严重压抑，不但禁止没有亲属关系的男女接触，女性连开车都不准，出入公共场所也须包着头巾、披长袍，全身上下几乎只能露出一双眼睛。因此，能够在旅馆内取掉这些衣物，一如在家里自由走动，对这些女性而言是一大福音。

第三节　以旅游目的细分的专项旅游市场

以旅游目的来细分旅游市场其实质是按消费者购买旅游产品所追求利益的侧重细分。它为旅游产品的开发设计和营销组合的制定提供了主要依据，可以确定旅游产品的主要类别。市场专家认为结合旅游者的购买目的和消费某种产品和服务时所追求的利益来细分市场，更有助于确定企业的经营方向。因为同一细分市场上的需求在不同的情况下有时差异很大。例如，高级管理人员在参加重要会议或洽谈业务时所需要的设备设施和服务，与其作为家庭度假旅游一员所需要的截然不同。本节将主要针对商务旅游市场、探险旅游市场和修学旅游市场进行探讨。

一、商务旅游市场

近年来，随着商务旅游在世界范围内得到飞速发展，我国的商务旅游也取得了很大的进展。据世界旅游组织统计，中国商务旅游支出在现阶段高达每年103亿美元，并在以每年20%的速度增长。到2020年，我国将吸引1.37亿商务旅游者，占世界的8.6%，成为超过美国的世界第一大商务旅游目的地。可见，我国商务旅游市场的潜力非常大。

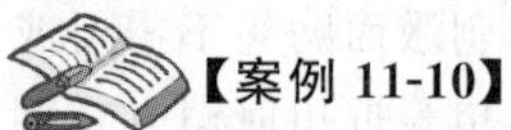【案例 11-10】

2015 年度中国商旅调查

2015年11月，在上海举行的第十一届中国商务旅行论坛(CBTF)发布了2015年度中国商旅调查。调查显示，尽管中国经济增长持续放缓，企业高管们仍表示公司差旅(T&E)预算与去年相比同比增长4.79%，超过2014年调查所预期的3.1%。其中有如下几个明显的趋势。

1. 商务旅行和企业发展关系紧密

49%的企业将差旅视为一种“投资”而非“必要的开支”。受调查公司认为，一般会议、奖励性旅游、大型企业会议以及活动展览(MICE)仍然在公司业务发展中起重要作用。32%的公司在过去一年开展了三个或以上的会展活动，相对于前年的17%和去年的19%都有所增长。

2. 科技在商旅管理中扮演重要角色

调查显示，约有89%的公司使用在线工具管理商务旅行，而且越来越普遍。但只有半数以下(42%)的公司使用专门的企业商旅管理工具，大多数公司仍依赖于一般的旅行社网站。因此，研发更多为商务旅行定制的企业公务工具将是一个前景乐观的商业契机。同时，手机应用受到欢迎，它已然成为现代商务旅行者们的一个重要工具。

（一）商务旅游的含义及分类

商务旅游是以经商为目的，把商业经营与游览、观光结合起来的一种旅游形式。商务旅游的概念目前在学术界并没有很明确的界定。我们需要了解的是：其一，商务旅游者出游的主要目的是进行商务活动；其二，尽管商务旅游者不是为了审美和愉悦的目的而出游，但他们在旅途中进行了一般意义上的旅游活动，产生了旅游消费，所以仍然属于旅游的范畴；其三，商务旅游服务不仅仅是代买机票、预订酒店这么简单，而需要为客户提供一揽子全套旅游管理项目的解决方案。

商务旅游的类型很多，在此主要谈谈以下三类。

1. 会议旅游

人们聚集在一起讨论他们所共同关心的话题的有组织的活动称为会议。会议可以是商业性的，也可以不是商业性的；参加的人数可以是几个人，也可以是几百人甚至几千人；会议持续的时间可以是几小时也可以是一周甚至更长时间。会议之所以成为商务旅游的一部分，是因为它涉及旅游业的部分服务项目并且通常是在召开会议所在地以外的地方进行的。

2. 奖励旅游

奖励旅游是通过特殊的旅游经历来激励员工更加努力工作或借以承认员工的突出工作表现，以便实现企业的各类目标。奖励旅游作为现代高级旅游市场的一个组成部分，日益受到国内外旅游部门与旅游企业关注。一般来说，奖励旅游包含会议、旅游、颁奖典礼、主题晚宴或晚会等。奖励旅游具有规模大、档次高、回头客人多、综合效益高等特点。

3. 散客商务旅游

自20世纪80年代以来，世界旅游市场呈现出“散客化”的趋势。目前，欧美各主要旅游接待国的散客市场份额占到了70%至80%。近年来，我国散客旅游市场发展迅速。据权威部门预测，我国散客旅游的比例虽然低于旅游发达国家，但已超过市场的半壁江山，特别是一些大中城市和沿海地区，散客比例更大。

【案例 11-11】

主推商务度假　海南发布十大奥运旅游产品

绿色奥运在北京，度假天堂在海南。海南省旅游发展委员会经过潜心研究近年来海南的各类潜在客源，精心挑选并大力推介具有鲜明热带海岛度假特色的以下十大旅游产品。

第一，针对奥运前后涌入的、希望充分领略中国绮丽海岛风光的游客，将主推“蓝色浪漫之旅”，以热带海滨度假为主要内容，包括滨海度假、海岛休闲、深海潜水探秘等项目。

第二，针对来京参加奥运会的教练员、运动员及有养生需求的游客，将主推具有消除疲劳、恢复体力和休闲疗养功效的“温泉SPA之旅”，力推海滨温泉、山野温泉、花园温泉、园林温泉、温泉乐园、温泉SPA等特色项目。

第三,针对观看奥运比赛的外国政要、驻华世界500强企业及大型跨国公司的商务人士,将主推寓商务与度假为一体的"潇洒高尔夫之旅",组织和举办不同类型的高尔夫赛和多种高尔夫活动。

第四,针对各类体育健身爱好者,推出"体育保健之旅",包括环岛自行车旅游、雨林登山探险、海上运动、中医理疗按摩等特色项目。

第五和第六,针对意图亲身体验中华多姿多彩的民族文化的国内外客人,推出"民族文化之旅"和"节庆观光之旅",前者包括参观海南黎苗村寨、参加民族节庆活动、参与民族歌舞和民族体育活动,品尝黎苗特色餐饮等;后者办好第九届中国海南岛欢乐节及各市县特色旅游节庆和大型专项旅游活动。

第七,针对消夏避暑意愿明显、同时对热带雨林抱有浓厚兴趣的客人,推出了"绿色神奇之旅",包括以热带雨林和海南特色动植物观赏为主要内容的修学游、夏令营、冬令营以及热带雨林度假等。

第八,针对独立旅游意识很强的国内外散客,将推出"海岛DIY之旅",包括自驾车观光探奇游、背包客DIY观光游、海岛山地自助攻略游、海岛浪漫蜜月游等。

第九和第十,针对各类会议团队和奖励游游客,推出"快乐工作之旅"和"豪华邮轮之旅"。前者大力吸引各地企业机构选择海南观光或度假产品为奖品;后者将通过组织奥运游客参加海南日益完善的邮轮度假旅游。

【评析】 在本案例中,海南省大做商务旅游的文章,充分抓住了商务旅游的特点,既能在短期内为其带来不菲的经济效益,更能因此在相关商务游客中树立良好的品牌,将为其以后的商务旅游市场带来源源不断的客源。

资料来源于:海南新闻网。

(二)中国商务旅游者的特点

1. 时间性强,对现代办公用具要求较高

商务旅游者出行的主要目的是进行某项商务活动,所以在旅行时间安排上一般比较紧凑。商务客人对现代办公用具的要求较高,他们入住的酒店通常需要有互联网、电传、传真、长途直拨电话等现代化通信设施。据统计,10个商务客中就有6人在飞机上使用笔记本电脑,酒店中这个比例则高达97%,超过半数的人出差在外时使用互联网。

2. 消费水平高,对价格不敏感

商务旅游者由于有公司(政府)的资金支持,所以他们通常较少关注产品的价格,对价格不够敏感,而更注重旅游过程的舒适性、安全性、便利性。相对于休闲旅游来说,商务旅游的消费能力更高,利润率也高,一般利润率高达20%~30%。在商务旅游者所有的消费项目中,住宿、会议、宴会、通信等方面的支出往往居于主导地位,而用在观光游览、购物消费中的比例则相对较低。商务旅游者的消费情况参见表11-2。

表 11-2　2013 年到达武汉市的国内游客消费行为调查

调 查 项 目	类别选择及比例				
就餐场所选择	特色美食街	大中型餐厅	小餐馆	快餐厅	星级酒店餐厅
	54.0%	24.7%	9.9%	6.8%	4.6%
住宿选择偏好	经济快捷酒店	亲友家	其他	星级饭店	居民家或小旅馆
	39.2%	19.8%	18.0%	12.1%	11.0%
游览景点前五位	黄鹤楼	东湖	武汉大学	户部巷	汉口江滩
	65.6%	60.0%	45.2%	43.8%	42.0%
特色购物品选择	周黑鸭	鸭脖子	热干面	武昌鱼	黄鹤楼烟
	62.7%	40.4%	36.5%	24.0%	21.4%

资料来源：中国旅游研究院武汉分院. 2013 中国旅游业发展报告. 2013.

3. 多为重游者，对服务要求较高

商务游客是为了特定业务目的而出行的，他们没有选择旅游目的地和旅游时间的自主性，只能被动地按照工作要求执行旅行计划，所以他们多为重游客、再访客。他们的旅行预订期一般较短，要求在短时间内办妥一切手续和交通票据，以便快捷正点到达旅游目的地。由于商务客人的消费水平高，所以对服务的要求相应也较高。例如，有的商务客人要求旅行社、酒店等能够提供商务咨询服务、专业翻译服务等。

4. 以散客为主，自主选择性低，受季节影响小

商务旅游者中以散客居多，而且大多数都是公司的白领阶层。由于商务旅行的主要目的是进行商务活动，所以他们在旅行前就已经基本确定了旅行消费开支、旅行时间、旅行方式和旅行的目的地等。对于商务旅游者来说，他们的旅游出行其实就是一种工作，所以一般旅游观光者所追求的旅游吸引物在他们选择目的地的决策过程中只处于从属地位。而且商务旅游者的目的地、交通工具以及从离开到返回居住地的时间并不是由个人所决定的，而更多的是公司意愿的体现。由于商务旅行的一切活动都以商务活动为中心，所以受季节的影响也小。

（三）商务旅游市场营销策略

目前，商务旅游市场正呈现高速增长势头。根据世界旅游业理事会（WTTC）分析，全球商务会奖旅游市场总量上升到 8 953 亿美元，上升的幅度为 50.40%。中国目前是世界上增长最快的商务旅行市场之一，仅次于美国和日本，并将在接下来的 20 年内成为世界第二。如何在这巨大的商务旅游市场空间里分得一杯羹，旅游企业必须采取合适的营销策略。

【案例 11-12】

体验阿联酋航空的高端独特的商务服务

阿联酋航空空客 A380 全面延伸了商务舱的待遇，除了机上服务，还延伸至地面接送机、商务舱休息大厅和快速过关等服务。在阿联酋网站订票后，订票页面就会弹出申请链接，申请成功即有邮件通知，在商务客人出发前一天打电话核实地址和时间，按时在家门口接送机场。返程时，确保预留手机开机，阿联酋航空会在你下飞机后第一时间联系您，在接机口举客人名牌，几乎无缝对接。

空客A380客舱宽阔,可错开半个身位,每个位置的平视感觉都很舒适。座椅除了能180度平躺之外,还有按摩震动功能。机上娱乐功能也很丰富,电影有中文或中文字幕的不少,影片也很新。每位客人一个minibar,不麻烦空姐也可自助饮用。后舱有一个空间很大的酒吧,酒水、点心、小食都免费。客人派发宝格丽品牌的洗漱包,而且男士和女士的洗漱包有区别,男士洗漱包略大一些,多一套剃须用品。IPAD触摸屏控制器,不用按手柄,也不用担心屏幕太远够不着,可以用它调整座椅位置。中途飞行进入晚上睡觉时间,机舱顶部的星空就会亮起来了。机上WiFi要在中国境外才能使用,1美金500M,免费10M,邮箱号登录即可,不用验证,几乎相当于全程免费。自由自在的航线,真正让商务旅客感到身心无限自由。

资料来源于:根据阿联酋航空公司(Emirates Airline)网站整理。

1. 产品

由于商务旅游产品的复杂性和多样性,很难简单概括商务旅游产品的性质。图11-1中大致列出了商务旅游产品的各要素。

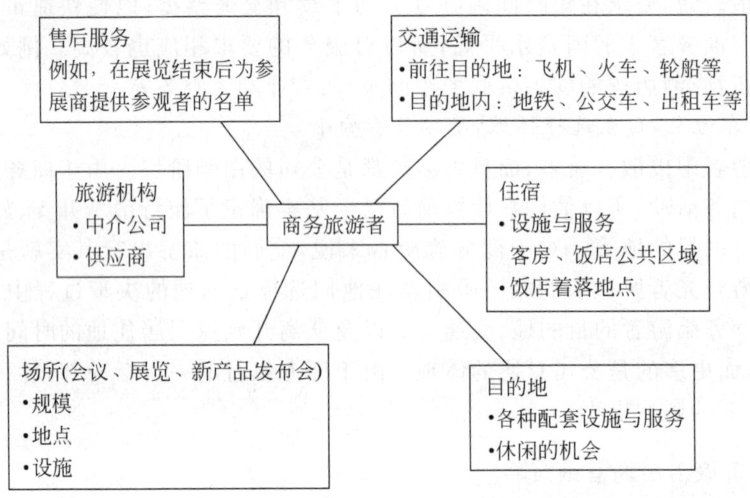

图11-1　商务旅游产品各要素

根据图11-1可以看出,其中的一些要素可以单独出售,如单独出售给商务旅游者的客房或航空公司的机票等。但在多数情况下,都是旅游企业同时组合多种要素为旅游消费者提供所需的产品,如包价奖励旅游等。总之,任何一项旅游产品都是由一系列要素构成的,我们在进行产品的营销时应综合考虑这些因素,以便为顾客创造一次令人满意的旅游体验。

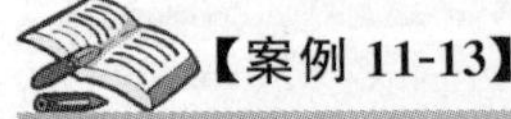

【案例11-13】

北京友谊宾馆——40间商务客房,风格间间不同

饭店客房通常被认为是最标准化、最难以创新的产品,但又是酒店最重要的产品。北京友谊宾馆的做法值得我们关注。北京友谊宾馆商务楼层约有70个标准间,后改造成40间,在改造过程中,从选材起就注重创意,在商业功能上凸显文化气息。这些客房,间间不同,但又似曾相识,一条主题脉络演绎出几十种不同风格。

2. 价格

针对商务旅游者消费能力较强,对价格不如观光旅游者敏感,以及商务旅游者消费结构比较集中和对现代办公用具需求较大的特点,我国的旅游企业可以提供一些价格相对观光旅游而言偏高,但是服务上极具特色、极具个性化的旅游产品。比如,在酒店的安排上一定要使商务旅游者能随时上网,能便捷地与外界进行联系;在旅游线路上最好能有多种选择,供旅游者自行决定;在其消费较集中的住宿等方面尽量符合旅游者个人的消费习惯,同时结合考虑旅游者所在的公司的形象;在观光、购物方面则安排旅游者进行一些尽量能放松身心的活动。

3. 促销

商务旅游产品的促销,主要是加大宣传力度,明确对于商务旅游的认识。商务旅游市场不同于一般旅游市场,在大多数情况下,商务旅游的购买者都是企业,而消费者是企业员工,通常是购消分离。这种属性决定了企业商务旅游市场深层次开发的目标并不仅仅是代订机票、预订客房等表面工作,而是要进入企业管理层面,通过调查制订出合理的计划和管理流程,协助企业进行集团化采购并有效地控制成本,充当企业的战略伙伴和差旅顾问。因此,商务旅游的促销主要应该针对企业的管理层来进行。

4. 销售渠道

顾客可以从旅游企业直接购买商务旅游产品,也可以通过专业中介公司购买。顾客既可以购买全套旅游产品,如包价奖励旅游产品;也可以购买单项旅游产品,如机票、场所、住宿等。旅行社通常都采用直接销售渠道,这样不但可以减少分销层次,有利于降低销售费用和成本,还可以正确把握消费者的需求动态。近年来,互联网技术的盛行大大协调了商务旅游产品在供求上的时空矛盾,为其销售开拓出了新的渠道。

二、探险旅游市场

【案例 11-14】

探险旅游——带着好奇上路

在墨西哥的阿卡普尔科悬崖跳水,在阿尔卑斯脚下攀登冰冻的瀑布;在哥斯达黎加与鲨鱼同游,在马来西亚群岛跟随渔夫捕鲸;在尼泊尔超过 5 000 米海拔的山间跋涉,在印度尼西亚满是火山灰的林加尼火山上徒步攀登;在肯尼亚和野兽来次近距离接触,在秘鲁的鸟岛上与迎面而来的鸟群撞个满怀……

这里没有车尾气,没有石头森林,这里只有挑战,只有惊喜,只有无穷无尽的探险的乐趣。探险游爱好者们说,这才是更加接近旅游真谛的一种出行方式,让你投身种种探险活动以获取更多精神上的享受。随着“探险一族”的队伍日渐壮大,这种与惯常的“导游+山水名胜”大相径庭的旅游方式开始流行,而传统旅游的概念也因此得以扩充。太平洋亚洲旅游协会的高级主管希拉·梁说,那些追逐自由,渴望释放心灵的人们,期待着尝试探险游所带来的乐趣,探险游市场因此迅速拓展。希拉表示,探险旅游正在成为一种趋势,它吸引游客逗留更长时间。其实在国外,由具有相关资质的旅行社组织的探险游线路,是形形色色旅行团中最高等级的线路之一,参与者也都是一些旅游理念成熟,具有丰富经验的旅行人群,可以说,探险游是旅行者对出游质量和方式的更高层需求的体现,也是对旅游市场和旅行者素质的考验和证明。但在国内,这种比上班还"累"、比跑跑跳跳更"危险"的活动,在相当长的时间里都被视作"意识超前+体力超常"者的专利,难以与大众消费的"旅游"挂钩。

近些年来,随着人们出游观念的改变,很多旅行社都在近两年推出了涵盖探险项目的线路,比如丛林探险、荒漠穿越、雪山攀登、狩猎旅行,探险游的范畴已经从最初的自驾、攀岩、漂流等初级项目拓展出无限的空间。另据业内人士介绍,常规线路里其实有很多可以探险的自费项目,比如浮潜、滑翔伞、冲浪、跳伞等。但这些需要一定技术含量的探险项目,目前国人参与的相对较少,出于安全和控制价格考虑,旅行社也没有把这些项目加到固定行程中。业内人士提醒,参与探险游,参团游更为合适,因为探险游对个人和团队的素质以及出游计划都有很高的要求,自行组织的探险存在很多安全隐患,一旦发生意外事件,难以从正规途径解决。同时,还要选择正规的旅行社,报名时仔细察看细节和条款,将安全放在首位。另外,探险游线路报价比常规团稍高,旅行者千万不要因为贪便宜而参加一些非正规旅行社组织的探险活动,以免出现纠纷和意外。

到人迹罕至或险象环生的环境进行的充满神秘性、危险性和刺激性的活动称为探险旅游。探险旅游作为一种消遣性旅游,它有两个与众不同的特点。其一,它要求旅游者有良好的身体素质,必须具备一定的一般旅游活动参加者无须具备的体能。其二,探险旅游有一定的危险性,而且通常发生在自然环境中而不是人造环境中。

据专家研究,人的心理类型对旅游方式的选择会产生很大影响,参见表11-3。通常情况下,冒险型旅游者是探险旅游的主体。因为他们最感兴趣的是尝试新的产品和服务,所以他们每年都去访问新的地方,特别是那些被人遗忘的地方、尚未被发现的地方、被人忽略的地方以及不为人知的地方等。

表11-3 不同心理类型者参加探险旅游活动百分比

探险旅游类型		冒险型/%	近冒险型/%	中间型/%	近依赖型/%	依赖型/%
软探险旅游	自然旅游	19	17	13	12	6
	体育旅游	14	7	6	3	2
	口含通气管潜水	7	5	4	2	1
	帆板活动	4	2	2	2	1
硬探险旅游	背包旅行	17	14	13	9	6
	骑自行车旅游	6	3	3	1	1
	戴呼吸器潜水	5	3	2	1	1
	攀岩活动	2	3	3	1	1
	激流漂流	2	2	1	1	小于1

资料来源:NFO/PLOG调查公司,美国旅游者调查。

国际上一般把探险旅游分为硬探险和软探险两种。硬探险旅游的危险性一般较高，它通常情况下依靠旅游者自己组织活动，而很少借助旅游组织的帮助。软探险虽然也能为旅游者提供某种震撼和刺激，但其活动的开展不需要如此费力，潜在危险也少，整个旅游过程中的舒适程度较高。

（一）探险旅游者的特点

探险旅游是在大众旅游基础上发展起来的一种旅游形式。它既能在世界各地发展迅速，必然有其独特的魅力。与大众旅游者相比，探险旅游者具有如下显著特点。

1. 探险旅游者更多关注的是活动本身，而不是旅游环境

一些研究者认为，对于探险旅游者来说，最重要的不是旅游环境，而是整个旅途本身。观光旅游偏重于对旅游环境的关注，是典型的资源导向型旅游，而探险旅游则更偏重对活动的关注，且具有“需求偏好突出，兴奋点集中，参与性强”等特点。例如，登山旅游所依托的山岳景观对于观光旅游者来说可能是平淡无奇、一瞥而过的，而探险旅游者却能在登山的艰难过程中获得无穷的乐趣。

2. 冒险性是探险旅游者的重要心理追求

探险旅游又称为“特殊旅游”或“冒险旅游”。这种类型的旅游方式一般在其活动过程中存在着一定的风险性，旅游者喜欢在未知的旅程中寻求一种冒险和刺激。传统大众旅游通常把保证行程的安全放在首要地位进行考虑，而探险旅游却把追求风险作为体验的一部分。大体而言，探险旅游有挑战、冒险、刺激、危险、逃避、发现、神奇、不确定性、利益等九大吸引力。其中冒险性对探险旅游者来说是最具有诱惑力的因素。

3. 具有反复消费性和追求成长性

探险旅游作为一种高层次的旅行方式，不仅能张扬旅游者的个性，而且能达到挑战自我的目的。当旅游者成功地进行某次探险活动后，他会反复性尝试同类型的探险活动，或者去尝试其他类型的探险活动。挑战自己的极限可能是探险旅游者所要达到的最重要目的。例如，登山探险旅游者在成功地攀登 4 000 米以上的高山后，可能他下一步的探险目标是 5 000 米甚至 6 000 米。

**【案例 11-15】**

避免盲目探险　探险游不要变成了冒险游！

近几年，户外运动已经成为当下最流行的运动，骑行、徒步、露营等户外运动成为时尚。不时有媒体报道称，一些旅游者在景区玩耍时，私自穿越禁止旅游区域，致使风险频发。据中国户外协会（COA）的调研，在中国 13.67 亿人中，有 3.8 亿人进行体育运动（占总人口的 27.8%），有 1.3 亿人开展徒步旅行、休闲户外等泛户外运动（占总人口的 9.5%），有 6 000 万人进行登山、攀岩、徒步等户外运动（占总人口的 4.4%）。但 2001 年至 2011 年的 10 年间，我国户外运动的遇难人数达到了 220 人。冰冷的数据背后，是一个又一个鲜活生命的消逝。

随着新潮旅游方式的兴起，很多旅游者已不满足于传统的旅游方式，转而寻求更加惊险刺激的探险游，一些不曾开发的人迹罕至之地，开始受到众多驴友的追捧。一些

驴友认为,越是地形复杂、人迹罕至,就越能表现冒险精神和勇气。

读万卷书,行万里路,适度参与安全系数较高的"探险游",感受自然未经雕饰之美,激起本身潜在生机,本是一项很有意义的活动。但需要明白的是,探险游的实质也是旅游,是为了更好地愉悦身心,而不是造成人身伤害。那种一味追求另类刺激,无视恶劣自然环境,把旅游"禁区"当成旅游景区的旅游方式,是不可取的。由于旅游者本身装备欠缺,对可能遭遇的风险思索不周,加之我国当前专业的救援体系尚不健全,一旦出现旅游风险,缺乏平安保证的"探险游"就极容易变成事故频发的"冒险游"。

资料来源:根据中国国家旅游局网站整理。

(二)探险旅游营销

我国的探险旅游已经基本开展起来,西藏、云南和新疆的探险旅游开发得较好,已开辟出多条探险旅游线路。但目前我国的探险旅游方式还比较单一,主要以背包旅游为主。旅游业界可以从以下方面开展对于探险旅游产品的营销。

1. 根据市场需求,设计"新""特""险""奇"旅游产品

特色是旅游产品的生命和灵魂。当物质文明和精神文明发展到一定阶段,人们旅游不再只关注食、住、行、娱、购、游等六个方面的服务,而需要有一种活动,它既能展示消费者的个性,又带有刺激性和冒险性,于是探险旅游这种能满足旅游市场需求的旅行方式就出现了。探险旅游通常是在不同寻常、奇异、荒野的环境中进行的,旅游者探险的目的就是在"新""特""险""奇"的环境中获得一种与众不同的经历。因此,旅游企业只有根据消费者的需求,生产出富有特色的产品才能满足消费者的需求。

2. 进行专业化运作

探险旅游是一项专业性很强的旅游活动。旅游者出行最好通过专业的旅行社或组织机构,由于有专业组织机构的正确指引,旅游者不仅能在探险途中获得振奋人心的刺激冒险感受,而且能享受到探险的快乐,同时又能避免事故的发生。专业旅行社或组织机构通常都具备丰富的专业冒险知识和野外生存技能,他们在出行前都会让顾客预知可能发生的风险,遇险时也有自救或请求外界救援的能力,这样就可以避免或减少生命财产的损失。

3. 加强探险旅游的安全保障,保证探险旅游"零风险"

冒险性是探险旅游的一大特点,人身安全是影响游客选择旅游目的地的主要因素之一。由于在我国探险旅游起步较晚,与此相关的规章制度不够完善,与之相适应的应急保障设施也不健全,同时,旅游者对旅行途中存在的风险也认识不足,因此导致探险旅游事故频频发生。2012 年国庆期间,一群通过网络结识的驴友在从四川卧龙银厂沟徒步穿越至小金县日隆镇的途中,遭遇 30 米宽的涨水小河。其中,一位 43 岁的重庆驴友在过河时失足滑倒,被冲到湍急的河水中,不幸溺水身亡。一条平常宁静的小河,却变成了狰狞的怪兽。一次快乐的旅行,没想到会酿成了悲剧。可见,中国发展探险旅游,其安全保障问题很值得旅游业界关注。

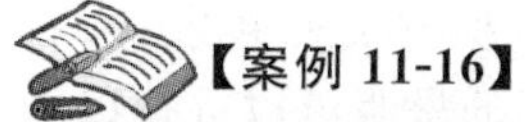【案例 11-16】

让漂流成为大众旅游

漂流运动以其特有的参与形式、刺激的体验感受、极强的挑战性和娱乐性等特点，已经成为一种大众普遍参与的休闲运动，特别是近五年“漂流旅游”在全国各地蓬勃兴起，其发展速度之快实属罕见。

业内专业调查数据显示，截至 2012 年 8 月，湖北省内漂流景点已经达到 45 家。湖北省旅游部门统计，从 2012 年 6 月至 8 月中旬，湖北省内漂流景点接待漂流游客超过 200 万人，营业收入接近 40 亿元，近 3 年累计收入过百亿元。

中国国旅、中南国旅、旅游百事通等旅行社表示，朝天吼漂流、大别山漂流仍然是最热销的漂流地，这些景区的口碑好，产品刺激度和安全措施的完善程度都比较高。面对激烈的市场竞争，有的景区率先尝试差异化经营。随州玉龙漂流景区推出“西游记”主题式漂流，将西游记中的经典故事场景重现于漂流环节，成为我省第一家主题漂流景点。

【评析】 漂流旅游虽然具有探险旅游刺激性、挑战性和娱乐性的特点，但因不及其他探险产品危险，对身体特殊要求不太严格而为更多的旅游爱好者所喜欢，是探险产品中不可多得的能够大众化的产品。只要营销策略得当，注重安全，一定能够为开发这一产品的旅游企业带来相当的收益。

三、修学旅游市场

修学旅游是“学”与“游”的结合，但其主要目的是“学”，主要活动包括了解一门学科、学习一门语言、考察某地的风俗文化或参观某个教学科研机构等。通过修学旅游，旅游者可以增长见识、丰富知识、开阔视野等。

我国修学旅游起步较晚，1989 年推出的孔子家乡修学游是我国较早的修学旅游，它主要接待的是海内修学旅游团体。20 世纪中期，江苏、北京等地也开始了修学旅游。1995 年，我国成立了专门从事修学旅游的教育旅行社，并于当年的 12 月召开了教育系统旅行社联合体的成立大会，此次事件标志着我国修学旅游市场正式形成。

（一）修学旅游者的特点

1. 旅游主体多为城镇地区的青少年旅游者

目前，尽管我国修学旅游的发展势头良好，但基本上仍然处于起步阶段。调查显示，修学旅游的主体为青少年旅游者（占修学旅游者的 85%），特别是比较发达的城镇地区的青少年旅游者，而针对成年人的修学旅游还完全没有形成气候。作为满足人们高层次需求的旅游产品，修学旅游对于经济不发达地区的青少年来说，还完全是一种可望而不可即的奢侈品。

2. 旅游时间长，且比较集中

由于我国修学旅游的主体是青少年学生，学生一般都有较长时间的寒假和暑假。所以,青少年学生主要利用寒暑假和节假日的闲暇时间外出旅行。据有关资料统计,有65%的旅游者把旅游时间安排在寒暑假和节假日。一般来说,60天的暑假可以进行以专业学习项目为目的的修学旅行,这样便于集中学习;寒假和节假日时间较短,应组织一些短期修学旅游,主要以激发学生的学习兴趣为目的。

3. 旅游主题明确

在我国大力开展"素质教育"的大背景之下,修学旅游的主题越来越鲜明,以全面提高学生素质,培养全面性人才为目的。修学旅游本来就是"学"与"游"相结合的一种旅行方式,但其中的"学"占据了主导地位。所以,在设计旅游路线的时候要侧重其教育功能,寓教于乐,全面围绕"学"来组织旅游活动,整个旅程应该是知识性、专业性和趣味性的结合。目前,我国修学旅行的很多活动都是针对学习语言的,如每年新东方组织的夏令营和冬令营就是为了激发学生学习英语的热情而开展的活动。

4. 旅游花费较大,但用于购物方面的消费较小

相对于其他旅游方式而言,尽管修学旅游的日平均花费不大,但由于其出游时间较长,所以总体花费较高。在整个旅行途中,修学旅游者对食、住都不太讲究,通常吃得较为随意,住主要在亲戚、朋友的家里或者在大学宿舍里,所以食、住方面花费较少。修学旅游的主要花费集中在老师的聘请和科研机构的活动方面。另外,由于修学旅游者把主要精力都集中在学习上,外出购物的机会不多,所以购物方面的花费也不多。

(二) 修学旅游营销

1. 组合具有健康向上意义的旅游产品

由于修学旅游产品针对的是具有积极向上精神的青少年学生,所以在组合旅游产品的时候应以能满足旅游者的求知需求为出发点,设计出健康向上的具有吸引力的旅游产品。修学旅游并不是学与游的简单相加,在产品的设计上要注意优化组合,尽量避免将普通旅游产品扣上"修学旅游产品"的帽子。比较常见的且具有创意的修学旅游产品组合有"旅游+培训""旅游+探险""旅游+研讨"等。

【案例 11-17】

山东推出"孟子修学游"

2015年1月17日,孟子修学游国际论坛暨邹鲁研学旅游联盟成立大会在孟子故里山东邹城市举行。来自韩国、新加坡以及我国台湾、香港、内地的70余家旅行社、书院、国学教育机构等齐聚邹城,共同探讨"儒家文化研学旅游的跨界融合之道"。跨界融合文化、旅游和教育于一体的邹鲁研学旅游联盟也正式揭牌成立。邹城市向新加坡金航旅游集团、韩国首尔国振旅行社、中国香港康泰旅行社和中国台湾志洋旅行社4家旅行社颁发了孟子修学游产品的区域独家代理授权书,并与之签订了2015年"孟子修学游"旅游产品购买协议。根据协议,以邹鲁研学旅游联盟为媒介,以上4家旅行社将独家代理所在区域的孟子修学游产品。此举将扩大孟子修学游品牌的影响,使重要客源地的旅行社享受促销让利,实现双方互利共赢。

据邹城市旅游局统计,2014年邹城市接待游客200多万人次,其中孟子修学游仅暑期就接待3万余人次。

2. 加强对于修学旅游产品的宣传力度

旅游主管部门和旅游企业要在细分市场的基础上，针对不同的细分市场，开展产品的促销工作。首先，要抓住一切可能的机会，大力宣传本企业产品的整体形象，扩大其知名度，并尽可能地建立起国内外旅游竞争对手相抗衡的旅游促销机制；其次，采用多样化的促销手段，针对不同的客源市场进行促销宣传；再次，不断加大旅游促销费用；最后，针对我国目前的修学旅游市场主体是青少年旅游者的特点，加大对青少年学生的宣传力度。

3. 加强校企合作

学校是连接学生和旅游企业的纽带。首先，旅游企业要想生产出适销对路且能满足青少年旅游者需要的产品，就必须得到学校的帮助。因为只有通过学校，旅游企业才能真正了解学生的特点和需求，才能生产出受广大青少年学生欢迎的产品。其次，企业也可以通过学校宣传他们生产的产品和服务，有利于有效地开发学生旅游市场。例如，上海第一个"修学旅游中心"成立时，就邀请了日本 120 多名中小学校长参加揭牌仪式。最后，很多修学旅游项目也需要有学校来参与，如"旅游＋培训""旅游＋科研"等项目的推出，如果没有学校的配合，是很难取得令人满意的成果的。

**【案例 11-18】**

高价修学游盯上小贵族　修学旅游产品闪亮登场

出境修学游是以语言学习为主、游览当地著名景点为辅的模式，这也是家长们最为认可的境外修学游模式。通过寄宿在当地人的家庭，零距离接触与体验当地的风土人情，从而使参团者最大限度地融入所去国家的日常生活中。

除了正规旅行社外，一些留学中介机构也加入修学游市场竞争的行列。某旅行社国内游的工作人员告诉记者，留学中介机构尽管并不具有经营暑期旅游的资格，但是由于与国外的院校有很多联系，因此一些想在出国前先进行考察的学生会选择中介机构，这样的修学团也占到了很大的比例。

不少家长向记者质疑称，在同一条线路上，如果加上"修学"的概念，价格往往都能高出好几成，甚至翻了一倍之多，比如，一般的欧洲旅游团的价格只是一万元左右，如果加上修学的概念，价格可以上升至两万元甚至三万元。家长刘先生告诉记者："我很早就计划送孩子出国见见世面，但没想到去欧洲、澳大利亚，这些修学团的价格实在太高了。"他告诉记者，"难道成本真的需要这么多吗？"对此，旅行社解释说，修学游一般时间较长，而且正规的接待外国学生修学的学校收费也非常昂贵，这是价格普遍较高的主要原因。而专家则认为，修学旅游团的学子一般是入住当地的家庭，住宿成本与一般的高档酒店也不可相提并论，因此，旅行社的组团成本应该不会很高，旅行社之所以炒作修学的概念，是因为家长对在孩子身上的花费敏感性低，修学旅游团的利润比较高。

那么，如何挑选修学游产品呢？对此，专家提出如下建议。

看行程。要看行程中有多少是关于英文训练的内容，而不要过于看重行程中的景点数量。

看寄宿。正规修学游都采取"寄宿在当地家庭、每日去学校上课"这种模式。

看资质。如果出境修学游组织方没有资质，一旦发生纠纷，将很难获得赔偿。

本章小结

本章主要阐述了专项旅游的几种典型方式,老年人旅游、女性旅游、修学旅游、探险旅游、商务旅游等。本章主要从分析它们的概念、特点入手,进一步阐述各个旅游市场所应采取的营销策略。

核心概念和观点

老年人旅游;女性旅游;修学旅游;探险旅游;商务旅游

★ 由于老年人心理和生理的原因,其旅游行为呈现出怀旧情结重、消费行为理智、对价格较为敏感等特点,针对老年人旅游市场,旅游企业应该有针对性地从4P方面提出相应的营销对策。

★ 由于女性旅游者对安全较为重视、热衷于自主化、个性化产品,对低价格产品有浓厚兴趣,对购物较为迷恋等特点,旅游企业应该通过开发出符合女性消费心理的旅游产品、整合高低价格产品、合理选择促销手段、注重产品的内在质量四个方面确定相应的营销对策。

★ 商务旅游者由于其时间性强、对现代办公用具要求较高、消费水平高、对服务要求较高、对价格不敏感等特点,旅游企业应从4P出发提出相应的对策。

★ 由于探险旅游具有冒险性、反复消费性和追求成长性等特征,旅游企业应该从设计“新”“特”“险”“奇”旅游产品,进行专业化运作,加强安全保障等方面来进行探险旅游营销。

★ 修学旅游因其具有旅游主体多为城镇地区的青少年旅游者、旅游时间长而集中、旅游主题明确等特点,旅游企业应该通过组合具有健康向上的旅游产品、加强宣传力度、加强校企合作三个方面入手进行旅游营销工作。

练习题库

□ **知识题**

1. 阐述老年旅游者的特点,及旅游企业针对老年旅游市场的营销策略。
2. 商务旅游有哪几种典型形式?
3. 女性旅游者有何特点?
4. 我国修学旅游发展现状如何? 前景如何?
5. 探险旅游者有何心理特征?

□ **案例分析题**

深圳千名长者温馨结伴游港澳

深圳国旅早在2000年就看准老年人这个潜力巨大的旅游消费群体,成立了“温馨结伴行”长者旅游俱乐部,专门为深圳的离退休人士提供量身定做的与同龄人结伴同行的旅游服务。俱乐部以会员制方式,“人性化”地为老年人营造温馨的活动空间,使每一次旅游都成为老年人一生中的难忘经历。

首先，完全站在游客的角度，人性化地设计行程。一改传统的从罗湖口岸出境，乘火车赴香港的交通方式，变为乘直通巴士过港，避免了在罗湖边检排队苦等几个小时、乘火车又可能走失及无座位保障的情况。

其次，不仅改变传统的香港游不派领队的惯例，安排专业领队带团，而且每团有一名医生随行，行程中也充分考虑到老年人的特点，不安排无意义的购物，松紧适度，饭菜的安排也尽量适合老人的胃口，当月过生日的老人还幸运地得到一份令其惊喜的礼物。

广告策划也对深圳子女孝敬父母的脉把得很准，真正做到以情动人。另外，旅行社还成功地说服了香港地接针对性地调整了价格，并共同致力于开发老年人这一新的细分市场。半年时间，仅深圳一地，旅行社就成功组团近 2 000 人次。

深圳国旅在严格控制成本的同时，坚决走价值路线，以至该产品成了长者港澳游的标准：医生陪同、乘直通巴士过境等。因此，虽然价格很高，但仍有很多消费者前来报名参团，因为他们看中的不是几百元的价格差异，而是能充分满足其孝心、对老人有保障、人性化的服务，这方面的价值远远高于金钱。

经营的过程中，该产品在市场上未遇到对手。原因在于：深圳国旅在提供独特价值的同时也在为自己设定技术壁垒。没有足够的顾客量，派医生和安排直通车都会额外增加很多成本，竞争对手要达到同样的服务水准必然要有相应的成团人数，而综合了广告设计、媒体选择、联合推广等多种因素在内的先行者已在市场上建立起了难以跟进的相对优势，于是，竞争对手干脆放弃了这一块业务。

思考题：

1. 深圳国旅的营销策划对于环境的分析主要关注了哪些方面？
2. 深圳国旅该项策划中对于竞争环境是如何分析的？
3. 结合本案例，谈谈我国人口环境变化的趋势及其给旅游业发展的启示。

第十二章 旅游体验营销

学习目标

- 知识目标：通过本章的学习，理解并掌握旅游经济、体验旅游的特点，了解体验旅游的形式，认识旅游体验营销的方法。
- 技能目标：在结合本章知识点的基础上，通过对书本案例的分析与讨论，掌握分析现实生活中具体的旅游体验营销案例的方法。
- 能力目标：学习体验经济下的旅游消费者的特征。根据旅游与体验经济的关系，掌握旅游体验营销的形式和实施方法。

第一节　体验经济与体验旅游

一、体验经济的特征

随着社会经济的发展，人类对物质要求的进化过程遵循这样的发展路径：单纯的物质满足—享受服务—精神的体验。这就意味着随着生活水平的提高，人们在消费过程中需要的不仅仅是物质上的享受，更追求一种精神上的满足，而这种身心的满足就是“体验”。“体验”一词在《现代汉语词典》中的解释为：“通过实践认识周围事物的亲身经历。”这个概念来自于心理学，是一个人达到情绪、体力、智力甚至是精神的某一特定水平时，意识中产生的美好感觉。比如，我们在登上泰山之巅时远眺众山时自然能感受到“会当凌绝顶，一览众山小”的境界，这种深刻的心灵感触就是典型的“体验”。又如，21 世纪初刚流行的驴友们的户外旅行远比传统的大众观光旅游更让人全身心投入，更能获得精神上的深刻体验。

从古至今体验一直存在于人们的生活中，只是随着经济的发展，才被人们逐步清醒地意识到，并成为当今商家的卖点。这意味着体验经济的到来。体验经济形态的出现为各行各业尤其是旅游企业的经营带来了新鲜气息。“体验经济”被解释为继农业、工业、商品、服务经济之后的一个新的经济时代。体验经济形态与其他四种经济形态的特征对比具体如表 12-1 所示。

表 12-1 体验经济形态与其他四种经济形态特征对比

经济形态	农业经济	工业经济	服务经济	体验经济
经济提供物	产品	商品	服务	体验
经济功能	提取	制造	提交	展示
提供物的本质	可互换的	有形的	无形的	难忘的
关键属性	自然的	标准化的	顾客定制化的	人性化的
供给方式	大批储存	生产后库存	根据需求提交	在一段时间之后揭示
出售者	交易者	制造者	提供者	展示者
购买者	市场	顾客	客户	客人
需求要素	特点	特色	利益	感受
衡量尺度	性能/价格	性能/价格	满意/价格	快乐/价格

资料来源：改编自刘锋、董四化.旅游景区营销.北京：中国旅游出版社，2006.

二、体验经济下旅游消费者的特征

体验经济时代，旅游者的消费行为特征比以往有了显著的变化。旅游消费者不再是被动地接受企业提供的产品和服务，而是参与到产品及服务的生产与经营中去。其行为特征主要表现在以下几个方面。

1. 消费结构

在消费结构上，旅游消费者在关注旅游产品和服务质量的同时，越来越注重产品和服务所包含的情感因素。他们不仅仅追求感官的体验，还很渴望心灵的感受。近年来，乡村旅游受到游人的青睐，正是源于人们追求身心放松、渴望回归自然的精神需要。

2. 消费内容

在消费内容上，旅游消费者对大众化、标准化产品兴趣递减，对多样化、个性化产品和服务的兴趣越来越浓。不同以往，如今的旅游者大多数经济实力较强、学历较高、视野开阔、追求新鲜事物。传统的"走马观花""匆匆看过"的观光游已远远不能满足人们的个性需求，取而代之的是多种多样的旅游精品，如海滨度假游、温泉养生游、暑期修学游、影视娱乐游等。这一切都表明消费者在接受产品或服务时的"非大众"心理日益增强，追求个性时尚的体验需求越来越明显。

3. 价值目标

在价值目标上，旅游消费者从注重获得产品本身这一结果逐渐转移到注重接受产品与服务的过程。随着需求层次的不断升级，消费者已不再只关注得到产品这一结果了，他们既重视结果，同时也重视过程，甚至更关注对过程的体验与感受，因而诸如"野外生存训练""极限挑战""完美假期"等注重体验过程的体验旅游项目日益受到消费者青睐。

4. 接受产品的方式

在接受产品的方式上，旅游消费者已不再满足于被动接受企业的诱导和操纵，而是主动参与产品的设计与制造。20世纪90年代末流行的DIY(Do It Yourself)自助理念就已深入人心。他们在酒店中喜欢使用自助厨房展示厨艺,在郊外旅游喜欢享受亲自采摘果实和蔬菜的乐趣,甚至出游线路都由自己构思。他们希望旅游企业能依其新的消费观念和需求开发与其生活有共鸣的"生活共感型"产品,并希望能在旅游消费中体现个性和成就感。

【案例12-1】

出售快乐与和谐——迪士尼乐园的体验营销

自1955年第一个迪士尼乐园在美国加利福尼亚州洛杉矶建成以来,迪士尼集团又相继在美国奥兰多、日本东京、法国巴黎、中国香港修建了共5个迪士尼乐园。迪士尼乐园是目前世界上最出色、最受欢迎的主题公园。究其成功最根本的原因,笔者考察后最大的感受就是:"迪士尼是销售快乐与和谐的地方。"这里诸多的游乐项目、游行演出、众多美味、精美旅游纪念品等都可以让人进入一个快乐体验王国,远离日常工作生活环境,体验到童话世界般的快乐和新事物、新科技。这里是父母和子女分享快乐时光的地方,是老师和学生找到更好的方式相互理解、进行教育的地方。老一代在这里能捕捉到值得怀念的流逝岁月,年轻一代在这里尝试着挑战未来的滋味。人人都能找到属于自己的快乐和知识体验。这种体验为游客带来了价值和满足,形成了良好的口碑,造就了迪士尼久负盛名和成功的营销模式。

三、旅游体验营销的特点

旅游的本质就是一次旅游经历和阅历,就是一次体验。体验营销是一种伴随着体验经济出现的一种新的营销方式,形象地说就是卖感觉、卖体验。体验经济的发展以及休闲旅游时代的来临,带来了营销模式的根本性变化。体验式营销作为一种为体验所驱动的营销和管理模式,很快将取代传统的营销和经营方式,正式登上历史舞台。旅游所具有的典型的"体验性"特征决定了,在旅游活动中开展体验式营销,不仅具有必要性,而且将会比其他营销方式、方法收到更好的实效。针对特定的消费人群,设计出差异化的体验旅游产品,并利用企业优势,制造产品独有的个性,已成为现今旅游市场的新方向。旅游体验营销主要有以下特点。

(一) 以体验为卖点吸引游客

顾客的体验来自于消费经历对感觉、心灵和思想的触动,它把企业、品牌与顾客的生活方式联系起来。因此,对旅游企业来说,营销活动应在游客的旅游体验深刻度上下功夫才更能吸引消费者。旅游体验营销所真正关心的是,游客期望获得什么样的体验,旅游产品对游客生活方式有何影响,以及游客对于这种影响有何感受。比如,乡村旅游者到乡下旅游,希望感受到朴实的乡土气息,吃两顿土灶做的农家饭,在松软清香的泥土上散散步,看一看一望无际的田野,和当地老农唠唠嗑,真实地体验一下农村远离城市尘嚣的宁静生活。这才是体验营销人员应该深入考虑的卖点，而不是把旅游者带到农村去生硬地兜一圈，或是简单体验一下乡村招待所里的“城市日常家庭生活”。

【案例 12-2】

德清“洋家乐”

在离上海只有两个多小时车程的小山村——德清县三九坞村，有一批远近闻名的农家乐，它们是由一批外国人在这里办起来的，所以又叫作“洋家乐”。2008 年，在上海从事传媒工作的南非人 Grant Horsfield（中文名字高天成）在莫干山周边游玩时，无意间发现了三九坞这个世外桃源般的小山村。他租下了 4 套泥坯房，简单装修后，就邀请友人周末前来度假。一间间小屋还有了“紫岭居”“翠竹小筑”“竹工作室”等优雅的名字。随着时间推移，三九坞一半以上的房子成了美国、韩国、英国等老外的“新家”。目前，德清“洋家乐”已达 30 余家，分别由南非、法国、韩国等十来个国家的人士投资。短短几年时间，小小“洋家乐”吸引了 50 个国家 300 多座城市的游客前来探访，不仅因其坐落山水间的自然环境之美，也因其迎合了低碳休闲旅游的世界潮流。

在三九坞，一幢幢外形别致的小屋迥然有别于路上的普通民居，透出精致而不失村屋的风味。院子里，老房子拆下来的大梁对半剖开成了长条桌，雕花椽木被用来装饰花园，大树墩成了圆桌；屋内的家具也是店主“淘”来的宝贝，从旧式理发店搬来的理发椅，农家常见的土罐成了烟灰缸……“洋家乐”租用山中村民的旧房而不大兴土木，设计个性但保留“乡村味”，改造用材全部就地取材变废为新，房屋不安装空调节能环保。“洋家乐”最大的特点是低碳，崇尚的是一种追求自然、返璞归真的感觉，提倡低碳环保的设计经营理念。

“洋家乐”令崇尚自然、渴望回归的外国人和都市白领心驰神往，客人们来到这里后，爬山、散步、骑车、钓鱼，静听鸟鸣声、竹叶的摇曳声，与一般的观光游迥然不同。游客在这里的生活也被要求“低碳”。比如，夏天热靠电风扇，冬天冷靠每个房间安装的火炉；鼓励自己动手做早、中、晚餐，也可以请“阿姨”代劳；烧的是本地废木料、木屑压缩制成的柴火；门前有蓄水池接雨水，可循环使用；垃圾要分类，树叶、苹果皮会埋在地下，等等。

2011 年 10 月，坐落于筏头乡兰树坑村的德清生态驿站（裸心谷）隆重开业，这是继“三九坞”国际乡村会所之后建成的又一个高品质国际化度假项目，将进一步带动高端低碳度假旅游形式在德清的成熟发展。

【评析】 德清的“洋家乐”为什么能在众多的度假休闲产品中脱颖而出，受到同行的关注，获得游客的一致好评呢？其成功之处就在于其产品设计的每一个环节都是从旅游者的体验来着手的，特色体验是其营销的重点。

（二）旅游场景强调主题化

从体验的产生过程来看，主题是体验的基础，任何体验活动都是围绕一个体验主题展开的。体验营销首先要设定一个“主题”，即体验营销应该从一个主题出发并且所有产品和服务都围绕这一主题,或者至少应设有一个"主题场景"(如一些主题博物馆、主题公园、主题游乐区或以某一主题为导向的一场活动等)。并且这些"主题"并非是随意出现的,而是体验营销人员精心设计出来的。如广之旅旅行社曾组织过的"夕阳红恋之旅",就是专为单身老人搭建鹊桥而设计的旅游产品。

(三)产品设计以体验为导向

体验营销必须创造顾客体验,为顾客留下值得回忆的事件和感动瞬间。因此,在企业设计、制作和销售产品及服务时必须以顾客体验为导向,企业的任何一项产品,产品的生产过程或售前、售中和售后的各项活动都应该给顾客留下深刻的印象。旅游企业更应如此。企业在宣传介绍产品时就应给游客以美好的遐想空间,从而渴望真实的体验。如香格里拉的服务口号"殷勤友好亚洲情",很容易让人联想到一种温馨、舒适和体贴的酒店服务,继而心向往之。在实际提供服务时更是要方方面面保证旅游者的体验质量。体验决定了旅游者对旅游产品的满意度和品牌忠诚度。

(四)营销活动以游客为中心

首先,体验营销者真正以游客的需求为中心来指导企业的营销活动。例如,老年旅游者喜欢节奏较慢、风景优美、安乐闲适的旅游,于是就有旅行社突破传统的海南几日游,推出专为老人设计的三亚度假一月游。其次,体验营销应真正以顾客为中心开展企业与顾客之间的沟通。例如,专营老年旅游的上海老城隍庙旅行社建立了老年俱乐部,大大加强了其与旅游者之间的信息和情感交流,从而得以及时更新、升级旅游产品和服务,有效地增加了游客的体验,使游客获得物质和精神上的双重满足。

第二节 体验旅游的营销策略

一、体验旅游的发展

随着社会经济的飞速发展,旅游者的消费观念和消费方式产生了多方面的深刻变化。在旅游需求中,旅游者的情感需求、个性化需求的比重不断增加。之前,人们更偏向于走马观花式的旅游模式,"了解"是游客出行最主要的目的。而现在,人们则倾向选择度假体验的旅游模式,"享受"才是现在游客旅行的意义。"到农民家里体验田园生活""像职业探险家一样穿越西部无人区""去国外入住当地人家",诸如此类的旅游方式已经引起越来越多旅游者的响应。"体验式旅游"正悄然升温,成为现代旅游中最具开发潜力的一个亮点。

体验经济时代的旅游消费需求变化趋势,对于企业而言,既是机遇又是挑战。针对体验经济时代消费需求的变化趋势,企业如果不能跟上时代的步伐,意识不到营销规则的变化,很容易被竞争激烈的市场所淘汰。就目前的旅游产品而言,体验式旅游尚存在很大的市场空白。"体验式旅游"始于 1997 年广东中旅推出的穿越罗布泊探险游。随后，一些旅行社又开发了高校旅游。旅行社把清华、北大、复旦等名校作为一个景点列入旅游路线，激励孩子们考名校的决心，让他们提前感受高校生活。当然，也有部分旅行社时不时拉出“当一回军人”“做一天牧民”这样的大旗，但热闹一阵后，便偃旗息鼓。综观旅游市场，与“体验”扯得上关系的旅游产品还为数不多，而真正意义上的“体验式旅游”更是微乎其微。但在国外非常流行的“体验式游学”则开了个好头。体验营销的出现，说明了商家不仅要重视产品本身的使用价值，更要重视产品所延伸的内涵，只有这样才能更好地增加顾客价值，促进产品销售。这就要求旅游企业实施体验营销策略，将体验营销的思想贯穿于企业整个经营管理过程的始终，从而全方位地提升企业的竞争力。

二、旅游体验营销的形式

体验营销的形式有 5 种，即感觉营销、情感营销、思维营销、行动营销和关系营销，见表 12-2。对于旅游业，体验营销的这 5 种方式各有其目标和手段。感觉营销通过人的五感创造直觉体验的感受；情感营销以营造情景和氛围来建立情感纽带；思考营销通过设计问题来引发游客的思考和激发智力；行动营销通过身体体验影响游客的生活行为；关联营销连接个体与社会群体满足游客的自我改进和社会认同的渴望。

表 12-2　旅游体验营销方式的目标和手段

方　式	目　标	手　段
感觉营销	创造直觉体验的感受	视觉、听觉、触觉、味觉、嗅觉
情感营销	游客内在的感情和情绪	营造游客需要的情境与氛围
思考营销	游客智力启迪和认知	以创意的方式引起游客思考
行动营销	有形体验和游客的互动	以行为体验推出新的生活形态
关联营销	满足游客自我改进的渴望	建立个人对产品的偏好，形成一个社会群体

三、旅游体验营销的实现与突破

（一）感觉营销的实施

感觉营销的诉求目标是创造知觉体验的感觉，它经由视觉、听觉、触觉、味觉与嗅觉传达信息，力图通过给顾客留下深刻的感官体验而确立企业品牌的独特形象。它以满足人们的审美体验为重点，通过选择、利用美的元素，如色彩、音乐、图案等，以及美的风格，如时尚、典雅、华丽等，配以美的主题来迎合消费者的审美情趣，引发消费者的购买兴趣并增加产品的附加值。典型的如我国著名的九寨沟景区，它以高山湖泊群和瀑布群为其主要特点，五彩的海子、错落的飞瀑、细软的河滩、叮咚的涓流、圣洁的雪峰、幽静的森林及独特的藏族风情，融声、光、色、香于一体，展现出其独有的原始自然之美，加之变幻无穷的四季景观及丰富的动植物资源，被誉为“人间仙境”“童话世界”，成为络绎不绝的旅游者心中唯美的天堂。

在实施感觉营销时，需要考虑的是应该怎样立体、感性地实现感官知觉上的体验。

在酒店营销中,感觉营销也是非常重要的。酒店向消费者提供的实际上是一种综合服务产品。客人在酒店就餐,除了享受到美味的菜肴、热情的服务外,还通过视觉、听觉、触觉、嗅觉对环境气氛、服务技术、服务质量产生美好的体验。这也正是酒店在保证餐饮服务质量时,特别强调服务环境质量的原因所在。例如,一杯果汁在中国的奶茶店只卖2元,而在迪拜七星级酒店的售价却高达50美元。这50美元中果汁的使用价值所占比例微乎其微,而绝大部分是酒店提供的高额附加价值,其无形性是顾客通过体验才能获得的。酒店服务的体验本质,决定了酒店服务产品体验质量与传统的服务质量有很大不同,见表12-3。顾客对体验质量的评价很大程度上是主观的,而不是客观的。

表12-3 酒店传统服务质量和体验服务质量比较

框 架	传统服务质量	体验服务质量
测量	客观的	主观的
评价模型	基于属性的	基于整体的
评价焦点	公司/服务提供者/服务环境(外部的)	自我(内部的)
范围	特定的	普遍的
利益特点	功能的/功利主义的	经验的/象征主义的
心理学表现	认知的/态度的	情感的

资料来源:Otto &Ritchie ,1998.

可见,体验及其所能给予的美好感觉是酒店出售的重要的、不可或缺的产品。在当今竞争日益激烈的酒店业,体验质量将成为评价酒店服务产品质量的核心测量指标。只有为消费者营造独特的体验,形成独特的消费体验产品才能区别于其他酒店而获得市场,培养自己的忠实顾客群。

1. 视觉营销的实施

视觉营销是以人们的视觉审美情趣为诉求,经由视觉刺激,提供给游客以美的愉悦、兴奋、享受与满足。每个人的生活环境与背景不同,对于视觉享受的要求也不同,这种不同的要求也反映在消费行为中。旅游消费行为中的视觉享受主要表现为如下几点。产品本身存在客观的美的价值,如张家界的美丽景色对旅游者所形成的视觉上的冲击、敦煌壁画给人们带来的艺术美感等。对于景色美丽的自然景区以及艺术水平较高的历史文化古迹来说,这类旅游产品能给旅游者带来视觉的享受和愉悦。购买这类产品时旅游者体验到了美感,满足了对视觉享受的需要。视觉营销在传统的旅游营销中加入了美学的成分,使得旅游景区在旅游产品越来越同质化的今天能有效吸引旅游者的目光,实现景区及其旅游产品在市场上的差异化,赢得竞争优势。

视觉设计是一个景区最基本的设计,它研究的是整体环境与景观的搭配,是以"观"为主体的。有形设施主要包括景区的游乐设施、停车场、饭店、商店、洗手间、道路以及小品设施等。在传统景区设计中,一般仅仅考虑到这些设施的功能和效用,而忽略了它们对于营造整体体验情景的作用。在体验设计中,仅仅拥有完善、方便的设施是远远不够的,还要让这些设施发挥自己独特的强化体验的功效。因而,风景区的设施建设就要坚持生态原则、整体和谐统一原则和美感原则这三个原则。

例如,景区的厕所建设最能突显该景区的档次,它既要与景区建筑协调,又要有自身的特色。海南南湾猴岛的厕所是一座座很别致的用椰子壳搭建的尖顶木屋，木屋房顶和屋檐周边种满了红花绿叶，房顶上的花草都垂到了厕所里，厕所里面像个小花园，没有空调，却凉爽透气、鸟语花香、阳光明媚，很有海南生态特色。猴岛厕所是废物利用、就地取材，用当地棕榈杆搭建、椰子壳做瓷砖筑成的；在屋顶栽种藤条植物，让其攀爬到厕所里；厕所墙面上挂的画，都是景区员工自己拍摄的猴子滑稽的表情。这些独特的视觉设计让游客上厕所也能大饱眼福。

视觉最具冲击力，给人印象最深，体验的回味与感悟源于视觉。营销策划设计的重要内容之一即是VI设计。许多景区在旅游形象设计中的视觉识别系统的设计就是为了实现景区的视觉营销效果。视觉识别系统包括标志符号系统和应用符号系统。其中标志符号系统包括旅游地标徽、标准字体、标准色、象征性吉祥物等。而应用符号系统则主要有旅游地纪念品、办公及公关用品、指示类应用设计、广告、旅游地服务人员的视觉形象等。其他的案例包括各地都出版有大量的摄影作品集，例如内蒙古阿拉善盟额济纳旗的胡杨林照片集、焦作市原市委书记秦玉海的摄影作品集，都起到了很好的营销效果。

在酒店营销中，顾客利用感官对酒店产品的感知及由此所获得的印象，将直接影响到他们对酒店产品的质量及酒店形象的认识和评价。要在感官上为顾客创造体验价值，酒店不仅要对“外环境”——有形物（包括酒店的建筑、设备设施、有形产品）进行包装，还要对“内环境”——环境气氛、顾客系统、员工进行内包装。

酒店在实施视觉营销过程中，酒店建筑的外观、设备设施的设计以及产品的包装是否符合顾客的审美观等都是至关重要的。例如，顾客期望五星级酒店的外观设计能独具特色，期望酒店的设备设施美观、具有艺术性，期望酒店的菜肴能满足其视觉、听觉、味觉和嗅觉的享受。除外观设计外，环境的感觉营销也是不容忽视的。环境的感觉营销是由环境的各个要素共同作用所形成的对人的感官的总体印象。色彩的轻重、灯光的明暗、温度的高低等都是环境中影响顾客感觉体验的要素。顾客通过感官对这些元素的感知形成体验和感受，良好的环境能为顾客营造舒适、兴奋、静谧、浪漫等体验。如北京一家非常独特的“监狱酒吧”，以无光线环境给人一种纯黑暗中的放松体验。

顾客和员工是在消费者消费过程中不可缺少的两个因素。顾客在酒店消费时，也会对其他顾客和为其服务的员工产生感官印象。他们的言行举止影响着顾客的感觉体验，这就要求酒店必须对顾客和员工进行适当的“包装”，对于员工，要规范其仪容仪表、语言和行为；对于顾客，要细分顾客群，区别对待。例如，领位员应把来餐厅就餐的白领顾客引到较安静的位置上，而不应将其安排在几个喝的满脸通红的醉汉旁边的位置上。

2. 听觉营销

营销技巧千变万化，除了一般的视觉营销外，听觉营销也不容忽视。景区最大的声音是游客的声音，听觉设计就是通过有效的手段来降低游客的噪声，进而保持林区自然之音，如鸟鸣声、林涛声等。生活功能区可以设计间歇播放背景音乐，音乐所传达的意境应该是和主题紧密联系在一起的。而在寺庙参观，若是遇上僧人们做早课，则可听到绵密专一的念佛声、虔诚清净的诵经声，佛味浓厚，涤彻心灵；甚至是听上一声美妙悠远的击磬清音，也能一洗俗世尘劳，“万籁此皆寂，唯闻钟磬声”之境让人心旷神怡。同样，气味被作为顾客体验不可分割的一部分，已经成为营销的一个新关注点。在景区设计中，同样也可以用气味来增强游客的体验。例如，在四川的野人谷，我们可以建立珍稀植物观赏走廊，让游人在鸟语花香的世界里享受自然的清新；利用景区丰富的水资源，可以在泉水流经处设亲水点，让游人亲近、感受和品尝山泉的甘甜。

景区营销还有一个非常好的方法就是让旅游插上歌声的翅膀，让旅游者置身于悠扬动听的歌声中。音乐是最没有障碍的交流载体，被频频用于各种商业、非商业的宣传攻势中，并衍生出体育歌曲、公益歌曲、企业歌曲和旅游歌曲等。在仔细剖析景区产品特性是否适合听觉营销后，景区就可以以简短、易读、易记、有趣的音乐方式进行景区营销，并达到引人注目的目的。具体来说，景区可以将景区的特色、景区产品的特点通过歌曲的形式向社会公众传播，歌曲越能吸引人，其营销宣传的效果也会更好。

"一曲脍炙人口、家喻户晓的旅游歌曲，可以唱响一个城市、一个景区、一个企业……"《美丽的太阳岛上》虽然只给作者带来了15元的稿费，但它带给哈尔滨旅游的效益则是无法估量的。在那个时代，这首歌无疑是有极大感召力的。旅游歌曲必须情景交融，要把一定的理想、追求，或者是一种思想、情绪，结合在景观之中。这就是感动人的地方。在这方面的成功案例有：邵春先生策划的由日本著名歌星演唱的《无锡旅情》让成群结队的日本人按歌索景来到无锡；风靡一时的《太湖美》《请到天涯海角来》《我想去桂林》等都是无意识创作出来的旅游歌曲的佳作，而这些歌曲在客观上令其所涉及的景区获益匪浅，可谓是"无心插柳柳成荫"。随着旅游业的发展，旅游歌曲的这种作用逐渐显露出其经济价值，于是一些旅游景区、旅游企业纷纷出资请专业词曲作家为自己"量身定制"听觉标志，使旅游歌曲的创作开始进入了有意识创作的新时期。

近年来广受欢迎旅游歌曲有《情系峨眉山》《欢乐世界》《大江大湖大武汉》《神奇的九寨》《Affinity武夷山》《太阳岛上》《响沙湾之歌》《黄河不糊涂》《美丽的康定溜溜的城》《西湖雨》《月牙泉》《鼓浪屿之波》《烟花三月》《请到天涯海角来》《丽江：梦中的香格里拉》《平遥古韵》《伊犁：塞外江南》《丝路花雨锁泉州》《明月杭州夜》《大理雪月觅风花》《曲阜孔儒风》《青稞飘香日喀则》《情满康定》《水墨丹青凤凰城》《阳朔美景画中游》《青瓦白墙恋徽卅》《千年黄州》等。

【案例 12-3】

哈尔滨太阳岛一"唱"成名

太阳岛风景区位于哈尔滨市区松花江北岸，与斯大林公园隔江相望，总面积达88平方千米，具有质朴、粗犷的北方原野风光特色，是城市居民进行野游、野浴、野餐的极好乐园。20世纪80年代初，著名歌唱家郑绪岚一首脍炙人口的《太阳岛上》(秀田、邢籁、王立平作词，王立平作曲)，唱出了太阳岛的风采，唱出了太阳岛的名气，使太阳岛一"唱"成名。

【评析】 案例中的太阳岛凭借一首歌曲吸引了众多游客，从一个默默无闻的小岛发展成为著名的旅游胜地。这其中就充分利用了体验营销中的听觉营销方式，效果尤其显著。

（二）情感营销的实施

情感营销是触动顾客的内心情感，以给消费者创造兴奋、快乐、自豪的情感体验的营销方式。对于酒店企业来说，其服务的体验本质，决定了这种营销往往贯穿顾客从入店之前到住店之中到离店之后的整个过程，即在“入店之前→住店之中→离店之后”的过程中，酒店始终围绕情感进行深度营销，让顾客始终都能对酒店提供的情感体验深有感受。

(1) 入店之前的情感营销一般体现在酒店的品牌形象、店名和外观上。例如，香格里拉品牌往往会让人想起她“殷勤好客亚洲情”的形象；再如，上海百乐门大酒店在为饭店起名和进行店标图案设计时，体现的是“幸福、快乐”的情感氛围，“百乐门”三字象征欢乐、吉祥，含有“君入吾门，百事快乐”的意思，让消费者产生追求快乐的情感体验。

(2) 入店之后和住店之中是顾客消费酒店服务产品的主要过程，情感体验更是必不可少。情感营销在这一阶段除了提供常规的人性服务，还应体现出个性化、差异化的互动服务。例如，在特殊节日可以策划晚会，在顾客生日那天可以在其枕边放上一张小小卡片或是一束鲜花，还可以通过设计一种故事情节或场景触动消费者内心深处的情感，牢牢地抓住消费者的心。

(3) 离店之后，并不意味着顾客的体验就结束了，情感营销仍能起到重要作用。它既能在售后服务中得以运用，也可以在客户关系管理中发挥作用。顾客离店后可能会对酒店的失误进行投诉，可能会长久地忘记了这个酒店，这时酒店都可以本着让利消费者和“以情感人”的原则为其服务，甚至可以为顾客建立个性档案，在特殊的纪念日为其送上温馨的祝福。

情感营销追求顾客内在的感情与情绪体验，其范围可以是一个温和、柔情的正面心情，也可以是欢乐、自豪甚至是激情的强烈的激动情绪。情感营销的运作需要的是真正了解什么刺激可以引起某种情绪，并能使消费者自然地受到感染而融入这种情景中来。新加坡航空以带给乘客快乐为主题，营造一个全新的起飞体验。该公司制定严格的标准，要求空姐如何微笑；并制作快乐手册，要求以什么样的音乐、什么样的情境来“创造”快乐。通过提供出色的顾客服务，新加坡航空公司成为世界上前十大航空公司和获利最多的航空公司之一。

目前，用娱乐作为营销手段已经成了越来越多的景区的选择，娱乐营销已成为景区竞争的新焦点。很多旅游产品往往是同质的，但没有一种娱乐带来的快乐是相同的。娱乐营销通过传递给旅游者不同的娱乐和快乐感受提高产品的差异性，已成为景区成功营销的重要策略。景区娱乐营销就是借助娱乐活动，将娱乐因素融入景区产品或服务，从而促进景区产品或服务宣传和销售的过程。娱乐营销以消费者的娱乐体验为诉求，通过愉悦消费者而达到营销目标。

在景区娱乐营销过程中，带给旅游者快乐的情感体验尤为重要。所以，用什么样的形式吸引旅游者参与是娱乐营销成功与否的关键。所有的娱乐活动都是为了给旅游者带来多重感官的体验，捕捉消费者的注意力，最终达到刺激旅游者购买和消费的目的。

每个游客都希望自己所购买的是一次难忘的、愉快的旅游经历，没有人会愿意为一次枯燥无味的经历而付费，所以在旅游业中，娱乐营销策略尤为重要。旅游景区应该将娱乐营销的思想贯穿整个营销过程的始终,在游客旅游的整个经历中适时地加入娱乐体验,使整个旅游过程变得有趣而愉快,从而提升游客的满意度。

娱乐营销的形式是多样的,它包含电影、电视、广播、印刷媒介、体育活动、旅游和探险、艺术展、音乐会、主题公园等相互融合的各类营销活动。娱乐营销要不断创新,并与时代潮流紧密联系在一起。因为消费者的喜好是在不断变化的,所以要满足消费者的娱乐需求,就要提供最受消费者欢迎的娱乐因素。比如迪士尼主题公园,可送你进入魔幻世界,各种人物造型栩栩如生;柏林的索尼中心,使来自世界各地的年轻人体验到高科技带来的新鲜与快乐。娱乐化的活动有超级女声、化装街舞、游行表演、对歌等。

【案例 12-4】

万圣节十万人欢聚长隆

2015 年 10 月 31 日(星期六),一大早便有一则长隆欢乐世界和长隆水上乐园联合发出的消息在微信朋友圈疯狂刷屏:“因预订量大,客流量高,长隆欢乐世界为保证游客的舒适游园体验及园区顺畅运营,现正式通知 10 月 31 日现场停止售票。”演唱会门票售罄时有听闻,但游乐园由于游客众多而停止售票,则在广州还是第一次听闻。

原来,10 月 31 日正是西方的万圣节,在西方国家,每年的 10 月 31 日为“万圣节之夜”。节日之夜是一年中最“闹鬼”的一夜,所以也叫“鬼节”。随着中西文化的交融日趋紧密,万圣节越来越受到国内年轻人和家庭喜爱。“长隆欢乐万圣节”连续举办多年,是内地最具规模和特色的万圣节主题活动。据了解,10 月 31 日万圣节当天,长隆欢乐世界园内万圣节氛围浓郁,到处是“装神弄鬼”和“奇装异服”的游客,当日共接待游客超过 10 万人次,创造了中国主题公园单日入园的全新纪录;11 月 1 日,长隆欢乐世界同样备受热捧,接待游客近 4 万人。整个万圣节周末,长隆欢乐世界可谓是热闹异常。

2015 年,长隆集团整合旗下相邻的两大主题公园——长隆欢乐世界和长隆水上乐园两大园区的资源,打造了一个堪称中国内地规模最大的超级万圣节主题活动,两个园区实施“一票制”,水陆联合,规模加大了将近一倍。万圣节期间,长隆集团实行了特价优惠,只需一张长隆欢乐世界门票的价格,便可通玩长隆欢乐世界和长隆水上乐园,非常超值。一方面,超高的性价比提升了对游客的吸引力;另一方面,两园连通,成倍扩大的经营面积,也极大地缓释了高峰时期的客流压力。

【评析】 长隆万圣节的活动为都市的人们在繁忙的工作之中提供了很好的放松的机会,播撒了快乐的种子。这就是体验营销中的娱乐营销。在生活方式越来越紧张的都市生活中,娱乐体验将会有越来越大的市场,成功的娱乐营销也能为其举办方带来不菲的收入。

资料来源:长隆集团官网,2015.

(三)思考营销的实施

思考营销诉求的是智力,以创意的方式引起顾客的惊奇、兴趣、对问题集中或分散的思考,为顾客创造认知和解决问题的体验。户外拓展旅游项目采用的就是典型的思考营销方式。它要求旅游者在户外发挥团队协作精神,以勇气和智慧解决实际困难,突破重重障碍,最终到达目的地,完成旅游活动。这个合作与思考的经历是最吸引旅游者体验的亮点。旅游是一项需要智力参与的活动,思考营销可以充分发挥旅游者的智能,使其获得成就感和满足感。再如,《3 000 美金走遍世界》的作者朱兆瑞在签名售书过程中发起过"最省钱环球旅行"活动,即能以低于 3 000 美元的费用游遍全世界者,将获得他颁发的大奖。有不少人踊跃报名参加这项活动,认为运用智力以最低成本享受环游世界的乐趣很富有挑战性。

思考营销以启发人们的智力为目的,通过在产品营销中加入一些有创意、有知识性的因素,以引起消费者的兴趣和参与,使其在消费过程中获得认识和解决问题的体验,满足消费者的求知需求。酒店的思考营销要体现在产品的设计、环境营造和促销方式上。

酒店的知识性产品,就是指在产品本身所具有的使用价值的基础上,增加其知识价值,使顾客在购买这种知识性产品的过程中,获得新的知识,提高人们的购买欲望。酒店的知识性产品主要是餐饮和客房产品两部分。打造餐饮的知识产品,要在餐饮产品中更多地融入食品科学、营养学和医疗保健等方面的科学知识以及与产品有关的历史典故等人文知识。例如,有些酒店有专门的素食特色餐,在顾客品尝美味时,酒店人员就可以向他们介绍素食有助于卫生(保护生理健康)、卫性(保持平和的性情)、卫心(保护善良的心灵)的优点,还可以讲述佛教的素食习惯始于梁武帝看到《楞严经》上"菩萨慈悲,不忍食众生肉"的故事。

知识性环境,就是指在酒店的装修格调和内部环境的营造上,要体现一定的文化氛围,给顾客一种知识的享受,为其提供一个思考的空间。知识性环境的营造是酒店进行思维营销的重要条件。如将酒店的咖啡厅布置成"图书馆",在店堂的四周架起书架,上面摆满各种书籍。消费者在工作之余,悠闲地坐在咖啡书屋里,一边品尝着咖啡,一边翻阅自己感兴趣的书籍,轻轻松松地获得知识。顾客消费的不仅仅是一杯饮品,而是一种心情、一种知识。

知识性促销,是指在酒店产品的促销方式上增强知识的传播功能,对酒店产品的现实和潜在顾客进行产品使用前的培训,在培训的过程中宣传产品的知识性,使消费者在消费前学会使用和消费知识产品的技能,增强他们的购买欲望。在酒店推销西餐时,可向目标顾客介绍西方饮食知识,讲解如何使用刀叉,示范如何品赏各种酒品,甚至赠送西餐文化书报杂志。消费者可以边吃边学,吃的是情调,学的是知识,感受的是文化,这种就餐方式显得高雅许多。

(四) 行动营销的实施

行动营销的目标是影响旅游者的生活态度和方式。行动营销通过增加游客的行动体验,指出做事的替代方法和不同的生活观念,或是满足游客对某种生活状态的渴望。例如,盛行于我国中学生中的出国夏令营,将营员安排在国外学校或普通家庭住宿,让他们和当地人以英语交流,入乡随俗地与当地人共同生活,使他们有勇气开口说英语,并对异国他乡的生活有直接的感性认识。这种旅游体验无疑会让他们终生难忘,而且会影响他们对未来生活的设想。再如福建首家"禅文化"酒店,客房内布置非常简单,一张床、一个蒲团、一壶茶、一顶香炉,墙上还有一幅禅字,再吃上一顿素斋,客人在简单的食宿中便能感受佛家的清净,体察内心的无为。

增加游客的参与活动就是要多设计让游客参与的体验项目。在这个过程中,景区为游客提供了一个"亲身体验"的平台,让游客参与了生产过程。对于景区的体验活动设计要把握以下三个原则。①差异性。差异性表现为唯一、第一与多样性。要体现新鲜感,首先景区产品要有特色,具有唯一性,即独特性;其次,景区产品具有第一的特征;最后要给顾客多种选择。特色要求景区要有主题,要让游客对景区有不同的"地方感"。它必须提供游客某种独特的旅游体验。"做一天和尚撞一天钟"主题旅游就是寺庙深度游中独特的行动体验,旅游者可以在寺庙的安排下与普通僧人同吃同住同劳动,体会几天出世的清修生活。②参与性。如果没有参与,就难以形成真正的体验。参与性体现在两方面——项目本身需要游客参与以及游客参与项目的设计与组合。观众已经不满足于作为一个被动的旁观者。景区是剧场,顾客则既是观众更是演员。③挑战性。项目的设计还要考虑对游客有一定的挑战性,给游客突破自己生命极限以证明自己生命价值的旅游机会,为游客培养一种强烈的自豪感。当游客爬上一座高峰、跳一次蹦极、飞跃某一峡谷等征服某种艰难险阻,成功完成了别人无法完成或自己以前无法完成的事情时,自豪感就油然而生了。

旅游者的角色扮演体验需求也为企业的行动营销带来了新的契机,即以顾客所追求的生活方式为诉求,通过将企业的产品与某一种生活方式相结合,达到吸引旅游者的目的。随着社会经济的快速发展,人们工作之余,渴望离开现在所生活的环境,体验另外一种截然不同的生活方式的愿望越来越强烈。这样的需求,就给旅游业带来了又一个发展的契机。这种营销利用了人们在现实生活中生活方式的巨大差异,让游客有机会体验他人的生活和心理。

例如,成都农家乐休闲旅游的策划就是将农田划分为一小块一小块的菜地,长期租给城市中的居民,让他们在双休日前来自耕自耘,体验一份自给自足的田园快乐。在新西兰罗托鲁瓦景点的彩虹广场,有内容丰富的新西兰农场的生活示范和表演,两位牧羊人进行有趣和精彩的新西兰农场生活示范,观众可从中体验到农场的生活和牧场内的工作,如利用牧羊狗来赶羊、剪羊毛及处理羊毛的方法等。在示范过程中,观众亦有机会参与各种示范,如手搅牛油机、挤牛奶和喂小羊喝奶等。

(五) 关联营销的实施

关联营销包含感官、感觉、思考和行动营销等多个层面,是一种联动性极强的全面混合式体验模式。它是体验营销的高级模式。关联营销超越私人感情、人格、个性,加上"个人体验",而且与个人对理想自我、他人或是文化产生关联。关联营销的诉求是自我改进(例如想要未来的"理想自己"有关联)的个人渴望,要别人对自己产生好感。如成为万豪酒店的VIP客户,该顾客便能成为酒店高档次客户群中的一员,享受更个性化的服务,从而感到更有尊严,更加自信,同时更注重提升自我形象和提高自身素质。关联营销让个人和一个较广泛的社会系统(如一种亚文化或一个群体等)产生关联,从而建立个人对某种品牌的偏好，同时让使用该品牌的人们进而形成一个群体。

关联营销是体验营销的最具综合性的一种方式，它能带给消费者最全面的混合体验。感官刺激引起兴趣，达到知晓后的认知程度；情感营销建立情感纽带，进而理解；思考营销可以使顾客深入分析，形成持久的认知，然后生成态度；行动营销促进产生行为动机，最后完成购买行为；关联营销提供超越个人的体验，有助于建立品牌忠诚。在此基础上，消费者个体的混合体验和他与整个服务群体的共有混合体验构成了一种全面的服务体验，如图 12-1 所示。

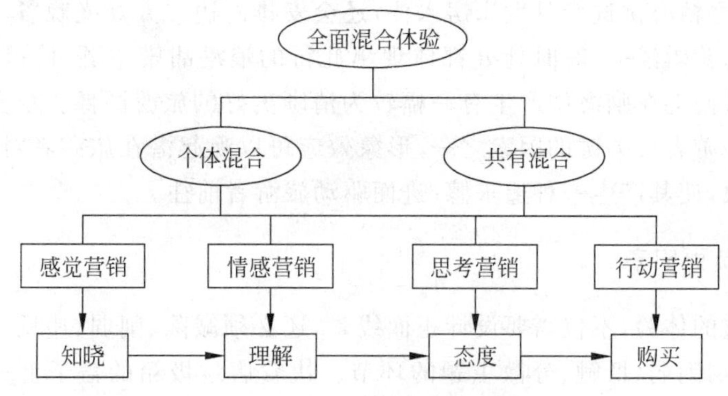

图 12-1 关联营销的全面混合体验模式图

四、实施旅游体验营销的注意事项

“体验式旅游”，要求旅行社安排更多参与性的活动，使游客感悟旅游真义。旅行社应结合旅行社产品的具体特点，借助体验经济这一新的突破点推出体验，增加体验价值。对旅行社产品的体验营销可进行如下体验设计。

（一）制定好的主题

主题是旅行社产品的灵魂，是旅游吸引力的主要源泉和市场竞争的核心。旅行社产品的主题设计，本质上是针对某一集中定位的目标市场，突出文化内涵的，并以高度形象化语言概括的，以最终形成品牌为目的的营销过程。例如，天津黄土地旅行社曾发现，中小股民通常没有机会与“大腕”股评家们亲密接触，因此就解决不了其个性、个股的问题。据此，该社开始策划利用周六、日两天股市停盘的时间，组织“股民与股评家同行”的主题旅游活动，创造股民与著名的股评家们同车、同游、同吃、同“居”的机会，通过同行来创造近距离沟通接触，为每位股民逐一分析获利方法和推荐个股。产品一经推出，中小投资者们趋之若鹜，参团火爆异常。好的主题能够加强旅游者在旅游活动中的综合体验感，并容易留下深刻的印象，提高旅行社产品的活动品位和体验价值。构思一个良好定义的体验主题，意味着为一个参与性的故事撰写剧本，为剧情的发展提供线索，并由此展开体验的剧情。

（二）塑造正面形象

体验是通过深刻印象来实现的，为了创造旅游者难忘的印象必须向旅游者介绍线索，每一个线索都无一例外地体现主题并与主题保持一致。因此，旅行社应该以体现积极体验主题和美好体验意象的正面线索，组合旅游活动中旅游者所需要的各种有偿服务因素，塑造旅行社产品的良好形象。比较成功的如海口民间旅行社推出的"亲密爱人"产品，打造的就是甜蜜度假，要为游客营造极高的私密空间，在接机的时候就送上极具热带风情的花环，为之精心挑选蜜月大床房入住，还会安排海边二人烛光晚餐、七仙岭五星酒店野溪温泉玫瑰花瓣浴等，时时处处都体现出此行的浪漫甜蜜主题，使得旅游者稍微了解一下行程安排便能在脑海中产生有一幅较为清晰美好的旅游图像。众多研究表明，形象已成为吸引旅游者最关键的因素之一，形象效应可以唤起潜在旅游者对旅游目的地的意识和初步印象，使其产生一种追求感，进而驱动旅游者前往。

（三）去除负面因素

要塑造完整的体验，不仅需要设计正面线索，还必须减除、削弱、违反、转移主题的负面线索，删除一切削弱、抵触、分散主题的环节。快餐店垃圾箱的盖子上一般都有"谢谢您"三个字，它提醒消费者自行清理餐盘，但也同样透露着"我们不提供服务"的负面信息。如果将垃圾箱变成会发声的垃圾机，当消费者打开盖子清理餐盘时，就会发出感谢的话。这样就消除了负面线索，将自助变为餐饮中的正面线索。有时，破坏顾客隐私的"过度服务"，也是破坏体验的负面线索。例如，导游频繁地出入客人房间或者过分殷勤地招呼客人，打扰了客人正常的休闲生活，甚至侵犯了客人隐私。如果了解了客人的需求，恰当地进行对客服务，就能减除负面线索，创造更愉悦的体验。

（四）提供纪念产品

纪念品可以使体验存留时间长，旅游者通过纪念品可将个人体验与他人共享。充分利用纪念品，增加文化设计的含量。在旅游体验中，旅游者要求得到一个难以忘怀的回忆，这不仅在产品体验消费过程中产生，而且可以在富有当地特色、文化内涵和艺术形式的旅游纪念品中保存下来。纪念品的价格虽然比不具纪念价值的相同产品高出很多，但因为具有回忆体验的价值，所以消费者还是愿意购买。因此，可以出售风景画册、照片、具有民族特色的工艺品等纪念品；可以把旅游中使用过的物品做成有游客个人印记的纪念品；此外还可适当地赠送制作精良的免费纪念品；最后还要开发全新的纪念品，通过纪念品来增加游客旅游中的体验价值。

（五）重视感官刺激

旅游作为精神产品，它要以游客最大满意度为服务的最高质量目标，因此必须从多种不同的活动中来调动、调整、抚慰旅游者的心情。整合多种感官刺激，支持并增强主题，使游客得到最大的享受，要采用多种活动组合来丰富旅游的内容，给旅游者视觉、听觉、嗅觉、味觉和触觉的全方位冲击。在食、住、行、游、购、娱六个方面多下功夫，增添、变换、创新服务内容和形式，形成功力强大的旅游组合产品，让游客来得畅、住得下、吃得香、游得乐、购得好、走得顺，且能常游常新、乐意多次玩赏，使他们在差异化文化和环境的体验中留下难忘的印象。体验所涉及的感官刺激越多，就越能构成美妙的回味，体验设计就越成功。

本章小结

本章首先介绍了体验经济以及体验经济下旅游消费者的特征，重点提出了感觉营销、情感营销、思维营销、行动营销和关系营销五种体验营销策略。

核心概念和观点

体验经济；旅游体验营销；感觉营销；情感营销；思维营销；行动营销；关系营销

★ 现代社会正在进入体验经济时代，在体验经济大背景下我们必须充分关注旅游消费者关注自我、强调个性化的新特点，在旅游营销上做到以体验为卖点吸引游客、旅游场景强调主题化、营销活动以游客为中心。

★ 在实施旅游营销的过程中可以采用五种有效的体验营销方式，即感觉营销、情感营销、思维营销、行动营销、关系营销。

★ 旅行社实施体验营销开发旅游产品时可遵循以下方式进行：制定一个好的主题，塑造正面形象，重视游客感官刺激，为其留下能勾起其回忆的纪念品。

练习题库

□ **知识题**

1. 体验经济时代下，旅游消费行为表现出了哪些新的特征？

2. 体验营销与传统的营销方式主要有什么区别？

3. 请分别给出在体验营销方面做得比较成功的旅行社、饭店、景区各一个例子，并进行简单的分析。

□ **案例分析题**

夜访北京欢乐谷万圣节之“搞鬼”style

2012年万圣节日益临近，“宅”着的白领们都在讨论如何去户外度过这个另类的节日。是去鬼屋经历一场噩梦，还是和死党玩弄鬼妆，抑或是和唯美精灵们来一场歌舞Party，再尝尝几样貌似诡异却鲜美的甜品？这个时节，集恐怖、恶搞、时尚、潮流等各种元素为一体的北京欢乐谷万圣欢乐节，就是节日游玩的最佳选择。从10月13日至31日，一场原汁原味的万圣节已经粉墨登场，潜伏满园的“妖魔鬼怪”、主题鲜明的鬼屋与别具异域风情的“鬼魅”演出，让北京欢乐谷园区内处处回响着尖叫与欢笑……

夜幕降临，北京欢乐谷就变身成为京城最大的露天式鬼屋。从踏足大门那一刻开始，各式踩着高跷、张牙舞爪的“妖魔鬼怪”就在路上围追堵截，既有身着炫彩灯光的“鬼蜘蛛”招手示意，又有脸色苍白的吊死鬼张开血盆大口猛然出现引得惊叫连连。而在园区内部，每一处僻静的树林里，每一段孤寂的小道上，都有可能出现意想不到的孤魂魅影。

此外，全新三大主题体验式鬼屋——“生化集中营”、“异域魔窟”和“异度空间”也都张开着血莽大口静待“猎物”上门，这可不同于一般的鬼屋探险，而是借用电影《生化危机》中的惊悚元素首创的全方位立体“幽闭密室”，活用片场道具制作，营造真实场景和氛围，让进入鬼屋的人仿佛置身浣熊市，从头顶冰冷到脚心。

资料来源：北京欢乐谷官方网站，2012.

思考题：

1. 结合体验旅游产品开发模式，试分析鬼屋体验旅游新产品近年来在国内大中城市兴起的原因。

2. 结合身边的实例分析体验型旅游产品创新成功的关键因素及其风险。

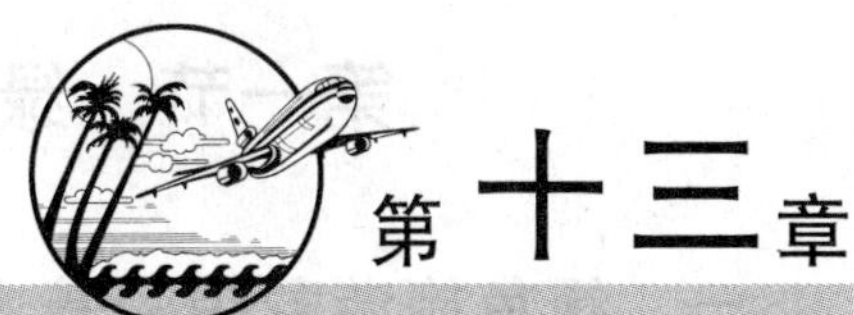

第十三章 绿色旅游营销

学习目标

- 知识目标：通过本章的学习，理解并掌握绿色营销、绿色旅游营销、绿色饭店等概念，了解绿色旅游营销的特点及发展趋势，学习认识旅游绿色营销的实施方法。
- 技能目标：在结合本章知识点的基础上，通过对书本案例的分析与讨论，分析现实生活中具体的绿色旅游营销实例。
- 能力目标：能够掌握绿色营销在饭店、旅行社、景区的应用方法，能够参与和组织相关的绿色产品的设计和营销。

从 20 世纪 80 年代开始，世界上越来越多的人意识到自己生存的环境正在遭到破坏和污染，于是渴望恢复到天蓝、地绿、水净、境安的美好环境之中去。最初，欧洲人发动了一系列追求人与自然和谐相处的“绿色运动”。随后又出现了一系列相关的名词，如“绿色浪潮”“绿色标志”“绿色产品”“绿色消费”等。

绿色营销的基本前提是绿色消费需求的出现。1991 年美国的一项调查结果显示：美国消费者中有 22%的人相信循环规律，赞成抵制污染并愿意为绿色产品多花钱；有 20%的人赞成抵制污染，但只愿为绿色产品付少量的钱；有 28%的人赞成环境保护，但不愿意为它付钱；有的低收入的人认为如果能够提供更多便利的情况下愿意为绿色产品付钱，即有条件地为绿色产品付钱。可以看出，市场上有相当规模的绿色消费者群体。正是在这种不断增长的消费趋势的影响下，出现了绿色营销的观念。

在旅游业中，随着人们环保意识的增强和绿色消费需求的出现，“绿色营销”“生态旅游”“绿色饭店”也随之而生。因此，“绿色营销”是旅游业在“绿色消费”时代的一种新型营销理念。

第一节 绿色饭店及其营销策略

一、绿色旅游营销的基本内涵

(一) 绿色营销的含义

何谓"绿色"? 有人理解为"纯天然",有人理解为"回归自然"。"绿色"是一个形象用语,它泛指保护地球生存环境的活动、行为、计划、思想和观念等。具体来说,绿色的含义包括两方面内容: 一是创造和保护和谐的生态环境,以保证人类和经济的持续发展;二是依据"红色"禁止、"黄色"示警、"绿色通行"的惯例,以"绿色"表示合乎科学性、规范性,能保证永久地通行无阻的营销行为。

实际上,绿色营销即英文的"Green Marketing",指的是企业以可持续发展理论为指导的,以全球的社会、经济、人口、资源、环境协调发展为基础的,以既能相对满足当代需求,又不对后代发展构成危害并为其发展创造优良条件为宗旨的市场营销活动。

(二) 绿色旅游营销的内涵

所谓绿色旅游营销,指的是包括饭店、旅游景区(景点)、旅行社在内的所有旅游企业在旅游经营过程中体现"绿色",在旅游营销中注意对地球生态环境的保护,是绿色营销理论在旅游业中的具体应用。在现阶段,我国旅游企业的建设和发展需考虑对环境的破坏要最小,经营过程中资源和能源的消耗尽可能最低,向顾客提供绿色的旅游产品,并能积极参与环境保护和旅游资源保护的活动,处理好保护与开发利用的关系,从而达到社会效益、经济效益和生态效益的"多赢"。

二、绿色饭店的内涵与特征

20 世纪 80 年代末,在全球"绿色浪潮"的推动下,欧洲的一些饭店意识到饭店对环境保护起到的积极作用,极力营造饭店的"绿色氛围",掀起了节约能源,保护环境,营造无污染、无公害的绿色饭店行动。1995 年,加拿大制定了世界上第一部酒店业的《绿叶分级评定标准》。20 世纪 90 年代中期,国外"绿色饭店"的理念传入我国,北京、上海、广州等一些大城市的外资、合资饭店和一些由国外管理集团管理的饭店开始实施"绿色行动"。例如,1999 年 4 月,杭州之江度假村、浙江世贸中心大饭店等 14 家旅游饭店联合发出了"创建绿色饭店,倡导绿色消费"的倡议,浙江数十家旅游饭店热烈响应,"绿色"一下子成了杭州饭店的热门话题,这次活动取得了很好的社会效应。

2003 年 3 月 1 日,中国饭店协会起草的《绿色饭店等级评定规定》正式实施。中国绿色饭店分为 A 级到 AAAAA 级共 5 个等级,分别用中国特有物品银杏叶作为标志,被评为"中国绿色饭店"的有效期为 4 年。

事实上,"绿色饭店"至今还没有一个被广泛认同的明确定义。"绿色饭店"一词将饭店用“绿色”来修饰，这是目前一种很通行的做法。“绿色饭店”可以简单地翻译为“Green Hotel”，但国际上又把“绿色饭店”翻译为“ECO”(Efficient Hotel)，意为“生态效益型饭店”，由于“ECO”也是“Economy”的前缀，隐含着“经济效益”的含义，意思是充分发挥资源的经济效益，也有将“绿色饭店”翻译为“Environmental-Friendly Hotel”，即“环境友好型饭店”。应该说，“绿色饭店”或“Green Hotel”只是一种比喻的说法，用来指导饭店在环境管理方面的发展方向。它可以理解为与可持续发展类似的概念，即指能为社会提供舒适、安全、有利于人体健康的产品，并且在整个经营过程中，以一种对社会、对环境负责的态度，坚持合理利用资源、保护生态环境的饭店。绿色饭店只是出了一个原则和框架，并不涉及具体的内容、目标和指标。在操作过程中，饭店要根据这些原则，研究本企业的实际状况及对环境保护应做的贡献。通过对理论的探索和实践的总结，在现阶段，我国的绿色饭店应尽可能做到：整个饭店的建设对环境的破坏最小，运行过程中资源、能源消耗尽可能低，向客人提供满足人体健康需求的产品并能积极参与社会的环境保护活动。

1. 饭店的建设对环境的破坏最小

饭店的建设需要使用土地、绿地、森林、水体等资源；同时饭店的建设风格也会影响到自然景观、城市景观的质量；饭店的建设和经营产生的废弃物排放将影响饭店周围生态环境的质量。所以，饭店的建设必须经过科学的论证、合理的规划设计，充分利用自然资源，减少人为的影响和破坏，将周围环境质量损失降到最低。

2. 饭店设备的运行对环境的影响降到最小

饭店设备运行对环境的破坏主要表现为两个方面：一是设备消耗的能源，二是生产过程中产生的“三废”(废水、废气、废渣)污染。饭店所需的燃油、煤在地球上的储存量是有限的，它们在燃烧过程中会对大气产生污染。

同时饭店有大量的设备是以电力为动力的，电的生产也会对环境造成污染。所以，饭店应选择节能设备，减少对能源的使用及由此带来的污染。饭店还应合理操作和配料，采用自动化控制技术，提高设备的运行效率，减少对外界环境的排放。

3. 饭店的物资消耗降到最低

饭店的生产经营离不开对各种物资的消耗，客人的消费过程和对客人的服务过程将会大量消耗物资。而物资生产本身又会使用各种资源，生产的过程会产生废弃物，影响环境。由于物资使用的低效，饭店生产将产生大量的废弃物，而固体废弃物是目前重要的环境污染源之一。所以，饭店要在内部尽可能实现物资的回收循环利用，提高物资的使用效率，减少浪费，减少固体废弃物的排放，并以此推动全社会对物资回收再利用的实现。

4. 饭店提供满足人体健康的产品

饭店是一个提供人们生活、休憩、娱乐的场所，其内部生存空间质量是饭店产品质量的重要组成部分，直接关系到人们的健康。所以，饭店首先要确保室内外环境符合安全卫生的标准，同时应努力开发各种环保型产品、绿色产品以满足人们的需要。例如，饭店开设绿色客房、无烟餐厅，提供绿色食品，开展保健服务项目等。饭店还需要通过室内外的环境绿化为客人创造一个良好的自然空间。

5. 饭店积极参与社会的环境保护活动

环境保护工作是一项全社会的工作，每个人、每个企业的存在都不同程度地破坏着环境。所以，每个人、每个企业都有义务为环境保护做出贡献。饭店参与社会的环境保护活动表现在以下几个方面：

(1) 严格执行国家颁布的各项环保法规；

(2) 积极配合政府进行的各项环境整治工作；

(3) 主动为社区环境保护做贡献。

上述要求虽然有了一些具体的内容，但仍然是抽象的，这是因为每个饭店的具体情况不同，也因为支持这些要求的环保技术是不断提高和发展的，所以，绿色饭店的含义和内容是一个持续发展不断深入的过程。

饭店绿色营销是指饭店在顾客利益、社会利益和饭店自身利益有机统一的基础上，通过开发绿色产品，倡导绿色消费，满足顾客的绿色需求，实现饭店营销目标的一种营销方式。开展绿色营销要求饭店必须以环境保护和可持续发展观念作为其经营理念，在产品开发与销售、饭店文化建设等方面，不应以短期、狭隘的经济利益为行为导向，而应兼顾社会、环境和饭店三者利益之间的和谐和均衡。

【案例 13-1】

于无声处见营销：绿色饭店的三张环保卡

一家刚刚通过绿色旅游饭店认证的饭店的客房放着三张环保卡片。

其一，是一张颇具人情味的告知卡，上面写道：

尊敬的宾客，如果您此次差旅忘了随身携带洗漱用品(牙刷、牙膏、剃须刀、梳子等)，请拨打客房服务中心电话(666)，我们会立刻将洗漱用品送到您的房间，供您免费使用。

其二，是摆放在卫生间的一张环保提示卡，上面写道：

尊敬的宾客，您可知道每天世界各地饭店有多少吨的毛巾被过度洗涤，由此耗用数量惊人的洗涤剂对水资源造成了污染。关爱我们共同的环境，请您参与此次环保行动：将毛巾投入浴缸表示需要饭店为您更换，反之则该毛巾继续使用，我们会为您挂放整齐，感谢您的理解！

其三，是摆放在枕头上的一张服务卡，上面写道：

尊敬的宾客，通常我们会每天更换床单，如果您觉得没有必要，请在清晨将此卡放在床上，这一天您的床单将不再更换，少一次洗涤则多节约一次水资源，感谢您对绿色饭店环保行动的支持！

【评析】 以上三张卡是目前饭店绿色营销最常见的做法，其作用在于以征求顾客意愿的柔性方式，引导顾客的绿色消费意识，激发顾客内在的公益心与崇高感，使绿色环保成为消费者的自觉行为。目前，客房床上用品更换提示卡、卫生间洗漱用品提示卡以及环保参与感谢卡这三种卡正成为饭店绿色营销的标准配置。对不使用一次性物品的客人表示感谢，另外有一些奖励，如免费赠送一杯饮料等。

三、饭店业的绿色营销组合

饭店绿色营销组合是饭店的综合绿色营销方案，也就是饭店根据目标市场的需要和自己的市场定位，对自己可控制的各种营销因素优化组合和综合运用，使之协调配合，扬长避短，发挥优势以取得更好的经济效益。饭店绿色营销组合包括绿色产品/服务组合、绿色价格组合、绿色展示组合和绿色沟通组合，如图 13-1 所示。

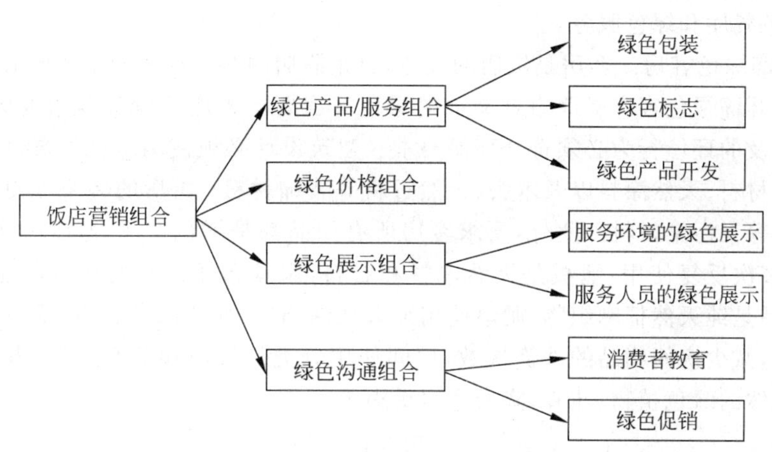

图 13-1　饭店绿色营销组合图

（一）绿色产品/服务组合

1. 绿色包装

为突出自身的特色，饭店所提供的产品就不应与一般市场上的产品一样，可以依靠产品的包装材料和包装外形来突出自身在消费者心中的形象。一般来说，在对饭店产品进行包装的时候，应尽量采用绿色包装盒或者包装袋。绿色产品的包装应采用同类型、等级型、组合型、更新型、复用型等材料；选择纸质等无毒性、少公害、易分解处理的材料；包装材料尽可能简单化、单纯化，避免过分包装；增加关于消费者使用和处理包装物的宣传及处理方法的说明。

另外，提供给饭店的新型包装还应本着无污染和经济的原则，突出其艺术美感性和实用性。例如，现在一些饭店在客房中提供的一些日常用品，有的是纸制包装盒，有的是塑料膜制包装纸。这些，在消费者开封之后便会被扔掉。但是，假如材料开发公司能与饭店取得联系，提供给饭店新型的包装材料，再按饭店的要求设计、制成具有一定艺术特性和能体现饭店特色的包装盒，然后由饭店提供给其所定购的日用品的生产厂家。顾客在拿到一件这样包装的产品后，很可能会被其包装设计的独特性和包装材料的可人性所吸引，因而将包装盒作为一件纪念品保留下来，相对而言也就减少了垃圾废弃物的产生。

2. 绿色标志

绿色环保标志是对饭店产品绿色性能的一种带有公证性质的鉴定，同时也是对饭店绿色产品质量的全面评价。饭店绿色环保标志的实施，无论是对饭店还是对消费者都具有重大的意义。一方面,实施绿色环保标志会促使饭店强化其绿色产品的特性,以此区别于其他饭店的产品和服务,从而进一步提升饭店的绿色形象,赢得消费者的信任和青睐。另一方面,绿色环保标志将有利于消费者在选择饭店时辨别绿色产品,帮助消费者获取准确信息,引导消费者的绿色消费,增强其环保意识,同时饭店通过消费者的绿色消费活动,可以更好地实现自身的可持续发展目标。

3. 绿色产品开发

绿色产品开发是实施绿色营销的关键环节和支撑点。饭店业的绿色产品主要指绿色客房、绿色餐厅和绿色服务。

(1) 开辟绿色客房。客房是饭店的主体,也是酒店向客人提供的主要产品,创建绿色酒店就应该开辟绿色客房。严格意义上的绿色客房要求饭店从设计开始到提供产品的全过程所涉及的环境行为必须符合环保要求。建筑设计必须使用绿色建筑材料,客房采用生态建筑材料、天然涂料以及木头、天然石料等装饰材料;厨房的装修可使用瓷砖、不锈钢或玻璃等无污染材料。此外,要求客房所有用品都是绿色产品,减少一次性客人用品,尽可能多次反复使用,地板是天然木材和石料,家具选择天然的藤木制品或玻璃器皿,床上用品是纯天然棉麻织物,肥皂使用纯天然油脂皂,使用绿色文具、绿色冰箱、节能空调和灯具,减少房间物品的洗涤次数,房间使用分类垃圾筒和节水马桶、淋浴设施,并摆放生机盎然的绿色植物、花卉,降低客房噪声等。

【案例 13-2】

绿色客房

在某酒店的四楼南区的入口处,造型优雅、色彩缤纷的两座花架是这一区域享有的"特权"。驻足观赏,可以发现一边还立着一块十分抢眼的宣传牌,标题就是"绿色客房——您温馨的家"。单这些就足以吸引宾客的视线了。

四楼是商务楼层,在椭圆形会客桌上,摆放着一盆绿色植物,一旁的"无烟牌"提醒客人这是禁烟房。床头柜上,有一张 3 天一换床单的"征询牌",建议客人减少换洗床单等床上棉织品的次数。在一客一换的基础上对长住客实行 3 天一换。据了解,这一建议得到了众多客人的理解和支持,仅 5 月下旬,绿色客房一客一换床单数已达 95 间。占接待总数的 58.9%。再到卫生间瞧瞧,好可爱的一盆小植物,金色的带子捆着微型竹子,层层叠叠,充满生机。客房里还提供绿色食品,购物袋也是用再生纸做的。

【评析】 本案例将绿色客房的特色展现得淋漓尽致。绿色客房开辟至今,让更多的人重视生态,关注环境,它的生命力已经开始显露,也会逐渐得到消费者的青睐,从而为绿色饭店带来更大的收益。

(2) 开设绿色餐厅。开设绿色餐厅的关键是推广绿色食品。绿色食品是指遵循生态经济的原则,按照特定生产方式生产,经专门机构认证,许可使用绿色食品标志的无污染的安全、优质、营养类食品。绿色食品应具备的条件,一是原料产地必须符合绿色食品生态环境质量标准;二是农作物种植、畜禽饲养、水产养殖及食品加工必须符合绿色食品生产操作过程;三是产品必须符合绿色食品质量和卫生标准;四是产品包装、储运必须符合绿色食品包装储运标准。酒店餐饮部应慎重选购绿色食品，在烹调菜肴及制作点心时使用天然色素，不用化学合成添加剂。不用珍稀动物和野生动物制作菜肴，尽量多地使用具有“绿色标志”的原材料。

(3) 提供绿色服务。绿色服务是指以保护自然资源、生态环境和人类健康为宗旨，能满足绿色消费者要求的服务。饭店的绿色服务主要伴随其产品一起向消费者提供，并贯穿生产和消费全过程。例如，根据环保要求对快餐容器等进行有效处理，使之不污染环境。在餐饮服务中，向客人推荐绿色食品和饮料，点菜做到经济实惠、营养合理、资源不浪费；餐后主动为客人提供“打包”服务。与此同时，酒店应该利用自己在食、住、行、游、购、娱中独特的地位，以及买方市场较多的选择机会，促使所有向酒店供应物品的供应商增强环保意识，要求他们同样提供绿色产品和绿色服务。这样一来，酒店便通过控制自身服务和供应商的配合，保证了绿色服务的全部性和完整性。

（二）绿色展示组合

1. 服务环境的绿色展示

饭店环境包括建筑环境和社区环境，在平时的饭店运作中，要营造“绿色环境气氛”：首先，饭店的选址不破坏周围的生态环境，主要是通过绿地、假山、喷水池、人工湖、树木等营造饭店外部环境；其次，饭店建筑材料要符合国家环保规定，通过绿色植被、观赏花卉、人工瀑布、壁画、古玩等装饰内部环境的绿色空间和装饰物的文化品位。也可以采取一些巧妙的方法增加酒店的绿色氛围，例如在大堂、餐厅、客房的卫生间和床头柜等处贴上种种节约资源、有利于环保的告示，让客人一踏进饭店就能被这种氛围所感染，从而配合饭店主动参与绿色消费。

2. 服务人员的绿色展示

绿色意识要变成真实的行动，靠的是全体员工坚定不移地贯彻饭店的绿色措施。可以说，没有绿色员工，就没有真正意义上的绿色饭店。

在饭店中，除了设专门(绿色)环保管理人员之外，还应进行全员环境教育，通过培训，培养绿色员工，使得员工具备绿色意识，树立绿色营销观念，积极贯彻实施饭店的绿色措施。例如，分阶段、分层次地对全体员工进行环境教育，培养绿色员工，并作好培训的反馈，以试卷、情景演示或实际工作的量化检查来测试培训效果，积极加以改进等。另外，还可以制定一套行之有效的绿色奖励制度，采取措施鼓励员工人人参与环保活动，鼓励员工多提绿色建议，对环保提出有效建议的或在某些服务中做出了重大环保贡献的应将其记入员工档案，辅以一定奖励，并作为晋升的后备人选；饭店还可将好人好事登载在饭店或(集团)公司办的报纸或杂志上，以资表彰。此类举措都是对具有绿色意识的人员业绩的认可，能起到很好的激励作用。

（三）绿色价格组合

价格是市场的敏感因素，定价是市场营销的重要策略，实施绿色营销不能不研究绿色产品价格的制定。绿色价格是指附加了开发绿色产品的知识、劳动和物质投入而高于传统产品价格的价格。一般来说，绿色产品在市场的投入期，生产成本会高于同类传统产品,因为绿色产品成本中应计入产品环保成本,主要包括:在产品开发中,因增加或改善环保功能而支付的研制经费;在产品制造中,因研制对环境和人体无污染、无伤害的生产材料而增加的工艺成本;使用新的绿色原料、辅料而可能增加的资源成本;由于实施绿色营销而可能增加的管理成本、销售费用等。

但是,产品价格的上升会是暂时的,随着科学技术的发展和各种环保措施的完善,绿色产品的制造成本会逐步下降,趋向稳定。企业制定绿色产品价格,一方面当然应考虑上述因素;另一方面应注意到,随着人们环保意识的增强,消费者经济收入的增加,消费者对商品可接受的价格观念会逐步与消费观念相协调。

对饭店而言,价格是调节饭店绿色产品供求关系的主要杠杆。按照价格理论,影响饭店绿色产品定价的因素主要是产品成本、市场需求和市场竞争。相对于传统产品的价格,饭店在制定绿色产品价格时,要充分反映饭店产品的环境成本,实现环境成本内在化。

因此,饭店绿色产品的价格要从实现饭店战略目标出发,综合考虑绿色产品的成本,选择现实和潜在的绿色消费群,认真研究消费者的绿色消费需求、价格承受能力以及市场竞争状况,从而制定出合理的价格,如图13-2所示。

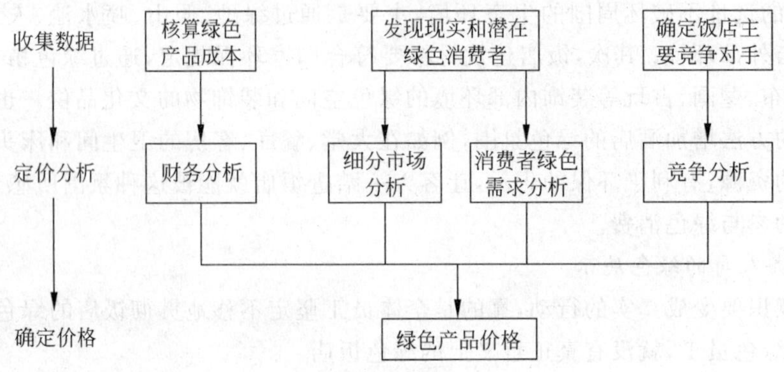

图13-2 饭店绿色产品的定价过程

(四)绿色沟通组合

1. 消费者教育

饭店业要承担起对人们进行绿色教育的责任,其促销活动应以传播绿色饭店知识、倡导绿色消费观念、营造绿色消费时尚为主要内容,来促进消费者价值观的变化,诱发出其绿色需求和购买行为。在形式上,除了传统的人员宣传、媒体宣传和公关活动外,还可通过展销会等促销方式让消费者有机会真正接触、了解绿色产品,使绿色消费成为一种受尊敬的、高尚的社会潮流,这样才能使绿色消费意识深入人心,才能形成真正意义上的有效的绿色需求。例如,如杭州海华大酒店员工在推销餐饮产品时使用大中小三种尺寸的餐具供客人选择,以倡导适度消费;为了鼓励不吸烟行为,该饭店规定自觉做到不吸烟者可获得奖励。

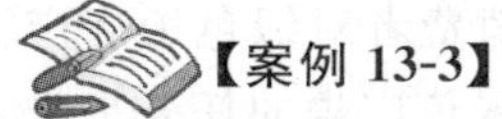【案例 13-3】

西宁首家绿色饭店遭遇尴尬，好心提醒反挨骂

2008 年 7 月。青海省首家绿色饭店——华辰大酒店新鲜出炉。与以往饭店的富丽堂皇、高耗能相比，这家饭店打出了“绿色”“生态”口号。从楼体的亮化节能，到餐厅门口“请打包”的小提示，处处体现着环保、节能的概念。但与全国许多城市的绿色饭店一样，青海的这家饭店依然遭遇客源不足的尴尬。饭店的每个房间配置高科技门锁，客房中放置的是家庭装的洗涤用品，随处都能看见要求节能、减少污染的小提示牌；饭店 9 楼是无烟楼层，整个楼层不允许吸烟，房间内也不配备烟灰缸、火柴等。这里的员工基本上是走楼梯而不是乘电梯。

进入酒店消耗最集中的地方——后厨，看不见油烟缭绕的状况，也基本闻不到油烟味。据饭店工作人员介绍，绿色饭店对餐饮也有严格要求，所有原材料都要进行严格筛选，不使用任何含有化学农药、化肥、激素的蔬菜水果，并在餐厅为客人提供品种丰富的绿色食谱，提倡健康饮食。然而，该店的绿色服务遇到了不少困难。比如客人入住的时候，服务员要先征求他们的意见，安排那些有需要的客户入住无烟楼层。可有些客人根本不会去注意一些细节，到晚上，他们要抽烟了，发现没有烟灰缸，就打电话责怪服务员。尤其在就餐地点这种纠纷更多——明明预订的是无烟餐厅，但一些男客人，随手就点起一根烟。这时，服务员上前提醒，很多时候就会被客人臭骂。为了减少洗涤，客房有提示牌，不需要洗涤的东西请客人放置提示牌，有很多客人置之不理。为了环保，酒店一般不更换还未用坏的拖鞋等，但很多游客要求天天换拖鞋，并不是他穿坏了，而是他要带走这些拖鞋……

在国内另一些地方，饭店业的“绿色”服务理念，同样也遭遇尴尬。由于包括牙刷、牙膏、香皂、浴液、拖鞋、梳子在内的“六小件”中，大多以塑料为包装原料，被填埋后无法在土壤中降解，造成城市中的新污染源。而“六小件”中的沐浴液、洗发水、牙膏等往往没用完就换上新的，也造成了另一种浪费。为此，2005 年 6 月起，北京的各大酒店掀起了“绿色饭店行动”，取消了“六小件”。但结果都不理想，由于客人不断要求，部分“六小件”又重回客房。专家认为，虽然“绿色饭店”业在国内兴起时间不长，但只要引导得当，提升服务质量，就有望达到环保、市场“双赢”。

据了解，上海的一些绿色饭店已经作了尝试，对入住两天不更换床单和一次性用品的客人赠送小礼品，或免费熨烫衣物。通过引导绿色消费的方式，让客人感受到酒店的环保意识和贴心服务。

【评析】 绿色饭店业在国内的兴起，是对固有消费观念的一种冲击。因此，消费者需要有一个接受的过程。各种硬性规定只是形式上的问题，更重要的是配套的服务质量也能提升。一些人性化的细节能够帮消费者养成环保的好习惯。绿色饭店应以提升服务引导绿色消费。

2. 绿色促销

绿色促销，就是有利于环保、有利于可持续发展的一种促销方式。绿色促销是饭店通过媒体及直接服务，传递绿色饭店和绿色产品的信息，从而引起消费者对绿色饭店产品的需求及购买行为。绿色促销包括绿色广告、绿色公关两部分。绿色广告的任务是告知消费者有关饭店最新的绿色产品和环境管理进展，提醒消费者查看饭店有关的绿色记录，增强消费者对本饭店绿色产品的信心。绿色公关能帮助饭店更直接、更广泛地将绿色信息传达到细分市场。绿色公关的主要对象是饭店的客户、环保组织的成员、法律团体、其他一般性团体和饭店内部人员。绿色公关的媒介可选择演讲、报刊、环境保护材料、有声影像资料、信息服务、绿色赞助活动和慈善活动。

在现代社会，饭店绿色营销组合策略不仅仅是饭店的一种时尚选择，而是饭店为取得竞争优势、赢得顾客、占领市场所必须采取的一项管理战略。就国内出现且蓬勃发展的绿色消费要求而言，饭店如何争取绿色消费者，抓住市场机会，赢得竞争优势，更是摆在饭店经营者面前的一个重要课题。

【案例 13-4】

斯里兰卡坎大拉马(KANDALAMA)绿色酒店

坎大拉马酒店是斯里兰卡一家颇负盛名的五星级酒店。坎大拉马酒店有着自己独特的五星级标准。大多数到斯里兰卡旅游的人都会感受一下骑在大象背上的滋味，客人也可以骑着大象去酒店，"融入自然"是修建坎大拉马酒店时的设计宗旨。酒店经理席瓦尔(Silver)说，他们要的就是融入自然，而不是修饰建筑物本身。坎大拉马酒店坐落在斯里兰卡历史悠久的达姆布拉自然保护区中，这里倚山傍湖，景色宜人。当年，投资方在乡土气息浓厚的自然保护区修建酒店时承受了很大压力，因为这既违背了高档酒店追求时尚与奢华的常规，又有破坏自然和谐之嫌，很多专业人士和环保人士都不看好。然而，时间证明了一切，崇尚自然的设计与绿色环保的经营理念，使坎大拉马酒店一跃成为世界上最著名的五星级酒店之一，各国游客络绎不绝。坎大拉马酒店的星级标准并非体现在它的装潢上，而是它对于环保理念的经营。酒店的污水处理系统就是代表。酒店确保来自所有客房的污水都被净化，符合标准后再排放出去。房客的垃圾也有妙用，精明的工作人员把它加工成绿色肥料出售。保护环境是他们的底线，他们经营的是环保理念，并将这种理念灌输给所有到过这里的人，人们在这里体验到的是生态旅游的真正乐趣。如今，曾经反对修建坎大拉马酒店的人都成了酒店的义务宣传员。他们号召其他酒店也效仿坎大拉马酒店的绿色经营模式，并建议政府给予更多的政策支持，将环保工作进行到底。

资料来源：摘自2004年11月30日中央电视台"国际时讯"栏目报道.

斯里兰卡的全球第一座LEED认证环保酒店Kandalama

Kandalama酒店隐藏于森林深处，进入酒店的道路非常漫长而艰辛，道路两侧就是热带雨林，所以往往是客人峰回路转之后到了酒店面前才知道这就是在丹布拉要下榻的Kandalama酒店。这个酒店是斯里兰卡国宝级设计大师Geoffrey Bawa设计的，是一个与大自然完美结合的酒店，酒店几乎与森林融为一体，景观奇特，依山而建，每个房间均面对Kandalama Wewa湖，视野非常开阔，热带雨林围绕在酒店周围，高低错落的灌木和草地，时常会有动物出没。而酒店更被21Green Globe美国环保组织选为环保酒店，成为美国以外第一间获得此荣誉的酒店，同时在2000年获得LEED认证，是亚洲区第一间获得21世纪绿色标章的建筑。酒店坐落在一个平台上，下面为柱子，这样山上的雨水和泉水能毫无阻碍地流入湖中，同时也保证野生动物能自由地穿行。

设计师们精心设计，并且为了不影响岩石，把建筑拉长到1千米，整个7层楼的建筑几乎全部掩映于绿树中，后来连反对在此修建酒店的寺庙住持也喜欢上了这个酒店，常常来住。162间客房绵延1千米，全部面湖而立，连浴室也是整面的落地玻璃。周围180亩原始森林都是被酒店买下的领地。这个每平方千米生物多样性居亚洲之冠的国家，仅开花植物就超过3 360种，不迁徙的留鸟322种，两栖动物250种，真是超乎想象！

酒店无边的泳池“碧池”，正面对Kandalama Wewa湖。这个泳池在建造时，保持了与天然湖面一致的水平视角——游客在悠然畅泳的同时，感觉犹如置身湖中一样，看着飞鸟在水天间一群一群地掠过。酒店从环保角度出发，尽量采用自然光，利用太阳能，泳池使用可循环净化水。晚上仔细研究其设计，发觉它采用了太阳能加热水源、雨水收集、屋顶花园等环保手段，难怪在2000年就能通过LEED认证。

资料来源：携程旅行网游记，2012年.

第二节　旅行社和景区绿色营销策略

旅行社是以盈利为目的、从事旅游业务的企业，它与饭店和旅游交通并称为现代旅游业的三大支柱。而“绿色”是现代旅游业可持续发展的根本保证，生态旅游的出现使得绿色营销在旅行社管理中占有越来越重要的地位。

一、我国旅行社实施绿色营销存在的问题

1. 绿色营销实力薄弱

我国旅行社整体状况呈“小、散、弱、差”态势，经济状况普遍欠佳。尤其是近几年，随着旅游市场竞争的加剧，旅行社的生存空间变得日趋狭窄，自身消化环保成本的能力有限。此外，绝大多数旅行社忽视可持续发展，不愿进行环保技术开发，从而导致绿色营销的基础条件薄弱，影响绿色营销的实施。

2. 绿色营销概念泛化

旅行社为了标榜所生产产品的档次，将任何产品都贴上“绿色”“生态”的标签进行包装和促销，导致旅游消费者在旅游产品的选择上存在盲目性，误导其旅游期望，引发对旅游经历的不满意的结果，反而造成旅行社企业形象损失的风险。

3. 绿色旅游产品层次太低

旅行社为了迎合旅游者“亲近自然”的追求，一味地讲究人与自然的“亲密接触”，把

亲近自然与参与性混为一谈，缺乏在“亲密接触”自然基础上的提高层次的学习自然、探索自然及专门层次上的自然保护内容的设计。这样难以约束游客在旅游过程中“花上晾衣、竹间便溺、清泉涤足、粉墙点污、佛头着粪、焚琴煮鹤”之类的不文明行为，最终造成生态环境的破坏。

二、旅行社绿色产品的形式

绿色浪潮的逐渐兴起，全球性绿色法规的实施和绿色组织的建立，无不要求旅行社及早发展绿色旅游产品。旅行社绿色产品包括生态旅游线路设计和绿色导游服务。

1. 生态旅游线路设计

目前对生态旅游线路的分类方法很多。我们根据游客的目的及旅游方式将其分为两类，即生态观光游览型线路和生态体验型线路。生态观光游览型线路以观光游览为主，同一线路上串联景点较多，景点类型多样。旅游者在每一景点的滞留时间相应较短，旅游活动安排较为紧凑。通过不同类型景点的观光游览，旅游者获得的是一种综合体验，但体验程度一般不深。这种线路对涉及的时间、空间、旅游活动、设施搭配等方面要求十分严格。应科学设计、妥善安排，如应该选择适合景点观赏的最佳时间到达等。生态体验型线路主要考虑的是旅游者在某些方面的体验效果。与前一种线路相比，这种路线串联景点(体验区)较少，旅游活动相对较为松散，耗费时间较长。旅游者自由活动余地大，很多甚至为间歇性的旅游，同一旅游体验区回头率高，如乡村体验游就是这种类型。

2. 绿色导游服务

导游是旅游的灵魂，对于寓环境教育和大自然解释于其中的生态旅游来说，导游的责任更显重大。生态旅游强调“认识自然、学习自然、保护自然”。在旅游过程中，导游肩负着组织者、服务者、讲演者等多重角色，拥有高度责任感、具备专业知识的专业导游是旅行社的一大资源优势。绿色导游作为影响旅行社绿色服务质量最关键因素之一，其服务质量的高低在一定程度上决定着生态旅游能否健康、持续发展。从旅游者的角度来说，现代社会的旅游者已经不再满足于导游员浅显的神话故事和某景点千篇一律的导游词，而是希望对旅游目的地生态环境等较高层次的内容有所了解，希望对景区的优美环境有着亲身的体会、和谐的交流。熟悉地域自然及文化，有专业知识和责任感的绿色导游，他们始终与游客同行，其示范效用不可低估。所以，旅行社有必要加强对绿色导游的培养和管理，提高其业务水平和责任感。

三、旅行社绿色营销组合策略

1. 开发绿色旅游产品

旅行社在设计生态旅游线路时，应该避开那些脆弱、敏感的生态地域。尽量减少旅游开发对生态环境的影响，在旅游策划的各个阶段，必须充分听取地域生态科研人员和自然保护团体的意见。在可能的情况下，聘请生态学家、自然科学家或其他方面的专家帮助组织、策划生态旅游活动。

设计合理的绿色交通。绿色旅游交通包括景区外绿色交通线路和景区内绿色游览线路。

景区外交通线路是联系景区之间或旅游服务区、居住区与风景区之间的通道,它能够帮助游人跨越较大的空间。往来于不同的功能区之间,车流量相对较大。在设计时应尽量考虑如下几方面。

① 车行道应尽量选择景物稀少的地方通过。车行道的修建过程中,往往难以避免大规模的开山炸石,对景观的破坏极为严重,而且在运营中汽车的尾气排放、人为垃圾以及噪声等污染也极为严重。因此,应严格禁止车行道从保护区内通过。

② 车行道应尽量平缓,以降低耗油量和减轻污染。

③ 避免因行车而对景区景色和意境的干扰。一般当车辆接近景区地带时,应严格禁止鸣喇叭。景区内游览线路是指布设在生态旅游区内以观赏景物或体验意境为目的的游览线路,一般按步行游览方式设计,具体要求如下。

① 以慢游、驻足细观为设计依据。

② 保护区游道应避开核心区和环境敏感区,部分环境敏感区如实在无法避开,可采用修栈道的形式,如云南西双版纳野象谷栈道、香格里拉碧塔海栈道等。

③ 能够为游人提供最佳视角、视距和感受位置。

④ 步行线以小径为主,曲直结合,险平相宜,急缓相间,野营地不设永久性路径。

⑤ 布局合理,避免重复,有张有弛,劳逸结合。

⑥ 避免任何形式的现代建筑形式,如索道等。建筑材料宜就地取材,如沙质路、石质路等,尽量不使用诸如水泥、钢筋等现代建筑材料。

⑦ 建筑中应避免开山炸石等严重破坏景观的活动。

2. 制定绿色旅游产品价格

按照“污染者付费”“环境有偿使用”原则,旅行社将用在环保方面的支出计入成本,构成绿色旅游产品价格。同时注意绿色旅游产品在旅游者心目中的形象,利用旅游者求新、求奇、求异和崇尚自然的心理,采用旅游者心目中的“觉察价值”法定价(这种方法以消费者对商品价值的感受及理解程度作为定价依据)。

3. 选择绿色旅游产品销售渠道

绿色旅游产品渠道是在分销渠道基础上形成的,它具有一般分销渠道的特点并具有绿色标志。绿色销售渠道要求旅行社、旅游中间商或代理人具有很强的绿色观念并最终促使旅游者成为绿色消费者。绿色销售渠道是否顺畅,是绿色营销成功的关键。旅行社要严格旅游中间商(代理人)的选择程序和标准,考察其绿色信誉,调查其是否关心环保、信誉是否良好,是否具有与本企业相同的绿色理念,有无良好的绿色形象及是否能真正与自己合作。

另外,针对生态旅游者的出行特点,旅行社应该充分利用网络和全球分销系统,通过建立网站和相关链接,开展信息互动,实现与生态旅游散客在线一对一的促销。这样还可以为旅行社进行市场调研和客户沟通提供全新的渠道,降低销售成本。同时,旅行社应着力推广健康、安全、具有环境责任感意识的促销理念,实施绿色营销战略,以满足绿色需求为出发点和归宿,渲染绿色、生态的形象,吸引公众注意力。

在旅行社的自建销售渠道中,可以设立绿色专柜,以回归自然的装饰为标志,招徕旅游者。

4. 绿色教育

据美国学者1992年的调查资料显示,在北美的生态旅行社中,有38%的被调查旅行社在游前会上宣布行为道德规范,29%将道德规范印出来夹在信息说明夹内,13%的被调查者将道德规范制成录像或幻灯片,还有33%的旅行社以讲座的形式推行道德规范。这是国外旅行社重视对游客环境教育的典范。

在严格的生态旅游活动中,对旅游者开展生态教育,让旅游者了解自然,提高对自然及人类自身的审美情趣。这不仅仅是生态旅游者的主观愿望,也是生态旅行社的主要职责。旅行社对旅游者开展的教育内容大致应有:对生态保护重要性的认识,目的地的生态、人文情况,进行生态旅行的行为规范及注意事项,目的地的有关生态保护的法律、规定,符合生态旅行的行李物品及垃圾处理措施,有助于旅游目的地的生态保护和经济发展的援助计划等。

旅行社对旅游者进行教育的方式是多样的,比如出行前情况介绍说明会、分发报告宣传材料、在旅游合同中附加有关生态保护的条款、利用交通工具上的视听设备等。当然,旅行社也应重视通过导游、当地民众等对生态旅游者进行环境教育。

四、旅游景区的绿色营销

景区的绿色营销,是景区以环境保护观念作为经营理念,以绿色文化为价值观念,以绿色消费为中心和出发点,力求满足绿色消费需求的营销观念。它本于自然,高于自然。绿色营销要求景区在整个营销过程中充分体现环保意识和社会意识,向旅游者提供科学的、无污染的、有利于节约资源和符合良好社会道德准则的商品和服务,并采用无污染或少污染的生产和销售方式,引导并满足消费者有利于环境保护及身心健康的需求。其主要目标是通过营销实现生态环境和社会环境的保护及改善,保护和节约自然资源,实行养护式经营,确保旅游者消费旅游产品安全、卫生、方便,以提高人们的生活质量,优化人类的生存空间。

实施绿色营销战略,需要贯彻"5R"管理原则,即研究(Research)——重视研究景区对环境污染的对策;减少(Reduce)——减少或消除有害废弃物的排放和丢弃;循环(Recycle)——对废旧物进行回收处理和再利用;再开发(Rediscovery)——变普通产品为绿色产品;保护(Reserve)——高度重视环保,树立环保意识。

实施绿色营销是国际营销战略的大趋势,我国旅游景区在这方面应该有一个清醒的认识,并积极付诸行动。

【案例 13-5】

喜马拉雅山旅游者的行为准则

遵循以下简单的指南,您可以帮助保护喜马拉雅山独特的自然环境和古老文化。

(1) 限制森林砍伐,不要让自己或他人使用明火,尽量少用稀缺木材烧水。尽量选择使用煤油炉和节能炉的住宿设施。

(2) 带走垃圾，焚烧或掩埋纸张并带走所有不能降解的垃圾，乱涂乱画是对环境的永久性污染。

(3) 保持当地水源清洁，避免污染物如清洁剂进入河流或泉水，如果没有卫生间设备，请确认您在距离水源至少30米以外焚烧或掩埋排泄物。

(4) 植物应该保证在自然环境中繁生，剪枝、采集种子和植物根茎在喜马拉雅山大部分地带都是非法的。

(5) 协助导游和物资搬运人员执行环境保护措施。

(6) 拍照时请注意尊重别人的隐私，要先得到允许并有限制地使用。

(7) 尊重宗教场所的习惯，让您所看到的东西保持原状，不要触摸或移动宗教物件，参观宗教庙宇时应脱鞋。

(8) 给儿童现金是在鼓励乞讨，可以向某个项目、健康中心或学校捐款，这是更有建设性的帮助。

(9) 如果遵守当地的习俗，您会受到热情的欢迎和接待。用右手吃东西或致谢。不要共用餐具和茶杯等，要礼貌地用双手奉送或承接礼物。

(10) 尊重当地礼节您也会得到尊重，不要穿太短、露肩和紧身的衣服，宽松并轻薄的衣服更适合。当地人不喜欢在公众场合握手和亲吻。

(11) 注意观察食物标准和床费的基本价格，但是不要宽容索费过高的行为。请记住你讨价还价所买到的便宜商品来自于他人的低收入。

(12) 珍惜当地传统的游客能积极鼓励当地居民以自己的家乡为荣，并能有效保护当地文化，同时也请您帮助当地居民了解真实的西方生活。

【评析】 案例中的喜马拉雅山的绿色营销全面贯彻了"5R"管理原则，从各方面体现了景区绿色营销的特点，其经验值得其他类似景区景点学习。

资料来源：克里斯·库珀等. 旅游学——原理与实践. 张俐俐主译. 北京：高等教育出版社，2004.

本章小结

本章从绿色营销产生的背景出发，阐述了绿色营销和旅游绿色营销的内涵，并提出了生态旅游的绿色营销策略。另外，本章从饭店业和旅行社业的角度分析了绿色营销在旅游业的具体运用，并阐述了相应的绿色营销策略。

核心概念和观点

绿色营销；旅游绿色营销；饭店绿色营销；绿色营销组合；绿色标志；绿色价格

★ 绿色营销的基本前提是绿色消费需求的出现。

★ 饭店绿色营销是指饭店在顾客利益、社会利益和饭店自身利益有机统一的基础上，通过开发绿色产品，倡导绿色消费，满足顾客的绿色需求，实现饭店营销目标的一种营销方式。旅游者对旅游产品购买和消费的整个行为过程中，往往会受到各种内部和外部因素的影响。

★ 生态旅游的出现使得绿色营销在旅行社和景区的管理中占有越来越重要的地位。

练习题库

□ **知识题**

1. 绿色营销与传统的营销方法有哪些异同点?

2. 结合实际谈谈我国饭店业和旅行社业绿色营销的具体措施。

3. 请你找出一个旅游绿色营销失败的案例,分析其失败的原因,并提出你的解决方法。

□ **案例分析题**

自驾车旅游绿色营销策略

自驾车游轻松、灵活、自由、个性的旅行方式,在给旅行社、汽车俱乐部等企业带来巨大的利润空间的同时,也带来了能源与环保问题。随着社会对环境的关注与对生态的重视,消费者追求绿色、崇尚自然的消费心态日趋明显,绿色营销在自驾车旅游中的应用就显得尤为迫切与必要,它要求企业着眼于环境保护,将社会的长远利益纳入企业的营销体系,以实现经济与社会的可持续发展。

目前,我国自驾车旅游主要包括个人自驾车游、自发群队自驾车游以及自驾车游运营商(包括旅行社)策划自驾车游三种形式。但由于相关行政法规建设的滞后,整个自驾车市场处于法律的盲区。一是由于自驾车旅游市场缺乏明确的市场准入制度,除旅行社是允许经营旅游业务之外,许多自驾车运营商根本没有旅游从业资格,国家也缺乏对自驾车运营商的资质认证以及部门审查与管理;二是缺乏对自驾车旅游者具备的资格、责任与义务的相关规定;三是缺乏对自驾车旅游车辆的车型、排污标准、车况、收费等的规定。相关法规建设的滞后是自驾车旅游成功开展绿色营销面临的难题。

自驾车旅游的绿色营销策略主要包括如下几个方面。

1. 绿色产品策略

自驾车旅游所提供的产品主要以自驾车的形式开展的越野之旅、休闲度假之旅、观光之旅和自助之旅等。旅游者通过自驾车的形式满足了自身追求刺激、冒险、个性与自由的深度旅游体验需求。根据绿色商品的定义可知,自驾车旅游中的一系列的活动必须达到绿色产品的标准,在设计自驾车旅游产品与服务时一定要注重绿色理念的贯彻与实施。如对自驾车旅游者的驾驶技术、车况、排污标准等进行严格的检测;提前做好沿途的路况、天气等相关信息的收集与整理;沿途无铅汽油与绿色食品的提供与保障;自驾车旅游者生活垃圾的自行处理;自驾车旅游产品利益相关者之间的密切合作,削减对环境不友好的产品类别等,这是设计自驾车旅游绿色产品最基本的条件。绿色产品和服务是自驾车游绿色营销的基础,因此各利益相关者在产品的设计与服务的提供时应紧紧抓住"绿色"这个主题,注重对食品、物资用品、能源等的有效利用及对生态环境的保护。

2. 绿色价格策略

自驾车旅游的定价应充分考虑环境污染的社会成本、产品的成本、旅游者的接受程度、产品提供者的利润要求等各种影响因素。通过权衡多种因素的影响,实现自驾车旅游产品价格的合理定位。一方面根据"污染者付费"和"环境有偿使用"的原则,可以将用于环保方面的支出记入成本,从而成为价格的一部分;另一方面为旅游者提供超值服务,转移旅游者的价格注意力,如免费停车、优惠路费、丰富旅游活动等。如湖南中青旅设计的玩东江、品东江鱼、喝青岛啤酒等旅游活动丰富了自驾车旅游者的旅游生活,深受好评。当然,旅游企业在进行绿色产品定价时,做好价格解释工作与产品预期价值宣传工作是自驾车旅游制定绿色价格策略必不可少的环节。

3. 绿色渠道策略

在市场营销过程中分销渠道的设计是指通过何种渠道进行市场推广。自驾车旅游在选择绿色渠道时,可依据企业环保意识等条件谨慎选择产品的利益相关者形成绿色联盟。联盟内成员通过"回报与增强"(如给对方一定的好处刺激其销售绿色产品的积极性)以及"契约强迫"(企业依靠自己在渠道链中的优势地位以及外部力量,比如环保部门,来强制对方销售绿色产品)的方式实现市场推广渠道的共享,建立自驾车旅游产品的客户资源库,各产品销售渠道成员可针对本客户资源库以及社会零散客户展开市场推广工作,实现联盟内成员之间互助互利,协调共同发展。

4. 绿色促销手段

自驾车旅游的绿色促销要体现自驾车旅游的特色。一般而言,自驾车旅游者经济条件相对富裕,旅游消费具有随意性和高支出的特点,尤其是在吃、住方面花费较大,且客源空间流向多集中于城市周边区域、风景名胜区及交通条件较好的地区。为此,旅游企业要利用多种媒体有针对性地实施促销手段。在所有的促销过程中要以宣扬环保、绿色消费、社会和谐、提升自我为促销理念。可通过人员促销、电台、报纸、杂志、网络、文化交流、宣传手册等一系列的促销手段引导并鼓励消费者绿色消费、环保出行。同时,可将促销重点放在交通便利的城市周边区域、风景名胜区以及餐馆与饭店,鼓励旅游者到城郊进行生态休闲度假。

中国加入 WTO 后,中国的旅游市场更加开放,与国际惯例进一步接轨。要想在未来激烈的竞争环境中站稳脚跟,必须加快旅游立法。并在旅游法的原则指导下,积极出台其他相关专业性法规。具体到自驾车旅游,在现有的《合同法》《道路交通安全法》《消费者权益保护法》等法律法规基础上,可以出台《自驾车旅游市场经营管理法》《自驾车旅游服务合同法》《自驾车旅游经营合作合同法》《中国自驾车旅游汽车租赁法》等,最终形成相互配套、相互协调的自驾车旅游法律法规体系,为自驾车旅游真正实行绿色营销保驾护航。

资料来源:中国旅游报　http://www.hnta.cn　2008-7-15.

思考题:

请结合案例分析旅行社应该如何针对自驾游实施绿色营销策略。

第十四章 旅游业网络营销

学习目标

- □ **知识目标**：通过本章的学习，理解并掌握旅游网络营销的相关基本概念，了解旅游消费行为的特点及发展趋势，掌握旅游网络营销的几种形式(CRS、GDS、DMS)在各类旅游企业的应用。
- □ **技能目标**：在结合本章知识点的基础上，通过对书本案例的分析与讨论，掌握分析现实生活中具体的旅游网络营销案例的方法。
- □ **能力目标**：在熟悉和理解景区、饭店和旅行社网络营销特点的基础上，能够运用相关的网络营销策略为旅游企业的网络营销服务。

第一节　旅游景区网络营销

根据CNNIC发布的《第35次中国互联网络发展状况统计报告》，截至2014年12月，我国网民规模达6.49亿，互联网普及率为47.9%。而在旅游者中网民比例还更高。多项调查表明，互联网已超过传统媒介而成为人们获取旅游信息的首要媒介。与此同时，世界旅游经济蓬勃发展，中国作为世界上旅游资源第一大国，又拥有着世界上最大的国内旅游市场，据预测，到2020年将成为世界最大的目的地国。因此，要使中国旅游快速发展，研究网络营销就十分必要。

一、旅游网络营销基本概念

旅游网络营销具有旅游营销和网络营销的双重特征。所以说，旅游网络营销是各类组织为销售旅游产品，利用计算机网络的方式对旅游消费者(或最终能够影响旅游消费者的一些中间环节)所进行的营销活动。

旅游网络营销相对于其他旅游营销，主要是在营销方式上有所不同，从国际现在使用的旅游网络出发，我们可以明确旅游网络营销中的网络主要包括以下几种，具体如

表 14-1 所示。

(1) 计算机预订系统(Computerized Reservation System, CRS);

(2) 全球分销系统(Global Distribution System, GDS);

(3) 目的地管理系统(Destination Management System, DMS);

(4) 互联网(Internet);

(5) 企业内部网(Intranet)和企业外部网(Extranet)。

表 14-1 旅游网络营销的类型及其定义

旅游网络类型	定　义
计算机预订系统	一般是由旅游产品生产商(如航空公司、饭店和旅行社等)操控,通过计算机系统或视频文传系统帮助它们在本地和全球分销产品
全球分销系统	是应用于民用航空运输及整个旅游业的大型计算机信息服务系统。通过全球分销系统,遍及全球的旅游销售机构可以及时地从航空公司、旅馆、租车公司、旅游公司获取大量的与旅游相关的信息,从而为顾客提供快捷、便利、可靠的服务
目的地管理系统	是应用于旅游目的地的可以互动接入的计算机信息系统,它支持产品和设施的预订,可以发展灵活、个性化的、专项的和关联性的旅游产品
互联网	是旅游企业发展电子商务的工具,使得旅游企业和消费者可进行直接的沟通
企业内部网	企业内部建立的沟通网络,信息在旅游企业内部交换管理
企业外部网	企业与企业之间建立的沟通网络,信息在旅游产品供应商和中介之间交换

二、旅游景区网络营销的特点

(一) 双向互动性

旅游景区网络营销能够实现旅游企业和旅游者之间的双向互动式的交流,打破原有的信息不对称的局面,使得旅游者在选择旅游企业服务时处于主动的地位,并且获得更大的选择自由。例如,旅游者可以通过与景区的网络联系,了解当时当地的气候条件、客房的折扣率以及景区举办的各种活动的进程等,从而帮助旅游者省去旅游旺季的等待时间,为出行掌握最佳时机,提高游客体验质量。

(二) 突破时空性

旅游网络营销可以改变传统营销受时间和空间限制的局面,使得景区在任何时间对全球范围内的旅游消费者展开营销活动,有利于开发远程市场。每个旅游企业都可以通过网络平等地展示自己,因而减少了市场壁垒,为旅游企业提供了更好的发展空间。

(三) 产品展示性

景区可以通过网络引人入胜的图形界面和多媒体特性,全方位地展示产品、服务和旅游项目。例如,景区景点的 3D 图片等内容,使得消费者完全认识景区,一些丰富优美的景区尤其能够吸引潜在旅游者的眼球,激起其购买欲望,使其成为景区的实际购买者。

(四) 成本低廉性

景区网络营销降低了营销成本,缩减了营销渠道,可直接与消费者接触,同时扩大了促销覆盖面,可以针对明确的细分市场做促销,提高了工作效率。

三、我国旅游景区网络营销的现状

目的地是旅游业存在的理由,它构成了旅行的理由,目的地的景点是推动旅游的主要动机。目的地是当地所有相关产品、设施和服务综合体,这些产品和服务构成了"整体旅游产品"或"旅游体验"。由于种种原因,我国旅游景区网络营销发展状况不尽如人意。

(一) 我国旅游景区网络营销存在的问题

1. 旅游网络营销基础薄弱,制约景区网络营销的发展

旅游网络营销基础薄弱体现在四个方面。第一,旅游企业内部信息化水平较低,信息化还不能在经济中发挥应有的作用。第二,电子商务体系不完整。旅游网络营销的物流问题虽然不是很突出,可是资金流仍是关键的一环。互联网的出现让普通消费者也可以加入网络交易,但同时却还未出现一种与之相匹配的网上结算方式。第三,网络基础建设力度不大。我国的通信业为我国国民经济信息化奠定了网络基础,但是由于我国地广人多,各地区经济、科技发展、文化素质差异大,还是不能满足现今人们的要求。第四,缺乏旅游网络营销人员。目前我国缺乏既懂得计算机、网络技术,又熟悉旅游营销的人才。

2. 旅游目的地网络营销没有完全发挥作用

互联网普及之后,旅游目的地可以加入而不再是建立目的地营销系统,从而使成本大大降低,技术上更为简便易行。现在旅游目的地信息系统,虽然在提供咨询与服务两个方面有所建树,但与其应该发挥的作用相比尚未能尽如人意。

(二) 国内旅游网站类型

目前,国内有如下三类开展旅游营销业务的网站。

1. 旅游平台网站

旅游平台网站可使会员企业不必自行建设网站就能开展旅游电子商务,与上下游企业进行合作,为游客提供服务等。旅游平台网站按统一标准集合了旅游行业大量的信息资源,信息汇聚分类,能自动交流,大大提高了信息的使用价值。同时,同行业在同一个电子商务平台上开展商务活动也会提高市场的商业效率,降低交易成本。国内领先的旅游咨询机构——劲旅咨询最新发布了《2015 年中国在线旅游网站用户覆盖 TOP30 排名》报告,按 Alexa 相关统计数据显示,2015 年中国在线旅游网站用户覆盖数排名前 10 位的依次是:去哪儿网、携程旅行网、蚂蜂窝、驴妈妈旅游网、芒果网、阿里旅行·去啊、穷游网、途牛旅游网、同程网与艺龙旅行网。

2. 旅游企业网站

旅游企业网站主要由实力比较强大、传统的旅游服务企业(如旅行社、酒店、景区以及交通服务公司等)自主建设的在线旅游服务网站,如芒果网、遨游网、中青旅网、七天连锁酒店、中国国际航空公司、南方航空公司。这些企业绕过了旅游中间商,减少交易的中间环节,以在线的形式建立与客户的直接联系,从而在向客户传递价值的同时使销售额和利润最大化。例如,旅游百事通以及上海春秋旅游网。旅游百事通是以旅游批发销售

为主,机票、车票、船票销售为辅的专业旅游网站,是华中旅游批发市场异军突起的新型旅游批发商。上海春秋旅行社是国内连锁经营、最多全资公司、最具规模的旅游批发商和包机批发商,专业网站与实体店结合,在旅游市场中更具竞争力。

九寨沟景区的网站整体视觉效果好,功能比较齐全,除了有基本的景区动态信息、景区图片文字介绍等内容外,还有"数字九寨"、电子地图和在线订票功能。在景区推介方面,除了图片以外还配有在线视频,可以满足潜在游客了解景区的需要。其中,电子订票功能是通过一个涵盖四川省12个景区的电子商务平台实现的,该平台不仅可以提供门票、酒店等预订服务,还可以提供网上预订、购买纪念品的服务。该网站实行会员制,会员可凭积分多少享受不同的折扣。2014年国内旅游景区网站排名如图14-1所示。

得票排序		得票比重(约)	票数
1	黄山市黄山风景区	2.75%	23880 票
2	千年瑶寨	2.56%	22249 票
3	广州白云山风景区	2.52%	21927 票
4	黑龙江黑河五大连池景区	2.51%	21849 票
5	南平武夷山	2.37%	20631 票
6	扬州市瘦西湖风景区	2.34%	20362 票
7	安徽安庆天柱山	2.22%	19296 票
8	九寨沟	2.11%	18313 票
9	池州市九华山风景区	2.04%	17783 票
10	泉州市清源山	1.92%	16663 票

图 14-1 2014 年国内旅游景区网站排名

3. 旅游目的地网站

旅游目的地网站主要为地方旅游服务,是地方政府参与的侧重电子政务的网站,并非营利性网站,其运营模式与旅游中介服务提供商相似。

（三）旅游景区网络营销的方式

1. 目的地管理系统

旅游目的地管理系统的组织结构有三种形式:第一种,以国家为中心的组织结构;第二种,以地区为中心的组织结构;第三种,地区性的网络结构。

目的地管理系统常用于整合整体目的地力量,其战略管理和营销功能表现在协调目的地利益团体的利益,使目的地以较低的成本更有效地出现在全球市场上。其通常包括产品数据库、顾客数据库和连接两者的运行机制。

【案例 14-1】

澳大利亚旅游的网络营销

为迎接潮涌而来的中国旅游者,澳大利亚旅游委员会的官方网站专门针对中国旅游市场开发了内容新颖、独具视觉冲击力的中文网站,如图 14-2 所示。网站包括目的地介绍(8 个州和领地、15 个旅游城市)、探索之旅(七大精彩不同)、行程计划(签证、航班、旅游信息、推荐线路及行程单)、最新推介活动(奔跑吧兄弟、“澳”世盛宴、私家奢华旅程)及旅行印记(官方微博、旅友游记、精彩视频)等 1 万多个页面。另外,为方便旅游者使用,还提供了详细的澳大利亚专业旅游代理商搜索及澳大利亚优选合作伙伴。在 2014/2015 年度,浏览澳大利亚旅游官网的用户年增长率达到 57%。最新调查结果显示,截至 2014 年 6 月,在过去的 12 个月中,中国赴西澳大利亚州的访客已达 35 600 人次,同比增长 13%,三年平均增长率高达 13.6%。

图 14-2 澳大利亚旅游委员会官方中文网站

2. 景区电子导游

电子导游系统包括：公共通信网；全球电子导游服务系统，其包括计算机硬件和软件资源、多媒体信息数据库、旅游信息编码索引手册，用户终端；其中，用户终端通过公共通信网与全球电子导游服务系统相连，并通过树状信息编码终端导航方法与全球电子导游服务系统进行自动的交互式导游活动。本发明由于充分利用了现有的强大的公共通信网和最新的信息技术，建立一个功能强大的旅游服务系统，使游客生动形象、全面、准确、可靠、方便快捷地获得最好的导游服务，并使游客能随时随地利用其终端获得相关的旅游服务信息，从而真正实现旅游服务的信息化，且实现简单、使用方便、灵活多变。

【案例 14-2】

故宫推出电子导游器

故宫推出了一项特殊的服务，就是出租云宝电子导游器，它可以让你不用导游陪，也可以了解到当地的风土人情和历史典故。在故宫，三三两两的人手里都拿着云宝导游器，每到一处景点，游人就可以自动接收这个景点的无线信号，电子导游器会根据需要，用 12 种不同语言自动向游人介绍景点的历史背景和传说等。

电子导游器的确有很多优点，比如在哪个景点，你让它等多久、反复介绍多少遍，它都没脾气。而且，比起请导游员来，租用它费用要少得多。当然，与导游员相比，电子导游器也有不便的地方，如游客与它没法交流等。所以，现在电子导游器还不是太火。文化景点提供电子化服务确实是好事，但如何使这项服务更实用，能被人们广泛接受，文化景点还得再琢磨琢磨。

资料来源：编者整理。

【案例 14-3】

链景旅行——旅行路上小秘书

2014 年是我国的“智慧旅游年”，截至 2015 年 8 月，中国移动互联网用户接近 8 亿，微信用户突破 6 亿，互联网已从 PC 终端时代迈进移动终端时代。在这场“互联网＋旅游”的争夺大战中，一家名为“链景旅行”的公司真正将互联网思维发挥得淋漓尽致。

国内 99％的旅游景区卖完门票后，对游客就没有免费的后续服务了。链景旅行公司通过移动互联网技术应用，可以把最好的导游讲解录音放到手机 App 上，让全球游客免费享受最好的导游讲解服务，解决了当前旅游消费中的一个关键需求点。基于微信做旅游轻应用开发，用户不必下载安装，只需打开微信关注并进入“链景旅行”微信平台，就可以享用所有功能服务，非常便捷。一部智能手机就能轻松获得旅游目的地与景区的实景信息、语音讲解、即时翻译、导航定位、行程攻略、住宿、美食、购物、交通路况等实时资讯和服务。“链景旅行路上小秘书”以独特的在线语音讲解为单点突破，构建景区营销和服务游客的生态系统，为游客提供旅游路上一站式解决方案。

3. 旅游网络广告

旅游具有很强的季节性。所以，网络营销要根据不同的季节相应地改变侧重点。旅游企业如果有主题活动或者鲜明的主体特色，就会吸引更多的游客，再通过网络的快速传播，就可以达到预期的营销效果。

在点击率高的门户网站或者专业旅游网站，阶段性、连续性地播放宣传图片可以达到事半功倍的效果。因为来到这些网页界面停留的浏览者大多是潜在游客，通过即时的信息刺激，可以迅速转化为消费行为。图 14-3 就是去哪儿旅游网站的首页广告。

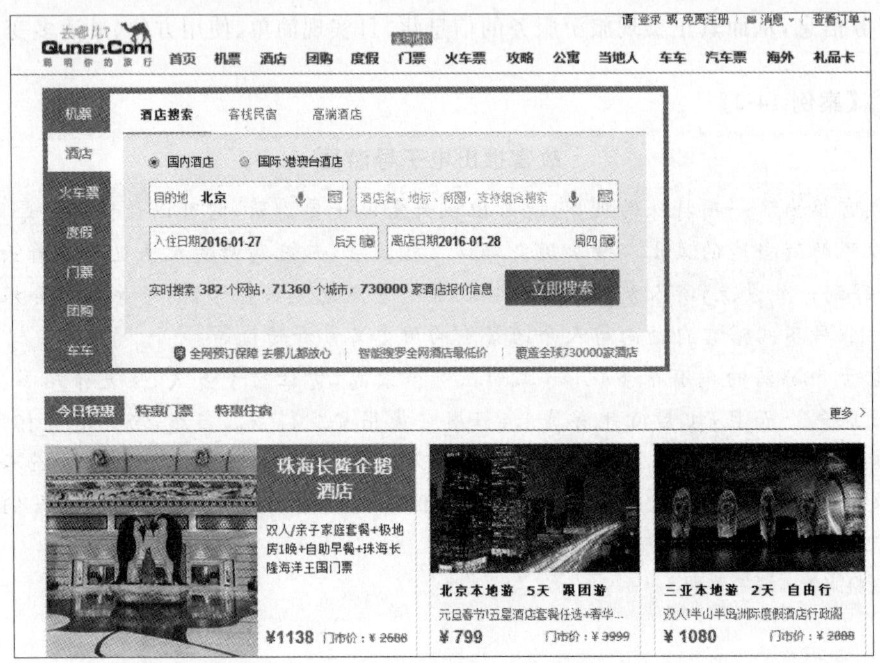

图 14-3 去哪儿旅游网的首页广告

通过鼠标点击，就可以游览其他的网页或直接预订旅游产品，如图 14-4 所示。

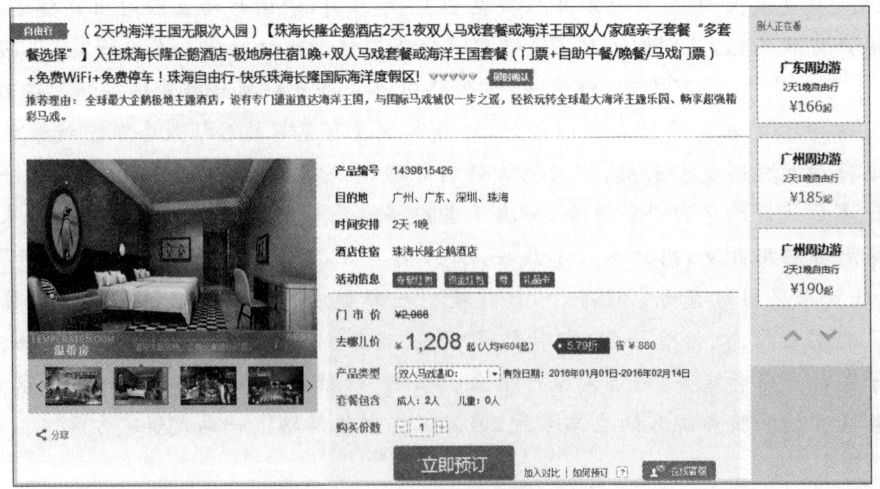

图 14-4 去哪儿旅游网的链接网页

像这种借助外部网络媒介，再通过链接的广告针对某一特定的主题进行宣传比被动等待浏览者查找自建的网站效果要好得多。

【案例 14-4】

张家界核心景区 24 小时在线直播

张家界风景区为改善景区景色“不可视”的劣势，率先在“张家界视窗”网站上，投资几百万元推出了核心景区 24 小时在线直播系统。网站直播的内容是景区部署的摄像镜头获取的景区实时视频信号通过网络传输的信息。网站直播使全球各地的人既能从网上选择观赏张家界 20 余处核心景区一年四季的不同风光和当时气候、景观等实地状况，同时还对景区的重要事件或活动进行录像。景区直播系统从 2003 年 6 月以来，将大量的潜在消费者变成景区的现实游客。2012 年张家界市各景区景点共接待游客 3 590.1 万人次。

【评析】 张家界核心景区在线直播的营销方式可以给浏览者以直接、真实的视觉感受，从而能更好地让更多的潜在旅游者成为其未来的现实旅游者。调查显示，目前通过网站了解外出旅游信息的游客已经越来越多，在线视频营销发展空间巨大。作为与旅游者存在空间距离的景区景点，可以选择在线视频直播作为网络营销的切入点。

第二节 现代饭店网络营销

互联网改变了饭店的宣传和预订方式，在线分销和预订被证实是安全可靠的，而且能使消费者和旅行代理商在瞬间得到确认。饭店要开发自己的网页，并与各种分销渠道结合，实现信息和服务的多媒体、多渠道化。通过互联网，饭店还可以在线与顾客和合作伙伴互动。对于常住客来说，网上预订显得尤其方便快捷，因为它是一种高效的信息沟通机制。

但是，饭店住宿业在整个国际旅游业中是自动化程度最低的一个行业。大部分预订仍然依靠直接致电饭店，或靠中央预订办公室的免费预订电话进行，而通过 GDS 和互联网的预订比例仍然很低。

一、中央预订系统

大型饭店中央预订系统(Center Reservation System，CRS)已有 40 多年的历史。最早的中央预订系统是由假日饭店集团于 1965 年 7 月建立的假日电信网(Holidex-I)。它是一种封闭的、归属特定企业集团、由集团成员共享的预订网络，它具有排他性，较少对外开放，既是企业集团综合实力的体现，同时又是其垄断客源的一种途径。

目前国际旅游饭店业中，80％的客源市场为各个企业集团分割，而集团饭店的客房数量却不及客房总量的 30％。饭店集团通过其 CRS 对客源构成、流量及流向进行控制，并通过各种价位组合及调整实行收益管理，以实现集团利益的最大化。同时，CRS 还具有集团内饭店信息共享、客户资源共享的联网销售优势。例如，香格里拉集团新近推出的"金环计划"(Golden Circle)，可以储存所有的集团内访客的个人资料、偏好等信息，供所有成员饭店共享。某位客人在一家香格里拉饭店下榻的信息，当他预订另一家香格里拉饭店时，该信息便可自动显示，从而使这家饭店能够提高预订效率，并进一步提供有针对性和个性化的服务。

由于，目前我国旅游业对CRS的认识和接受程度不平衡，而限制了其发展，如图14-5所示。

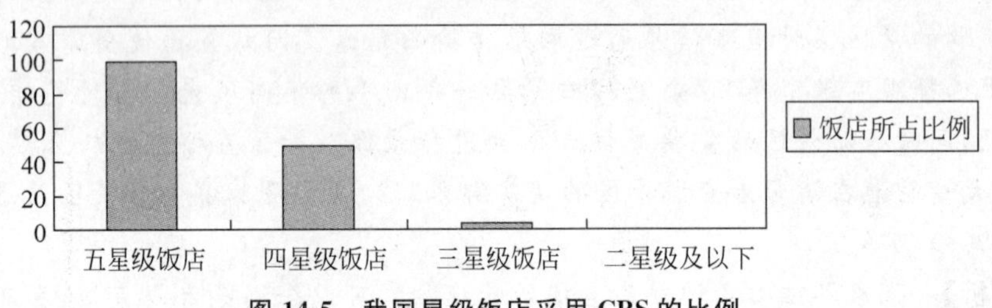

图 14-5 我国星级饭店采用 CRS 的比例

【案例 14-5】

金陵饭店集团 CRS 功能模型

金陵饭店集团的中央预订系统主要包括中央预订、常客计划、集团销售和在线自助。

(1) 中央预订主要实现集团的预订和预订管理。主要包含预订中心预订、网络预订、成员互订等。中央预订系统与所有成员饭店直接相连，可以查看成员饭店的各种信息。

(2) 常客计划主要实现顾客关系管理，帮助饭店集团建立各种客户数据体系，提高对客户的服务质量，满足客户各种个性化需求。

(3) 集团营销通过掌握实时资源，进行经营数据分析，为管理者提供决策依据，最大限度地利用资源，进行整体营销，主要实现客户价值挖掘和销售分析等功能。

(4) 在线自助系统是CRS的功能延伸，主要实现顾客自助预订，功能主要包括客房预定、订单查询等。中央预订系统能够跟踪客户的网上预订信息，并进行校验和相应的处理。

(5) 接口主要实现CRS的对外连接，如GDS，IDS，自身网站等。

二、饭店业网络营销

饭店网络营销的类型及其内容如表14-2所示。

表 14-2 饭店网络营销的类型及其内容

饭店网络类型	内　容	举　例	层　次
自建网站	公司简介、媒体中心、政策及承诺、网页索引、会员信息、酒店预订	希尔顿、北京饭店、中国大饭店等	大型饭店集团
网络平台	酒店概览、全部房型及价格、交通位置地图、用户评论	旅游资讯网、旅游预订网，例如"携程"	所有

可以通过以下两个图片来对比一下不同饭店网络类型的网页情况。

图 14-6 是中国大饭店在艺龙预订网络平台的网页。

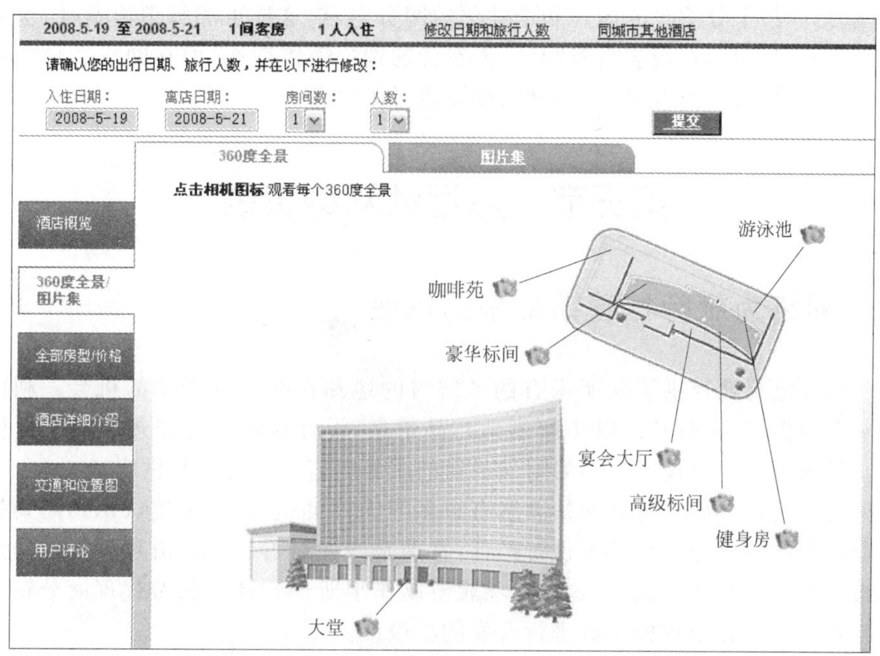

图 14-6 中国大饭店在艺龙预订网络平台的网页

图 14-7 是香格里拉中国版独立自建网站首页。

图 14-7 香格里拉中国版独立自建网站首页

由图14-6和图14-7可以看出两者的区别。在网络平台提交所产生的网页只有一个简单的文字介绍性页面,赋予的内容由每个不同的网络平台决定,没有自主性;饭店自建网站,可以设计出十分漂亮的图片和个性化的网页内容,这样更能吸引消费者,也更能博取消费者信赖。但是,在饭店自建网站,消费者的选择范围变小,而在网络平台网站可以提供多个饭店信息,旅游者可以较方便、快捷地对比信息。

第三节 旅行社网络营销

一、网络为旅行社营销带来的机遇

互联网为旅行社提供了前所未有的了解目的地和在线开发产品的机会。利用互联网作为一个数据库,旅行社可以了解当地产品信息、设计报价并为经理和员工提供更多的信息。另外可以通过提供更多的附加价值的服务丰富自己的产品供应。

大型的旅行社在网上建立网站固然有很多的优势,但它也越来越认识到需要针对不同的细分市场和超细分市场需求进行经营,特别是诸如滑雪、潜水、滑翔伞等运动旅游长期以来被各大旅行社所忽视,为这些专项旅游制作小册子并通过旅游代理商分销的成本使它们没有针对这种小规模市场进行开发的积极性。

因此,互联网对小型和专项旅行社的意义更为突出,小型和专项旅行社也应当抓好互联网的机会,充分开拓网上事业。传统的小旅行社往往无法像大旅行社一般摆上旅游代理商的货架,它们主要的促销方式便是口碑宣传。在某种程度上,它们都拥有自己的一批忠诚的顾客。小型的旅行社学会开发差异化的产品,为顾客提供物有所值的服务以扩大市场,吸引一些以往很难接触到的客户。而专项旅行社一般都提供一些比较独特的假日主题,这些专项的旅游同样还可以吸引更多的国际游客。

二、我国旅行社网络营销现状

旅行社不同于景区和饭店的网络营销,景区作为目的地,消费者必须到达那里才能完成旅游,而饭店是消费者住宿的地方。随着互联网的发展,旅行社似乎变得举步维艰。大致浏览一下各个类型的网页或是网站,不管是旅游资讯网,还是旅游预订网,都很难找到一个完整的旅行社的信息。我国目前旅行社的网络主要包括自建网站和网络平台两种,具体如表14-3所示。

表14-3 旅行社网络营销的类型及内容

旅行社网络类型	内容	举例	层次
自建网站	公司介绍(文化、品牌)、新闻中心、业务概览、网络、客服中心、预订系统	中国国际旅行社	具有强大的资金支持和品牌支撑
网络平台	公司简介、行程介绍、预订系统	"携程""乐途"等平台	小型旅行社、也可以是大型旅行社

目前，我国旅行社的电子商务建设动力不足。尽管以中国青年旅行社为龙头的旅行社已通过不同方式建立或控股自己的旅游网站，开始网上宣传和预订，但是真正通过网络达成交易的并不是很多。而许多中小型旅行社由于客源相对弱小、信息沟通不畅、资金短缺、技术力量不够等因素，使它们对互联网以及相关手段没有迫切需求，相当一部分旅行社仍以传统的营销方式开展业务，这种小作坊式的手工操作显然不能适应旅游发展的需要和新的潮流。

1. 渠道冲突

旅行社本来就是连接景区景点和游客之间的中介，网络打破了原有的市场界限。"网络本身代表了一种传递资讯、双向沟通和进行销售的新渠道"（科特勒）。从传统的旅游营销渠道转向旅游电子商务时，增加了营销渠道，而且互联网渠道本身具有覆盖全地域并且信息透明等特征，因而更容易引发旅游企业新老渠道的正面冲突，如图 14-8 所示。

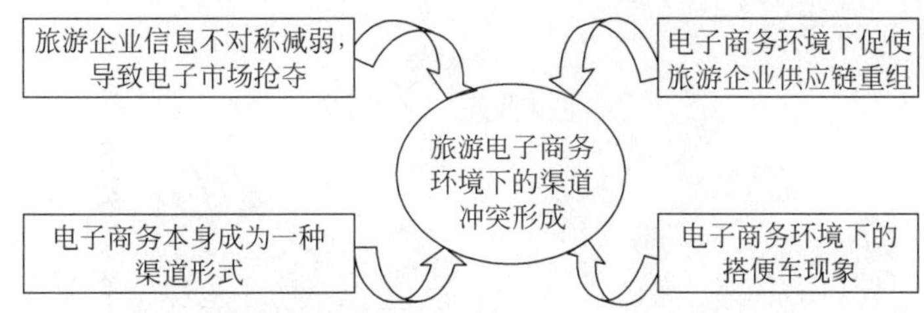

图 14-8 旅游电子商务环境下的渠道冲突形成过程

2. 消费者的不信任

由于现实生活中旅行社的激烈竞争导致的恶性价格战，不但没有提高消费者的消费体验，反而降低了消费者的满意度。网络用户都不大信任现实生活中的旅行社，更何况是网络中无法预见的服务态度。旅行社缺失形象展示，更加深了消费者怀疑的程度。

3. 旅行社成本

由于恶性竞争，旅行社无法提高自己的利润率，高额的成本支付、低回收率，使得旅行社本身的维持就很艰难。网络营销的效果的不可预测性使得旅行社不敢轻易涉足，并且建立一个好的网站是需要好的技术人才、高技术手段，以及长期的管理。如果无法一次性投入资金，而在短期里无法见到效果，会严重打击旅行社的网上营销的积极性。

4. 网络游客的性质

网络游客一般以散客的形式出现，习惯背包旅游，或者是自驾游，他们都有很强的自我行动意识，不习惯也不喜欢跟团旅游，他们喜欢个性化的旅游线路，而不是一成不变地由旅行社带领着游览。即使是跟团旅游，也只是散客，不管是时间还是地点都难以形成一个团体，这样，无形中就加大了旅行社的管理和宣传费用。

【案例 14-6】

四海一家，无忧入住——Airbnb

Airbnb 成立于 2008 年 8 月，总部位于加利福尼亚州圣弗朗西斯科市。Airbnb 是一个值得信赖的社区型市场，在这里人们可以通过网站、手机或平板电脑发布、发掘和预订世界各地的独特房源。无论你想在公寓里住一个晚上,或在城堡里待一个星期,又或在别墅住上一个月,你都能以任何价位享受到 Airbnb 在全球 190 个国家的 34 000 多个城市为您带来的独一无二的住宿体验。Airbnb 构建的在线中介平台拥有世界一流的客户服务和日益增长的用户社区,为人们提供了一个最简单有效的途径,让他们可以利用闲置空间赚钱,并将它们展示给成百上千万个受众,如图 14-9 所示。

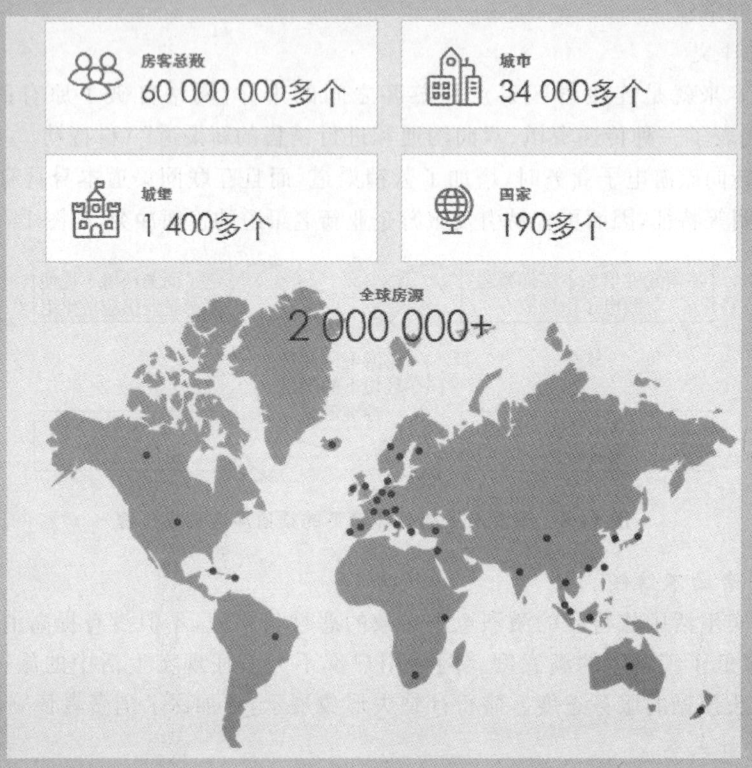

图 14-9 Airbnb 全球房源在线中介平台

【评析】 Airbnb 致力于创建一个让人们彼此联系、相互信任与安全的世界平台。为房东创造工作与获取财富的机会,同时为旅途中的人们提供社区化的便捷、安全的住宿服务。正如其所倡导的"欢迎旅行者来到您的街区并愉快地赚取外快",Airbnb 利用网络改变了传统的旅游住宿业。

【案例 14-7】

2015 年中国在线旅游网站服务综合排行榜

近年来,旅游线上交易平台越来越多,通过旅游网站预订出行的游客大幅增加。旅游网站价格更低、选择更丰富是吸引游客的主要原因。其实,目前在线旅游行业的座次和份额看似已经排定,2015 年中国在线旅游网站服务综合排行榜如图 14-10 所示,但随着在线旅游市场逐渐开始细分,以及消费者需求的多元化倾向,一些以移动互联网为核心的企业正在用新的维度来切入在线旅游市场。为此，旅游互联网服务的价格战的时间跨度会越拉越长。

排名	企业
1	同程
2	携程
3	去哪儿
4	驴妈妈
5	途牛旅游网
6	芒果
7	艺龙
8	腾邦国际
9	悠哉
10	行天下

图 14-10　2015 年中国在线旅游网站服务综合排名榜

资料来源：互联网周刊 2016-01-05。

三、旅行社网络营销策略

（一）旅行社的网站营销策略

1. 网站品牌形象塑造

科特勒在《营销管理》一书中说："每一个强有力的品牌实际上代表了一组忠诚的顾客。"网络品牌也就意味着企业与互联网用户之间建立起来的和谐关系。网站建设的专业化程度、个性化风格等直接影响着企业的网络品牌形象。同时，一个网站的品牌形象体现在浏览者对此网站的信任度上。因此，为了建立一个良好的网站品牌形象，首先，要提高网站的可信度。Consumer Web Watch 发现影响网站可信的九个因素，分别是信任网站信息、网站导航方便、信息来源明确、内容经常更新、网站介绍详细、网站所有者信息明确、财务支持机构明确、其他机构批准证明、其他机构奖励和证书。

2. 旅游网站竞争

（1）抢占快车道战略

九寨沟是四川省各大景区景点中率先实现电子商务运作的景区，正是由于它先人一步抢占了网络先机，几乎所有的旅行社是通过网络预订九寨沟的门票和观光车票的。

比尔·盖茨曾说"要么电子商务，要么无商可务！"企业可以通过电子商务抢占快车道，以迅雷不及掩耳之势形成一股商业龙卷风，迅速增强企业网络业务扩展能力；易于调动企业内部驱动力，使网站各方面的力量为抢占市场形成一种合力；易于吸引人气和争取宽松的外在市场环境，增强和各方对手谈判的主控力；具有明示性攻心能力，易于动摇竞争对手在同一业务领域扩展的信心。

（2）专一化战略

深度网，就是提供专门的旅游网络营销信息的网站。在网络营销实践中，专业化越强的网站就越有稳定的顾客群，就越能提供专业化的市场氛围。

专一化战略是一种避免全面初级、平均用力的网站竞争战略。这种专一是一种从竞争的态势和全局出发的专一。它把有限的人力、财力、物力、领导的关注力、企业的潜在力积聚在某一方面,力求从某一局部、某一专业、某一行业进行渗透和突破,形成和凸显局部优势,进而通过局部优势的能量累积,争得竞争中全局的主动地位和有利形势。

(3) 隐形进攻战略

隐形进攻战略是避开对手锋芒的一种进攻战略,是在竞争态势上的一种隐含的进攻,渐进的成长,悄然的发展。这种网站的网上营销要有自己的特色,要学会利用夹缝,快速发展。作为一个处于劣势的企业网站,要随时掌握全局的动态和发展,适时、谨慎地做出第一反应。一个有特色的小网站很容易成为被收购和兼并的对象,此时,要借助时机,积极参与整合,获得自己发展壮大的机会。

【案例 14-8】

九寨沟的网络营销

九寨沟是国家重点风景名胜区,1992年被正式列为"世界自然遗产"。其网络预订的销售额占景区全部销售额的80%,景区内的近百家酒店也相应实现了网上交易。九寨沟网络公司(http://www.Jowong.com)是九寨沟门票、观光车票的网上唯一销售代理商,网络公司和景区景点合作,实现了九寨沟旅游产品的网上购买和招行"一卡通"的支付方式。九寨沟景区与网络公司的这种合作打破了行业之间的壁垒,有利于客户数据库共享和营销渠道共享,提高市场营销成效。

与传统的门市销售比较,九寨沟旅游电子商务系统信息量大、直观、方便,有利于游客进行网上查询、价格咨询,同时可以实现预订和付费,把景区景点宣传与景区景点销售在全球同步实现,大大提高了工作效率。通过网上预订的门票,导游购票时间大大减少,不但提高了游客的满意度,同时也大大改变了景区的管理和效率。九寨沟景区通过网上推广可以有效掌握游客流量,均衡旺季和淡季的旅游人数,起到生态环境保护和科学管理的作用。

(二) 旅游企业的搜索引擎策略

网络营销体系中,搜索引擎营销的应用是一项重要的内容,近年来搜索引擎营销的应用更为普及,其效果也得到广泛的认可,如图14-11和图14-12所示。

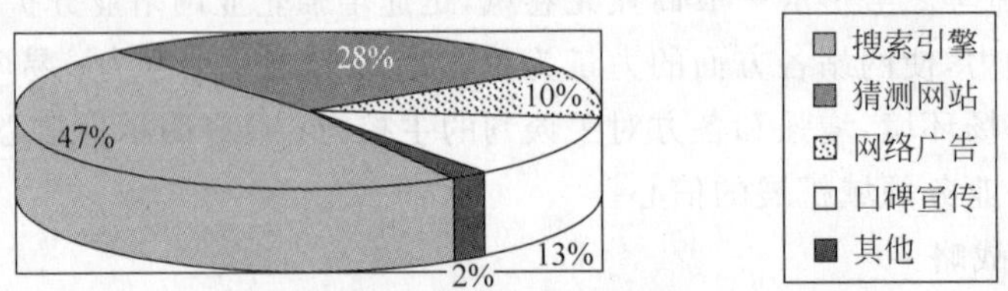

图 14-11 美国互联网用户获得网站网址的途径

资料来源:Double Click, http//www/doubleclick.com/us,2003.3.

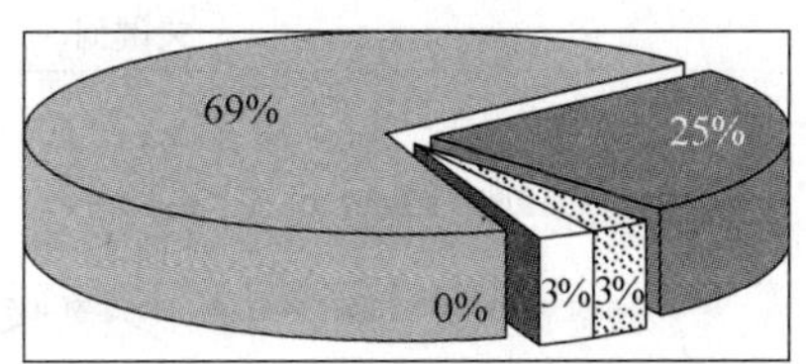

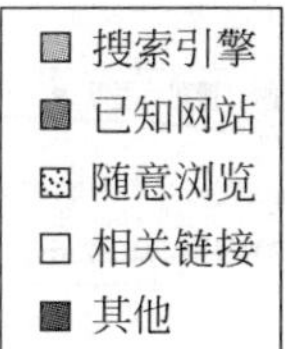

图 14-12 我国互联网用户在互联网上获取信息常用途径

资料来源：CNNIC,中国互联网络发展状况统计报告.2004.1.

用户通过网站获取信息有两种主要方式：如果已经知道或者可以猜测网站的网址，则用户直接通过网址访问；如果不了解网址，则通过搜索引擎查询。也就是说，搜索引擎的重要作用之一是帮助用户查询网址。这也就表明了搜索引擎营销的基本目标是：为用户通过搜索引擎发现企业网站的网址尽可能提供方便，即既要有利于搜索引擎的收录和检索，又要有利于用户发现并点击这个网址。

1. 旅游网站搜索引擎优化

(1) 为每一个网页设置一个相关的标题。网页标题中的关键字在搜索引擎排名时具有更高的权重。例如，同时有几个提供丽江旅游旅行社的网站，如果其中一个在首页的标题中含有"丽江旅游"这个关键词，而另一个只是旅行社的名字，那么在网页内容类似的情况下，当用户用"丽江旅游"作为关键词检索时，第一个网站将排名靠前，这样，便增加了被用户发现和点击的机会。

(2) "静动结合"的网页设计理念。搜索引擎并不是实时从网上检索的，而是定期从网上检索，然后存入自己的数据库。动态的网页会造成先后存储的网页内容不一致。因此，"静动结合"是指将一些重要且内容相对固定的网页制作为静态网页，如网站介绍、网站地图等。

(3) 页面中以文字信息为主。目前的搜索引擎技术通常是基于网页中的文本信息来进行检索的，这些文本包括用户通过浏览器可以看到的内容和源代码中只能为搜索引擎所发现的内容。为了获得被搜索引擎检索的机会，应尽量使用文字信息而不是图片或者Rich Media。

(4) 重视外部网站链接的数量和质量。网站被外部高质量的网站链接非常重要。因此，增加被高质量网站链接的数量成为搜索引擎优化中唯一的不取决于网站自身的因素。以 Google 为例，将链接广度作为网站排名的重要指标之一，在其他方面差不多的情况下，链接广度高的网站必然排名靠前。

2. 旅游关键词广告

关键词广告是充分利用搜索引擎资源开展网络营销的一种手段，属于付费搜索引擎营销的主要形式之一。如图 14-13 所示 Google 关键词广告，所以，选择一个有效的关键词是很重要的。旅游企业选取被搜索频繁的关键词，就有更多的可能被浏览者链接，同时收费会比较高。

3. 旅游搜索引擎

目前市场上的关联营销提供商都是通用的综合关联，给供应商带去的客户最后能给完成有效订购的比例很低。而旅游搜索引擎提供的是专业的旅游客户资源，引导到供应

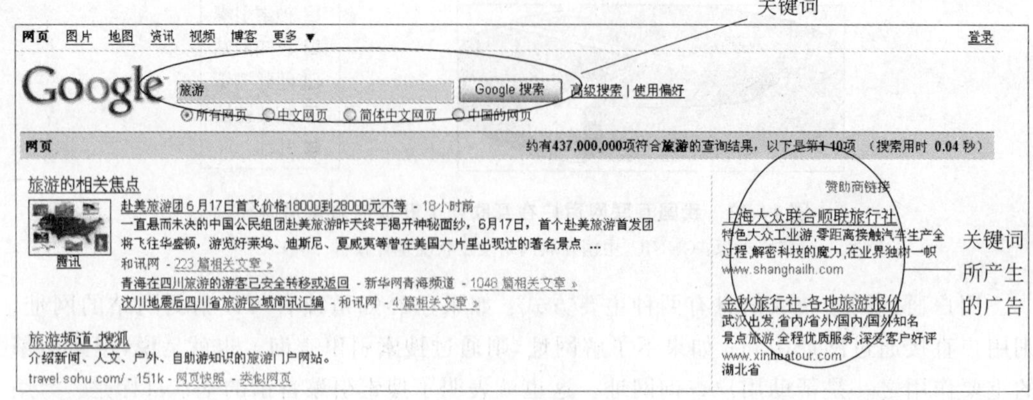

图 14-13 旅游关键词广告示例

商网站的都是通过旅游搜索筛选的意向很高的客户群。正是基于这样专业的搜索和过滤,相对其他综合关联营销服务商而言,它提供的是最有效的、性价比最高的服务。

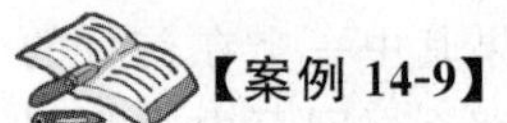【案例 14-9】

"去哪儿"的搜索引擎策略

随着电子客票的推广普及,航空公司直销比例的扩大,受益最多的却并不是大力推行机票网络直销的航空公司,而是"去哪儿"。作为一个伴随电子客票的网上直销诞生出来的产物,"去哪儿"的历史并不漫长,但得益于中国航空市场电子客票的高速发展,成长得异常迅速。

互联网电子客票时代,加剧了市场竞争。电子客票适合网络销售的特性,促使航空公司大力发展网络直销。但是众多的航空公司网站,每个网站只销售自家的机票,旅客要把这些要花费很多时间进行对比才能确定出哪家最低,而且航空公司的收益管理导致的机票价格变动更加大了这种搜索的难度。于是,"去哪儿"们看到并抓住了这个机会,跃然而起。"去哪儿"不用出任何资源,坐收把门渔利,成了类似于现实社会代理的网络代理。而且网络代理不需要传统代理那么大的持续投入,在规模越来越大的情况下,成本会越来越小。"去哪儿"从航空公司网站无偿抓取航空公司的各种有价值的信息。而网络社会的无地域性特点,决定了"去哪儿"会不断地挤掉现在可能还在发展中的小站点,而可能拥有国内整个机票在线代理的把门市场。

数据显示,"去哪儿"现在已经占了国内机票在线营销市场将近20%的份额,远超百度、Google等传统搜索引擎,而且"去哪儿"的用户大部分都是有效用户,这是传统搜索引擎没法相比的。

(三)旅游企业的病毒营销策略

病毒式营销是指发起人发出产品的最初信息到用户,再依靠用户自发的口碑宣传进行营销,由于其原理跟病毒的传播类似,经济学上称之为病毒式营销。例如,新浪网免费电子邮件,每次邮件的末尾都有这么一段内容:新浪免费电子邮箱 http://mail.sina.com.cn,新浪推出奥运短信息手机点播服务 http://sms.sina.com.cn。

1. 病毒式营销传播策略

(1) 创新策略。创新就是要寻找新的机会,开创新的市场需求,或满足潜在需求。微信的成功就在于满足在线即时通信的需求,因而能快速地在网络中传播。

(2) 创新追赶策略。这种策略又被称为定点赶超。其基本做法是在业内寻找一个最佳的竞争对手或最佳实践者,模仿它最好的做法并进行改进。

(3) 免费策略。免费是为了将来的盈利,是手段而不是目的。如果商家想开展病毒式营销,让人们快速传播其产品或服务,必须首先让他人获利。人们获利越大,传播产品或服务的速度也越快,这是典型的双赢。

2. 许可 E-mail 营销

许可 E-mail 营销由营销专家 Seth Godin 在《许可营销》一书中最早进行系统的研究,是指企业在推广其产品或服务的时候,事先征得顾客的"许可"。得到潜在顾客许可之后,通过 E-mail 的方式向顾客发送产品、服务信息。正规的 E-mail 营销是通过邮件列表的方式实现的,邮件列表有六种常见的形式:电子刊物(如《华夏地理》旅游杂志,见图 14-14)、新闻邮件、注册会员通信、新产品通知、顾客服务和顾客关系邮件、顾客定制信息。

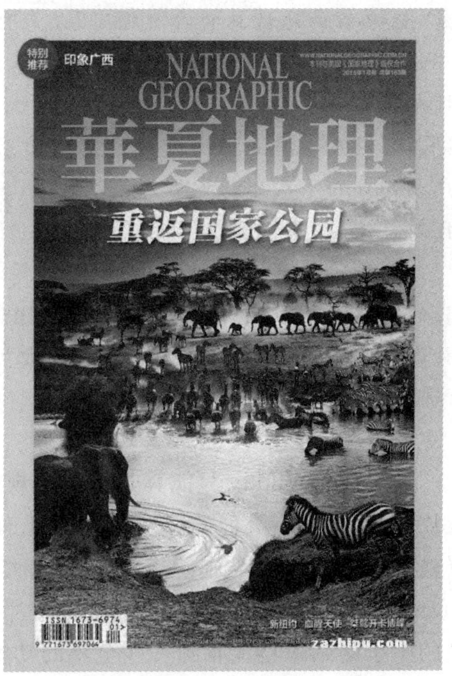

图 14-14 《华夏地理》旅游杂志电子刊物

(四) 旅游企业声动营销

声动营销是指企业网络代言人主动用多种语言,对每个到访的客户热情欢迎及陪访,延长客户停留时间,建立深刻第一印象,提高二次访问率,并传递和获取更多有效信息。2005 年,Web2.0 概念引进中国,在日常生活领域引起了一场巨大变革。一时间,以主动、互动、交互为主导思维的互联网生活方式被发现,成为时代的主流。

【案例 14-10】

TravBuddy——在线旅游社区

TravBuddy 是一个结交旅行者,分享旅游评论、图片和博客的在线社区。其工作重心是提高用户体验、促进用户积极参与。

目前,TravBuddy 拥有 1 270 192 名会员,这些会员一共创建了 48 392 个旅游博客、13 267 条游评论,上传了 524 873 张旅游照片。这个数字充分反映了即使在 Web 2.0

网站中,创建内容的用户也占极少的比例,多数用户选择了无偿而轻松的浏览。另外,上传图片显然是比较容易的分享方式,而写一篇不论质量的Blog要稍微难一些。至于对某个旅游目的地或者酒店之类发表一个评论,会让很多人觉得比较困难或者过于专业。

TravBuddy细化了激励功能,根据你在网站的不同表现,你有可能成为社区旅行贡献者。其实获得这些看起来很漂亮的荣誉并不是那么困难,比如旅行贡献者只要发布"10个目的地信息的首次描述"或者"编辑15个已经存在的本地信息"就可以了。在一般的社区论坛,你会看到要靠数千篇文章的发布才能获得一个比较高的荣誉,这会打击用户成长的信心。网站有个比较好的功能Countries Visited Travel Map,也就是用户可以在地图上标注出去过哪些国家,到过哪些地区。有进就有出,网站还允许用户在首页的个人介绍中加入旅游地图,可以显示去过哪里,也可以显示旅游计划,从而找到游伴。

在体验网站的过程中,经常会被顶部和右侧的Google分成广告打扰,但是这些广告的投放做到了相当的精准,不会让你觉得很突兀。比如你在比较纽约的酒店房价的页面,出现在右侧的几乎都是纽约的酒店广告,即便你明明知道这是广告,也会毫不犹豫地点击过去,因为你找的就是它。

其实TravBuddy只能算是一个小规模的旅游网站,其商业模式也仅仅是靠一些广告投放和广告分成,类似的网站在美国还有很多。这样的网站可以生存发展下去,绝不仅仅是因为美国的在线旅游市场有多庞大,因为在市场巨大的同时竞争也同样激烈。让TravBuddy可以生存发展的最重要原因是对用户的关心和创新精神。我们经常能在美国的中小网站惊喜地看到一些全新的功能和应用,而很少有国内的网站能带给我们类似的惊喜。

在Web2.0环境下,博客营销已经逐渐成为一个新的话题。作为一个旅游信息提供者,你可以考虑创建几种形式的旅行博客。CEO博客,如Randy的杂志——波音市场营销副总裁Randy Tin Seth可能仅对懂得核心目标是对顾客有用、对规模较大的公司有帮助。业界博客,如Musings。产品代理博客,如果你是基于目的地或集中于一个特定的活动,而且你将代理商作为分销渠道,那么,有意识地吸引旅行社阅读的博客可能会奏效。你的目标应该是一个信息性的博客——不一定是关于你的产品的。

众多人宣称"你必须有个博客"的网站中,你很难弄明白需要哪种博客。重点是记住你的博客要有一个焦点。想想你能给其他人提供你所知的什么信息。希望这信息正是他们想要的。如果能从你的博客中获取商业利润那会是很棒的,但是首先要考虑信息焦点,然后是准备怎样商业化。不管怎样,不要因为"跟风"去建博客。

本章小结

本章首先阐述了旅游网络营销的特点,即双向互动性、突破时空性、产品展示性、成本低廉性。然后在分析旅游网络营销现状的基础上,从景区、旅行社、酒店三个方面讲述了网络营销在旅游企业中的应用。最后提出四大旅游企业网络营销策略：网站营销策略、搜索引擎策略、病毒营销策略、声动营销。

核心概念和观点

旅游网络营销；旅游企业；网络营销；旅游网络营销策略

★ 旅游景区网络营销的主要方式有目的地管理系统、景区电子导游和旅游广告等。

★ 饭店业主要是通过自建网站和网络平台来实现，但我国的饭店营销对 CRS 的认识和接受程度不平衡，从而限制了其发展。

★ 旅行社的网络营销可能通过网站营销策略、搜索引擎策略和病毒营销策略来实现。

练习题库

□ **知识题**

1. 什么是旅游网络营销？
2. 网络对旅游营销产生了哪些影响，形成了旅游网络的哪些特点？
3. 旅游企业应当在什么情况下采取什么样的营销策略？
4. 不同的旅游企业应如何将网络营销应用于自身企业？

□ **案例分析题**

在线旅游的时代全面来临

互联网＋移动电商扫荡一切，报团旅游也转移到网络与手机端，以门店为主的传统旅行社真正感到狼来了。2015 年 7 月，《2014—2015 年中国在线旅游市场研究报告》发布了中国旅行社市场交易规模、在线渗透率的最新数据。报告显示，线上线下旅游出现此消彼长的局面，线下旅行社的市场份额一年下降了 4 个百分点，中国旅行社市场的在线渗透率已经飙升到 13.1%。2014 年，中国旅行社市场总交易额约为 3 285.1 亿元，其中在线市场规模达 429 亿元，较 2013 年 293 亿元同比增长 46.4%；在线渗透率为 13.1%，较 2013 年 9.2%增长约 4 个百分点，在线渗透在逐步扩大。

根据交易规模，报告首次发布了中国十大 OTA(在线旅行社)的市场份额排名，我国十大在线旅行社是：携程旅行网、途牛旅游网、同程旅游、驴妈妈旅游网、遨游网、芒果网、春秋旅游官网、悠哉旅游网、凯撒旅游官网、众信旅游官网。在十大 OTA 中，携程、途牛、同程排名前三，占了约 85%的份额。市场份额最大的是携程旅行网，占比为 24.7%；其次是途牛旅游网，同程网位居第三，占比分别为 11.7%和 5.8%。三家的市场份额都明显提升，体量之和几乎占到了整个在线旅行社市场近一半的份额。按照报告数据，携程、途牛、同程三家去年的在线旅行社业务交易规模分别为 105 亿元、50 亿元、24 亿元。

统计发现，在十大 OTA 中，携程一家的份额就占了约 50%，团队游、自由行等旅行社业务份额(24.7%)抵得上其他 9 家的总和(25.2%)，也是途牛的 2 倍，同程的 4～5 倍，领先优势明显。传统旅行社旗下的网站相比携程则有 20 倍以上的差距。

专家预计，在线侵占线下份额的市场趋势将会长期持续，移动互联网将助推度假旅游产品的在线渗透率迅速提升。消费者会越来越倾向于选择市场领先、提供一站式服务的品牌,小小的手机屏也放不下多个App,加上在线旅游烧钱竞争愈演愈烈,后起的中小公司面临越来越高的门槛。传统旅行社将面临市场洗牌,在明确自身定位、巩固产品与服务优势的同时,可以借力OTA实现线上线下融合,迅速融入互联网+移动电商时代。

资料来源:根据中国旅游研究院相关调研整理。

思考题:

请结合案例分析,携程旅行网等在线旅行商的网络营销为什么能取得巨大成功?它给了我们怎样的启示?

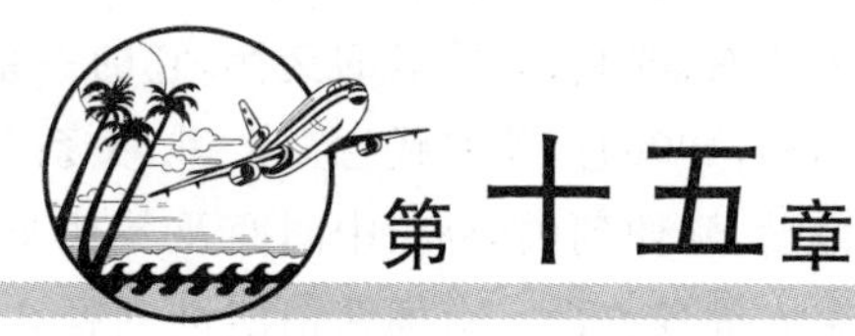

第十五章 旅游关系营销

学习目标

- □ **知识目标**：通过本章的学习，理解并掌握关系营销和 CRM 等核心概念，了解关系营销与交易营销的差异及其优势，学习认识关系营销与 CRM 的区别和联系。
- □ **技能目标**：在结合本章知识点的基础上，通过对书中案例的分析与讨论，掌握分析现实生活中具体的旅游关系营销和 CRM 案例。
- □ **能力目标**：掌握旅游企业关系营销的实施方法和过程。掌握酒店和旅行社 CRM 的实施方法。

第一节　关系营销概述

在工业经济主导世界经济发展的 20 世纪，流水线带来的规模效应使得生产率空前提高，各类高档消费品能够以较低的价格飞入寻常百姓家。与之相伴的是，传统市场营销观念及其 4P 组合的运用也发挥到了极致。然而今天，情况发生了变化，买卖双方关注的焦点似乎都不再仅仅围绕产品，他们之间的关系变得更加复杂，实现这种关系的过程也更困难。新时期的市场环境对传统市场营销提出了挑战，如果不能改变环境，就只能改变自己以适应环境。于是关系营销应运而生，而关系营销的核心是 CRM(客户关系管理)。本章主要介绍各种旅游企业实施 CRM 的重点。

一、关系营销的基本概念

关系营销是指企业与顾客和其他合作者建立、保持并加强长期性关系，通过互惠性交换及共同履行诺言，使有关各方实现各自的目的。关系营销的重点在于利益各方相互之间的交流,并形成一种稳定、相互信任的关系。关系营销的最终实现要靠产品或价值的成熟、顺利、高质量的交换,它的一系列活动都是为了达到一定的营销目标(汪纯孝、蔡浩然,1996)。从实践意义上讲,关系营销已经完全突破简单的企业与消费者之间的关系范畴,延伸到供应商、中间商及其他与企业直接、间接联系的社会团体、政府职能部门及个人等各方面。市场营销演进到顾客关系营销阶段,对这种变化,市场营销大师科特勒曾经这样精辟地阐述:企业营销应成为买卖双方之间创造更亲密工作关系和相互依赖关系的艺术(菲利普·科特勒,2003)。

随着我国经济市场化程度的不断提高和对外开放的不断深入,旅游企业之间的竞争随着买方市场的形成也更加激烈,这为关系营销的推行提供了良好的宏观环境。而我国的大多数企业就是因为没有建立好与消费者、竞争者、供应商、分销商、政府机构和社会组织等之间的关系,而陷入困境。关系营销必然成为我国企业界战胜困难、走向世界的经营战略和营销策略。因而,认识关系营销、了解关系营销和传统的交易型营销的区别、掌握常用的关系营销战略以及关系营销的发展趋势,是我国旅游企业生存和发展的当务之急。

二、关系营销同交易营销的比较

20世纪70年代之前,交易营销在企业管理活动中占主导地位。交易营销观念的核心是开展如何将产品转化为货币的一切交易活动,关注的是如何增加顾客的购买量和购买频率,而不管是老顾客还是新顾客。并且,很少将营销费用花在维系老顾客和现有顾客的关系上。20世纪70年代之后,日趋饱和的市场和激烈的企业竞争迫使企业在赢得新顾客的同时,要重点考虑如何建立长期维系与老顾客的良好互动关系,而获得交易和利润并不是企业要考虑的重点。买卖双方建立的这种互动关系成为获得销售机会、进行成功交易、使顾客产生连续购买行为最重要的促进因素。为此,关系营销的理念和理论逐渐兴起。

(一) 关系营销同交易营销观念和理论的差异比较

(1) 营销观念的差异。交易营销认为,企业提供的产品和服务就是价值;关系营销认为价值是顾客和企业在维持关系过程中创造出来的,是顾客的一种感知。

(2) 营销内容的差异。交易营销以忽略顾客个性特征的大规模推销为基础,在顾客并不想买产品的情况下想办法促使顾客购买,顾客和企业通常是对立或冲突的;关系营销认为,营销活动要与顾客互动合作,双方不可分离并且要互相依赖。

(3) 营销重点的差异。交易营销认为,营销活动的重点是如何将生产出的产品价值通过渠道分销给顾客;关系营销认为,营销活动的重点是创造顾客心目中的价值并使价值最大化。

表15-1说明了两者的差异。

表 15-1　交易营销与关系营销的比较

交易营销	关系营销
1. 关注单次交易的完成	1. 关注顾客关系的保持
2. 围绕产品特点	2. 围绕顾客价值
3. 短期业绩考虑	3. 长期战略考虑
4. 很少且间断的顾客接触	4. 较多且持续的顾客接触
5. 不太关注顾客服务	5. 高度关注顾客服务
6. 很少的顾客参与	6. 高度的顾客参与
7. 质量只与生产人员相关	7. 质量与所有人相关

（二）关系营销的优势

关系营销与交易营销相比，具有如下三种优势。

(1) 长期性。交易营销追求短期的一次性获利，关系随着与顾客交易的结束而结束。关系营销追求长期的利益和关系维持，关系随着交易的结束而开始，而且这种顾客关系是可持续的，能够伴随顾客终生。

(2) 互动性。关系营销更多地强调顾客接触、顾客服务以及顾客参与，因此营销者与顾客之间具有互动的关系，并且双方通过互动而影响对方的行为，并在互动中获得双赢。

(3) 价格非敏感性。在一般交易营销活动中，价格是重要的营销方式，顾客对价格的敏感性高。关系营销对价格在顾客购买行为过程中的角色注入新的理解。在关系营销中，关系作为价格以外的一种利益存在，使得价格对消费者的影响不再像原来那样敏感。

三、关系营销战略

（一）核心服务战略

关系营销的重心是建立发展个人和组织的兼顾双方利益的长期关系。关系营销概念认为顾客是企业最宝贵的资产，关系营销的一种主要策略是围绕建立顾客关系而开展的“核心服务”的设计与营销。理想的核心服务是通过不断满足顾客需求来吸引新顾客，利用高质量、多重项目和长期性的服务特征使现有的关系更加稳固，为今后长远地销售其他服务打下基础。核心服务更加倾向于满足企业中心目标市场的需求。

【案例 15-1】

信托公司的核心服务战略

美国一家信托公司可提供核心服务——“个人金融服务”，在这个服务项目下，客户可以从包括现金流动分析、保险分析、投资分析、证券的购买和保值等一揽子服务中挑选具体的服务。客户只为自己选定的服务项目付费。个人金融服务项目满足了银行无法满足的许多资产丰厚的客户的需求，它内容广泛并且具有长期性，因此为其他金融服务的销售提供了舞台。

【评析】 信托公司提供的“个人金融服务”,就是通过满足顾客各种不同需求而设立的核心服务,它利用高质量、多重项目和长期性的服务特征与顾客建立更加长久和稳固的关系,是关系营销中核心服务战略的成功运用。

(二) 关系专门化

企业要经常有针对性地加强与顾客的关系。通过了解每位顾客的特点和需求,掌握必要的资料和数据,企业就可以更加精确地提供专门针对特定情况、特定顾客的细致而周到的服务。这样,企业也为顾客提供了继续与自己进行业务往来的条件,顾客就不愿意“从头开始”与其他供应商合作。

【案例 15-2】

“自由神游”旅行公司的个性化行李标签

美国科罗拉多(Colorado)的一家名为“自由神游”(Free Goddess Tour)的旅行公司为经常进行商务旅行的顾客指定了专门的旅行代理,协调他们所有的出差安排。旅行顾问为公司里每位商务旅行者制作了个人情况卡片,并使用计算机顾客档案系统保存诸如常用的付款方式、秘书姓名和喜欢的座位等信息。顾客得到的个人化行李标签,一边是旅行顾问的工作卡片(为了应付紧急情况),一边是顾客自己的商业卡片。

【评析】 “自由神游”旅行公司针对商务客人量身定制的个人行李标签,为满足商务客人的各种需要提供了最便捷的服务,充分体现了关系营销中的专门化原则。

(三) 服务提升

服务提升需要提供“特殊”服务来与竞争者加以区别。为了使区分有意义,特殊服务必须是顾客重视的而且确实与众不同的服务——也就是说,并不是其他同行马上也可以模拟的服务。如果做到这一点,顾客对企业的忠诚度就会得到提高。

时下日益流行的一种服务提升方式是“贵宾俱乐部”。企业通过邀请重要顾客加入公司主持的俱乐部,用特殊的服务和顾客资格来提升自己的服务项目,同时利用促销邮件、业务通信等方式与这些顾客建立保持联系的渠道。例如,房地产公司把部分应付佣金用于售前房屋装修,汽车出租公司为贵宾俱乐部的会员提供节省时间的服务,银行为小企业顾客举办业务管理研讨会,都属于服务提升。

据报道,深圳万科集团于 1998 年 8 月组建了国内第一家以关系营销为目的的会员组织“万客会”,其目的是:“为了与万科老客户或想成为万科的客户,或不想成为客户但想了解万科的消费者交流沟通。”旅行社同样可以通过成立顾客俱乐部,为其会员提供各种特别服务,如新产品情报、优惠价格等,加强旅行社与顾客之间的相互了解、培养顾客对企业的忠诚,通过顾客的情报反馈系统,了解顾客需求,通过其会员宣传企业的产品和服务,取得意想不到的促销效果。

作为知名旅行社,“广之旅”充分考虑老年人出游的实际情况,于 1998 年 9 月成立

“广之旅长者旅游俱乐部”，行程设计以长者为尊，劳逸结合，保健领队随团。在不到两年的时间里，长者俱乐部因其优秀的旅游线路和体贴的服务迅速被广大老年人认同，俱乐部会员一直处在不断增加的状态中。

（四）内部营销

内部营销是一种关键的关系营销战略。内部营销的观点是把企业内部的广大员工视为“顾客”，通过一系列内部营销活动，满足广大员工的需要和愿望，以便吸引并留住优秀的员工。做好内部营销工作，可激励全体员工树立市场导向的思想观念，在全体员工中形成优质服务的工作态度，始终为目标市场提供高质量的服务，满足顾客的需求。这显然是企业建立稳固的顾客关系的一个重要因素。

众所周知的营销步骤，如市场研究、市场细分、产品改造和沟通项目的制定，都同样可以满足员工的需要，所以同样能应用于内部营销。例如，美国玛里奥特旅馆公司每年对其下属的每个宾馆的员工进行工作调查，宾馆的管理层对调查结果进行讨论和分析，并把结果呈交给总部的高级管理层。

【案例 15-3】

美国航空公司的“常客计划”

“常客计划”是一个因乘客的忠诚而受到奖励的俱乐部概念。加入“常客计划”一般只需填写一个简短的申请表，表格上主要记录下顾客的详细地址，以便航空公司定期邮寄促销材料和里程累积的说明。航空公司可以通过计算机预订系统自动追踪会员顾客的预订情况，每次预订和登机时，乘客只需出示会员卡，计算机会自动显示出会员乘客的资料。

1979 年，美国航空运输业的开放给行业造成了巨大的冲击，各航空公司都开始寻求降低成本、提高效益的市场促销方法，通过说服航空旅行者忠实于本航空公司，从而保持需求不致下滑。从航空公司的市场营销发展史看，“常客计划”直接起源于美国西南航空公司 20 世纪 70 年代推出的“甜心标识”计划，即为使用该航空公司班机达到一定里程的商务旅行者的伴侣提供一张免费机票。

关系营销计划与全球计算机预订系统的发展有密切关系，航空公司可以通过计算机系统很方便地获得复杂的顾客资料。美洲航空公司利用计算机系统的历史销售数据了解到乘客的旅行方式，销售人员从数据中搜索出六个月内飞行两次以上的乘客名单和电话号码，并把这些乘客列入“重要旅客俱乐部”(Very Important Travelers Club)。销售人员很快就认识到为这些重要旅客提供免费飞行里程的好处。美洲航空公司的“优先计划”于 1981 年 5 月启动，并成为各航空公司竞相仿照的全球市场促销行动的行业标准，其核心内容就包括了“常客”的概念。美洲航空公司最初没想到这个计划会被竞相效仿，因为他们认为自己宏大的航线网络能使公司保持一定的竞争优势，但事实上在很短的时间内，效仿者就纷纷推出比美航更优厚的奖励措施，迫使美航不得不改变其原有计划以适应新的竞争形势。

“常客计划”的早期成功为该计划的保持和发展奠定了基础。到1986年年底,美国27个航空公司中有24个实行了类似的计划。该计划自问世以来,已经成为各大航空公司最主要的促销工具。例如,美洲航空公司已有2 200万名会员。以俱乐部为基础发展起来的“常客计划”通过不断增补新会员的方式来达到调整目标市场的目的。俱乐部数据库为公司提供了大量的旅客旅行模式的资料,成为促销决策的重要依据。随着时间的推移,最初的“常客计划”概念在不断调整,美国的航空公司及其越来越多的外国航空公司的模仿者创造了新的奖励方式,即会员通常可以用他们积累的附加飞行里程奖励分获得非旅行资源利益。

关系营销要求赢得和保持顾客,以便建立更有效的运营机制并最终取得强势竞争地位。维珍航空公司向重要客户和个人会员发放直投邮件,美洲航空公司注重通过预订和值机柜台赢得顾客,美国西北航空公司则注重让现有会员介绍新会员。此外,美洲航空公司还把目标锁定在一批经营美国生意的伦敦的大公司,对参加美航优先计划的个人会员提供金卡升级服务。赢得和保持顾客要做到以下几个步骤。

(1) 识别。把每个顾客的要求和购买信息存档,建立顾客档案,了解顾客对不同奖励计划的反映,发放有奖问卷收集资料。

(2) 改进。改进服务中不能满足或超越顾客全面质量管理所期望的内容,完善产品或服务,使之更有吸引力。与流失的和不积极的顾客取得联系。

(3) 告知。让顾客更多地了解公司产品及忠诚计划,以增强顾客对产品品牌的忠诚度,让顾客建立起航空公司的产品知识。

(4) 吸引。说服顾客尝试新产品和服务,或通过个人联系鼓励顾客更多地购买,引导顾客定期购买并尝试不同产品;建立会员等级制,根据飞行里程的累积把会员分为普通会员、金卡会员和白金卡会员等。

(5) 保留。以保留顾客和加强与顾客的联系为目标,实施提高顾客忠诚度的建设计划;通过发展不同形式的忠诚计划留住顾客。

【评析】 航空公司的“常客计划”属于典型的关系营销案例,也是在旅游行业较早运用关系营销的成功典范。通过鼓励旅客积累航空里程获得相应的礼品,以留住更多的老旅客,吸引更多的新旅客。这一做法后来逐渐为其他旅游企业所效仿。

资料来源:克里斯·库珀等.旅游学——原理与实践.张俐俐主译.北京:高等教育出版社,2004.

第二节 旅游企业关系营销的实施

一、旅游企业关系营销的必要性

尽管关系营销的终极目标是顾客忠诚,尽管顾客与供应商之间的关系仍是关系营销的核心,但关系营销的视角已经不再局限于买者和卖者之间简单的二重关系。为了促进这一重要关系,企业亦不能忽视与其他“利益相关者”之间的关系。

（一）旅游企业关系营销环境

【案例 15-4】

兴建星级宾馆面临的关系营销环境

某景区内兴建一座星级宾馆，首先需要获得当地政府相关旅游、环境、土地等部门的批文；兴建过程中会受到环保部门的监测，建成时会有质监部门进行验收；而后需要进行人员招聘，从上游供应商获得各种必需的原材料；各项工作准备就绪后，需要通过大众媒体进行广告宣传以吸引游客前来入住；正式营业期间，还需要和旅行社以及景区合作，扩大知名度，同时要与景区内其他宾馆竞争客源。

这个简单的案例实际上已经清楚地将旅游企业面临的关系营销环境展示给我们，这里我们将其表述为如图 15-1 所示的六大市场。

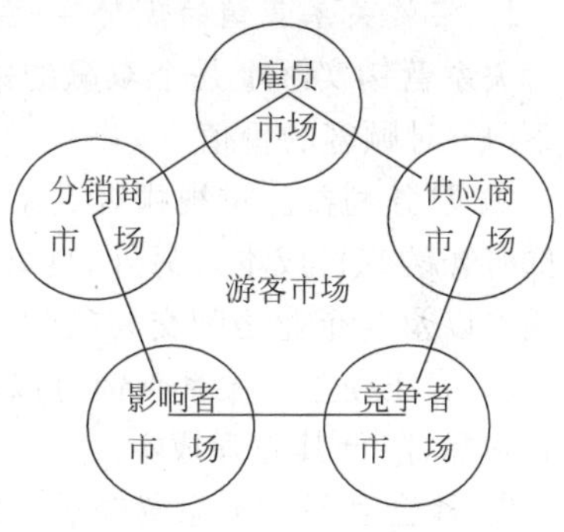

图 15-1 六大市场

其中，游客市场是当之无愧的核心，毕竟旅游业的形成和发展是以一定规模的旅游客流为支撑的。雇员市场在当今营销领域中越来越重要，因为旅游业是典型的服务性行业，员工的素质和表现直接决定了其服务质量，而这一部分也是传统市场营销有所忽视的。

供应商市场、分销商市场以及竞争者市场在传统市场营销中已被迈克尔·波特的竞争优势理论阐释得无比详尽，关系营销秉承其理念并将其进一步发展，故不做过多叙述。这里要重点指出的是影响者市场，它包括能对旅游企业的经营和发展产生重要影响的政府、金融、媒体等社会公众，这是传统市场营销不曾深入探讨和不大关注的部分，但实际上，这部分对旅游企业的影响是巨大的。

（二）旅游企业关系营销的必要性

首先，旅游业属于典型的服务行业，旅游产品的无形性使得旅游者的消费过程是在与旅游从业者一次次的服务接触中完成的，而且服务过程中掺杂着更多的个人和情感因素。因此，处于一线的旅游从业者与其他行业从业者相比显得更加重要，他们的素质直接影响到所提供旅游产品的质量，进而影响到旅游者的满意度、忠诚度，最终影响企业的绩效。

其次，要提供完美的旅游产品，除了提高服务质量以外，一个不可忽视的问题就是生产服务产品的原材料，如宾馆房间的各种用品、餐厅的各种食物等，它们的质量是否可靠、是否环保卫生、是否方便实用等，直接影响游客的情绪和体验。即使旅游企业自身做得很好，如果供应商的供货出现问题，旅游企业依旧无法提供满足旅游者需求的产品。

最后，旅游企业要想提高企业知名度和美誉度，并树立良好的社会形象，单凭一己之力是做不到的。例如，旅游企业的新产品开发要依赖政府的政策扶持和金融机构的信贷支持；又如，由于旅游消费的同步性和旅游产品的无形性，旅游企业更多地依赖间接销售渠道来完成自己的销售任务，而非建立自己的直销渠道。正是因为旅游企业对旅游中间商和外部公众有很强的依赖性,旅游企业必须与关联群体建立良好的关系。

由此可见,对于旅游企业而言,"关系"是非常重要的。接下来,我们将把旅游企业所处的六类市场的相互作用合并为四种主要关系,即顾客合作关系、内部关系、产业链伙伴关系以及外部合作关系,并依次进行深入探讨。

二、旅游企业关系营销的实施

(一) 顾客合作关系

无论如何,在众多关系之中,"企业—顾客关系"始终是旅游企业关系营销的重头戏。因此,以下将对这一关系进行重点分析。

1. 实施关系营销的优势

关系营销实际上是个双赢的策略,企业和顾客相互依存,存在着共同的利益。

(1) 对顾客的价值

① 财务利益。重视顾客关系的旅游企业,一般会对老顾客采取优惠政策,从而直接降低游客的支付成本。另外,良好的顾客关系可以降低顾客的信息成本、沟通成本和投诉成本以及与企业之间交易的学习成本。

② 信任利益。关系营销可以增强游客对服务质量的可预期性,减少或消除游客的担忧和焦虑,降低其心理成本。

③ 社会利益。关系营销满足顾客社交的需要。顾客可以在服务机构中获得社交的满足和社会的帮助。

(2) 对旅游企业的价值

① 成本降低。关系营销的对象是老顾客,不再需要或可以减少启动成本,还可以节约服务交易成本。

② 顾客忠诚。在良好的关系下,游客与某一旅游企业相处的时间越长,他们投入的货币、时间和精力就越多,对这家企业的感情就越深,因此,他们就越不愿意退出与这家企业的关系(迁移成本加大)。关系营销培养忠诚顾客,达到良好的口碑宣传效果,从而吸引新的、忠诚的顾客。

③ 员工忠诚。关系营销在培养忠诚顾客的同时,也在培养忠诚员工。员工是关系营销的执行者,员工代表机构与顾客建立良好关系的同时,自己也获得社交的满足和愉悦。这种额外的精神收益,是影响员工愿意留在企业的重要原因。

2. 关系阶梯阶段

如图15-2所示,由于关系营销是确认、建立、维系、加强并在必要时终止关系的一种营销战略,它的潜在假设就是,企业承认不同顾客是处在不同的关系发展阶段上的,顾客与顾客所处的地位是不一样的。这也表明,不同类型的顾客应该被区别对待。因此,识别与顾客的关系处于哪一阶段,是制定营销策略的前提和基础。

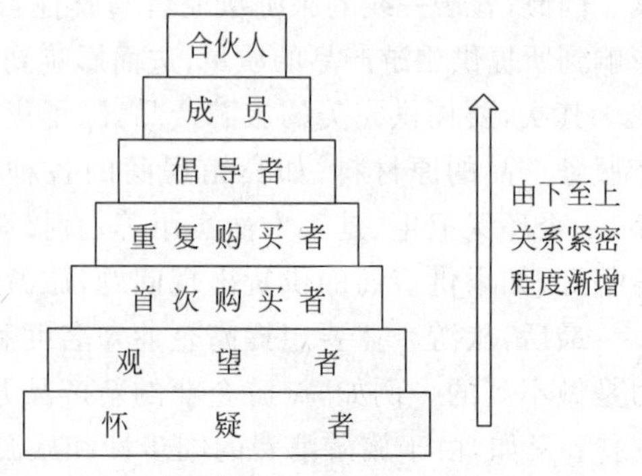

图15-2 关系阶段模型

从图 15-2 中科特勒的阶段模型可以看出，旅游企业所要做的就是推动潜在顾客（怀疑者、观望者）成为现实顾客，并进一步促使他们向更高阶段迈进，这一过程同时也在不断缩小顾客与企业之间的距离，拉近二者之间的联系。

3. 营销策略的三个层次

（1）财务型关系策略。财务型关系策略，或称财务纽带（Financial Bond），是最低层次的关系营销，它主要通过价格刺激增加目标市场游客的财务利益而维系与顾客之间的关系。在实际实施过程中，它通常表现为对那些频繁购买或以固定数量购买产品的顾客给予财务奖励，因此也被称为频繁营销。例如，批量价格优惠和老顾客价格优惠，以及常见的各种积分卡的使用等，都属于这一类型。

**【案例 15-5】**

如家酒店缜密完备的积分计划

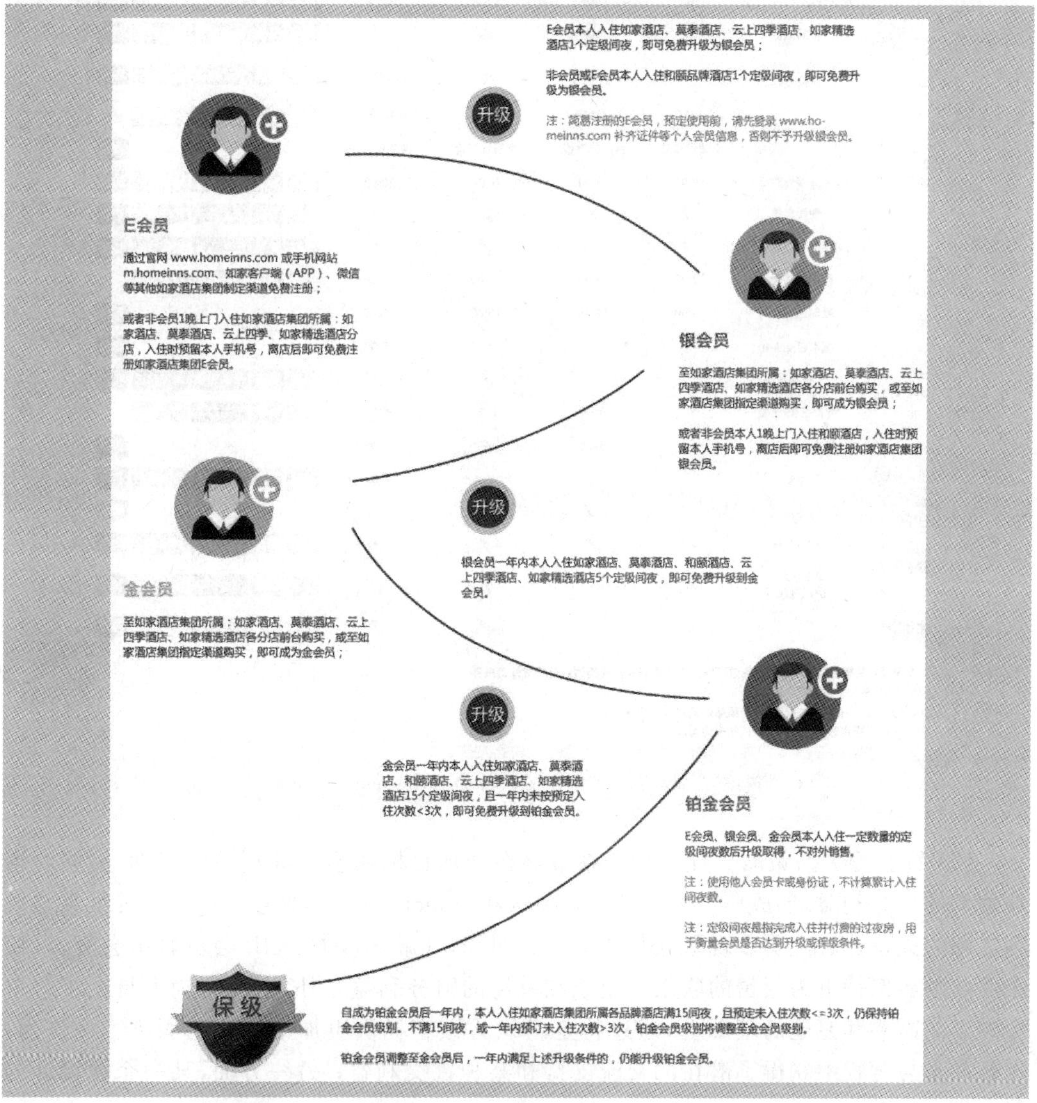

E会员

通过官网 www.homeinns.com 或手机网站 m.homeinns.com、如家客户端（APP）、微信等其他如家酒店集团制定渠道免费注册；

或者非会员1晚上门入住如家酒店集团所属：如家酒店、莫泰酒店、云上四季、如家精选酒店分店，入住时预留本人手机号，离店后即可免费注册如家酒店集团E会员。

升级

E会员本人入住如家酒店、莫泰酒店、云上四季酒店、如家精选酒店1个定级间夜，即可免费升级为银会员；

非会员或E会员本人入住和颐品牌酒店1个定级间夜，即可免费升级为银会员。

注：简易注册的E会员，预定使用前，请先登录 www.homeinns.com 补齐证件等个人会员信息，否则不予升级银会员。

银会员

至如家酒店集团所属：如家酒店、莫泰酒店、云上四季酒店、如家精选酒店各分店前台购买，或至如家酒店集团指定渠道购买，即可成为银会员；

或者非会员本人1晚上门入住和颐酒店，入住时预留本人手机号，离店后即可免费注册如家酒店集团银会员。

升级

银会员一年内本人入住如家酒店、莫泰酒店、和颐酒店、云上四季酒店、如家精选酒店5个定级间夜，即可免费升级到金会员。

金会员

至如家酒店集团所属：如家酒店、莫泰酒店、云上四季酒店、如家精选酒店各分店前台购买，或至如家酒店集团指定渠道购买，即可成为金会员；

升级

金会员一年内本人入住如家酒店、莫泰酒店、和颐酒店、云上四季酒店、如家精选酒店15个定级间夜，且一年内未按预定入住次数<3次，即可免费升级到铂金会员。

铂金会员

E会员、银会员、金会员本人入住一定数量的定级间夜数后升级取得，不对外销售。

注：使用他人会员卡或身份证，不计算累计入住间夜数。

注：定级间夜是指完成入住并付费的过夜房，用于衡量会员是否达到升级或保级条件。

保级

自成为铂金会员后一年内，本人入住如家酒店集团所属各品牌酒店满15间夜，且预定未入住次数<=3次，仍保持铂金会员级别。不满15间夜，或一年内预订未入住次数>3次，铂金会员级别将调整至金会员级别。

铂金会员调整至金会员后，一年内满足上述升级条件的，仍能升级铂金会员。

集团新会员政策一栏表

内容		E会员	银会员	金会员	铂金会员	适用范围
会员加入	免费注册	★				如家 莫泰 云上四季 如家精选 和颐
	购买		40元			如家 莫泰 云上四季 如家精选
				99元		如家 莫泰 云上四季 如家精选 和颐
会员级别	升级	非会员本人1晚上门入住	E会员本人一个定级间夜	银会员本人一年内入住5个定级间夜	金会员本人一年内入住15个定级间夜，且noshow间夜量<=3	如家 莫泰 云上四季 如家精选
			非会员或E会员本人一个定级间夜	银会员本人一年内入住5个定级间夜	金会员本人一年内入住15个定级间夜，且noshow间夜量<=3	和颐
	保级				一年内本人住满15个定级间夜，且noshow间夜量<=3	如家 莫泰 云上四季 如家精选 和颐
积分累计	电话预订／上门入住	0	1倍	1.5倍	1.5倍	如家 莫泰 云上四季 如家精选 和颐
	官网预订	1倍	3倍	3倍	3倍	如家 莫泰 云上四季 如家精选 和颐
	客户端／WAP／微信预订	1倍	3倍	3倍	3倍	如家 莫泰 云上四季 如家精选 和颐
预订权益	折扣／门市价	95折	92折	88折	85折	如家 莫泰 云上四季 如家精选
		会员优享价	会员优享价	会员优享价	会员优享价	和颐
	预订保留时间	19:00	19:00	20:00	20:00	如家 莫泰 云上四季 如家精选 和颐
	会员储值	✔	✔	✔	✔	如家 莫泰 云上四季 如家精选 和颐
	会员专享促销	✔	✔	✔	✔	如家 莫泰 云上四季 如家精选 和颐
入住权益	延时退房时间	13:00	13:00	14:00	15:00	如家 莫泰 云上四季 如家精选
	延时退房时间	13:00	14:00	15:00	15:00	和颐
	提早Check-in			12:00	12:00	和颐
	无等待退房		✔	✔	✔	如家 莫泰 云上四季 如家精选 和颐
	餐饮折扣(正餐)	0	95折	95折	90折	如家 莫泰 云上四季 如家精选
	餐饮折扣(正餐)	0	92折	88折	85折	和颐
	早餐			一份 ★	两份	如家 莫泰 云上四季 如家精选 和颐
	班车接送		5折	免费 ★	免费 ★	和颐
积分权益	积分兑换	✔	✔	✔	✔	如家 莫泰 云上四季 如家精选 和颐
	会员活动、会员礼品等	✔	✔	✔	✔	如家 莫泰 云上四季 如家精选 和颐
通讯赠阅		✔	✔	✔	✔	如家 莫泰 云上四季 如家精选 和颐

定级间夜：是指完成入住并付费的过夜房，用于衡量会员是否达到升级或保级条件

noshow：是指未按预订入住

★：金会员、铂金会员入住部分和颐品牌酒店尊享免费班车接送

★：早餐仅限自营餐厅，具体以网站标识为准

注：以上资料来自如家酒店官网 http://shop.homeinns.com/about/quanyi。

(2) 社交型关系策略。社交型关系策略在增加目标顾客财务利益的基础上，同时增加他们的社会利益，形成所谓社交纽带(Social Contact Bond)，即通过社交纽带维系与顾客之间的关系。其主要表现形式是建立顾客组织，如顾客沙龙、VIP会员联谊会等，以使企业与顾客保持更为紧密的联系。由于在单纯的财务利益之外，企业营销人员在了解单个顾客的需要和愿望的基础上，通过特定组织为顾客提供更加个性化的服务。一方面，顾客在参与过程中获得了潜在的交流支持和某种社交利益；另一方面，某一企业设计的

社交关系，较难被竞争对手所模仿。因此，社交型关系的竞争优势持续时间比经济利益型关系更长，它既能获得短期的营销效果，又能获得中长期的营销效果。

(3) 结构型关系策略。结构型关系策略要求提供这样的服务：它对关系客户有价值，但不能通过其他来源得到。它通常以技术为基础，而且往往是某家企业特有的。因此，结构型关系营销策略是三种策略中竞争对手最难以模仿的。良好的结构型关系将提高客户转向竞争者的机会成本，特别是当面临激烈的价格竞争时，结构型联系能提供一种非价格动力，这种通过技术服务维系的深层次联系不易被剧烈的价格波动摧毁。正因为此，结构型关系营销所建立的竞争优势的可持续时间最长。

【案例 15-6】

美国西北航空公司的"环宇里程计划"

人们只要在任何一家"西北航"的办事处或旅行社填写申请表，即可成为该计划会员，同时得到一个账户，每次飞行的里程数像银行存款一样被自动记录在案。当需要使用里程数兑换免费机票或提升舱位时，也像提款一样方便。根据规定，最低的兑换标准是5 000英里。当里程累积至25 000英里，便可升至银卡会员，能获50%的额外奖励里数。金卡、白金卡会员更可得到100%以上的额外奖励里数。会员级别越高，享受的权益就越多，如预选座位、优先登机、携带额外随身行李、享用机场贵宾室等。该计划还延伸到"西北航"庞大的全球客运网络上(包括合作伙伴)。会员到达目的地后，住店、租车、打电话、使用信用卡等都可折算成里程。该计划没有时间限制，自1986年正式在美国实行后，至今已拥有全球会员2 000多万，中国会员达3万名左右。

【评析】 环宇里程计划通过里程数积累而能使旅客升为银卡会员、金卡会员和白金卡会员，从而享受公司提供的额外优惠和奖励。这种奖励方式突破了以前"飞行常客计划"中仅以积累里程提供优惠的方式，这种方式使旅客和航空公司的关系结构发生了变化，其利益的连接也更紧密。

显而易见，如果有志于和客户建立长期稳定的关系，必须改变每笔交易都力求利润最大化的做法，上述三种策略中，我们都能看到企业对于部分利益的放弃，但这样做是为了获得更长远和持续的利益。

4. 关系营销的具体策略

(1) 实现客户利益最大化。旅游企业应当使旅游者以既定成本，在旅游消费过程中获得物质和精神上的最佳满足。当最佳满足的次数越多、程度越高，该游客就越有可能成为忠诚游客。因此，旅游企业一方面要不断改进旅游产品服务、服务有形展示，提高产品总价值；另一方面要降低生产与销售成本，减少旅游者购买产品时的时间、精力与体力消耗，从而降低货币与非货币成本。例如，酒店的"三分钟"服务原则、主题景区的入园刷卡制、机场的简化签证手续等都大大地降低了游客的时间和精神成本。

(2) 加强与游客的沟通和互动。关系营销的关键是对话过程，旅游企业与顾客进行信息的广泛沟通，一方面有利于企业产品信息的传递，促使顾客购买产品；另一方面可以通过对话方式了解顾客不断变化的消费需求，了解顾客对旅游产品与服务的意见、要求与建议,从而不断调整旅游产品,改善服务,最终实现顾客利益的最大化。在旅游需求多样化与个性化的今天,通过对话还可以使企业根据顾客需求、本企业产品特色、竞争状况等因素来准确寻找自己的目标顾客,提高营销效率。

【案例 15-7】

沃特伏德饭店的"宾至如归"

世界著名的沃特伏德饭店集团十分注重与客人的沟通。比如,当顾客入住酒店以后,前台服务人员会在适当的时间给客人打电话,询问客人对服务是否满意,如果发现客人是首次来酒店住宿或消费,工作人员就会巧妙地询问他们的消费经历和感受,并一一进行记录。另外,里兹·卡尔顿酒店为回头客建立了客史档案,他们成功的秘诀是:凭借信息技术和多一点点的用心让"宾至如归"不再是口号。

另外,企业应改变对顾客的角色定位,把顾客看成自己的伙伴,让顾客对旅游产品的设计和生产提出意见与建议,让顾客对旅游企业的产品与服务进行相关的评价。现在有许多旅游企业的高层管理人员通过与顾客定期或不定期会面的方式来准确获取旅游者需求、竞争对手动态以及顾客对旅游产品的意见等信息,从而为企业改进工作、开发产品、规范营销活动创造条件。

(3) 增加游客转换成本(退出壁垒)。所谓转换成本,是指游客退出与一个旅游企业的买卖关系而转向其他旅游企业时所需额外支出的所有成本,它既包括财务上的成本,也包括心理上的甚至是情感上的成本。转换成本越高,游客就越难断绝与原有旅游企业之间的既有的关系,因此,它也被称为退出壁垒。

【案例 15-8】

Hanks 夫妇的转换成本

假设 Hanks 夫妇原本打算参加 A 旅行社的华东五市 7 日游旅行线路,并为购买此项产品已支付定金 2 000 元,然而经过搜集信息仔细对比后发现 B 旅行社的同类产品更有吸引力而打算作出变更,则此例中的转换成本具体内容见表 15-2。

表 15-2 转换成本具体内容

归属	种类	表现形式
财务利益方面	财务成本	2 000 元定金不可能全部赎回
投入精力方面	搜寻成本	搜集同类旅游产品信息所花费的时间和精力
	学习成本	熟悉 B 旅行社经营风格和规章制度,与其员工进行有效沟通所付出的时间和精力
情感心理方面	情感成本	放弃与 A 旅行社员工建立的默契
	惯性成本	放弃对 A 旅行社业务流程和工作方式的熟悉
	潜在风险	因对 B 旅行社产品不甚了解而产生担忧
社会交往方面	社会成本	放弃 A 旅行社为参团游客准备的鸡尾酒会
	法律障碍	A 旅行社有可能对随意退团成员作出惩罚

【评析】 由案例知，虽然Hanks夫妇被其他旅行社的产品所吸引，但考虑到由此增加的转换成本，包括财务成本、搜寻成本、学习成本、情感成本、惯性成本、潜在风险、社会成本、法律障碍等，这些成本也是A旅行社通过关系营销与Hanks夫妇所建立的关系为Hanks夫妇所带来的潜在利益。因而，Hanks夫妇不会轻易选择其他旅行社的相关产品，从而能够与A旅行社建立相对稳定的关系。

由此可以看出，已与游客建立起关系的旅游企业应该从以上各个方面考虑，增加游客的转换成本，通过较高的退出壁垒阻留游客以维持与游客之间的关系，并使之牢固而长久。当然，这里需要特别指出的是，通过提高转换成本留住游客绝不是上策，它只是一种辅助手段，毕竟为游客提供更优质的旅游产品才是旅游企业的首要任务，也是维系与游客的长久稳定关系的基础。并且，即便在或多或少地在使用这一措施时，也要做法得当，特别注意不能引起游客的反感。

（二）内部关系

旅游企业作为综合性服务企业，直接与游客接触的企业员工的态度、技能等各方面的素质决定了旅游服务的质量以及游客的消费质量。另外，内部关系的处理是旅游企业得以正常运转，并为游客提供良好服务的起点。这里我们要引入旅游企业的关系回报模型，如图15-3所示。

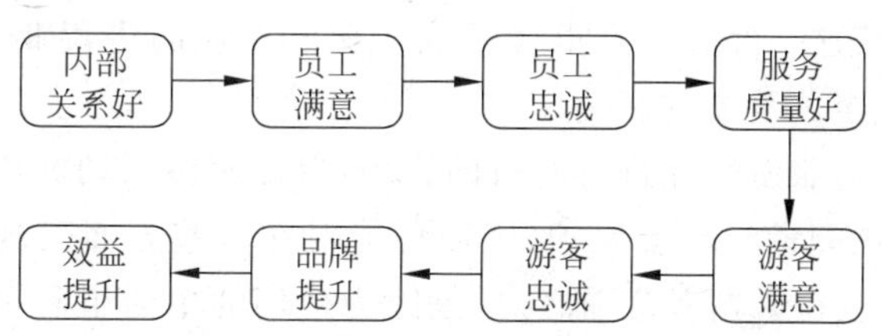

图15-3 旅游企业关系回报模型

由此可见，旅游企业要想取悦游客，首先需要取悦自己的员工，因为他们是各项具体任务的实施者，是企业各项服务的提供者，也是企业文化的直接体现者。因此，内部营销亦是旅游企业关系营销的重要一环。

内部关系实质上是使组织招聘、激励并留住有顾客意识的员工，以改善员工保持并提高顾客满意度的过程和方法。它要求像对待外部顾客一样对待内部员工，关心他们并努力使其因能实现自身价值和需求而得到满意。内部关系的实施应从以下三方面着手。

1. 营造良好的组织文化和氛围

文化和氛围既影响个人对自己在组织中地位、能力、价值等的感知，也影响其与组织及环境更广泛的互动的积极性和有效性。因此，要成为令员工向往的组织，旅游企业首先要形成具有很强凝聚力的企业文化，并能让员工深切地感受到这种氛围。

2. 人性化的管理方式和人事策略

这里既包括企业最开始承诺的聘用制度、员工培养计划等，也包括日常工作中对员工的适度授权和创新支持。旅游企业应采取多种措施激发员工积极性和参与热情，增强其归属感。

3. 扁平化组织结构

多数旅游企业仍然实行等级较多的层级式组织结构，这种结构不仅有碍内部沟通的顺畅，也容易使员工内心产生距离感和疏远感，而这与建立紧凑的凝聚力强的企业是背道而驰的。因此，旅游企业应当根据实际情况和自身特点适当改变组织结构，使其更加扁平化，更易于内部沟通。

（三）外部合作关系

1. 同业合作(与竞争者关系)

在关系营销的观念下，我们有必要重新认识旅游企业与其竞争者之间的关系。传统市场营销一度认为竞争者之间是格格不入、你死我活的斗争关系。然而实际上，当竞争双方发现现有竞争市场已趋向饱和时，再斗下去只会鹬蚌相争、渔翁得利。这时如果竞争各方联合起来形成同盟，共同开拓新市场，将会为双方甚至是整个旅游市场都带来生气与活力。因而，旅游企业应在关系营销观念的指导下，树立起同业合作的意识。虽然竞争依旧存在，但双方应专注于旅游产品和服务质量的提升，拓宽渠道广泛沟通，共同营造良好的竞争环境和发展规则。曾经硝烟四起的战场，应逐渐转变为通力协作的平台。

2. 外部合作(与影响者关系)

旅游企业面对的外部关系包括与政府立法或监督机构、社区公众、金融机构以及大众传媒等的关系，虽然这一部分关系群体不属于旅游企业的主营业务范畴，但是它们可能对企业的经营产生至关重要的影响。

政府的职责在于对旅游行业进行有效的管理，保证旅游活动和旅游经济活动的正常运行，促进资源的优化配置与环境保护，因而可能对在这些方面表现不够好的旅游企业施加压力；社区公众也在影响者范围之内，是因为他们的生活很有可能因为旅游企业的经营活动而受到影响；旅游企业开拓市场和研发新品需要金融机构的支持，而新产品的推广和企业形象的树立则需要大众传媒的通力配合。因此，旅游企业关系营销的一个基本点就是尽可能取悦具有不同诉求的关系主体，不断了解不同类型影响者的利益需求并予以满足，以期维系健康、持久的关系纽带，营造良好的关系环境，创造宝贵的关系资源，并最终据此为企业的经营活动扫清障碍，创造稳定的利益流入。

（四）产业链伙伴关系

旅游企业经营活动的顺利开展必须建立在上、下游产业链联结通畅、合作顺利的基础之上。任何企业都不可能具备无穷的资源，它的资源总是有限的，旅游企业要从供应商手中获取大量的原材料，供应商能否连续、及时供货影响旅游企业产品的生产，供应商原材料质量的好坏影响旅游产品质量的优劣，供应商原材料价格的高低直接影响旅游产品的成本。

另一方面，旅游企业单凭自己的力量直接把产品销给旅游者是不大可能的，也是不划算的，它必须依赖旅游中间商。旅游中间商代售旅游企业产品可以使该企业节约人力、时间、精力等成本，还可以迅速扩大旅游市场份额。

因而，旅游企业应在与供应商及中间商共同让游客满意的基础上建立合作关系，再寻求各方的互惠互利，以达到游客、企业自身以及产业链合作伙伴的“三赢”局面。

第三节　CRM及其在旅游企业中的运用

信息技术的发展，对客户关系管理（CRM）产生了深远的影响，并使其在20世纪90年代晚期成为企业战略管理思想的前沿，特别是CRM信息系统的应用，提高了客户服务的效率和质量，减少了CRM的运作成本，使其决策和管理更加科学规范，并使得全员参与CRM成为可能。本节内容将首先介绍旅游企业CRM信息系统的构成和功能，这是网络时代旅游企业CRM的技术基础。其次，本节将重点分析CRM在两类典型的旅游企业——旅行社和酒店中的实施和应用。

一、CRM的概念及内涵

CRM是英文Customer Relationship Management的简写，译作“客户关系管理”，产生于美国。20世纪90年代以后，它伴随互联网和电子商务的大潮而产生和发展，并借助先进的信息技术和管理思想通过整合企业业务流程来整合客户信息资源，并通过相应信息系统对客户信息进行分析，为企业决策提供科学依据。

1. CRM的概念

CRM是现代信息技术、经营理念和管理思想的结合体，它以信息技术为手段，通过对以“客户为中心”的业务流程的重新组合和设计，形成一个自动化解决方案，以提高客户的忠诚度，最终实现企业效益的提高和利润的增长。

从战略角度看，CRM是一种管理理念，它强调顾客服务、顾客价值以及顾客满意度，通过与顾客建立长期、稳定、互信的关系，吸引新顾客、维系老顾客，进而提高企业的效益和竞争力。

从战术角度看，CRM是一种管理机制，它按照客户的类别有效地组织企业资源，培养“以客户为中心”的经营行为和实施“以客户为中心”的业务流程，并以此为手段提高企业盈利能力、利润以及客户满意度。

从技术角度看，CRM是一种信息管理系统，它通过将商业实践和数据库技术、网络技术等紧密结合，为企业的销售、客户服务和决策支持提供准确可行的解决方案。

2. CRM的内涵

CRM的核心是“以客户为中心”，其内涵亦是围绕顾客展开，包括顾客价值、关系价值以及支撑前述两项所必需的信息技术。

（1）顾客价值。CRM的目的是实现顾客价值最大化和企业收益最大化之间的平衡，即实现顾客与企业的“双赢”。通过搜集分析顾客的既往消费行为及偏好，为顾客创造更多他们所期望的价值，提高顾客满意度及忠诚度，进而实现与客户之间长久稳定的关系，最终为双方带来持久的利益。

（2）关系价值。企业终究是一个以盈利为目的的组织，因此在建立和维系与顾客的关系时,企业不可避免地遵循成本—效益原则。因为不同的客户关系为企业创造的价值是不一样的,企业应该将精力放在前景看好,能为企业带来大量利益的客户关系上,极力挖掘和发展这种具有关系价值的客户关系,而对于不具有培养前景,甚至会给企业带来负面效应的所谓"关系负担",应果断放弃。

(3) 信息技术。要想全面实现客户信息的搜集、管理和动态分析,并以此为企业决策提供依据,没有信息技术的支撑是不可能的。从微观层面理解 CRM,它正是这样一种能实现这一系列功能的应用系统。

二、CRM 应用系统

技术层面的 CRM 是包含各种相应功能的一整套应用系统,根据美国调研机构 Meta Group 的分类,CRM 应用系统按其功能可以分为以下三类。

1. 操作型 CRM(Operational)

操作型 CRM 也称营运型 CRM,目的在于让企业各个部门的业务人员,尤其是营销人员、现场服务人员在日常工作中能够共享客户资源,大大减少业务人员在与客户接触过程中产生的种种麻烦和不便,提高工作效率。它是 CRM 应用系统中最基本的部分,具有一定的数据分析功能。可以将其理解为企业的"前台"系统。

2. 分析型 CRM(Analytical)

与操作型 CRM 对比,分析型 CRM 可以看作企业的"后台"系统,它不直接与客户打交道,通过一系列分析方法和数据挖掘工具对操作型 CRM 中产生的大量数据进行提取和分析,从中寻找规律并作出必要的预测。它用于完成客户关系的深度分析,达到了解客户终身价值、信用风险等目的。

3. 协作型 CRM(Collaborative)

与前两者仅是企业单方面的信息工具相比,协作型 CRM 的最大特点在于它涉及客户的参与。它主要由呼叫中心(Calling Center)、帮助台(Help Desk)以及自助服务导航等部分组成,是企业员工与客户共同参与,协作完成某项任务的信息支撑平台。

三、关系营销与 CRM 的区别与联系

关系营销作为营销观念的新发展,更多地强调如何通过营销策略吸引客户,与之建立并维系一种长久、稳定和互动的相互关系。相比较而言,CRM 则将更多的精力放在如何有效管理已有的关系信息上,因而建立在各类先进信息技术基础之上的 CRM 软件的使用成为 CRM 的主要内容,也是其主要标志。这是二者在应用层面的主要区别。

当然,二者的内在联系也是十分紧密的。理论上,CRM 可视为关系营销的一项重要内容,而关系营销则为 CRM 提供营销学基础支撑,二者本身就是同源的。实践当中,许多关系营销策略的制定也需要依靠 CRM 信息系统提供的分析数据支持。同时,二者都将"以客户为中心"的核心理念渗透到诸如流程设计、组织文化、策略制定等各个具体环节之中,并且都要求全员参与进来,共同实践这一理念。

四、旅游企业 CRM 信息系统概述

（一）CRM 系统一般模型

在客户关系管理中，CRM 信息系统集成了先进的管理思想和最新信息技术成果，通过业务流程与组织上的深刻变革，帮助企业最终实现以客户为中心的管理模式。目前如图 15-4 所示的主流的 CRM 软件系统的一般模型非常客观地反映了 CRM 最重要的特征。

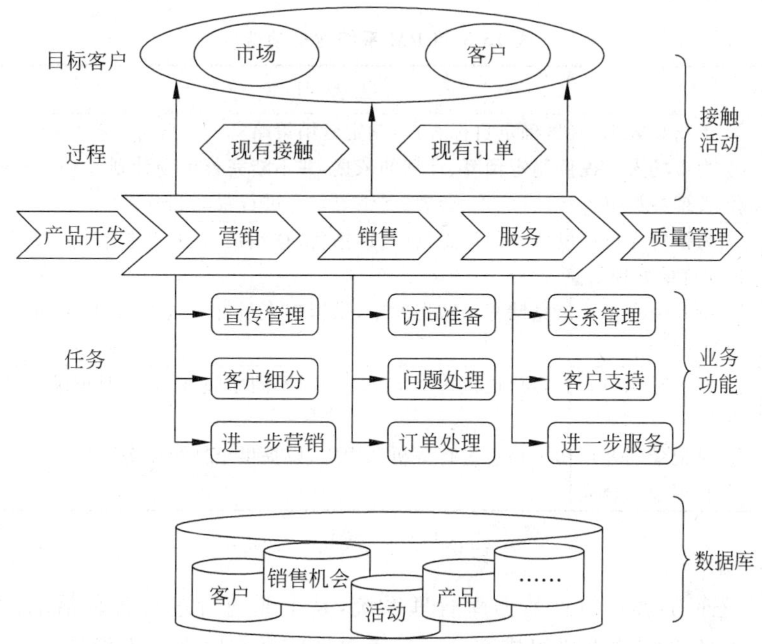

图 15-4 CRM 信息系统一般模型

该模型阐明了目标客户、过程以及功能之间的相互关系。CRM 系统的主要过程是对营销、销售和客户这三部分业务流程的信息化。在市场营销过程中，通过对客户和市场的细分、确定目标客户群，制订营销战略和计划；而销售过程则是执行营销计划，发现潜在客户、信息沟通、推销产品和服务等，目标是建立销售订单、实现销售额；最后，在客户购买了企业提供的产品和服务后，还需要由客户服务部门对客户提供进一步的服务与支持。产品开发和质量管理过程处于 CRM 的两端，由 CRM 提供必要支持。

可见，CRM 系统改变了企业前台业务的运作方式，由位于模型中央的共享数据库作为所有 CRM 系统过程的转换接口，全方位地提供客户和市场信息，最终实现了各部门之间的信息共享和各渠道的高度集成、密切合作。

（二）旅游企业 CRM 系统构成及功能

CRM 系统一般模型已清晰地指示出旅游企业 CRM 系统的主要构成部分：接触活动部分、业务功能部分以及数据库。

1. 接触活动

CRM系统应当能使客户以各种方式便捷地与企业接触沟通。典型的方式有呼叫中心(Calling Center)、面对面沟通、传真、移动销售(Mobile Sales)、电子邮件、互联网等沟通渠道。旅游企业必须协调这些沟通渠道,并保证其畅通性、一致性和准确性,使客户能随时随地方便地与企业就有关问题进行沟通。

2. 业务功能

CRM的业务功能通常包括市场管理、销售管理、客户支持与服务三个组成部分,见表15-3。

表15-3 CRM系统业务功能

功　能	主要任务
市场管理	① 市场和客户调研,确定目标客户,制定营销策略 ② 为市场人员提供制定预算、计划的依据,并不断完善市场计划 ③ 管理各类市场活动(广告、会展、促销等),并进行跟踪和分析
销售管理	① 为销售人员提供各种销售工具(电话销售、移动销售、远程销售等)及时获取有关定价和订单处理信息 ② 所有销售相关信息储存于数据库中,供销售人员补充或获取,同时可自动跟踪复杂的销售线路
客户服务与支持	① 通过呼叫中心为客户提供每周7×24小时不间断服务,并及时记录客户的各种需求信息 ② 对记录的客户相关信息进行分析和跟踪,以提供个性化服务 ③ 管理服务合同

3. 数据库

一个富有逻辑的客户信息数据库管理系统,是企业前台进行各种活动的基础,因而是旅游企业CRM系统的重要组成部分。其重要性体现在以下几方面:

(1) 帮助企业准确找到目标客户群;

(2) 帮助旅游企业根据客户生命周期来区分现有客户价值;

(3) 实现旅游企业各职能部门的数据共享,提升它们之间的沟通效率;

(4) 帮助企业结合最新信息制定出营销策略,塑造客户忠诚。

高质量的数据库所包含的数据应能全面、准确、详尽和及时地反映客户和市场信息。运用数据库这一强大工具,可以与客户进行高效的、可衡量的、双向的沟通,真正体现以客户为中心的管理思想。

(三) 旅游企业CRM系统中的数据类型

旅游企业CRM的客户信息一般从销售过程、业务推广过程和客户服务过程中得到,而正是在对客户进行初步了解沟通、针对性促销和最终产生交易的过程中,产生了三类不同的数据类型:客户描述性数据、客户交易数据和市场促销性数据。三类不同数据类型的内容及特点如表15-4所示。

表 15-4 三类数据类型

<table>
<tr><th colspan="2">项 目</th><th>内 容</th><th>特 点</th></tr>
<tr><td rowspan="2">客户描述性数据</td><td>个人客户</td><td>基本信息：姓名、联系方式、性别、年龄、职业、收入、婚姻及家庭成员状况等
信用状况：信用卡号、信用额度、信用指数等
行为爱好：生活方式、兴趣爱好、需求偏好等</td><td rowspan="2">变化较慢
无须经常更新
需要为客户保密</td></tr>
<tr><td>组织客户</td><td>公司基本状况：名称、所在地、联系方式、责任人信息、主营业务、资产状况、盈利能力等
公司行为状况：客户类型、信贷状况、购买过程、竞争者联系方式、忠诚指数、潜在消费等</td></tr>
<tr><td colspan="2">客户交易数据</td><td>购买记录：购买频率、数量、金额、交付要求、商品种类、购买及付款方式等
售后记录：售后服务、用后评价、投诉记录等</td><td>变化迅速
需及时更新</td></tr>
<tr><td colspan="2">市场促销性数据</td><td>促销活动意图、类型、时间、成本及媒体类型等</td><td>各次促销会有不同</td></tr>
</table>

五、酒店 CRM 的实施

酒店业与旅行社业同为服务性行业，同为旅游业的支柱，它们固然有许多相似之处。但二者也有着本质的区别。这主要体现在酒店业服务地点相对固定，酒店服务人员将会与客户在这个相对封闭的空间中进行较长时间的接触和交流，因此客户会对酒店服务期望更高、要求也更苛刻。而旅行社则不尽相同，由于出行团队辗转多个地点，服务过程容易受到天气、交通、社会等外在因素影响，游客可能会对某些非人为因素造成的服务瑕疵表示谅解。因此相对而言，酒店 CRM 任务更加艰巨。

（一）构建 CRM 系统、整合酒店资源

同样是构建 CRM 信息系统，酒店与旅行社侧重点不尽相同。除了具备基本的酒店销售自动化、营销自动化和客户服务三项功能之外，酒店 CRM 系统还应具备如下功能。

1. 信息协同化

网络时代的酒店 CRM 系统，应能将企业资源管理(ERP)、客户关系管理(CRM)、供应链管理(SCM)和电子商务融合起来，通过互联网搭建统一的信息平台，将客户、酒店、员工、渠道经营商等整合为一个整体，实现总揽全局的跨行业、跨组织、跨地区的实时在线业务协同运作，并最终依靠整合之后强大的信息联动平台，更好地为客户提供个性化服务。

2. 客服功能扩展

由于 CRM 系统与网络对接，一方面，酒店客服中心可以通过在线语音系统、Web 浏览器、即时通信工具(如 QQ、MSN)等，打造与客户全天候多渠道的联络中心，并在第一时间对客户的需求做出快速反应和应答；另一方面，客户也可以随时随地通过建立在以上途径基础上的 Internet 自助服务，获得即时精确的信息反馈。

CRM 系统与网络的结合，将酒店资源有效整合、衔接到一起，一方面降低了酒店营

运费用和成本；另一方面提升了客户的服务体验，成为酒店提供更加令人满意的服务的最强有力技术支撑。

（二）重视客户体验、创建服务品牌

无论是出于何种目的，入住酒店的客人首先都会希望获得舒适、便捷、高效和备受尊崇的能令其满意的住宿体验。这种满意的体验可以从两个方面来衡量，一是环境体验满意；二是服务体验满意。

1. 环境体验满意

酒店的外观、logo、大厅内的装潢、房间的一切设施及其布局、餐厅的食物……每一个细节，都会让客人对酒店的环境及设施有一些评价和感想。要想让客人对酒店留下深刻的印象，酒店应该在一切客人目光可及之处，通过醒目的 logo、风格一致但独特的室内设计、别具创意的宣传资料等，反复展现酒店品牌，对入住的客户形成强烈的视觉冲击，以期形成其对该品牌的直观的记忆。

**【案例 15-9】**

酒店关系营销中的“环境体验满意”

1996 年初春，一位美国老人来到长城饭店宴会营销部说：他是来自美国的学者，刚在中国的西部游历了数月，回国前想在贵店宴请 160 多位同行业人士及重要贵宾。老先生愿意付很高的餐价，但非常希望饭店将宴会厅装饰出中国西部风情，因为他很留恋新疆的天山和草原的驼铃。老先生还说：“我个人不能提出具体的宴会方案，因为我不是饭店专家，但我知道贵店在京城餐饮业一向享有盛誉，我相信你们一定能令我满意。”

客人走后，宴会部开始了认真的策划，经过几个方案的筛选，最后终于决定为客人举办“丝绸之路”主题晚宴。两天后.当老先生及其数位随从人员在宴会前 1 小时出现在宴会厅时，他们的惊喜无法用语言表达。展现在他们面前的宴会厅宛然一幅中国西部风景图：从宴会厅的三个入口处至三个主桌，服务员用黄色丝绸装饰成蜿蜒的丝绸之路；宽大的宴会厅背板上，蓝天白云下一望无际的草原点缀着可爱的羊群；背板前两个高大的骆驼昂首迎候来宾，其形象的逼真使人难以相信这仅仅是饭店美工人员在两天内制作出来的；宴会厅的东侧，巍然屹立的长城碉堡象征着中国 5 000 年文化的沧桑；西侧另一幅天山图的背板下，宽大的舞台上，一对对新疆舞蹈演员已开始载歌载舞，16 张宴会餐台错落有序地散立于三条丝绸之路左右，金黄色的座位与丝绸颜色一致，高脚水晶杯和银质餐具整齐地摆放在白色的台布上，每个餐台上的艺术插花又令人感到了宴会设计的高雅。面对文化氛围强烈的宴会厅，老先生激动地说：“你们做的一切大大超过了我的期望，你们是最出色的，真令我永生难忘。”宴会的成功不言而喻。

几天以后，总经理收到了来自美国的老先生热情洋溢的表扬信，他在信中说，回国后他已经向许多朋友谈起了这个宴会，并高度赞扬了长城饭店宴会部的员工，他认为这些员工是全世界最优秀的，因为这些员工能够理解顾客的期望，并大大超过顾客的期望。

现在“丝绸之路”已作为一个非常有特色的主题晚宴，多次服务于来自世界各地的顾客。每一次，顾客都反响强烈，非常满意。

【评析】 长城酒店为顾客量身定做的“丝绸之路”主题晚宴充分体现了关系营销中的环境体验营销，由于该酒店员工的服务得到了顾客的高度评价，不仅使该游客成为其忠诚的顾客，还为其带来了更多的客源。

资料来源：编者整理自程蕻.朱生东.旅游市场营销.合肥：合肥工业工业大学出版社，2005年.

2. 服务体验满意

如果说环境体验是“硬环境”，那么服务体验则是“软环境”。诚然，赏心悦目的环境之外，更能令客户倾心的还是贴心周到的服务。酒店服务包含三个方面——服务内容、服务态度以及服务形式，要真正树立自己的酒店服务品牌，就必须拥有独到体贴的服务内容、真挚诚恳的服务态度以及客户欢迎的服务形式。

(1) 服务内容是所有服务的核心。如何使酒店服务的各项内容充分契合并满足客户的需要，并使其获得满意的体验，是酒店经营的重中之重。为此，酒店员工应详细了解和分析客户需求并进行认真记录，而后在其基础上推出个性化的服务。同时，酒店员工应根据在服务接触中与客户交流获取的最新信息以及客户离开之后的反馈信息及时更新记录，随时调整服务内容，使处于动态更新中的服务能够不断满足客户需求。

(2) 尽管服务内容是整个服务的中心，但令客户留下深刻的第一印象的，却是工作人员的服务态度。酒店员工在提供各项服务时所表现出的语气、表情、神态、肢体动作、对客户的称呼等，都极大地影响着服务进程。如果仅仅是服务内容有瑕疵，我们还可以争取客户的理解而进行改进；但如果是服务态度出了问题，那么很有可能不再有回旋的余地。正所谓态度决定一切，酒店员工一定要以良好的服务态度体现真诚。

(3) 服务形式决定了服务如何由工作人员传递给客户，如果形式不当，不仅可能抵消服务内容的周全和服务态度的友好，甚至会引起客户的反感。顾客出门旅行都希望有个性化、特色型、形象化的服务。如同一时间地点，不同的客人有不同的服务需求：客人对餐厅背景音乐的选择，国内客人喜欢通俗流行音乐，而欧美客人偏向舒缓的古典音乐。在不同的时间和地点，同一客人的服务需求侧重点不同：旅游者白天需要新奇刺激的活动项目，夜间则需要舒适安静的环境。

**【案例 15-10】**

太“热情”的服务

李先生与朋友来到某酒店中餐厅，找了个比较僻静的座位坐下。刚入座，一位女服务员便热情地为他们服务起来：铺好餐巾，摆上碗碟、酒杯，斟满茶水，递上热毛巾。一碗汤端上来后，立即为他们盛汤，盛了一碗又一碗。在服务期间，这位女服务员满脸微笑，手疾眼快，一刻也不闲着：上菜后即刻报菜名，见客人杯子空了马上添茶斟酒，见碟里骨刺多了随即就更换新碟，见手巾用过后即刻换新的，见碗里米饭没了赶紧添上，见李先生抽出一支香烟，她忙跑到服务台拿了个打火机，为他点烟……见服务员实在太

“热情”,李先生与朋友只得匆匆吃了几口,便结账离开了这家酒店。

【评析】 这个案例里的服务人员显然“过度热情”,一心为客人服务的她对自己影响了客户的正常就餐毫不知情。其实,很多时候即使在公共场合,客人也需要一定的个人空间,“无需求”本身也是一种需求。因此,酒店员工要仔细观察、细心揣摩,以客户欢迎的方式有针对性地提供无干扰服务。

总之,酒店必须以实现客户忠诚为目标,将“以客户为中心”的理念贯穿到经营服务的各个环节和角落,让客户切实地感受到自己的个性化需求通过酒店员工温馨、周到的服务得到了尊重和满足,让酒店服务品牌从此深入客户心中。

(三) 建立情感纽带、坚持服务创新

由于酒店经营的特殊环境,在入住期间,客人将与酒店员工相处较长的时间,在这段时间内,若能通过服务与沟通与客户建立起情感纽带,将极大地增加客户的迁移成本,毕竟人们生活在情感的世界中,情感因素会极大地影响他们的购买决策。能与客户进行情感沟通的酒店品牌反映了客户的价值观,能够引起客户的情感共鸣,而这也是竞争对手难以模仿的。另外,酒店员工需要在相对封闭的酒店空间里偶尔给客户们制造一点额外的惊喜。例如,客户生日时不动声色地送上生日蛋糕;为从事培训的教授、老师们送上润喉片;为来自湿润地区的客户准备加湿器和润肤产品等。酒店员工不仅要高质量地提供最基本的服务项目,还要从情感维系的角度,推己及人,创造和引领服务需求,提供更加人性化、情感化的贴心服务。创新,永远是酒店经营和发展的不竭动力。

六、旅行社 CRM 的实施

旅行社经营过程中具有明确的“关系特征”,因此,旅行社所有的营销活动都必须把握、推动、创造和调整交织在旅行社运作空间关系体系中,实现需求分析、市场定位、营销组合的运用,寻求推动自身平衡发展的持续动力。引入关系营销策略将使企业重视与关系方的接触和联系,致力于长期对旅游企业形象的不断完善,并引入 CI(企业形象识别)战略,设计好旅行社的理念识别、行为识别、视觉识别,忠诚地履行自己对各关系方的诺言,使顾客体验到本公司为其提供的优质周到的服务,树立风险小或无风险的旅游形象,从而为旅行社企业赢得良好的口碑,培育企业自己的“活广告群”,相应节省了企业成本费用,令顾客乐于从众多的旅行社中选择和推荐本企业作为他们忠诚的伙伴关系户。因此,旅行社在营销活动中运用关系营销,可使顾客对企业产生满意感、忠诚感,相关利益方愿与之建市长期的伙伴关系,从而可使旅行社走出困惑,步入长远的成功之路。

旅行社要建立满意的顾客关系,首先必须真正树立以顾客为中心的观念,一切从顾客出发,切实考虑他们的需求和欲望以及愿意为之付出的成本。旅行社的服务宗旨必须坚持“诚实、信誉至上”的原则,重视人们对文化和信息的追求,热情服务,给游客以心理上的信任感,使游客的需求得到更高层次和更大限度的满足,从而增加顾客购买的总价值。而旅行社为客人付出的同时,也必然会得到客人的尊重和回报。为“满足顾客的真正需要”,旅行社应开展如下工作。

1. 在引入CI的基础上,导入CS战略

CI为Corporate Identity的简写,指企业形象识别;CS为Custom Satisfaction的简写,指顾客满意。广州著名的国际旅行社“广之旅”于1994年5月在全国旅行社率先引入CI,加上以顾客满意度为指针的CS战略思想,切实健全各项规章制度,统一标准化管理,狠抓旅游服务的龙套环节——导游,为顾客提供高质量的服务等,大获成功。新品牌“广之旅”很快便风靡整个旅游界,公司利润较1993年飙升41%,被媒介称为“广之旅效应”。由此可见,CI可以提高和影响顾客对价值的认识,CS战略让顾客产生忠诚,企业因而获得良好收益。

2. 建立CRM系统,以信息为导向进行个性化服务

顾客信息资料是公司的重要资产,企业应是采集和积累顾客信息,经过处理后利用计算机综合成有条理的数据信息库。企业借此可找到目标顾客群,降低营销成本,提高营销效率。另外,数据信息库营销能使企业定期对顾客进行满意度调查,把顾客对产品、服务的看法、购买后的感受、对企业的批评与合理改进建议等收集起来,通过对各类资料归纳和分析,从中了解到顾客背离的原因,这对企业加强与顾客的直接联系有着重要意义。经常保持与顾客沟通和联系,强化顾客与企业的密切关系。最后,运用这些详细的资料,瞄准特定的顾客群,改进和开发新产品,使顾客完全而持续地满意。旅行社可通过信息库资料寄服务意见卡、新年贺卡等给顾客,给予老顾客以关怀和优惠,从而打动他们的心。

越是档次高的旅行社,越是把个性服务归入规范化的内容。将顾客的超常需要看作增加价值的机会,通过减少顾客消费总成本的方法来增加顾客的满意程度。旅行社一方面要利用信息资源、信息优势为顾客提供便利,减少信息不对称性,令顾客只需花很少时间,以较低成本获取各种旅游信息,了解正常的竞争价格,了解各公司以往的信誉,从而使那种靠非常价格进行不正常竞争的旅游公司很难瞒天过海;另一方面,要尽量使服务所提供的信息明晰化,使顾客产生信任感并能充分行使选择权。互联网的迅猛发展为旅行社与顾客提供了一个全新的沟通渠道,为个性化服务进一步创造条件。网络论坛为企业提供了一个了解顾客需要的通道,同时,企业与顾客亦可通过电子邮件彼此交流。

适时更新旅游产品满足旅游者个性化的需求。自助旅游的异军突起无疑令曾因信息不对称而占尽优势的旅行社面临困境,有了私家车、有了互联网,人们不再需要导游、不再需要跟团、不再需要包价旅游,旅游者已经走在了旅行社前面。旅游市场出现了新状况,旅行社不能坐以待毙,死守固有的运营模式和多年未曾改变的旅游产品。

针对自发产生的新兴市场,旅行社可以为自助游客提供帐篷等必需器材的租赁服务,可以组织自驾游;而针对既有市场,则应该积极开发新产品,如“千名老人下江南”;另外,旅行社也需要努力开拓新兴市场,如游学、联合大公司开展跨国实习交流等。显然,可预见的未来,传统的包价旅游将不再是旅行社的主营业务,旅行社应当积极拓宽思路,及时更新产品和服务,转变目前的被动局面,引领旅游市场新潮流。

3. 提供优质客户服务

完善“以客户为中心”的理念,并将其渗透到产品和服务的各个方面,才是旅行社面

临的更加紧迫的任务。技术与服务必须完美结合才能令处在变革中的旅行社业实现飞跃。

(1) 换位思考。目前,旅行社都在纷纷改进自己的服务,但真正见效的少之又少,究其原因,在于旅行社没有从游客的角度出发思考问题。游客期望旅行线路中包含最经典的旅游景点,而旅行社的线路往往是多数不知名的景点"搭上"一两个著名景点;游客希望能知道实际的旅游产品或服务是否真如广告描述的一样,而旅行社只会报喜不报忧。由此可见,要想赢得游客的青睐,首先要向游客传达他们最想知道的内容,如性价比、安全问题、期望的服务是否与承诺的一致等;其次,要通过他们容易理解的方式进行示范和沟通;最后,仔细分析游客的需求及偏好,认真聆听游客的意见或建议,真正做到"想游客之所想",与游客心有灵犀。

(2) 训练有素。换位思考是态度问题,但光有良好的态度而不付诸实际行动,等于纸上谈兵。训练有素要求旅行社员工能够做到:①抓住关键阶段;如"初次接触"的黄金时段,适时推动客户关系的进展;②提供快捷服务,熟练掌握各项服务流程和内容,快捷高效地回复游客的任何咨询、疑问及投诉;③巧妙保持联系,在不引起游客反感的情况下,通过适当的方式与游客保持适当的沟通和联系,从而获取有关产品和服务的反馈信息。

4. 重视售后服务

服务是品牌创建或保持的重要构成部分。服务包括售前、售中、售后三个阶段。美国《旅游代理人》杂志曾对那些常客不再光顾原旅行社的原因作过系统调查,调查结果如表 15-5 所示。

表 15-5 游客不再光临旅行社的原因

游客不再光顾的原因	所占比例/%
客人投诉没有得到处理或没有得到令人满意的处理	14
其他旅行社提供了价格更低、服务更好的旅游	9
经朋友建议,转而订购了其他旅行社组织的旅游	5
居住地迁移	3
由于年老多病、丧偶等原因而放弃旅游	1
旅行社缺乏售后服务,顾客觉得是否继续订购该旅行社的产品对旅行社来说是无所谓的	68

资料来源:杜江.旅行社管理.天津:南开大学出版社,1997.

从表 15-5 可以看出,不再光顾旅行社的客人有 2/3 以上是由于旅行社不重视售后服务和不积极争取回头客所造成的。而只有客源充足,才能使旅行社在激烈的竞争中求得生存与发展。采取关系营销策略将促使旅行社重视售后服务,这对旅行社保持已有的客源和开拓新的客源都至关重要。

一般来说,游客对旅途中的意见宁可消极抗议,采取"只此一次,今后不再光顾"的态度。因此,旅行社主动对顾客进行售后问候,不仅可以安抚顾客的情绪,避免客人选择其他的旅行社,而且通过对问题的处理和意见的沟通,还可使旅行社比以往更能吸引旅游者。

对顾客售后服务的方法之一是采取电话问候。即在旅游返回后的第一天就向客人打电话。由于时间问题,旅行社通常只给一些重要的常客打电话,这种做法可达到几个目的:首先,顾客会因为旅行社对自己的关心而心存感激;其次,旅行社可以通过他们了解到此次来旅游的目的是否达到，以及旅途中各种服务部门的工作情况；最后，旅行社可以及时掌握旅途中发生的麻烦以及客人可能提出的投诉，这样就可争取主动，早做工作，妥善处理。

5. 确立质量理念，规范运行机制

目前，我国大部分旅行社的产品开发、促销策划、外联销售、计调统筹、导游接待、跟踪服务、财务核算等一系列的作业流程和作业标准很不规范。ISO 9000 提供了基本的质量保证体系，它是旅行社现阶段改善质量品质的一种选择方式，给获得认证的企业带来信誉上的优势，成为一张无形贸易护照。"广之旅"已于 2000 年 8 月正式通过 ISO 9000 质量体系认证。游客是旅游服务质量最权威的鉴定者，旅行社应重视游客对服务的意见，高层管理者必须高度重视，明确在全公司进行全面质量管理，并设置相应的机构进行关系营销的管理，以加强服务质量的信息反馈工作，及时发现和改进质量问题，并进一步协调企业内外的各种关系，通过卓有成效的关系营销活动，使企业目标得以顺利实现。关系营销管理机构可以起到收集信息资料、决策参谋、对外交往、协调企业内部关系等作用。

"广东铁青"坚持"服务至上、质量第一"的宗旨，并向社会作出"铁青旅游，信誉保证"的承诺，还在省内首家推出百分之百的服务承诺制，对游客在食、住、行、游、购、娱等六个方面都制定了严格的质量标准，并同相关的接待单位实行服务质量互相联销制度，保证各项服务标准的贯彻落实。"广东铁青"不折不扣地兑现了它在销售时对产品内容和质量的承诺，使消费者在旅游之后普遍感到满意，由此在激烈的竞争中树立起了品牌信誉，这一极其宝贵的无形资产的建立无疑是重视顾客关系营销的结果。

本章小结

本章在介绍关系营销的基本理论的基础上，介绍了关系营销战略的内容，接着从六个方面分析了关系营销在旅游市场营销中的具体应用。最后指出了酒店和旅行社 CRM 的重点所在。

核心概念和观点

关系营销 CRM；顾客忠诚；关系阶梯；财务型关系策略；社交型关系策略；退出壁垒(转换成本)；CRM 系统

★ 与交易营销(传统营销)相比，关系营销具有长期性、互动性及价格非敏感性三种优势。旅游企业运用关系营销是非常必要的。

★ 旅游企业关系营销主要包括维系顾客合作关系、理顺内部关系、建立外部合作关系、实现产业链伙伴关系等。

★ 酒店和旅行社的 CRM 侧重点各有不同。

练习题库

□ **知识题**

1. 关系营销的概念及内涵是什么？

2. 关系营销和交易营销有哪些区别?
3. 关系营销的优势体现在哪些方面?
4. 试述旅游企业关系营销策略的三个层次。
5. 如何增加游客转换成本?
6. 酒店和旅行社 CRM 的重点各是什么?

□ **案例分析题**

泰国东方饭店的成功宝典

关系营销是以全员服务意识为核心,贯穿于所有经营环节的一整套全面完善的服务理念和服务体系,是一种企业文化的体现。

泰国的东方饭店堪称亚洲饭店之最,几乎天天客满,不提前一个月预订是很难有入住机会的,而且客人大多数来自西方发达国家。泰国是发展中国家,但为什么会有经营如此成功的饭店呢?大家往往会认为泰国是一个旅游国家,而且又有世界上独有的人妖表演,是不是他们在这方面下了功夫?错了,他们靠的是真功夫,是非同寻常的顾客服务,也就是现在经常提到的关系营销。

他们的顾客服务到底好到了什么程度呢?我们不妨通过一个实例来感受一下。

于先生因公务经常出差到泰国,并下榻在东方饭店,第一次入住时良好的饭店环境和服务就给他留下了深刻的印象。当他第二次入住时的几个细节更使他对饭店的好感迅速提升。

那天早上,当于先生走出房门准备去餐厅时,楼层的服务生恭敬地问道:"于先生,您是要用早餐吗?"于先生很奇怪,反问:"你怎么知道我姓于?"服务生说:"我们饭店规定,晚上要背熟这一楼层所有客人的姓名。"这令于先生大吃一惊,因为他频繁往返于世界各地,入住过无数高级酒店,但这种情况还是第一次碰到。于是于先生很高兴地乘坐电梯下到餐厅所在的楼层,刚刚走出电梯门,餐厅的服务生就说:"于先生,里面请。"于先生更加疑惑,因为服务生并没有看到他的房卡,就问:"你知道我姓于?"服务生答:"上面的电话刚刚下来,说您已经下楼了。"如此高的效率让于先生再次大吃一惊。

于先生刚走进餐厅,服务小姐微笑着问:"于先生还要老位置吗?"于先生的惊讶再次升级,心想:"尽管我不是第一次在这里吃饭,但最近一次也有一年多了,难道这里的服务小姐的记忆力那么好?"看到于先生惊讶的目光,服务小姐主动解释说:"我刚刚查过计算机记录资料,去年8月8日您在靠近第二个窗口的位子上用过早餐。"于先生听后兴奋地说:"老位子!老位子!"小姐接着问:"老菜单吗,一个三明治,一杯咖啡,一只鸡蛋?"于先生已不再惊讶了:"老菜单,就要老菜单!"于先生已经兴奋到了极点。

上餐时餐厅赠送了于先生一碟小菜,由于这种小菜是于先生第一次看到,就问道:"这是什么?"服务生上前看完,后退两步说道:"这是我们特有的××小菜。"服务生为什么要后退两步呢?他是怕自己说话时唾沫不小心落在客人的食品上,这种细致、周到的服务不要说在一般的酒店,就是美国最好的饭店于先生也没有见过。这一次早餐给于先生留下了终生难忘的印象。

后来,由于业务调整的原因,于先生两年时间没有再去泰国。但在于先生生日的时候,突然收到一张东方饭店寄来的贺卡,里面还附了一封短信,内容是:亲爱的于先生,您已经有两年没有来过我们这里了，我们全体人员都非常想念您，希望能再次见到您。今天是您的生日，祝您生日愉快。于先生当时激动得热泪盈眶，发誓如果再次去泰国绝对不会到任何其他的饭店，一定要住东方饭店，而且要说服所有的朋友也像他一样选择。于先生看了一下信封，上面贴着一枚 6 元的邮票。6 元钱就这样买到了一颗心。这就是关系营销的魔力。

由于东方饭店非常重视培育忠诚的顾客，并且建立了一套完善的关系营销体系，使顾客入住后可以得到无微不至的个性化服务。迄今为止，世界各国的 20 多万人曾经入住过东方饭店，用他们的话说，只要每年有 1/10 的老顾客光顾，饭店就会永远客满。这就是东方饭店的成功秘诀。

资料来源：王保新. 顶级服务是啥样——泰国东方饭店成功宝典. 企业导报，2003(11)

思考题：

请结合书中实例分析泰国东方饭店关系营销的成功之处。

参考文献

[1] 李天元.旅游市场营销[M].北京：中国人民大学出版社，2009.

[2] 刘大可.商务旅游[M].北京：中国人民大学出版社，2009.

[3] 戴光全.节庆、节事及事件旅游：理论、案例、策划[M].北京：科学出版社，2005.

[4] C. A. Preston.事件营销[M].陈义家，郑晓蓉，译.2 版.北京：电子工业出版社，2015.

[5] Dimitrios Buhalis.旅游电子商务：旅游业信息技术战略管理[M].马晓秋，张凌云，译.北京：旅游教育出版社，2004.

[6] 高天游.借势与造势：62 个成功的事件营销案例[M].北京：中国海关出版社，2005.

[7] 谷慧敏.饭店集团案例库[M].北京：旅游教育出版社，2008.

[8] 郭英之.旅游市场营销[M].3 版.大连：东北财经大学出版社，2014.

[9] Judy Strauss，Raymond Frost.网络营销[M].时启亮，陈育君，译.7 版.北京：中国人民大学出版社，2015.

[10] 黄晶，刘太萍，金英梅.旅游市场营销学[M].北京：首都经济贸易大学出版社，2008.

[11] 刘锋，董四化.旅游景区营销[M].北京：中国旅游出版社，2006.

[12] 刘敏，牟俊山.绿色消费与绿色营销[M].北京：清华大学出版社，2012.

[13] 吴章文，文首文.生态旅游学[M].北京：中国林业出版社，2014.

[14] 马连福.体验营销：触摸人性的需要[M].北京：首都经济贸易大学出版社，2005.

[15] 安贺新，汪榕.旅游企业体验营销案例评析[M].北京：化学工业出版社，2014.

[16] Philip Kotler，John T Bowen，James C Makens.旅游市场营销[M].谢彦君，译.北京：旅游教育出版社，2002.

[17] 潘建民.中国创建与发展优秀旅游城市研究[M].北京：中国旅游出版社，2003.

[18] 沈祖祥.现代旅游策划学[M].北京：化学工业出版社，2013.

[19] 宋雪鸣.饭店创新经营与策划[M].北京：中国旅游出版社，2004.

[20] 王晨光.旅游目的地营销[M].北京：经济科学出版社，2005.

[21] 徐惠群.旅游营销[M].北京：中国人民大学出版社，2009.

[22] 舒伯阳.旅游市场营销案例实训[M].北京：清华大学出版社，2015.

[23] 范一鸿.决战旅游营销[M].广州：广东旅游出版社，2013.

[24] 王成慧，陶虎.旅游营销学[M].北京：高等教育出版社，2006.

[25] 刘杰克.网络营销实战[M].北京：电子工业出版社，2014.

[26] Mari Smith.关系营销 2.0——社交网络时代的营销之道[M].张猛，于宏，赵俐，译.北京：人民邮电出版社，2013.

[27] 卫军英.整合营销传播理论与实务[M].北京：首都经济贸易大学出版社，2006.

[28] 李云鹏.智慧旅游：从旅游信息化到旅游智慧化[M].北京：中国旅游出版社，2013.

[29] 吴必虎.区域旅游规划原理[M].北京：中国旅游出版社，2009.

[30] 吴金林，黄继元.旅游市场营销[M].重庆：重庆大学出版社，2002.

[31] 吴金林.旅游市场营销[M].北京：高等教育出版社，2012.

[32] 杨路明.旅游电子商务理论及应用[M].北京：化学工业出版社，2015.

[33] 钱炜.饭店营销学[M].4 版.北京：旅游教育出版社，2013.

[34] 霍洛韦.旅游营销学[M].修月祯，译.北京：旅游教育出版社，2006.

[35] 许峰.城市产品理论与旅游市场营销[M].北京：社会科学文献出版社，2004.

[36] 禹贡，胡丽芳.旅游景区景点营销[M].北京：旅游教育出版社，2005.

[37] 于由.旅游市场营销学[M].杭州：浙江大学出版社，2005.

[38] 詹姆斯·伯克.旅游产品营销与推销[M].叶敏，译.北京：电子工业出版社，2004.

[39] 陈玲玲.生态旅游理论与实践[M].上海：复旦大学出版社，2012.

[40] A. V. Seaton，M. M. Bennett.旅游产品营销[M].张俐俐，马晓秋译.北京：高等教育出版社，2004.

[41] 张道顺.旅游产品设计与操作手册[M].4版.北京：旅游教育出版社，2015.

[42] 张文建.旅游服务营销[M].上海：立信会计出版社，2003.

[43] 赵西萍.旅游市场营销学[M].2版.北京：高等教育出版社，2011.

[44] 胡华.旅游线路规划与设计[M].2版.北京：旅游教育出版社，2015.

[45] 吴朋波.旅游纪念品设计[M].北京：人民邮电出版社，2014.

[46] 北京旅游发展研究基地.中国在线旅游研究报告2014[M].北京：旅游教育出版社，2015.

相关网站

[1] 中国国家旅游局官网 http://www.cnta.gov.cn/

[2] 中国旅游研究院官网 http://www.ctaweb.org/

[3] 中国旅游报 www.ctnews.com.cn

[4] 中国酒店门户网：迈点网 http://www.meadin.com/

[5] 中国旅游营销网 http://www.aatrip.com/

[6] 环球旅讯 http://www.traveldaily.cn/

[7] 智旅动力 http://www.uuidea.com/

[8] 旅游研究网 http://www.cotsa.com/

[9] 中国旅游饭店网 http://www.ctha.org.cn/

[10] 中国营销传播网 http://www.emkt.com.cn/trade/

[11] 第一旅游网 http://www.toptour.cn/